Mehrsprachigkeit und transkulturelle Praxis in deutschen Auslandsschulen

SPRACHLICHE KONSTRUKTION SOZIALER GRENZEN: IDENTITÄTEN UND ZUGEHÖRIGKEITEN

Herausgegeben von Konstanze Jungbluth und Mônica Maria G. Savedra

BAND 9

PETER LANG

Robson Carapeto-Conceição

Mehrsprachigkeit und transkulturelle Praxis in deutschen Auslandsschulen

Lehrplanpolitik, Einstellungen und Potenziale

PETER LANG

Bibliografische Information der Deutschen Nationalbibliothek
Die Deutsche Nationalbibliothek verzeichnet diese Publikation in der Deutschen Nationalbibliografie; detaillierte bibliografische Daten sind im Internet über http://dnb.d-nb.de abrufbar.

Zugl.: Frankfurt (Oder), Europa-Univ., Diss., 2019;
Datum der Disputation: 25.02.2019;
Betreuerinnen: Prof. Dr. Mônica Savedra, Prof. Dr. Konstanze Jungbluth

Dieses Projekt wurde mit Mitteln des brasilianischen Bildungsministeriums durch die Coordenação de Aperfeiçoamento de Pessoal de Nível Superior (CAPES) sowie durch die Fundação Carlos Chagas Filho de Amparo à Pesquisa do Estado do Rio de Janeiro (FAPERJ) gefördert.

Umschlagabbildung: © Robson Carapeto-Conceição

D 521
ISSN 2509-4505
ISBN 978-3-631-82163-3 (Print)
E-ISBN 978-3-631-86541-5 (E-PDF)
E-ISBN 978-3-631-86542-2 (EPUB)
DOI 10.3726/b18900

Peter Lang – Berlin · Bern · Bruxelles ·
New York · Oxford · Warszawa · Wien

Diese Publikation wurde begutachtet.

www.peterlang.com

Inhaltsverzeichnis

1. Einleitung

Als „universell“ oder „global“ wird unter anderem die faschistisch-nationalistische Ideologie bezeichnet, die gegenwärtig unter dem Gewicht des Gewissens leidet. Über einige Massenangriffe an öffentlichen Orten in Westeuropa und den Vereinigten Staaten wird weltweit berichtet und sie fördern eine „globale“ Trauer, die „globaler“ zu sein scheint, als wenn es um ähnliche Angriffe in Afrika oder Lateinamerika geht. Den tragischen Vorfall im Pariser Bataclan-Club im November 2015 verübten Anhänger einer Gruppe, deren Prinzipien sie für „universell“ halten. Dabei tolerieren sie nichts, was ihnen das Gefühl geben könnte, in ihrer vermeintlichen Universalität bedroht zu sein. Das ausschließende „Globale“ oder „Universelle“ hat offensichtlich klare Grenzen, welche durch die dominanten Diskurse festgelegt und trivialisiert werden, um die Gesamtheit der Vorstellungen auf unkritische Weise zu erfassen und schließlich als Axiom akzeptiert zu werden.

Wenn man Sprache als eine Sammlung, ein Medium und einen Träger kultureller Werte und Inhalte einer bestimmten Gruppe bedenkt, dann wird es vordringlich, das Bestehen von „globalen Sprachen“ und die Anwendung dieses Begriffs zur Bezeichnung einer schwerwiegenden internationalen Sprache infrage zu stellen. Pennycook (1994: 13) weist auf eine Reihe von kulturellen und politischen Auswirkungen hin, die sich aus der Verbreitung des Englischen als universelle Kommunikationssprache ergeben:

a) seine weit verbreitete Verwendung bedroht andere Sprachen;
b) sie ist in vielen Ländern zur Macht- und Prestigesprache geworden und wirkt somit als Torwächter des sozialen und wirtschaftlichen Fortschritts;
c) seine Verwendung in bestimmten Bereichen, insbesondere im beruflichen Umfeld, kann unterschiedliche Machtverhältnisse verschärfen und diese Bereiche für viele Menschen unzugänglicher machen;
d) seine Stellung in der Welt verleiht ihm auch eine Rolle als internationaler Torwächter, der den internationalen Personenstrom reguliert;
e) es ist eng mit nationalen und zunehmend nicht-nationalen Ausprägungen von Kultur und Wissen verbunden, die in der Welt vorherrschen;
f) und diese Auswirkungen hängen auch mit Aspekten der globalen Beziehungen zusammen, wie der Ausbreitung des Kapitalismus, der Entwicklungshilfe und insbesondere der Dominanz der US-amerikanischen Medien.

Wenn sich eine bestimmte „globale“ Sprache als einzig verfügbare, per Definition ideologisch neutrale Code- oder Standardalternative, für die Interaktion zwischen verschiedenen L1-Sprechern durchsetzt, wird der für Prozesse und die Praxis von Sprachkontakten in unzähligen Arten und Kombinationen grundsätzlich freie Interaktionsraum stark eingeschränkt. Ein ähnliches Bild ergibt sich, wenn man in einem engeren Raum die Festlegung einer Nationalsprache erwägt, die die vielfältige Kultur eines Landes repräsentieren soll, in dem in Wirklichkeit Gemeinschaften von Sprechern anderer Sprachen zu Hause sind. Als lebendige Manifestation der Kulturen zielen die Anerkennung, Wertschätzung und Erhaltung der sprachlichen Vielfalt darauf ab, einen Spielraum für Interaktion, kulturellen Austausch und ein Netzwerk mit mehr Anknüpfungspunkten für externe Kontakte zu schaffen. Durch diese Bindungen und diese verflochtenen Handlungskanäle vollzieht sich ein Verkehrsstrom kultureller Unterschiede, der dazu beiträgt, Menschen zusammenzubringen. Politische Maßnahmen, die den Unterricht in indigenen Sprachen oder Minderheitensprachen in den nationalen Schullehrplänen einschließen, wie dies in Paraguay und Bolivien geschieht, werden jedoch von Sprechern der dominanten Sprache und Verfechtern ihrer „Universalität“ innerhalb der jeweiligen Gesellschaft oft als populistisch und unnötig angesehen. Anstatt hybride Verwendungen und kulturspezifische Sprachpraktiken zu bekämpfen, sollte man die Eröffnung von Wegen für den kulturellen Verkehr als eine wertvolle Aufgabe für die Gegenwart und die Zukunft betrachten (Welsch 2010).

In der Position sowohl als Wissenschaftler als auch als bilinguale Lehrkraft mit Erfahrung in privaten binationalen Schuleinrichtungen ist es mir ein wichtiges Anliegen, Grenzen zu überwinden und eine Kultur der Lernautonomie zu stärken. Gleichzeitig sehe ich mich gezwungen, die Rolle des Torwächters, des Vertreters und Förderers der Sprache und Kultur eines bestimmten Landes zu spielen, der die Kriterien umsetzt und die Fähigkeiten – d.h. den Erwerb des symbolischen Kapitals – kontrolliert, die junge zweisprachige Menschen benötigen, um in privilegierte Kreise aufgenommen zu werden.

Selbst wenn autochthone Sprachen und Minderheitensprachen Identitäten ausmachen, wird der Bilingualismus in der Regel nur hochgeschätzt, wenn Englisch bzw. Sprachen der politischen und wirtschaftlich starken europäischen Mächte daran beteiligt sind. Der interkulturelle Sinn für Zweisprachigkeit, für Begegnung und Austausch wird damit systematisch korrumpiert und instrumentalisiert. So gehen zweisprachige Schulcurricula, binationale sprachenpolitische Vereinbarungen und Dekrete, die Sprachen als Royalties behandeln, von einer verfehlten Konzeption aus. Sie basieren vor allem auf neoliberalen, imperialistischen und „globalisierenden" Werten und Zielen, in denen kein Platz für regionale, indigene, Heritage- und Gebärdensprachen ist, die das kulturelle Geflecht eines Landes bilden. De facto versteht sich der Lernende selbst als abwesend oder marginal in Bezug auf die zu lehrenden/zu lernenden Sprachgemeinschaften. In seiner Vorstellung nimmt die Zielkultur den Kern dieses Systems ein, in welchem auch immer weit entfernten und gut abgegrenzten Gebiet sich der Muttersprachler befindet, der ein Ideal unerreichbarer Perfektion verkörpert und über Gestalt und Bedeutung der Sprache die Macht hat.

Mit dem Erlernen einer zweiten Sprache wird eine Öffnung für neue Impulse, Weltbilder, Identitätsbezüge und Anhaltspunkte für das Selbst- und Fremdverstehen vorausgesetzt. Inwieweit aber bewirkt der Unterricht einer zusätzlichen Sprache tatsächlich das Aufbrechen nationaler, kultureller und identitätsstiftender Beschränkungen bei der Bildung eines kritischen und toleranten Bürgers? Oder würde es sich um die Schaffung zusätzlicher Vorbehalte – *bi*national, *bi*kulturell und *bi*-identitär – handeln, die weiterhin eine oder zwei Kulturen begünstigen und die anderen von der interkulturellen Debatte ausschließen würden?

Die transkulturelle Kommunikation taucht in dieser Studie als konkreter Vorschlag für eine mehrsprachige Erziehung auf. Daher besteht ihr Hauptziel darin, den Prozess der Identitätsbildung innerhalb eines pädagogischen Projekts zu untersuchen, das vor dem Dilemma steht, den Dialog zwischen einer fremden Kultur und der Kultur seiner Umgebung zu fördern und gleichzeitig den Anforderungen einer Welt gerecht zu werden, in der Pluralität und Hybridität nicht mehr an den Rand gedrängt werden dürfen.

Nach der heute üblichen Bezeichnung wird der Sprachenerwerb nach dem Kontext, in dem man lernt, in zwei Kategorien definiert, worauf Lehransätze und Lehrerausbildung grundsätzlich basieren. „Zweitsprache" bezeichnet die Kompetenz, die man sich im Zusammenleben mit einer Gesellschaft angeeignet hat, deren Mitglieder als „Muttersprachler" einer Standardvarietät der Zielsprache anerkannt sind. „Fremdsprache" wäre im Gegensatz diejenige, die nicht in den Ländern gelernt wird, in denen sie Amtssprache ist – ein Merkmal, das von vornherein auch dem „Fremd"-Sprecher zugeschrieben wird. Angesichts der Widersprüche, die diese Kategorisierung aufdeckt und damit man die Diskussion z.B. auf das Erlernen von Minderheiten-, Indigenen- und Grenzsprachen ausdehnen kann, wird in dieser Studie der Begriff „Zusatzsprache" und die Abkürzung L2 im Gegensatz zu „Erstsprache" oder L1 bevorzugt, um alle Sprachen zu bezeichnen, die man nach der frühen Kindheit bzw. außerhalb der Familie erworben hat oder die vom Benutzer so definiert werden.

Da das Erlernen einer „fremden“ Sprache, so Rajagopalan (2003: 67), zudem oft durch den Wunsch motiviert ist, kulturelle Horizonte zu erweitern und einen besseren Lebensstandard zu verschaffen, indem man mit etwas in Kontakt kommt, das von vornherein als besser verstanden und empfunden wird als das, was bereits vorliegt, ergibt sich das Bild einer L2, die korrekter und reicher ist als die L1 des zweisprachigen Individuums. Ferner besteht in der L2, die dem idealisierten und vorbildlichen Muttersprachler gehört, die potentialisierte Tendenz zur Entfremdung des Lernenden. Daher wäre es widersprüchlich, als Fremdsprache und Fremdsprachenlerner Elemente zu behandeln, die von grundlegender Bedeutung bei der Bildung einer „Begegnungs“-Gemeinschaft sind, wie sich einige der in den folgenden Kapiteln analysierten bikulturellen Schulen definieren.

Auch wenn sich der Sprachunterricht in den letzten Jahrzehnten in Richtung eines kommunikationsorientierten Ansatzes für den interkulturellen Austausch bewegt hat, ist er für Castellotti und Moore (2002: 16) nach wie vor von „strikter Trennung“ oder „gegenseitiger Ignoranz“ gekennzeichnet, die durch eine geringe interdisziplinäre Durchlässigkeit verstärkt wird. An der Schwelle des dritten Jahrzehnts des 21. Jahrhunderts manifestieren sich diese traditionellen Kategorien noch immer im Vorstellungsbild und in den intersubjektiven Verhältnissen zwischen „Muttersprachlern“ und „Fremdsprachigen“. Bei vielen Ansätzen sind die Sprache und die Herkunftskultur der Lernenden in der Regel unsichtbar und gelten als eine große, scheinbar homogene Masse ohne jedes Identitätsmerkmal. Konsequenterweise kann man sagen, dass selbst L2-Lernende zur Idealisierung eines individualitätslosen Muttersprachlers geführt werden, welcher repräsentativ und getreu die Sprache wiedergibt, die in den Lehrbüchern und audiovisuellen Ergänzungsmaterialien vermittelt wird. Dabei wird beobachtet, dass der brasilianische Lernende beim Erlernen einer L2 seine Kultur derjenigen der Sprachen unterordnet, die er lernt, anstatt sich mit seiner eigenen Identität auseinanderzusetzen und den gleichberechtigten Dialog zwischen den beiden Kulturen zu suchen (Leffa 1999).

Die Sprachen, in denen sich ein Individuum auf seinem Lebensweg betätigt, wirken an der Gestaltung seiner sprachlichen Identität mit und kooperieren bei der Kommunikation mit anderen Individuen. Dies geschieht, wenn er sowohl seine Erstsprache als auch Zusatzsprachen verwendet. Ebenso erweisen sich soziale und sprachliche Einstellungen als intersubjektive Phänomene. Sie werden durch das Auftreten eines „Anderen“ erworben und interpretiert, der in einem kommunikativen Ereignis vom Gesprächspartner repräsentiert wird.

Aus ethnographischer Perspektive soll die vorliegende Studie Anregungen für umsetzbare Formate pädagogischer Routinen geben, die interkulturelle

Handlungen über die primären Grenzen der deutschen Sprache hinaus umfassen und deren Gebrauch als eine Begegnungssprache, d.h. zwischen Lernenden unterschiedlicher sprachlich-kultureller Herkunft, priorisieren (Carapeto-Conceição 2011, 2018b). Darum ist es sinnvoll, darüber nachzudenken, welche Sprachformen, -praktiken und -gebräuche zu dem gehören, was Bildungsinstitutionen als „Deutsch" bezeichnen, was internationale Regierungsstellen, die sich mit Sprachförderung befassen, berücksichtigen und welche Ideologie sich hinter dem Attribut „als Fremdsprache" verbirgt. Ausgehend davon werden die Ausprägungen interkultureller Prozesse in Schulen, deren L2 Deutsch ist, analysiert und mit ihrem sprachenpolitischen Vorhaben konfrontiert. Die erhobenen Daten liefern Beispiele für diese Verhältnisse in Südamerika (Brasilien und Venezuela) und im Kontext der Europäischen Union (Rumänien).

Das Ziel der Curriculumspolitik für eine zweisprachige Schulbildung in deutscher Sprache muss aktualisiert werden, um dem transkulturellen und mehrsprachigen Handeln bei der Entwicklung der kommunikativen Kompetenz Vorrang einzuräumen, so meine These. Diese Praxis prägt die Austauschbeziehungen und ist in der Interaktion zwischen Lernenden unterschiedlicher Herkunft latent vorhanden (cf. Kapitel 6).

Die Analyse der Briefwechsel zwischen jungen Deutschlernenden vermittelt Hinweise auf den Prozess der Identitätsfindung dieser Gesprächspartner. Laut Moita Lopes (2003: 19) „stammt jeder Diskurs von jemandem, der seine spezifischen Identitätsmerkmale besitzt, welche ihn im gesellschaftlichen Leben verorten und ihn im Diskurs auf eine einzigartige Weise positionieren, sowie seine Gesprächspartner"[1] (Moita Lopes 2003: 19). In dieser Hinsicht wird durch die Analyse des Diskurses unter den Partnern *(alter)* und über die Partner *(alius)* des interkulturellen Kontakts beobachtet, auf welchen Ebenen oder Stufen das „Du" (alter) sich als „Wir" zu erkennen beginnt und wo die Kultur der Zielsprache und die Projektion des ‚muttersprachlichen' Deutschsprachigen im Bezug auf den Interaktionsraum positioniert sind. Konkret stellen sich die Fragen, ob die Forschungsteilnehmenden, deren schriftlicher Ausdruck in Deutsch als Begegnungssprache unser Untersuchungsgegenstand ist, während des Briefwechsels (a) sensibilisiert wurden, den Bedarf an Definition und Kontextualisierung interkultureller Elemente einzuschätzen, und (b) befähigt wurden, kulturreiche „dichte Beschreibung" (Geertz 1973) und effektive Dialoge mit

---

1 Übersetzung des Verfassers. Im Original: „todo discurso provém de alguém que tem suas marcas identitárias específicas que o localizam na vida social e que o posicionam no discurso de um modo singular assim como seus interlocutores".

Gesprächspartnern anderer ethnolinguistischer Herkunft zu führen. Eine weitere zu prüfende Frage ist, ob die Intentionalität eines solchen Verhaltens bei Individuen, die über diese Kompetenz verfügen sollen, allein durch eine Untersuchung ihrer sprachlichen Entscheidungen festgestellt werden kann.

Die Analysen und Ergebnisse werden nach der Diskussion der wichtigsten Aspekte und Begrifflichkeiten des theoretischen Hintergrunds vorgestellt. Daraufhin werden die Daten im Lichte der gewählten Methodik interpretiert, infolgedessen einige Konzepte bestätigt oder neu definiert werden.

2. Im Spannungsfeld zwischen normativen Ideologien und einem Ideal des demokratischen Managements der Mehrsprachigkeit: Widersprüche im Unterricht von Deutsch als Zusatzsprache

Laut Moita Lopes (2013: 23–27) spiegeln sprachliche Ideologien die Interessen einer bestimmten sozialen und kulturellen Gruppe wider. Dies ist beispielsweise der Fall bei der sprachlichen Ideologie der Norm, die soziolinguistisch diejenigen verachtet, die eine als legitim erachtete sprachliche Varietät nicht beherrschen oder nicht praktizieren. Ideologien sind nicht nur für sprachliche Einstellungen verantwortlich, sondern mehr als das, „ein großer Teil der Bedeutung und damit des kommunikativen Wertes, den sprachliche Formen für ihre Sprecher haben, liegt in den ‚indexikalischen' Verbindungen zwischen den sprachlichen Zeichen und den kontextuellen Faktoren ihres Gebrauchs"[2] (Kroskrity 2000: 7). Daher ist es dringend notwendig, dass die Sprachbildung insbesondere Kinder und Jugendliche im Schulalter unterstützt, sich ihrer eigenen kulturellen und sprachlichen Identität bewusst zu werden, und sie befähigt, sich vor sprachlichen Ideologien zu positionieren, die Begriffen wie Staatsbürgerschaft, Nationalität und Ethnizität zugrunde liegen. Diese Vision stimmt in Brasilien mit den Lehrplanrichtlinien für die Mittelschule[3] überein, in denen gegensätzliche Vorstellungen wie Inklusion und Exklusion, global und lokal, beim Erlernen von 'Fremdsprachen' konfrontiert werden. In diesem Dokument heißt es: „Eine Vision der Inklusion ist nicht von einem kritischen Bewusstsein für soziokulturelle und sprachliche Heterogenität und Vielfalt zu trennen". So wird im Text die implizite Ausgrenzung bestimmter Konzepte angeprangert,

2 Übersetzung des Verfassers. Im Original: „Much of the meaning and hence communicative value that linguistic forms have for their speakers lies in the 'indexical' connections between the linguistic signs and the contextual factors of their use".

3 Das brasilianische Schulsystem gliedert sich in zwei Bereiche, nämlich die „Grundschule", welche sich in Primarstufe (Jahrgänge 1 bis 5) und Sekundarstufe (Jahrgänge 6 bis 9) unterteilt, und die „Mittelschule", welche die Oberstufe (Jahrgänge 1 bis 3) umfasst und deren Abschluss für ein Hochschulstudium vorausgesetzt wird.

die Sprache und Kultur „als abstrakte, fixierte, stabile und homogene Ganzheiten“ behandeln (Brasil 2006: 96)[4].

Wie sich herausstellt, scheinen sich beide Visionen nicht gegenseitig aufzuheben, sondern eine sich widersprechende Realität zu teilen. Kramsch (2014: 296–297) weist darauf hin, dass Sprachlehrkräfte derzeit vor der Herausforderung stehen, einen bedarfsorientierten Ansatz im Hinblick auf eine globalisierte Welt mit ihrer wirtschaftlichen Interdependenz, hohen Migrationsraten und globalen Informationstechnologien zu finden. Gleichzeitig koexistieren diese Phänomene immer noch mit wachsender Ungleichheit und der hohen Wertschätzung von im 18. Jahrhundert erdachten Leitbildern, wie dem Vorrang der Nationalsprachen vor regionalen „Dialekten“ und der Einhaltung einer kodifizierten Norm für den Unterricht und den formalen Gebrauch.

Ideologien, die unter der Annahme der sprachlichen Homogenität nationale Identitäten herstellen und aufrechterhalten, um von einer sich in dieser Homogenität erkennenden Gruppe validiert und legitimiert zu werden, fördern gleichzeitig die Ausschaltung von Gruppen, Kulturen und Sprachen, die zwar an dieser Gesellschaft beteiligt sind, aber diesem Ideal nicht entsprechen. Von Ausschaltung ist die Rede, wenn Moita Lopes (2013: 26) die Künstlichkeit essentialistischer Visionen im Sprachgebrauch und innerhalb von sozialen Gruppen ans Licht bringt. Er warnt vor der Verbindung solcher Sprachideologien nicht nur mit einer nationalistischen Ideologie, sondern auch mit rassistischen, sexistischen und kolonialistischen Denkmustern, die alle gegen die herrschende Sichtweise gerichteten Vorstellungen stigmatisieren, abschwächen und marginalisieren. Der Zwang zur Anwendung vereinheitlichter diskursiver Modelle und Verhaltensweisen, die zwar als „normal“, „angesagt“, „national“ oder „global“ eingestuft werden, aber dem von benachteiligten Gruppen praktizierten Zeichensystem fremd sind, führt oft dazu, dass diese mit struktureller Unterdrückung, Selbstwertkrise und Stigmatisierung ihrer Identität leben müssen. Ein solcher Druck ist auch im Angebot von Sprachkursen präsent, indem Bürger aus den globalen Peripherien bestimmte Prestigesprachen exemplarisch performen müssen, um ihre Existenz als „normales“, „kultiviertes“ oder „globales“ Individuum anerkannt zu bekommen. Wenn die Bildungspolitik und die Bildungssysteme den Erwerb sprachlicher Standards oder Varietäten

4 Übersetzung des Verfassers. Vollständiger Originalauszug: „uma visão da inclusão é inseparável de uma consciência crítica da heterogeneidade e da diversidade sociocultural e linguística. Seguindo esse raciocínio, a exclusão está implícita em concepções de língua e cultura como totalidades abstratas, fixas, estáveis e homogêneas“.

nationalen und internationalen Prestiges bevorzugen und die Auseinandersetzung der Lernenden mit der eigenen Kultur, Sprache und Identität vernachlässigen, wird dies von der Mehrheit der Bevölkerung unter den Bedingungen dieses Systems nicht vollständig erreicht (Hamel 2008: 23).

Es wird daher angemerkt, dass einerseits alle Menschen das Recht auf Alphabetisierung und Bildung in ihrer L1 haben, andererseits aber Bildungssysteme, die der sprachlichen Vielfalt der Schulgemeinschaften Rechnung tragen, selten sind. Zweisprachige Lehrpläne sind vielerorts inexistent oder ein Privileg des Bevölkerungsanteils, der sich bereits in normativsprachlichen Idealen wiederfindet (Liberali/Megale 2016: 101). Wie diese Studie zeigt, suchen sie Anerkennung und Legitimation in einem noch privilegierteren Kreis innerhalb der Gesellschaft, in der sie leben, und gleichzeitig über die nationalen Grenzen hinaus, durch den Erwerb europäischer Sprachen mit globaler Ausstrahlungskraft. Im Rahmen dieser Forschung fällt die deutsche Sprache ins Auge, die nicht nur als Heritage-Sprache und L1 in mehreren Gemeinschaften gilt, sondern auch weltweit als L2 unterrichtet wird. Politische Maßnahmen zu diesem Zweck fördern jedoch eine einzige normative Einfalt und eine Landeskultur, die sich in der Regel an wirtschaftlich privilegierte Zielgruppen richtet, die Sprachkurse, Eliteschulen und Universitäten besuchen. Diese erhalten direkte Unterstützung von der deutschen Bundesregierung, u.a. durch Entsendung von Lehrer:innen und Lektor:innen, Schulungen für pädagogische Ortskräfte, Ausrichtung von Leistungsnachweisprüfungen sowie finanzielle Förderung und Pflege von regionalen Beratungsstellen.

Die Wettbewerbsfähigkeit der deutschen Sprache variiert von Region zu Region und hängt von der Konkurrenz mit anderen Sprachen ab. Gute Chancen hat sie, schätzt Hamel (2008: 41), als zusätzliche Zweitsprache in Europa und anderen Kontinenten oder im Kontext zweisprachiger Schulen. Ihre Lehrpläne gewährleisten auch ein hohes Niveau an Englischkenntnissen, die bereits in den ersten Schuljahren erworben werden. Für Hamel ist der Erfolg dieses Ansatzes das Ergebnis einer Bildungs- und Sprachenpolitik, welche über eine reduktionistische und auf dem vermeintlichen Universalismus der englischen Sprache basierende Mehrsprachigkeit hinausgeht.

Andererseits weist Flores (2013) darauf hin, dass diese Alternative umso mehr an Bedeutung gewinnt, je stärker die Forderung nach der Bildung neoliberaler Subjekte zum Ausdruck kommt. Diese müssen mit dem Ideal flexibler Arbeitnehmer kompatibel sein, die sich ihr Leben lang ständig weiterbilden und verbessern wollen und sich selbstständig die Fähigkeiten herausfiltern, die sie besitzen müssen, um die Bedürfnisse einer postfordistischen Wirtschaft zu erfüllen. Deshalb ist es wichtig zu beachten, dass, „Mehrsprachigkeit (…)

unbewusst als Instrument neoliberaler Governance eingesetzt werden [kann], das die bestehenden Machtverhältnisse eher stärkt als sie herausfordert."[5] (Flores 2013: 509). Indem Flores andere Wissenschaftler zu Wort kommen lässt, unterstreicht er, dass das heutige Europa nicht als Vorreiter bei der Förderung pluralistischer und flüssiger Sprachpraktiken angesehen werden sollte, da solche in verschiedenen Gesellschaften in unterschiedlichen Formen bereits vorhanden waren und die europäische Kolonialisierung für ihre Ausgrenzung historisch verantwortlich ist. Bei Unterschätzung dieser Sachverhalte würde man riskieren, die Mehrsprachigkeit zur Rechtfertigung einer neuen Form des Sprachimperialismus zu instrumentalisieren, die dem Rest der Welt eine europäische Konzeptualisierung der sprachlichen Fluidität aufzwingen will (S. 513).

Um eine nachhaltige Entwicklung der Mehrsprachigkeit zu gewährleisten, hält Hamel (2008: 34) es für unerlässlich, dass Maßnahmen ergriffen werden, um die Vertikalität zwischen den Sprachen abzumildern. In diesem Sinne können Maßnahmen, die sowohl auf institutioneller als auch auf pädagogisch-methodischer Ebene durchgeführt werden, die mehrsprachige Identität fördern, indem sie die Rolle der Sprachen über die Grenzen der einzelnen Fächer, den Klassenraum und die Anleitung von Sprachlehrenden hinaus erweitern. Doch nur eine Konzeption von Mehrsprachigkeit, welche die durch den Neoliberalismus hervorgerufenen globalen Ungleichheiten explizit infrage stellt, kann laut Flores (2013: 516) einer Verschärfung derselben entgehen. Das Auftreten von Sprachen sozialer Minderheiten im Schulalltag kann sich als Mittel zur Entpolarisierung der mehrsprachigen Lernumgebung erweisen, indem es die Schülerinnen und Schüler an kulturell marginalisierte Perspektiven heranführt und damit verhindert, dass die Vielfalt durch eine generalisierende und standardisierende Tendenz verdrängt wird. Als Endziel würde dieses Bemühen in der Befähigung von Individuen resultieren, sich der Korporisierung ihrer Sprachpraktiken zu widersetzen (S. 517).

Indem Materialien und Unterrichtsangebote bevorzugt werden, die ausschließlich die Zielsprache verwenden, reduziert sich der transkulturelle Austausch auf gelegentliche Situationen. Wenn einerseits die angewandte Methodologie beim Unterrichten von Deutsch als L2 den interkulturellen Dialog vorschlägt, wird andererseits der Lernende in der Regel so behandelt, als würde er keine Sprache sprechen. Auf diese Weise bleibt das intersubjektive

---

5 Übersetzung des Verfassers. Im Original: „plurilingualism may unwittingly be used as a tool of neoliberal governance that reinforces rather than challenges current relations of power".

und interkulturelle Potenzial des Lernens an Themen der deutschen, österreichischen und schweizerdeutschen (D-A-CH[6]) Kultur hängen, die oft totemisiert werden. Trotz aller Fortschritte der trinationalen Zusammenarbeit seit 1990 zugunsten der Durchsetzung der standardsprachlichen Variation im DaF-Unterricht gilt für Shafer (2019: 42) „das Deutsch (Nord-)Deutschlands als einzige Norm", wobei die österreichische sowie die schweizerische Norm als Abweichungen und Sonderfälle behandelt werden. Nach der Fallstudie von Meirelles und Savedra (2020: 20–21) werden plurizentrische Aspekte der deutschen Sprache mit einem stärkeren Gewicht auf rezeptiven Fähigkeiten und aus unilateraler Sicht behandelt, wobei der Fokus auf der nationalen Varietät Deutschlands liegt. Österreichische und schweizerische lexikalische Varianten werden im Vergleich mit denen des Deutschland-Standards explizit angedeutet, während spezifische Verwendungen deutscher Varianten implizit eingeführt werden. Auf diese Weise werden diese mit Wörtern verwechselt, die auch in anderen (DACH-)Ländern üblich sind (ebd.).

Obwohl in dieser Studie die plurilinguale Dimension bei der Gestaltung deutschsprachiger Schulbücher nicht empirisch untersucht wurde, zeigt meine Erfahrung als Fachlehrer, dass sie zwar einige in Deutschland regional gesprochene Varietäten des Deutschen in Betracht ziehen, diese aber selten in Alltagssituationen und die Ausübung kommunikativer Kompetenz integriert werden. Noch weniger angesprochen scheinen Kontaktsituationen mit den anderen drei Amtssprachen der Schweiz – Französisch, Italienisch und Rätoromanisch – zu sein; mit Slowenisch in Österreich; mit Romani, Sorbisch, Friesisch und Dänisch, die in Deutschland als Minderheitensprachen anerkannt sind; mit Spanisch und Guarani in Paraguay; mit Portugiesisch und anderen Minderheitensprachen in Brasilien; mit Rumänisch und Ungarisch in Rumänien usw. Es ist zu beachten, dass die Gestaltung und Veröffentlichung deutscher Lehrbücher, die in Kursen, Schulen und Universitäten aller Welt verwendet werden, in den meisten Fällen in deutschen Verlagen konzentriert sind[7] und

6 Das DACH- oder DACHL-Prinzip fördert die Integration kultureller und sprachlicher Aspekte von Deutschland (D), Österreich (A), der Schweiz (CH) und Liechtenstein (L) in den Unterricht von Deutsch als Fremdsprache (cf. Ammon 1995; Shafer 2016; Nicolaescu 2017).

7 Shafer (2019: 42–43) konstatiert ein viel größeres Interesse an sprachlicher Variation in der ausländischen Germanistik und in Forschungskreisen Österreichs oder der Schweiz, während das Thema in Deutschland „höchstens eine marginale Rolle zu spielen [scheint], zumindest bei der Mehrheit deutscher Fachvertreter:innen", so dass einschlägige Lehrwerkanalysen oft die Umsetzung des plurizentrischen Ansatzes in Lehrmaterialien unterschätzen.

dem Referenzrahmen des Europarats folgen. Nur gelegentlich werden Unterrichtsmethoden aus anderen DACH-Länder adoptiert oder vor Ort Materialien entwickelt, die sich an den Bedürfnissen, dem Lehrsystem, der Lernkultur und dem soziolinguistischen Profil einer Gemeinschaft, einer Region oder eines Landes orientieren.

Woolard (2012: 51) verweist zu Recht auf die vom Greenblatt (1990) aufgeworfene Debatte über die Art und Weise, in der die ersten europäischen Berichte über die Ureinwohner Amerikas diese so darstellten, als ob sie einerseits überhaupt keine Sprache hätten und andererseits in der Lage wären, frei mit den Eroberern zu kommunizieren. Als „zwei Seiten derselben ideologischen Medaille" (Woolard, ebd.) lassen sich solche Annahmen sowohl in den Sprachlehrmethoden als auch in der Unterrichtspraxis wiedererkennen. Dabei werden Lernende als „tabula rasa" (Freire 2016) behandelt, während ihre kulturelle und sprachliche Identität vorausgesetzt wird und davon ausgegangen wird, dass sie Erwartungen entgegenkommen, die unter ihrer Existenz fremden Umständen entstanden sind. So wie die europäischen Eindringlinge sich als unfähig erwiesen, den indigenen Sprachen Realität zu geben und den Reichtum der kulturellen Vielfalt der Menschen zu würdigen, so neigt die Schule auch heute noch dazu, die Vielfalt, die sie in ihren Mauern zusammenführt, zu vernachlässigen. Sie überschüttet sie mit Masken und vorgefassten Inhalten, die übernommen und wiederholt werden sollen.

So gesehen reichen eine hohe Kompetenz in den vier Sprachfertigkeiten mit umfassenden Grammatik- und Wortschatzkenntnissen alleine nicht aus, damit Sprechende von Deutsch als L2 sich als legitimes Mitglied der Sprachgemeinschaft etablieren. Laut Hamel (2008: 40) wird diese Anerkennung viel mehr davon abhängen, ob es dem Einzelnen gelingt, die bestehende Struktur der Sprachhierarchien – an deren Spitze der „Muttersprachler" steht – zu durchbrechen. Dafür muss er die angesehenen Kreise in Bildung, Wissenschaft, öffentlichen Einrichtungen, Medien und Politik infiltrieren und es schließlich schaffen, seine eigene Stimme und das, was er zu sagen hat, besser vernehmbar zu machen als die Art und Weise, wie er Wörter und Sätze in der „Fremdsprache" artikuliert. Sich selbst als Ausländer zu erkennen und ein Bewusstsein für die im L2-Lernprozess und im interkulturellen Kontakt verwobenen Beziehungen zu entwickeln, besteht nach Oxford (2003) in der Entwicklung einer politisch-kritischen Autonomie. Um diesen Prozess vom Management der Mehrsprachigkeit aus zu unterstützen, schlägt Moita Lopes (2013: 29) „im Gegensatz zu einer Linguistik der Gemeinschaften und der inneren Struktur der Sprachen" die Einführung und Förderung einer „Linguistik der Praktiken und Kontakte“[8] vor, die kritisch und transdisziplinär Begriffe hinterfragt (cf. Kapitel 6), die bisher als axiomatisch behandelt und teilweise durch eine koloniale Ideologie durchgesetzt wurden.

Im Rahmen dieser Studie wird (Deutsch als) Fremdsprache nur als Begriff verwendet, um auf fremde Diskurse oder eine Bezeichnung hinzuweisen, die an den beteiligten Institutionen geläufig ist. In diesen Schulen wird das Fach Deutsch auf diese Weise (oder unter dem Akronym „DaF“, Deutsch als Fremdsprache) im Stundenplan der Schülerinnen und Schüler und in allen vom Lehrerteam erstellten und im Unterricht verwendeten Begleitmaterialien vermerkt. Nach Irvine (1989: 255) ist sprachliche Ideologie „das kulturelle (oder subkulturelle) System von Vorstellungen über soziale und sprachliche Beziehungen, zusammen mit ihrer Belastung durch moralische und politische Interessen“[9]. Im Lichte dieser Definition muss man über das deutsche Adjektiv „fremd“ nachsinnen, das in der Bildung des zusammengesetzten Substantivs „Fremdsprache“ vorkommt. Der gleiche Wortstamm bezeichnet Angehörige eines anderen Landes und Sachen, die jemandem uneigen, unbekannt, unvertraut oder unpassend ist. Wenn das Ziel der Lehrmethodik jedoch darin besteht, dass die Sprache zugunsten der Entwicklung sprachlicher und interkultureller Fähigkeiten so früh wie möglich vom Lernenden angeeignet wird, dann soll das Label „fremd“ für die angewandte Methode, die Sprache und die Kultur, mit der der Lernende in Kontakt kommt, schnell als überholt gelten. Aus dieser Sichtweise folgt, dass sowohl Lernende als auch nicht einsprachige, eine andere L1 sprechende Lehrende, welche im Rahmen dieser Konzeption gleichermaßen ausgebildet werden, angesichts des unveränderlichen Merkmals der Sprache als „fremd“ sich selbst als fremd oder Ausländer in Bezug auf die Sprache sehen. Dieses Attribut macht also nur so lange Sinn, bis jedes Subjekt sich des Paradoxons bewusst wird und kritisch über die Elemente und Prozesse reflektiert, die bei der Bildung seiner sprachlichen Identität wirken.

8 Übersetzung des Verfassers. Im Original: „uma linguística das práticas e dos contatos em oposição a uma linguística das comunidades e da estrutura interior das línguas“.

9 Übersetzung des Verfassers. Im Original: „the cultural (or subcultural) system of ideas about social and linguistic relationships, together with their loading of moral and political interests“.

3. Bildungspolitik und mehrsprachiger Spracherwerb

Selbst als „elementare Nutzer" (vgl. Trim et al. 2001) werden die in dieser Studie untersuchten Schülerinnen und Schülern nach García und Kleifgen (2010) als „aufstrebende Zweisprachige" bzw. „emergent bilinguals" bezeichnet. Es gibt keinen einstimmigen Expertenstandpunkt zur Definition relevanter Attribute für die Charakterisierung einsprachiger oder zwei- bzw. mehrsprachiger Personen. Welche Kriterien zur Festlegung der verschiedenen Arten von Zweisprachigkeit zu beachten sind, ist auch keine Frage, auf die es eine einzige oder vorherrschende Antwort gibt. Andererseits scheint im gesunden Menschenverstand nach wie vor eine Auffassung Anklang zu finden, die 1933 von Bloomfield dargestellt wurde, welcher den Zweisprachigen als jemanden beschreibt, der zwei Sprachen in ähnlicher Weise beherrscht wie die Muttersprachler dieser Sprachen.

Neuere Studien zur Zwei- und Mehrsprachigkeit versuchen, einer globalisierten Welt Rechnung zu tragen, in der die Mobilität und die Kommunikation über Sprach- und Landesgrenzen hinaus immer häufiger geworden sind. Außerdem sind die Variationen zu beachten, die die L1-Sprechenden selbst der Sprache aufprägen und die regional-, berufs-, alters- und bildungsbedingt sind (Coelho 2009: 32). Ungeachtet ihrer Sprachkenntnisse in den verschiedenen diskursiven Gattungen, Modalitäten und Registern ihrer L1 befassen sich diese Studien mit einem glaubhafteren und weniger idealisierten Muttersprachler, der in einem kulturellen und geografischen Kontext eingebettet ist, der viel komplexer und heterogener ist, als die nationalen Grenzen und Farben in den Sprachlandkarten vermuten lassen (vgl. Guisan 2009).

Heutzutage argumentieren immer mehr Gelehrte, dass der Lernende wiederum nicht vom Lernprozess getrennt betrachtet werden sollte, eine Ansicht, die noch in den Prämissen von Macnamara (1967) herrschte. Betrachtet man beides als untrennbare Einheit in einem komplexen Beziehungsgeflecht, von dem die Motivation zum Lernen ausgeht, so zeigt sich, dass Sprache nicht nur ein Kommunikationsmittel ist, sondern auch an der Identitätsbildung des Individuums beteiligt ist (Dörnyei 2009). Die Zusatzsprache erweitert somit die Fähigkeiten, über die man für die Entfaltung und den Ausdruck seiner Identität und für die Interaktion verfügt.

Für Larsen-Freeman und Cameron (2008: 6–7) erweckt die epistemologische Segmentierung den Eindruck von Stabilität und Selbstgenügsamkeit der

Begriffe des Lernenden und des Lernens, als ob der Gebrauchskontext den Sprachressourcen selbst vorgelagert und außerhalb des Sprachbenutzers wäre. Ausgehend von ihrer Theorie komplexer Systeme und im Widerspruch sowohl zur klassischen darwinistischen als auch zur behavioristischen Argumentation sehen die Autorinnen Individuum und Kontext als gekoppelt, sodass sich der Kontext in einem Prozess gegenseitiger Anpassung zwangsläufig neu konfiguriert. Darüber hinaus ist das Subjekt in der Lage, seinen eigenen Kontext zu prägen. Modelle, die auf Ursache-Wirkungs-Dynamiken basieren, sowie verallgemeinernde Erkenntnisse sind daher nicht geeignet, Lernen und seine Auswirkungen auf die Identitätskonstruktion zu erklären. Kramsch (2006: 98) argumentiert, dass Studien über das Erlernen weiterer Sprachen trotz aller Fortschritte immer noch mehr Aufmerksamkeit auf die Erwerbsprozesse als auf die Lernenden richten. Sie analysieren Geist, Körper und Sozialverhalten in Untersuchungsachsen, die von den Schnittpunkten zwischen den jeweils einzelnen und der Sprache losgelöst sind.

Folglich hat die Vorstellung einer kontinuierlichen und linearen sprachlichen Entwicklung, laut Grosjean (1982), zur Umsetzung von Tests geführt, die „ausgewogene" und „unausgewogene" Zweisprachige ermitteln. Derselbe Autor, neben anderen wie Romaine (1995), Mello (1999) und Maher (2007), weist auf den Anachronismus dieser Kategorisierung hin, da sie nach wie vor auf einer idealisierten Perfektion beruht, diesmal der einer absoluten Symmetrie der beiden Sprachen in allen Gebrauchsbereichen. Maher bestreitet diese Ansicht, indem sie Zweisprachigkeit als Eröffnung neuer Ausdrucks- und Interaktionsmöglichkeiten ansieht, welche eine Umverteilung der „funktionalen Belastung" in zwei Sprachen mit sich bringt. Da ein Individuum bei seinen Tätigkeiten nicht auf einem festen Organisationsgrad handelt und sich die Komplexität dynamischer Fertigkeiten ununterbrochen ändert (Fischer/Bidell 2006: 483), sind die Funktionen, die jede Sprache erfüllt, bei jedem Menschen unterschiedlich und in keiner Weise dauerhaft. Sie verändern sich je nachdem, in welchem sprachlichen Umfeld sich das Subjekt befindet und welche neuen Anforderungen an die Kommunikation gestellt werden.

Auf der Suche nach einer breiten, die verschiedenen Arten von Zweisprachigkeit erfassenden Definition, stellt Maher (2007: 79) fest, dass „Zweisprachigkeit eine sehr verbreitete menschliche Bedingung [ist], [die] sich auf die Fähigkeit bezieht, mehr als eine Sprache zu benutzen"[10]. Eine Analyse oder

10 Übersetzung des Verfassers. Im Original: „o bilinguismo, uma condição humana muito comum, refere-se à capacidade de fazer uso de mais de uma língua".

Bewertung der zwei-/mehrsprachigen kommunikativen Kompetenz eines Individuums wird nur dann sinnvoll sein, wenn sie jede Idealisierung beiseite lässt und das mehr als eine Sprache sprechende Individuum als jemanden versteht, der in einem eigenen diskursiven Universum handelt, das weder das diskursive Universum des einsprachigen Sprechers der L1 noch das des einsprachigen Sprechers der L2 ist. Damit funktioniert der Zwei-/Mehrsprachige an einer dritten, dauerhaft unvollendeten Stelle und ist aufnahmefähig für die Durchlässigkeit der Sprachen, die ihn konstituieren (Maher 2007: 77–78). Selbst wenn dieses Subjekt in einer hypothetischen Kommunikationssituation ausschließlich Wörter und Strukturen einer einzigen Sprache verwendet, d.h. ohne Code-Switching, stellen sich wahrscheinlich Spuren von Zweisprachigkeit ein. Diese gehen auf einen kognitiven Prozess zurück, der sich im Laufe einer individuellen Erwerbsgeschichte von mehr als einer Sprache herausgebildet hat.

Diese Auffassung steht im Einklang mit Berruto (2004: 89–90), der die sprachliche Variation selbst als eine Tatsache betrachtet, die sich aus einem natürlichen Bedürfnis der Menschen ergibt, sich zu differenzieren und zu identifizieren und eine flexible und funktionale Antwort auf die immer vielfältigeren und komplexeren Erfordernisse des Lebens, der Gesellschaft und der sozialen Beziehungen zu geben. Daher macht es keinen oder kaum einen Unterschied, ob die Analyse innerhalb der angenommenen Grenzen einer einzigen Sprache oder in einem erweiterten Rahmen durchgeführt wird, der zum Beispiel Sprachen derselben Familie oder in Kontaktsituation umfasst und dabei interlinguale Variationen zulässt.

Offensichtlich hat sich der Begriff der „Zweisprachigkeit" aus einer Konzeption von Sprachen als diskrete, zählbare und schaltbare Codes entwickelt und scheint in der Argumentation, welche die These einer einheitlichen Kompetenz untermauern sollte, unangebracht zu sein. Der in diesen Prozessen herrschende Hybridismus und die Komplexität der Verhältnisse aller beteiligten Faktoren begünstigen jedoch die konventionelle und strukturelle Unterscheidung zwischen künstlich ausgeschnittenen Elementen, die als „Sprachen" gelten. Auch in dieser Studie, wenn „Mehrsprachigkeit", „mehrsprachiger Sprachgebrauch" und „Zusatzsprache" angesprochen werden, geht es darum, neue Perspektiven für das, was Sprachkompetenz genannt wird, vorzuschlagen; trotzdem beruht dies auf traditionellen und kanonischen Grundlagen bzw. einem Einstellungsmodell, das der Autor zwar gerne überwinden möchte, von dem er aber noch nicht abrücken kann. Es ist klar, dass der Mensch von Natur aus mehrsprachig ist und dies unabhängig vom formalen Spracherwerb und von schriftlichen oder standardisierten Normen (vgl. Busch 2012). Die Begriffe „Zweisprachige:r" und „Zweisprachigkeit" werden in dieser wissenschaftlichen Diskussion und bei der Interpretation von Forschungsdaten als konzeptioneller und diskursiver Kunstgriff benutzt. Damit soll die Sprachkompetenz des Subjektes gezielt auf zwei beliebige Punkte eingeschränkt werden, die keine wirklich getrennten und autonomen Zustände sind, da sie ein komplexes System mit mehreren Dimensionen integrieren. Wenn es um Lehrpläne und Lehrplanpolitik der jeweiligen Bildungseinrichtungen geht, wird hier ebenfalls konsequent der Begriff der „zweisprachigen" bzw. „bilingualen" Bildung angewendet.

Für García (2009a: 10) ist die Entscheidung für diese Bezeichnung angemessen, (a) um direkt auf Studien, Politiken und Praktiken der letzten 50 Jahre hinzuweisen; (b) aufgrund von Lehrplanstrukturen, die linear auf zwei Sprachen basieren, auch wenn Unterricht in weiteren Sprachen angeboten wird; (c) weil sich „Mehr-" und „Vielsprachigkeit" sowie „Pluri-" und „Multilingualismus" generell auf die Vielzahl von Zweisprachigkeiten beziehen; (d) weil es leichter ist, die Komplexität der Thematik zu verstehen, wenn man die Diskussion auf nur zwei Sprachen beschränkt. In Übereinstimmung mit dieser Überlegung werden im Rahmen dieser Arbeit „Zwei-" und „Mehrsprachigkeit" als Synonyme verwendet. Wo Letzteres verwendet wird, soll der plurale und hybride Charakter der sprachlichen Kompetenz des Subjektes betont werden.

Savedra (2009) ordnet die Zweisprachigkeit dem sozialen Umfeld zu. Damit umschreibt sie die Situation, in der zwei Sprachen als Kommunikationsmittel in einem situativ aufgeteilten Gebrauchsrahmen koexistieren. Aus der Perspektive des Sprechers sollte demzufolge seine sprachliche Identität und Sprachbeherrschung nicht als dauerhafte und stabile Zustände betrachtet werden. Stattdessen sollte man die verschiedenen „Stadien der Zweisprachigkeit" berücksichtigen, welche das Individuum während seines Lebens durchläuft, da seine Verhältnisse sich ständig verändern und unterschiedliche Konturen in Bezug auf die Beherrschung und den Gebrauch von jeder Sprache annehmen (S. 128). Angesichts der Relativität zweisprachiger Situationen handelt es sich deshalb bei der Behandlung der zweisprachigen Kompetenz nach Savedra um eine dynamische und relative Kategorie, die sich nicht durch den Begriff „Bilingualismus" decken lässt, sondern zutreffender als „Bilingualität" bezeichnet werden sollte.

Da Zweisprachigkeit also keine Summe von Einsprachigkeiten ist und da Zweisprachige sprachlich nicht so handeln, als wären sie zwei Einsprachige in einer Person (Grosjean 1989; Herdina/Jessner 2002; Larsen-Freeman/Kamerun 2008; García/Kleifgen 2010), erklärt Valdés (2005: 415), dass Benutzer von mehr als einer Sprache zwar über zwei oder mehr Systeme verfügen, die sie je nach ihren eigenen kommunikativen Bedürfnissen nutzen, diese sich jedoch von denen eines einsprachigen Sprechers und des „Muttersprachlers" der betreffenden L2 unterscheiden. Romaine (1995) stellt die Diskussionen um die Beherrschung der Sprache A oder B in Frage, da die Sprachkompetenz des Einzelnen mehrere Codes umfassen kann, die sich in unterschiedlichem Umfang entwickelt haben und diese Kompetenz nicht gleichmäßig bestimmen. Die Autorin hält es für möglich, dass ein bestimmter zweisprachiger Sprecher zwei Sprachen zusammen fließend beherrscht, obwohl er nicht in der Lage ist, sich in jeder der beiden Sprachen jeweils als Einsprachiger zu verständigen (S. 321).

An diesem Punkt lohnt es sich, erneut auf die Theorie von Larsen-Freeman und Cameron (2008) zurückzugreifen und die Frage der zweisprachigen Kompetenz im Hinblick auf ein komplexes System zu analysieren. Zunächst einmal ist es wichtig, die Tatsache nicht aus den Augen zu verlieren, dass die Theorie komplexer Systeme nicht nur zeigen will, dass solche Systeme miteinander verbunden sind, sondern auch, dass sie dynamisch, oft instabil und in keiner Weise ausgewogen sind. Diese Vision verstärkt die Relevanz von Savedras Vorschlag (2009) und lässt die Mängel in den L2-Ansätzen erkennen, die einen festen und begrenzten Bestand grammatikalischer Regeln als Ziel des Erwerbs vorsehen (Larsen-Freeman/Cameron 2008: 135). Also, wenn L1 und L2 zwei gekoppelte Systeme darstellen, sodass ihre Anwendungen sich gegenseitig beeinflussen (S. 134), so ist

> Lernen [...] nicht das Aufnehmen sprachlicher Formen durch die Lernenden, sondern die ständige Anpassung und Umsetzung von Sprachgebrauchsmustern im Dienste der Bedeutungsgebung als Antwort auf die in der kommunikativen Situation entstehenden Möglichkeiten. Diese Sichtweise geht also davon aus, dass es bei der sprachlichen Entwicklung nicht um das Erlernen und Manipulieren abstrakter Symbole geht, sondern dass sie sich in realen Lebenserfahrungen vollzieht, z.B. wenn sich zwei oder mehr Gesprächspartner während einer Interaktion zusammen anpassen. Während dieser Abstimmung werden die Sprachressourcen beider Partner umgestaltet[11] (S. 158).

Die Veränderungen umfassen sowohl Resignifizierungen bzw. die Reorganisation von Zeichennetzwerken, was die Bildung hybrider Netzwerke einschließt, als auch die Rekonfiguration von Diskursarten und weitere formale Aspekte

11 Übersetzung des Verfassers. Im Original: „Learning is not the taking in of linguistic forms by learners, but the constant adaptation and enactment of language-using patterns in the service of meaning-making in response to the affordances that emerge in the communicative situation. Thus, this view assumes that language development is not about learning and manipulating abstract symbols, but is enacted in real-life experiences, such as when two or more interlocutors co-adapt during an interaction. During co-adaptation, the language resources of both are transformed".

des Sprachgebrauchs. All diese Anpassungsprozesse, die grundsätzlich im Kontakt zwischen den Sprechern und ihrer eigenen Art der Sprachverwendung stattfinden, sorgen dafür, dass ihre Idiolekte sich ständig aktualisieren.

Laut Otheguy (2016) sind Einsprachigkeit und Zweisprachigkeit – und damit auch der Einsprachige, der Zweisprachige und vor allem die national geprägte Idee von Sprache – soziale Erfindungen. Diese sind innerhalb dieser Perspektive gültige Konzepte, aber sie beschreiben keine kognitive oder psycholinguistische Realität. Daher kann der Sprachwissenschaftler bei einer objektiven Analyse nicht zu der Schlussfolgerung gelangen, dass das „zweisprachige" Individuum über eine Doppelkompetenz verfügt: „Aus sozialer Sicht sind der Einsprachige und der Zweisprachige unterschiedlich; der eine hat ein Sprachsystem und der andere zwei. Aber vom individuellen Standpunkt aus gesehen sind beide gleich, denn jeder hat einfach seinen eigenen Idiolekt."[12](S. 66). Es wäre unangemessen, so Busch (2012: 48), solche komplexen Repertoires auf dichotome Modelle zu reduzieren, da im individuellen Bereich stets verschiedene Codes, Register und Sprachen koexistieren. Selbst im Kontinuum zwischen Zugehörigkeit und Nichtzugehörigkeit sieht sich das Individuum aufgrund biographischer, historischer und politischer Faktoren als „einsprachig" an, und zwar unabhängig davon, ob es sich in allen „Sprachen", aus denen dieses Repertoire besteht, für kompetent hält (S. 41).

Was die sozialen Praktiken betrifft, ist das Thema noch komplexer. Während glottopolitische Bewegungen Ideologien produzieren, die der ein-/zweisprachigen Dualität und dem Bestehen von Normen und Regulierungsinstitutionen Bedeutung verleihen, zeigen Studien über australische Sprachen, die keine Zentralisierung und Standardisierung aufweisen, dass es innerhalb der jeweiligen Sprechergemeinschaften weder ein kollektives Sprachbewusstsein noch ein Zugehörigkeitsgefühl gegenüber Sprachen gibt (vgl. Grace 1992). Aus dieser Perspektive bringt Milroy (2011: 65–66) die Diskussion über die Form und Substanz der Sprache wieder in Gang und zeigt, dass diese eine größere Fluidität und Instabilität besitzt, als sich vordergründig vermuten lässt, und von ihren Sprechern nicht immer verdinglicht wird. Da das strukturalistische Format zur Beschreibung eines Objekts mit diesen Eigenschaften nicht geeignet ist, warnt Milroy vor seiner Tendenz, Sprachen in zusammenhängendere und stabilere

12 Übersetzung des Verfassers. Im Original: „Vistos bajo la óptica social, el monolingüe y el bilingüe son distintos; uno tiene un sistema lingüístico y el otro dos. Pero bajo la óptica individual, los dos son iguales, porque cada uno posee simplemente su propio idiolecto".

Zustände zu zwingen, als sie tatsächlich innehaben (ebd.). Eine „wirklich soziolinguistische Sprachtheorie", so Milroy, könnte also unter der Prämisse entstehen, dass die unmittelbare sprachliche Realität durch das Individuum im Sinne der verfügbaren sprachlichen Ressourcen wahrgenommen wird und nicht als 'Sprache' in der positivistischen Auffassung, d.h. in einem vollständigen und abgeschlossenen Zustand. In ähnlicher Weise setzt die Ideologie voraus, welche Einsprachigkeit als Norm betrachtet, dass sie „um des Zusammenhalts willen natürlicher, wünschenswerter, effizienter und produktiver ist, als es die Realität rechtfertigt"[13] (García 2009a: 25–26).

García und Flores (2012: 235) bezeichnen als *monoglossisch* die Ideologie, die das sprachliche Verhalten einsprachiger Sprecher in der Zielsprache legitimiert und infolgedessen Lernende dazu bringt, eine ausbalancierte Zweisprachigkeit zu kultivieren, indem sie in beiden Codes, L1 und L2, jeweils als monolingual in ihren jeweiligen Prestigevarietäten auftreten. Hybride Praktiken sowie die Entwicklung von Fähigkeiten und der Gebrauch jeder Sprache in verschiedenen Funktionen sind in monoglossischen Ansätzen nicht vorgesehen. Ansonsten sind sogenannte *heteroglossische* Lehrkonzepte diejenigen, die sich an Lernende mit unterschiedlichen Sprachprofilen und -praktiken in sehr heterogenen Klassenzimmern richten und/oder deren Teilnehmende zur Entwicklung vielfältiger Sprachpraktiken in mehrsprachigen sozialen Kontexten fördern. Es handelt sich um eine *dynamische Zweisprachigkeit* (vgl. García/Kleifgen 2010). Diese umfasst vielfältige Praktiken, die sich der Multimodalität und Mehrsprachigkeit des kommunikativen Aktes im 21. Jahrhundert anpassen (García/Flores 2012: 236). Wenn einerseits in heteroglossischen Ansätzen die Zielsprache auch als Unterrichtsmedium verwendet wird, bauen sie – anders als die traditionelle zweisprachige Pädagogik – Machtverhältnisse zwischen Sprachen ab, indem sie die Idee von Sprache selbst infrage stellen. Stattdessen vermitteln sie als elementare Einheit das *Languaging*, d.h. Handlungen, die die Lernenden durch die Sprache ausführen können. In dem heteroglossischen Vorschlag bezieht sich die Sprache nun auf ein Element, das sich in Umfang und Substanz von den eigenständigen Codes unterscheidet, deren Aufteilung die Hauptgrundlage der monoglossischen Ansätze ist. Sprache wird damit zum Synonym für Mehrsprachigkeit und mehrsprachige Kompetenz, die in diesem Zusammenhang wiederum pleonastisch werden. Die dynamische Zwei- oder Mehrsprachigkeit umfasst fließende Praktiken, bei denen ineinandergreifende Sprachmittel aus

13 Übersetzung des Verfassers. Im Original: „more natural, more desirable, more efficient, and more productive for the sake of cohesion than reality warrants".

mehr als einer Sprache in derselben Gesprächssituation zugelassen werden. Sie integrieren die mehrsprachige Kompetenz und bieten dem Sprechenden mehr Möglichkeiten, seine Ideen auszudrücken, die Welt zu verstehen und mit seinen Mitmenschen zu interagieren.

Die systematische, für das monoglossische Modell typische Trennung zwischen der Sprache als Zeichenstruktur mit begrenztem Regelwerk und ihren sozialen und kognitiven Aspekten impliziert nach Kramsch (2006: 99), sie auch von ihren affektiven und somatischen Resonanzen im (aufstrebenden) zweisprachigen Subjekt zu entfremden, nämlich seinen Emotionen, Erinnerungen, Phantasien, Projektionen und Erkenntnissen. Als sinnstiftendes System baut Sprache die historische Sedimentation von Bedeutungen auf, die wir als Self bezeichnen (ebd.). Ebenso wie „Rasse" und „ethnische Gruppe" sind Le Page und Tabouret-Keller (1985) der Ansicht, dass die Sprache

> ein Konzept ist, das wir als Individuen formen, und [dass] das Ausmaß und die Art und Weise, wie wir unsere Vorstellungen auf die Menschen um uns herum projizieren und Netzwerke gemeinsamer Vermutungen aufbauen, die Natur der Gruppen in unserer Gesellschaft und ihre Handlungsweise bestimmen. [...] Die Sprache hat jedoch insofern eine zusätzliche Dimension, indem wir alle anderen Konzepte, die wir benutzen, um uns und unsere Gesellschaft zu definieren, auf kodierte Weise symbolisieren[14] (S. 247–248).

Für diese Autoren gilt die Wahl der Sprache – oder die Art und Weise, wie sich der Idiolekt formt und darstellt – als ein Identitätsakt, also ein Ausdruck der Zugehörigkeit zu einer Gruppe und der Abgrenzung derselben. In einer ähnlichen Argumentation definiert Ehlich (2005: 180) die Sprache als ein Instrument zur Markierung von Grenzen, wobei Unterschiede als Kriterium zur gesellschaftlichen Zuordnung verwendet werden.

Tatsächlich sind die Suche und die Festlegung von Kategorien nicht schlüssig als Zweck, sondern viel mehr als Mittel für die Analyse des Unterrichts von Zusatzsprachen. Das kommt daher, dass die herausragenden Merkmale eines Ansatzes potenziell und oft auch in anderen vorhanden sind. Genau dies geschieht, wenn man zwei von García (2009a: 6–7) aufgeworfene Kategorien betrachtet und die effektive Praxis in Kursen für „Zweitsprache" oder

---

14 Übersetzung des Verfassers. Im Original: „is a [language] concept we form as individuals, and the extent to which, and the manner in which, we project our concepts on those around us and establish networks of shared suppositions determines the nature of the groups in our society and their mode of operation. [...] Language however has the extra dimension in that we symbolize in a coded way all other concepts which we use to define ourselves and our society".

„Fremdsprache“ (oder Schulen, in denen die Zusatzsprache auf nur ein Fach innerhalb des regulären Lehrplans beschränkt ist) und in bilingualen Bildungseinrichtungen beobachtet. Während Programme, die dem ersten Format folgen, die Sprache als Inhalt behandeln, verwenden diejenigen, die den zweiten Ansatz anbieten, die Zusatzsprache als Unterrichtsmittel. Die wichtigsten Aspekte, die diese Modelle bestimmen, sind in Tabelle 1 aufgeführt.

Tabelle 1: Zweisprachiger Lehransatz und Unterricht von Zweit-/Fremdsprache[a]

	Zweisprachiger Lehransatz	*Lehrplan mit Unterricht einer Zweit-/Fremdsprache*
Allgemeines Ziel	Sinnvolles Erziehen und eine Form der Zweisprachigkeit	Kompetenz in einer weiteren Sprache
Akademisches Ziel	Zweisprachiges Erziehen und die Fähigkeit, zwischen Kulturen zu handeln	Erlernen einer weiteren Sprache und Vertrautwerden mit einer weiteren Kultur
Sprachanwendung	Sprachen werden als Unterrichtsmittel verwendet	Die Zusatzsprache wird als Fach unterrichtet
Didaktische Sprachanwendung	Es werden zwei oder mehr Sprachen verwendet	Es wird hauptsächlich die Zielsprache verwendet
Pädagogischer Schwerpunkt	Integration von Sprache und Inhalt	Expliziter Sprachunterricht

a Vgl. García 2009a: 7.

García weist jedoch darauf hin, dass es heute keine leichte Aufgabe sein kann, eine klare Linie zwischen diesen Modellen zu ziehen. Sprachlehrprogramme haben zunehmend versucht, Sprache und Inhalt zu integrieren, wodurch sie sich dem zweisprachigen Erziehungskonzept annähern, während zweisprachige Bildungsprogramme auf den expliziten Sprachunterricht mehr Gewicht legen und damit typische Verfahren der Sprachlehrprogramme einführen (S. 6). Damit verweist die Autorin auf die ausschließliche Verwendung der Zielsprache im Unterricht. Diese Tendenz zeigt sich in pädagogischen Konzepten, die sich bisher unter dem Begriff der zweisprachigen Erziehung zusammenfassen ließen und die inzwischen eine objektivere und explizitere Herangehensweise an die Sprache verfolgen. Hingegen hat der integrierte Sprach- und Inhaltsunterricht (vgl. Coyle et al. 2010) in den ersten Jahrzehnten des 21. Jahrhunderts an Bedeutung gewonnen und ist auch in den traditionellen Schulkursen und Lehrplänen weitgehend umgesetzt worden. Trotz des Ansehens, das die traditionellen Initiativen der Hegemonie der Zielsprache im Klassenzimmer verleihen, ist die zweisprachige Realität in diesen Programmen, so García weiter, vielfältig präsent, sei es im verwendeten Begleitmaterial, in der Lehrersprache oder zwangsläufig in der spontanen Unterhaltung zwischen den Schülern.

Der Hauptunterschied zwischen den beiden oben genannten Kategorien bezieht sich jedoch auf die allgemeinen Ziele, die erreicht werden sollen, und besteht auch weiter, wenn die Praktiken und Darstellungen bei jedem Ansatz ineinander verschachtelt sind. García betont, dass der bilinguale Unterricht eine gleichberechtigte Erziehung in Bezug auf die Inklusion von Schülern mit einer L1-Sprache fördert, die sich von der dominanten Schulsprache unterscheidet. Gleichzeitig ist er im kulturellen und identitätsbezogenen Bereich ein wichtiger Faktor, um Toleranz gegenüber anderen Sprach- und Kulturgruppen zu entwickeln. Die Autorin befasst sich daher mit der zweisprachigen Erziehung im Sinne einer Allgemeinbildung, die ein mehrfaches Verständnis für Sprachen und Kulturen entwickelt und die menschliche Vielfalt wertschätzt (S. 8–9).

Es lohnt sich jedoch, darüber nachzudenken, inwieweit sich die in jedem der oben genannten Segmente tätigen Lehrkräfte in ihrer Ausbildung tatsächlich unterscheiden. Die monoglossische Ideologie steht in Einklang mit den Überzeugungen und dem einsprachigen Verhalten von Lehrkräften, die in bilingualen Schulen arbeiten und im Klassenzimmer den Gebrauch anderer Sprachen neben der Unterrichtssprache nicht für sinnvoll halten. Andere Forschungen weisen auf die bemerkenswerte Beteiligung von Lehrenden ohne spezifische Berufsausbildung hin, welche entweder die Zielsprache als L1 beherrschen und üblicherweise „native speakers“ genannt werden oder über längere Zeit in Ländern gelebt haben, die als Referenzorte der angesehenen Norm für Lehrpläne und Kurse gelten (Rodrigues 2016: 17–18; Gómez 2007: 125–128). Andererseits deckt die Qualifikation von Fachkräften in regulären Lehramtsstudiengängen in Brasilien, um das Beispiel eines Landes zu nehmen, theoretische Aspekte der Zweisprachigkeit nicht ab. Mit Ausnahme sehr weniger neuerer Weiterbildungsangebote gibt es keine spezifische höhere Ausbildung für zweisprachige Erziehende und Lehrkräfte, die in bilinguale Schuleinrichtungen kommen, wo die Zusatzsprache nicht nur ein Ziel, sondern auch ein Lernmittel ist (Salgado et al. 2009: 8043; Megale 2014: 15; Liberali/Megale 2016: 100). Was den brasilianischen Kontext noch weiter anbelangt, machen Salgado et al. (2009: 8045–8046) auf die Dringlichkeit pädagogischer Ausbildungsprogramme aufmerksam, die neben der sprachlichen und kulturellen Vermittlung auch Aspekte berücksichtigen, die es den Lehrkräften ermöglichen, in den verschiedenen Kontexten des Landes mitzuwirken, die zweisprachige Unterrichts- und Schulformen begünstigen. Diese reichen von Grenzgemeinden bis hin zu indigenen Gemeinschaften sowie von den Kommunen mit Migrationsgeschichte über die heutige

Migrantenbevölkerung bis hin zu den städtischen Zentren, in denen wohlhabende Familien den zweisprachigen Bildungsweg als hochwertige Alternative sehen.

Laut Phillipson (1988: 348) konzentriert sich die Sprachlehrerausbildung traditionell auf Themen der Linguistik, Psychologie und Pädagogik im engeren Sinne: „Sie schenkt den internationalen Beziehungen, den Entwicklungsstudien, den Theorien der Kultur oder des interkulturellen Kontakts sowie der Sprach- oder Bildungspolitik oder -soziologie wenig Beachtung“[15] (ebd.). Der Autor befasst sich mit der Ausbildung von Englischlehrern und kritisiert die Praxis dessen, was er als Bildungsimperialismus bezeichnet. In seinen Erwägungen betont er, dass eine solche Politik auf die Verbreitung einer Ideologie, also die Festlegung von legitimen Verhaltensweisen, Fähigkeiten und Kenntnissen abzielt, die das Berufsleben insgesamt auszeichnen (Phillipson 1992: 62–63). Phillipson vergleicht sie mit dem Medienimperialismus, der ebenfalls eine Struktur der professionellen, methodologischen und technologischen Abhängigkeit von den Metropolen des „Amerikanischen Englisch“ und des „Britischen Englisch“ entwickelt hat. Dieses Verhältnis wird durch die Verfügbarkeit importierter Lehrmittel angetrieben, was die Nachahmung von Einrichtungen und Praktiken dieser Zentren erleichtert und die Suche nach Lösungen verzögert, die den lokalen Bedürfnissen besser entsprechen würden.

Als deutscher Außenminister begründete Frank-Walter Steinmeier die Investition in deutsche Auslandsschulen mit ihrer strategischen Position als Referenz- und Ausstrahlungsstellen für die deutsche Kultur:

> (...) alle Auslandsschulen vereint ihr Wert für die Deutsche Außenpolitik und nicht nur für diese: Da die Mehrzahl der Schülerinnen und Schüler deutscher Auslandsschulen aus den Gastländern kommt, strahlen viele dieser Schulen intensiv in das jeweilige Sitzland hinein. Sie sind – zum Teil ja schon seit über einhundert Jahren – zu einem Dreh- und Angelpunkt deutscher Kultur geworden (apud Winter 2009: 171).

In einer eher einseitig positiven Beurteilung der auswärtigen Bildungspolitik der Bundesregierung nennt Kiper (2015) Faktoren und Trends, die aus ihrer Sicht für eine Universalisierung der Bildungssysteme in einem einzigen globalen Kommunikationsnetz sprechen würden. Die Liste wird mit folgendem

---

15 Übersetzung des Verfassers. Vollständiger Originalauzug: „The professional training of ELT [English Language Teaching] people concentrates on linguistics, psychology and education in a restricted sense. It pays little attention to international relations, development studies, theories of culture or intercultural contact, or the politics or sociology of the language or education“.

Statement eröffnet: „Es konstituiert sich ein weltgesellschaftlicher Kommunikationszusammenhang über Erziehung und Bildung. Dabei wird weltweit die gleiche Semantik über Bildung und Bildungsprozesse verwendet“ (S. 158). In den folgenden Punkten geht Kiper davon aus, dass Institutionen, die Sprachbildungspolitik auf nationaler und internationaler Ebene fördern, gegenwärtig nach universalistischen und institutionalisierten Grundvoraussetzungen handeln. Konvergenzpunkte zwischen Schulsystemen, Lehrplänen und Abschlüssen werden zu Maßstäben für die Beschreibung der Lehrplanpolitik in verschiedenen Ländern erhoben. Ihre Vorstellung basiert jedoch auf den internationalen neoliberalen Leitbildern, die zur Modernisierung und Wettbewerbsfähigkeit von privaten Eliteschulen übernommen wurden.

Solche Konvergenz schließt die Auswahl der Sprachen mit ihren jeweiligen normativen Umrissen ein, die diese Lehrpläne bilden. Lehrende sollen dabei im Blick behalten, was sie ist, woher sie stammt oder welche Faktoren die Bestimmung der sprachlichen Norm inspirieren, die als Ziel des Lernens und der sprachlichen Bildung angenommen werden. Dieses Thema sollte nicht am Rande behandelt werden, da eine präskriptive Sprachdidaktik historisch und systematisch mit sozialen Strukturen, autoritären Werten und Vorurteilen verbunden ist, die volkstümliche oder regionale Varietäten, hybride Praktiken und andere Formen des Identitätsausdrucks im Sprachgebrauch diskriminieren und stigmatisieren. Für Mariani (2003: 80) braucht die herrschende Macht eine „Sprache als Institution, die nicht ambiguitätsbedingt ist“, damit „ein politisches und juristisch-administratives Projekt für die Nation materialisiert wird“, denn ihre Kontrolle ist vom sprachlichen Verständnis abhängig[16]. Damit wird die Standardnorm oder -varietät grundlegend für die Etablierung der politischen Hegemonie der prestigeträchtigen Bevölkerungsgruppe und wirkt als Faktor der soziokulturellen Ausgrenzung (Monteagudo 2011: 43). Für den Deutschunterricht als L2 ist diese Gruppe durch einen archetypischen und einsprachigen Sprecher deutscher Herkunft vertreten, ohne familiären Migrationshintergrund und ohne Kontakt zu regionalen Varietäten, Minderheitensprachen und Sprachgrenzen, wie er durch die Lehrmaterialien und die koloniale Einstellung nachvollziehbar ist (vgl. Bohunovsky 2005; Bolognini 1996).

16 Ausschnitte vom Verfasser übersetzt. Vollständiger Originalauszug: „Em suma, o poder necessita de clareza, de entendimento lingüístico. Assim, é fundamental um projeto político e jurídico-administrativo para a nação que seja materializado através de uma língua-instituição não sujeita a ambiguidades (…)“.

Weder Steinmeiers Rede noch Kipers Vorschläge reflektieren die Unterschiede und die innere Pluralität der Gesellschaften vor Ort um die zweisprachigen Schulen, die weltweit im Rahmen der deutschen Außenpolitik gefördert werden. Der Rahmenplan „Deutsch als Fremdsprache" wurde durch eine wissenschaftliche Kommission (Bausch et al. 2009) für die Zentralstelle für das Auslandsschulwesen (ZfA) erstellt. Er dient als Grundlage für den Aufbau von Arbeitsplänen und soll ermöglichen, „einen modernen, fachlich und didaktisch-methodisch abgesicherten Unterricht den unterschiedlichen sozialen und kulturellen Bedingungen am jeweiligen Schulstandort anzupassen" (S. 3). Zweisprachige Bildung wird als ein internationales Modell behandelt, das als Träger einer globalen Ordnung unkritisch implementierbar sei: „Individuelle (fremd-)sprachliche Kompetenzen helfen dem Menschen, sich in einer internationalisierten und durch Mobilität und globalisierten Wettbewerb gekennzeichneten Welt zu orientieren, sich zu verständigen und international handlungsfähig zu sein" (S. 5). Ausgehend von der oberflächlichen Prämisse, dass Deutsch „in kultureller und wirtschaftlicher Hinsicht zu den wichtigsten Sprachen dieser Welt [gehört]" (S. 6), wird dieses Projekt von einem fremden Blick geleitet, der nur über die Landschaften fliegt und sich nicht auf regionale und lokale Anliegen einlässt, die für die Lehrpläne und die pädagogischen Vorhaben im Vordergrund stehen müssten.

Dieser Konzeptualisierung fehlt die Berücksichtigung der Stimme, die die politische Natur des Subjekts betont und nach Giroux (1991) in dem kritischen Einsatz seiner Ausdrucksfähigkeit gipfeln muss. Solange dies nicht vorliegt, wird die De- und Rekonstruktion einer absoluten und zum Lerngegenstand werdenden Realität verhindert, deren vorgefertigte Interpretation als „Inhalt" vermittelt wird. So wird auch die Subjektivitätsentwicklung von Lernenden gehemmt, die selbstständig handeln, indem „das, was sie lernen, Teil dessen wird, was sie sind"[17] (Little 2014: 106). In diesem Zusammenhang plädiert Green (1988: 156) für die kritische Dimension der Literacy als der Grundlage dafür, dass Menschen Literacy-Praktiken aktiv produzieren und verändern können. Es handelt sich um einen Ansatz, der mit dem Empowerment des Subjekts zur Bedeutungskonstruktion verbunden ist. Dabei werden alternative Lesepraktiken gefördert, um Kritik zu üben und die sozialen Funktionen und kulturellen Annahmen der gelesenen Texte infrage zu stellen (Luke/Freebody 2011: 218). Dadurch erkennt man sich durch die Nutzung seiner sprachlichen

---

17 Übersetzung des Verfassers. Im Original: „what they learn becomes part of what they are".

und kommunikativen Kompetenz als befähigt, Veränderungen zu beeinflussen. Das Auftreten gegen Ungleichheit und Ungerechtigkeit, das Infragestellen und Herausfordern der Kanons und die Aufhebung der Trennung zwischen Theorie und Praxis im Handeln von Lehrkräften, die sich als „intellectual transformers" verstehen, sind weitere von Giroux (1990) erwähnte Säulen, die mit der Idee einer offenen, inklusiven und emanzipatorischen zweisprachigen Bildung gleichermaßen kompatibel sind. Daher sollte die Arbeit im Unterricht die Zielsprache und ihre kulturellen Komponenten nicht als *fremd* gegenüber der Identität und dem Leben des Lernenden behandeln. Im Gegenteil, als Pädagogen müssen wir die Identität und die Zuneigung der Schülerinnen und Schüler in den pädagogischen Prozess einbeziehen und ein Gefühl der Kontinuität zwischen dem fördern, was sie im Unterricht machen, und dem, was sie in ihrer Individualität sind, sowie zwischen dem, was sie lernen, und dem, wozu sie sich darüber hinaus jetzt und in der Zukunft inspiriert fühlen (Ushioda 2011: 204).

Schließlich berührt man den Hauptkonfliktpunkt zwischen einem Konzept für kritische Literacy und den Orientierungsachsen des Gemeinsamen Europäischen Referenzrahmen (Trim et al. 2001). Ihre erste Ausgabe gilt heute noch als am häufigsten verwendete Matrix zur Evaluierung von L2-Sprachkompetenz. Diese geht nicht auf eine Ansicht von Lernen ein, die es nicht in einzelne Bereiche zersplittert und die Mehrsprachigkeit nicht als Summe oder Sammlung von monolingualen Kenntnissen betrachtet. Das liegt daran, dass die Skala von A1 bis C2 in eine einzige Richtung verläuft, und zwar in die *muttersprachlerähnliche* Beherrschung der Sprache, entsprechend einem bestimmten Standard, welcher für *fremde* Lernende ausgearbeitet wurde. Diese Aspekte wurden 2018 in der Konzeption eines Begleitbands (North et al. 2018) kritisch beachtet. Dazu gehören neue Skalen für plurilinguale und plurikulturelle Kompetenzen, Mediation und Online-Interaktion. Ihre umfangreiche Implementierung durch Lehrplans- und Prüfungskommissionen sowie Lehrmittelverlage und in der Lehrerausbildung erfordert jedoch mehr als ihre Herausgabe und konnte sich nach dem Vorbild der ersten Auflage nicht in allen Bereichen durchsetzen[18].

Im Rahmen ihrer schulischen Laufbahn und beim Lernen sollte es den Schülerinnen und Schülern erleichtert werden, Strategien zu entwickeln, damit

---

18 Da der Zeitrahmen der vorliegenden Studie 2015 bis 2018 umfasst, wird die Aktualisierung der Beispielsdeskriptoren, die 2018 im Begleitband zum Gemeinsamen Europäischen Referenzrahmen herausgegeben wurden, zur Beschreibung und Analyse der Schullehrpläne nicht berücksichtigt.

sie ihr gesamtes sprachliches Repertoire zur Kommunikation nutzen können. Nach Baker (2001) ist die bilinguale Erziehung nicht der Montage von zwei Rädern gleichzusetzen, die ein Fahrrad durch eine synchronisierte, ausgewogene Mechanik bewegen und deren Gleichgewicht im Voraus eingestellt und nur im Falle eines unregelmäßigen Betriebs oder zur Wartung korrigiert wird. Besser ist es, die Zweisprachigkeit als ein Fahrzeug mit beweglichen Gliedern zu behandeln, die sich je nach Geländeform individuell regulieren, aber integriert arbeiten, wie in einem Mondfahrzeug oder einem Geländebuggy. Der integrierte Umgang mit sprachlichen Mitteln ist demnach für den Sprecher wichtiger als die vollständige Beherrschung isolierter Sprachen.

Diese Idee hängt mit dem *Translanguaging*-Konzept zusammen, das García (2009b: 140) definiert als „die von Zweisprachigen ausgeführte Handlung beim Zugreifen auf verschiedene sprachliche Mittel oder auf unterschiedliche Formen dessen, was als eigenständige Sprachen bezeichnet wird, um das kommunikative Potenzial zu maximieren"[19]. Dabei handelt es sich nicht um das einfache Umschalten zwischen den Sprachen im Gespräch (Code-Switching), obwohl dies zur Praxis gehört. Darüber hinaus ist der hybride Sprachgebrauch ein systematischer, strategischer, verbindender und sinnerzeugender Prozess (Gutiérrez et al. 1999: 88):

- systematisch, weil er auf eine komplexe und logische Weise organisiert und artikuliert ist,
- strategisch, indem er Sprechenden erweiterte Möglichkeiten zur Artikulation des Diskurses und zum Ausdruck von Gedanken und Ideen bietet,
- strategisch auch im Hinblick auf das Verständnis und den Erwerb neuer Sprachcodes und Ressourcen,
- verbindend, weil er Identifikation und Zugehörigkeit zu einer Gruppe signalisiert,
- sinnerzeugend, wenn er Konzepte neu dimensioniert, neue Verzweigungen multimodaler Bedeutungen in einem Netzwerk eröffnet und Bedeutungsinhalte durch Sprachen, Register, Genres und Semiosen transportiert.

García (ebd., S. 51) versteht Translanguaging als die wahre kommunikative Norm der zweisprachigen Gemeinschaften, die sich nicht von Vorgaben für den monolingualen Gebrauch bestimmen lassen kann. Da der Umfang des

19 Übersetzung des Verfassers. Im Original: „the act performed by bilinguals of accessing different linguistic features or various modes of what are described as autonomous languages, in order to maximize communicative potential".

sprachlichen Repertoires von zweisprachigen größer ist als bei einsprachigen Sprechern, sind ihre Wahlmöglichkeiten größer als im Gemeinsamen Europäischen Referenzrahmen (2001) vorgesehen, wenn es um die Messung von Sprachkenntnissen geht. Dieser war deshalb von der Realität des 21. Jahrhunderts entfernt, wo die Languaging-Möglichkeiten immer komplexer werden und das Translanguaging zunehmend zu einem Entscheidungsverfahren wird (García 2009a: 48), sei es beim Lesen in der L2, beim Gespräch mit anderen zwei- oder mehrsprachigen Partnern oder in Vermittlungssituationen.

Gestützt auf die Prinzipien der Demokratie und der Menschenrechte haben die Mitgliedsstaaten des Europarates die Mehrsprachigkeit als Grundprinzip der Sprachbildungspolitik formell ratifiziert. Laut der Analyse und Interpretation von Beacco und Byram (2003: 39) bezieht sich dieses Bekenntnis unmittelbar auf die Förderung einer einheitlichen Sprachkompetenz, die L1, National-, Regional- und Minderheitensprachen sowie andere Sprachen außerhalb des europäischen Kontexts umfasst. Die Autoren betonen, dass ein solches Ziel erreicht werden kann, wenn man Folgendes beachtet: (a) die Vielfalt, die die individuellen mehrsprachigen Repertoires auszeichnet; (b) dass das Lernen über den schulischen Kontext hinausgeht und sich über das gesamte Leben der Lernenden erstreckt, und (c) dass Sprachen nicht unbedingt im Blick auf ein allgemeingültiges Kompetenzniveau gelernt werden sollten. Inzwischen wird jedoch in vielen Teilen der Welt und sogar in Europa der Unterricht von L2, insbesondere Englisch, immer noch als ein Faktor der zunehmenden sozialen Segregation eingeschränkt. Gardner (2012: 250) spricht hier von einem Erbe des englischen Kolonialismus und weist auf Länder hin, in denen der Zugang zu zweisprachiger Bildung in Privateinrichtungen mehr als nur sprachliches Kapital mit sich bringt. Diese sind meistens besser ausgestattet und unterstützt als die regulären Institutionen des öffentlichen Systems und gelten gesellschaftlich als Synonym für qualitativ hochwertige Bildung und internationale Mobilität, was durch die wirtschaftliche Macht der Familien gespiegelt wird.

Es lohnt sich, darüber nachzudenken, inwieweit diese Bedingungen mit der Umsetzung der zweisprachigen Erziehung als Grundlage für die transkulturelle Verflechtung in der Gesellschaft kompatibel sind oder ob sie diesen Plan sogar erschweren. Eine Möglichkeit, das zu erreichen, bestünde darin, für die Zweisprachigkeit eine geeignete Einstellung gegenüber der Norm zu fördern und damit eine kohärente Neuformulierung des Begriffs der Sprachvariation anzustreben. Dabei sollten der Lebensweg, die Vorhaben, Gedanken und Gefühle der L2-Lernenden und Sprechenden von zwei oder mehr Sprachen berücksichtigt werden. Es ist wichtig, ihr sprachliches Verhalten zu analysieren und festzustellen, dass ihre Leistung nur zum Teil konstant und vorhersehbar ist, da sie sich ständig an ändernde Situationen anpassen und darauf reagieren. Die entscheidende Erkenntnis, um den aufstrebenden Zweisprachigen zu verstehen und ihm bei der Erlangung seiner Autonomie zu helfen, ist dabei, dass er sich durch sein sprachliches Handeln nicht darauf beschränkt, sich anzupassen, sondern vor allem seine Sprachwelt aktiv umgestaltet (Larsen-Freeman/Cameron 2008: 159). Auch wenn man die Norm und die Vorschrift als Faktoren betrachtet, die die Performanz des Sprechers regulieren, sind die Bedeutung und die Komplexität dieser Verhaltenseinstellung nicht zu unterschätzen. Beim Verzichten einer linearen oder unidirektional stufenartigen Darstellung des Spracherwerbs zugunsten einer Entwicklungs- und Lernvorstellung als Netz heißt es:

> Im Gegensatz zu den Stufen einer Treppe sind Netzfäden nicht in einer festgelegten Reihenfolge fixiert, sondern sind das *gemeinsame Produkt* der konstruktiven Tätigkeit des Netzbauers und des stützenden Kontexts, in dem das Netz gebaut wird (wie Äste, Blätter oder die Ecken einer Wand bei einem Spinnennetz)[20] (Fischer/Bidell 2006: 473; Hervorhebung aus dem Original).

Diese Auffassung verdeutlicht nicht nur die Verzweigtheit und Multidirektionalität der dynamischen Wissenskonstruktion, sondern bietet auch die Gelegenheit für einen freundlichen Umgang mit der Sprachvariation. Laut Monteagudo (2011) „sind sich in unterschiedlichem Maße alle Sprechenden des Phänomens der sprachlichen Variation bewusst und in der Lage, ihren gesellschaftlichen Wert zu erkennen" (S. 35). Nach Ansicht von Beacco und Byram (2003) handelt es sich dabei um eine triviale Fähigkeit, die von allen geteilt wird und die latent bleibt oder nur bei einigen Varietäten der L1 entwickelt wird. Den Autoren zufolge sollte die Sprachbildungspolitik daher die Sprechenden auf dieses Potenzial aufmerksam machen, es verstärken und auf andere Varietäten ausdehnen (S. 37).

Allerdings wird dieser Aspekt im L2-Unterricht und in zweisprachigen Lehrplänen oft nur marginal thematisiert und kaum bearbeitet (Coste et al. 2009: 23). Das kommt vor allem dann vor, wenn die Sprache nicht in der sozialen Schülerumgebung präsent ist und die Lernenden über sehr wenige alltägliche Nachweise des Sprachgebrauchs verfügen. Meistens basiert ihr Lernprozess auf sterilisierten homogenen Ausschnitten der Zielsprache, die einem von den

20 Übersetzung des Verfassers. Im Original: „Unlike the steps in a ladder, the strands in a web are not fixed in a determined order but are the *joint product* of the web builder's constructive activity and the supportive context in which it is built (like branches, leaves, or the corners of a wall, for a spider web)".

Lehrwerksverlagen definierten Standard entsprechen und mit den Vorgaben der Institute und Regierungsstellen übereinstimmen, die die Kriterien und Bewertungen der Sprachkompetenz erstellen. Unter diesen strengen Bedingungen dauert es eine Weile, bis sich der Lerner als Teil einer soziolinguistischen Realität erkennt, und nur selten ist er in der Lage, die L2 als eine Gesamtheit so pluraler und vielfältiger Sprecharten wie seine eigene L1 zu reflektieren. Wenn Vielfalt nicht als eine legitime und verfügbare Realität behandelt wird, wird dem Lernenden nicht bewusst, dass er Entscheidungen treffen darf, statt sich an den einzigen anerkannten Standard seiner Lernumgebung bedingungslos anpassen zu müssen. Le Page (1997: 18) erinnert daran, dass wir uns als „linguistische Chamäleons" entsprechend der Identität ausdrücken, die wir in den jeweiligen Kontext projizieren wollen. Wenn der Lernende sich dessen jedoch nicht bewusst ist und dafür nicht ausgestattet ist, scheint jeder Anpassungsversuch als Hyperkorrektur, (Selbst-)Auslöschung, Ablehnung der eigenen Sprachidentität und mündet in andere negative Auswirkungen.

Für García und Kleifgen (2010: 43) ist Bildung dann von großem Erfolg gekrönt, wenn sie das von der Gruppe der Lernenden eingebrachte sprachliche Repertoire nutzt und ihre multiplen und hybriden Sprachpraktiken in den Lernprozess einbezieht, sodass dieses Repertoire geschätzt und erweitert und nicht verdrängt wird. Busch (2012) weist darauf hin, dass das sprachliche Repertoire eines Menschen „nicht beliebig [ist] und auch nicht ohne weiteres austauschbar, es haftet dem leiblichen Subjekt an, ist ihm einverleibt" (S. 23). Allerdings muss darauf geachtet werden, dass diese Zeichen und Praktiken nicht als steriler und stets verfügbarer Werkzeugkasten behandelt werden, aus dem man frei und souverän Sprachen, Ausdrücke, Strukturen oder Codes jeweils passend auswählt. Busch schlägt vor, stattdessen „das Repertoire als einen Raum der Potenzialität [zu] sehen, der von sedimentiertem leiblich-emotionalem Erleben sowohl aufgespannt als auch eingeschränkt wird" (S. 31). Ansätze und Curricula, die diesen bereits bestehenden Identitäts- und sprachlichen Rahmen außer Acht lassen, neigen dazu, die Kontrolle über das Sprachverhalten in den Vordergrund zu stellen und die sprachliche Bildung selbst zurücktreten zu lassen (García/Kleifgen, ebd.).

Für Makoni und Pennycook (2005: 147) erreicht diese keine dynamischere Wirkung, weil der Sprachunterricht nicht als transidiomatische Praxis und aktivistischer Einsatz verstanden wird. Begriffe wie „Erwerb einer zweiten Sprache" oder „Englisch als Zweitsprache" sind Produkte einer willkürlichen und additiv-nummerierenden Einstellung und sie haben enormen Einfluss auf Lehrpläne und Unterrichtsansätze (Hélot 2012: 215). Eine solche Auffassung der Mehrsprachigkeit als monoglossische Pluralität beeinträchtigt die grundlegenden intersubjektiven Verhältnisse, die den Lernenden Autonomie im Umgang mit ihrer Zweisprachigkeit verleihen, indem sie sie als offene und dynamische Dimension ihrer Biografien wahrnehmen lassen.

Es würde um den Aufbau neuer Beziehungen zu Sprache und Sprachen gehen. Man müsste ein neues Verständnis dafür gewinnen, wie Sprache in der Gesellschaft verwendet wird, und sich der Rechte sprachlicher Minderheiten sowie der Bedeutung der Bewahrung veralteter Sprachen bewusst werden (ebd.). Zu den Mindestanforderungen, die Mühlhäusler (2002: 386) zur Förderung der Vielfalt und damit der ökologischen Sprachplanung im Schulbereich aufzählt, gehört die Verlagerung von der Verbreitung einer einzigen Weltsprache hin zur Vermittlung verschiedener strukturmäßig und soziologisch vielfältiger Sprachen als Zusatzsprachen. Diese Prämissen werden leider durch sprachpolitische Maßnahmen vereitelt, die seit über einem Jahrhundert der Errichtung sprachlich homogener Gesellschaften gewidmet sind. Für Hélot (ebd.) geht es um Auswirkungen einer allgemeinen Einstellung, bei der die Dimensionen, die Reichweite und die Substanz jeder Sprache ideologisch abgegrenzt sind, sowie der Überzeugung, dass eine Bevölkerung einem Territorium zugeordnet ist und dass Sprachen als autonome Einheiten in sich gegenseitig ausschließenden Beziehungen funktionieren.

Angesichts dieses komplexen Wertesystems weist die Autorin auf die Herausforderung und den Widerspruch hin, die es insbesondere für die selbst ernannten binationalen oder bikulturellen Schulen bedeuten kann, zur Nachhaltigkeit der sprachlichen Vielfalt beizutragen. Trotz des hohen Stellenwerts, den ihre curricularen Vorlagen unterschiedlichen Kulturen und Ausdrucksformen einräumen, neigen diese dazu, auf nur zwei unflexible sprachliche Normen reduziert zu werden, die die Positionen eines polarisierten soziolinguistischen Raums markieren. In der Praxis ist der Raum außerhalb dieses Systems besser geeignet, die Vielfalt unterzubringen, als die „Begegnungsschule", deren Raum scheinbar nur den Sprechern zweier gut abgegrenzter Normen und den Vertretern zweier dadurch zugeschnittener nationaler Kulturen vorbehalten ist. Im Grunde genommen sind die Mitglieder dieser Schulgemeinschaften entweder Angehörige der lokalen geistigen und wirtschaftlichen Elite oder mit ihr vernetzt; diejenigen, die überwiegend deutsche Einwanderer sind und für eine begrenzte Zeit in die Gemeinschaft kommen, werden als Ehrengäste anerkannt. So entsteht ein künstlicher Begegnungsort mit kontrolliertem Zugang und oberflächlicher Heterogenität.

García und Flores (2012) stellen fest, dass elitäre Schulprogramme im Allgemeinen die Zweisprachigkeit additiver Art fördern und bestrebt sind, die lineare und parallele Entwicklung von Sprachkompetenzen für L1 und die

Zusatzsprache zu gewährleisten. Als erfolgreich gilt dabei der Lernende, der besonders im formalen Gebrauch beider Sprachen gleichwertige hohe Kompetenz erreicht hat, im Sinne einer symmetrischen Zweisprachigkeit, die in jedem Kontext und in der Interaktion mit jedem weiteren Benutzer von L1 und L2 eine einwandfreie Verständigung garantiert (S. 234).

Zu beachten ist weiterhin, dass der Kontext der sprachlichen Minderheiten, für die die zweisprachige Erziehung einen starken Identitätscharakter hat, auch durch den Wandel im Mobilitäts- und Kommunikationsbereich beeinflusst wird. In den 1990er Jahren ließ die Diskussion um die Authentizität systematisch zugunsten einer pragmatischen Position nach, die solchen Gruppen den Zugang zu vielfältigen Sprachmitteln und die Teilnahme an einer globalisierten Wirtschaft ermöglichen sollte (Heller 1999: 5). Es ging um den Aufbau einer neuen Legitimationsbasis auf der Grundlage des Pluralismus, der Erweiterung der Möglichkeiten zur Vernetzung dieser Minderheiten und der Qualität der sprachlichen Instrumente, die ihnen zur Verfügung stehen. Auch das Ansehen von Prestigevarietäten und standardisierten Normen wird in diesen Gemeinschaften verstärkt, da sie die Möglichkeit von Grenzüberschreitungen steigern und sozialen Status verleihen (ebd.). Das sich verändernde Profil der verschiedenen deutschen Schulen in den lateinamerikanischen Ländern verdeutlicht diese Neigung in vielerlei Hinsicht. Diese Institutionen, die zwischen dem späten 19. und der Mitte des 20. Jahrhunderts gegründet wurden, um Einwandererfamilien und Nachkommen von Siedlern zu versorgen, waren in den letzten Jahrzehnten bestrebt, dem Interesse einer Klientel entgegenzukommen, deren Profil zunehmend durch sozioökonomische und nicht mehr durch ethnische und sprachliche Merkmale geprägt ist (Moura 2009: 28–30; Cantuaria 2004: 44–48).

Allerdings gibt es viele Faktoren, die die Familien in Bezug auf die sprachliche Erziehung ihrer Kinder betreffen und deren Motivation und Vorsätze beeinflussen. Sowohl individuelle als auch kollektive Wertschätzungen und Belange befinden sich in ständiger Aushandlung in einer dynamischen Interaktion, die Heller (1999: 4–6) mit der von Stücken unterschiedlicher Farben und Muster in einem Kaleidoskop vergleicht. Dazu gehören (a) die Suche nach politischer Repräsentativität und sprachlicher und nationaler Selbstbestimmung, (b) die Migration von einer nationalen Agrar-/Industriewirtschaft hin zur Erbringung von Dienstleistungen in globalisierten Netzwerken, (c) die Produktion, Reproduktion und Verteilung von Kultur- und Konsumgütern, die zur Verschärfung der sozialen Ungleichheit beitragen, und (d) die Kategorien, die die Rollen bei der Organisation symbolischer und materieller Arbeit bestimmen, wie Ethnizität, Rasse, Klasse und Gender. Das Zusammenspiel der zahlreichen Faktoren bewirkt, dass sich dabei ihre Funktionen und Bedeutungen verändern und sie sich immer mehr von vorgegebenen, idealisierten Konzepten distanzieren (S. 5–6). Colello und Lucas (2017: 6) weisen darauf hin, dass die Schule „die Funktion hat, den neuen Generationen die Aneignung von Kulturgütern und den Transit durch die belesene Welt zu ermöglichen", und zwar dadurch, dass

> die Schülerinnen und Schüler ihre bisherigen Erfahrungen auf der Grundlage von Reflexionsprozessen, Interaktionspraktiken, Problemlösungen, sowie der Aufstellung und Konfrontation von Hypothesen erweitern dürfen. In diesem vom Lehrer durchgeführten Mediationsverfahren treibt die Aneignung gesellschaftlich verankerter Zeichen und Kenntnisse das Lernen und die Entwicklung effektiv voran[21] (ebd.).

Die Diskussion um das am besten geeignete Schulmodell für die Sprachbildung sollte daher von der Bestimmung von Ansätzen und der Erstellung von Lehrplänen geleitet werden, die die Lernenden befähigen, ihre sprachlichen Interaktionen in flüssigen Praktiken auszuhandeln. Sie sollten ihnen Freiraum für die kreative Manipulation ihrer kulturellen und sprachlichen Mittel sichern, damit sie die Bedeutungen, die ihrer sprachlichen Identität entspringen, frei und transkulturell zusammenfügen können. Das Lernen wäre damit nicht mehr auf die Anhäufung von Strukturen und Vokabular für den Ausdruck von Gedanken und Haltungen eingestellt, bei denen sich das Subjekt – selbst vor dem Hintergrund (oder unter dem Scheingrund) eines hypothetischen interkulturellen Dialogs – nicht in die Position der Autorschaft versetzt sieht. Stattdessen wäre schließlich im Mittelpunkt des Lernprozesses der Erwerb der Mittel, die man benötigt, um sprachlich zu handeln und sich an einer mehrsprachigen Gesellschaft selbstbestimmt zu beteiligen.

21 Übersetzung des Verfassers. Vollständiger Originalauszug: „É a escola, na nossa sociedade, a instituição que tem a função de possibilitar às novas gerações a apropriação dos bens culturais e o trânsito no universo letrado. Esse processo de apropriação cultural depende essencialmente da organização do ensino, cabendo ao professor dotar sua prática pedagógica de intencionalidade e sistematicidade, de modo que os alunos possam ampliar suas experiências prévias com base em processos reflexivos, práticas de interação, resolução de problemas, criação e confronto de hipóteses. É nesse processo de mediação feita pelo professor que se garante a aprendizagem e o desenvolvimento, sempre alavancados pela apropriação de signos e conhecimentos socialmente instituídos".

4. Vom interkulturellen Kontakt hin zum transkulturellen Identitäts- und Sprachenaustausch

Da „der Spracherwerb in einem zweisprachigen Bildungskontext nicht vom Kulturerwerb getrennt ist" (Savedra et al. 2010: 214), wird angenommen, dass der L2-Unterricht auf ein recht komplexes Netzwerk an Bedeutungen und kulturell verwobenen Bezügen aufbaut. Transkulturalität wiederum ist nach Welsch (2010: 29) mit der extensionalen Dimension der Kultur verbunden, wenn sie durch die Inhalte und Praktiken einer – geografischen, nationalen oder ethnischen – Expansion der betreffenden Gruppe, Gesellschaft oder Zivilisation gekennzeichnet ist. Diese Auffassung schafft ein Konzept, welches von einem traditionellen, sich abgegrenzten Kulturen entgegenstellenden Modell abweicht. Es schlägt ein Konzept der Infiltration und Verflechtung vor und geht von der Kritik an der Interkulturalität aus, die auf Herder zurückführt. Er stellte fest, dass „jede Nation [...] ihren Mittelpunkt der Glückseligkeit in sich [hat] wie jede Kugel ihren Schwerpunkt" (Herder 1967: 44–45). Diese Konzeption instituierte am Ende des 18. Jahrhunderts die Sprache als der Geist eines Volkes (Woolard 2012: 39).

Diese nationalistische Sprach- und Identitätsideologie, die durch die koloniale Expansion Europas verbreitet wurde, bestimmt, dass die Kultur das Leben eines Volkes sowohl kollektiv als auch in jedem Menschen durchdringen muss, d.h. jede Haltung und jeder Einzelne gilt als unersetzlicher Teil dieser Kultur. In dieser Darstellung wurde das Fremde unterschätzt, und als Kultur eines Volkes sollte jede Kultur differenziert und distanziert von den Kulturen anderer Völker betrachtet werden. Aus dieser Perspektive ergibt sich die Vorstellung von Kulturen als Kugeln, die nicht wirklich kommunizieren, sondern lediglich aneinanderstoßen (Welsch 2010: 41).

Hall (2011: 11) identifiziert bei der Analyse der Veränderungen des Identitätsbegriffs das „Subjekt der Aufklärung". Das veraltete Modell verbindet sich mit dem Herder'schen Kulturbegriff, indem es eine dem Individuum innewohnende Kultur/Identität betrachtet. Diese Identität würde sich bei der Geburt konstituieren, sich entwickeln und mit anderen Identitäten in Dialog treten, aber in ihrem Wesen unverändert bleiben.

Aus sprachlicher Sicht betrachtet man eine solche Person als „Muttersprachler" einer als Standard gewählten Sprachvarietät. Was die echte Ausdrucksform ihrer Kultur wäre, wird als Besitzgegenstand, als Schatz oder Erbe dieser Gruppe angesehen, welche diese Sprachvarietät totemisierte, indem sie sie von anderen sprachlichen Verhaltensweisen loslöste. Diese erhält eine Bezeichnung, die mit der Selbstbezeichnung der Gruppe einhergeht und als System eine gewisse Autonomie gegenüber der Gruppe erwirbt (Le Page/Tabouret-Keller 1985: 235). Mit dem symbolkräftigen Status einer „Sprache" wird die gewählte Varietät zu einer legitimen Repräsentation der gesamten von der betreffenden Gruppe praktizierten Varietäten. Die konzeptuelle Reduktion dieser Vielfalt verhindert, dass Identitäten und Sprachen diskursiv als Plural manifestiert werden. Darüber hinaus sind die Herausgabe von Grammatiken und Wörterbüchern und die Gründung von Sprachakademien zum „Schutz" der Standardvarietät Maßnahmen zu ihrer Verdinglichung und tragen zur weiteren Stigmatisierung anderer sprachlicher Praktiken innerhalb dieser Gruppe bei (Romaine 1995: 324–325). Die Ende des 19. Jahrhunderts in Europa vorherrschenden Ideologien, welche eine elitäre soziale Klassentheorie förderten, verstärkten den Rassismus in sprachlichen Einstellungen. Noch heute lehnt der Kult einer einheitlichen Sprechweise, die einem bestimmten gewählten Standard entspricht, jegliche Interferenzen ab und behandelt divergierende Leistungen als „Korruption" (Milroy 2011: 81) oder als sozial inakzeptable Praktiken (Le Page/Tabouret-Keller 1985: 236).

In der Bemühung, diese Tendenz in der traditionellen Praxis des Lehrens und Lernens von L2 zu identifizieren, findet man ein interkulturelles Regulierungsinstrument vor, welches einerseits den Raum von L1 und L2 abgrenzt und den Lernenden immer wieder an seinen Platz als Ausländer in Bezug zur Zielsprache zurückführt, als wäre dieser an ein elastisches Band gebunden. Aus seiner Sicht und verglichen zu der organisch-chaotischen Kultur- und Identitätssituation, in der sich der Lernende befindet, wird die L2 idealisierterweise als viel besser definiert, konturiert, homogen und unabhängig angesehen. Sie erscheint folglich als anzustrebendes Ideal, obwohl es unerreichbar ist, da der Lernende in seiner essentiellen, aufklärerisch definierten Identität gefangen ist.

Aus den ersten Berichten des Seefahrers Christoph Kolumbus über die indigene Bevölkerung, mit der er auf dem amerikanischen Kontinent Kontakt hatte (Greenblatt 1990: 17), sind schon gewisse wichtige Parallelen zwischen der Konzeption des L2-Lernenden und den Einstellungen über Sprechende und Sprachen zu erkennen. Die Eingeborenen werden als kulturlos dargestellt und es wird nicht anerkannt, dass sie über eine eigene Sprache kommunizieren. Kolumbus schrieb den spanischen Königen, dass er mit sechs Einheimischen

zurückkehren würde, „damit sie sprechen lernen"[22]. Gleichzeitig jedoch beziehen sich die Kolonisten in ihren Erzählungen auf die Ureinwohner, als ob diese sich ungehindert mit den Fremden verständigen könnten. Als eine von vielen Entführungen indigener Menschen wäre diese erste offensichtlich in der Absicht geschehen, um Dolmetscher auszubilden. Greenblatt weist darauf hin, dass der sprachliche Kolonialismus die Einstellung unterstützt, dass Sprechen darin besteht, die Sprache der Kolonisten zu sprechen oder zumindest eine, mit der sie vertraut sind" (ebd.). Für Woolard (2012: 51) liegt das scheinbare Paradoxon, auf das Greenblatt in Kolumbus' Rede hinwies, zwischen beiden Seiten derselben ideologischen Medaille, indem versucht wurde, die Realität der indigenen Sprachen und der kulturellen Vielfalt der Menschen zu verdecken. Indem diese Vision auf die Tradition des L2-Unterrichts, insbesondere des Deutschunterrichts, seine konservativeren Lehrpläne, Methoden und Lehrmaterialien projiziert wird, kann eine „ideologische Medaille" mit zwei entsprechenden Seiten nachgebildet werden. Wird einerseits der kulturelle Austausch durch das Lehren und Lernen von Sprachen angestrebt, so sieht sich der Lernende andererseits mit einer sprachlichen und kommunikativen Kompetenz ausgestattet, die vollständig in der Zielsprache eingeschlossen ist. Im Falle des Unterrichts von Deutsch als Zusatzsprache (DaF/DaZ) wird das intersubjektive und transkulturelle Potenzial der Sprache durch die Einschränkung auf kulturelle, geographische, politische und historische Aspekte der DACH-Länder (Deutschland, Österreich und Schweiz) zusätzlich gehemmt.

Diese Analyse deckt sich mit der Kritik Hamels (2008: 17–18) an der übermäßigen Bedeutung anachronistischer Ideale kultureller Identität, die die Gründung von Institutionen wie bikulturellen und binationalen Schulen motivierten. Der Autor weist darauf hin, dass der Prozess der Kolonialerweiterungen Europas anderen Teilen der Welt die ideologischen Implikationen und kulturellen Probleme gebracht hat, die durch das Konzept der Nationalstaaten entstanden sind. Auch wenn ein solches Konzept ebenso wie die Idee der sprachlichen Einheit als Prinzip nationaler oder ethnischer Konvergenz eine relativ junge Erfindung war (Sakai 2009: 73), lässt das zahlenmäßige Verhältnis zwischen Ländern und Sprachen – einschließlich der Tatsache, dass mehrere Sprachen in mehr als einer Nation gesprochen werden – die Existenz wirklich einsprachiger Nationalstaaten in der heutigen Welt recht unwahrscheinlich erscheinen (Hamel, ebd.). In diesem Zusammenhang ist es wichtig,

22 „llevaré de aquí al tiempo de mi partida seis a Vuestra Alteza para que aprendan a hablar".

darüber nachzudenken, welchen Platz Sprache, Diskurs und Mehrsprachigkeit in Gesellschaften einnehmen, die um politische Macht herum strukturiert sind, und wie diese Elemente in die Machtverhältnisse zwischen Identitäten und anthropologisch definierter Andersheit eingreifen (ebd.). Die sprachlich-normativen Vorgaben, Lehrpläne und Referenzrahmen, an welchen sich der Unterricht von Deutsch und anderen europäischen Sprachen weltweit orientiert, neigen dazu, diese ungleiche Stärke zu ignorieren und eine universelle Sprachauffassung aus einer eurozentrischen Perspektive zu schmieden. Aus dieser Position heraus werden Institute und Initiativen finanziert, die nationale Sprachen und Kulturen verbreiten, sowie die Herstellung der zu diesem Zweck exportierten Lehrmaterialien auf sich konzentrieren. So etablieren sie sich als Zentren, die hegemoniales kulturelles Kapital für das Erlernen solcher Sprachen und den interkulturellen Dialog bereitstellen:

> Wenn das Zentrum immer die Lehrer und die Definition dessen liefert, was lehrwürdig ist (von den Evangelien des Christentums bis zu den Evangelien der Technologie und Wissenschaft), und die Peripherie immer die Lernenden liefert, dann gibt es ein Muster des Imperialismus (…) ein Muster wissenschaftlicher Teams aus dem Zentrum, die in die Nationen der Peripherie gehen, um Daten (Rohmaterial) zu sammeln, in Form von Ablagerungen, Sedimenten, Flora, Fauna, archäologischen Funden, Einstellungen, Meinungen, Verhaltensmustern usw. für die Datenverarbeitung, Datenanalyse und Theoriebildung (wie generell bei der industriellen Verarbeitung). Dies geschieht in den Universitäten des Zentrums (Fabriken), um das fertige Produkt, eine Fachschrift, ein Buch (Fertigwaren) für den Verbrauch ins Zentrum der Peripherie zurückzuschicken, nachdem zunächst durch einen Demonstrationseffekt, eine Ausbildung im Zentrumsland und ein gewisses Maß an Beteiligung auf niedriger Ebene im Datenerhebungsteam eine Nachfrage dafür geschaffen wurde[23] (Galtung 1980: 130).

---

23 Übersetzung des Verfassers. Im Original: „If the Center always provides the teachers and the definition of what is worthy to be taught (from the gospels of Christianity to the gospels of Technology and Science), and the Periphery always provides the learners, then there is a pattern of imperialism (…) a pattern of scientific teams from the Center who go to Periphery nations to collect data (raw material) in the form of deposits, sediments, flora, fauna, archaeological findings, attitudes, opinions, behavioral patterns, and so on for data processing, data analysis, and theory formation (like industrial processing in general). This takes place in the Center universities (factories), in order to send the finished product, a journal, a book (manufactured goods) back for consumption in the center of the Periphery, first having created a demand for it through demonstration effect, training in the Center country, and some degree of low-level participation in the data-collection team".

Da die vorliegende Forschungsarbeit nicht auf die vertiefte Aufklärung dieser Punkte abzielt, können wir nur spekulieren, dass ein Teil des kommerziellen Interesses am Unterricht zusätzlicher Sprachen, wie schon bei Kolumbus, mit der Ausbildung von freundlichen und Interesse weckenden, interkulturellen Mediatoren zusammenhängt. Für Phillipson (1992: 57) kumulieren die meisten Vorteile und Entfaltungen der von Galtung beschriebenen Beziehung im Zentrum, während die Peripherie in einer Situation der beruflichen und technologischen Abhängigkeit bleibt. Bourdieu (1984) definiert *kulturelles Kapital* – neben dem ökonomischen und dem sozialen Kapital – als ein Prinzip der sozialen Differenzierung, das auf der ungleichen Verteilung von Codes, Mitteln und Strategien beruht, die enthüllen, welches Wissen und welcher Geschmack gesellschaftlich geschätzt werden. Dadurch wird die Entzifferung, Anerkennung, der Konsum und die Produktion kultureller und symbolischer Güter ermöglicht (Bourdieu 1984: 10–11, 2007: 297; Coelho Netto 1997: 84–85). Somit neigen die Institutionen und Praktiken des Zentrums dazu, sich in der Peripherie zu reproduzieren, und die Suche nach zweckmäßigeren Lösungen verliert in der lokalen Bildungspolitik an Anreiz und Priorität (Phillipson 1992: 62–63).

Um an dieser Stelle auf die Kritik am Herder'schen Konzept der Interkulturalität zurückzukommen, findet man sowohl in Hall (2011) als auch in Welsch (2010) die Einschätzung, dass unsere Kulturen nicht als homogene und undurchlässige Gebilde beschrieben werden können. Dieser Position folgend, kann die einzig akzeptable Möglichkeit, verschiedene Kulturen unter einem Multi-Kulturalismus-Konzept zusammenzuführen, darin bestehen, die von Leggewie und Zifonun (2010: 18) genannten Vorbehalte zu erfüllen, d.h. aufzuhören, dies als ein Nebeneinander von homogenen, geschlossenen und getrennten Kulturgruppen zu interpretieren und sie im ständigen Zusammenstoß zu beobachten. Dabei handelt es sich nicht um Konflikte im Sinne eines Kulturkampfes, sondern um verschiedene Verhandlungs- und Austauschprozesse.

Mit anderen Worten: Im Gegensatz zu dem, was die Herder'sche Tradition der Romantik befürwortet, sind die Kulturen – wenn es hier Sinn macht, zwischen Singular und Plural zu unterscheiden – nicht klar voneinander abgegrenzt, sondern durch Verflechtungen und Gemeinsamkeiten gekennzeichnet. Es macht in den Worten von Sercu (2002: 63) daher keinen Sinn, sich darauf zu beschränken, den „interkulturellen Sprecher" als ein kosmopolitisches Wesen hervorzuheben, das „über den Kulturen schwebt". In der Beschreibung der Autorin gebührt der Verschiebung des Schwerpunkts von der Gruppe hin zum Individuum besondere Aufmerksamkeit:

> Der 'interkulturelle Sprecher' ist kein kosmopolitisches Wesen, das über den Kulturen schwebt, wie es Touristen gewöhnlich tun. Stattdessen setzt er oder sie sich dafür ein, interkulturelle *Begegnungen* in interkulturelle *Beziehungen* zu verwandeln. Er oder sie begnügt sich nicht mit einem Blick von außen, mit dem Staunen über Unterschiede und darüber, was an einer anderen Kultur exotisch und faszinierend erscheint. Ein interkultureller Sprecher ist entschlossen, die Kultur des Anderen zu verstehen, einen Einblick in die Kultur des Anderen zu gewinnen und gleichzeitig dazu beizutragen, dass der oder die Andere seine Kultur aus dem Blickwinkel eines Insiders versteht[24] (Sercu 2002: 63; Hervorhebungen des Verfassers).

Einerseits versucht dieser Begriff der Interkulturalität, die Oberflächlichkeit binsenweisheitlicher Erkenntnisse über die Kultur des Anderen zu überwinden, andererseits bewahrt er die Integrität einer vermeintlich endgültigen Identität des Individuums. Was den „interkulturellen Sprecher" von Subjekten unterscheiden würde, die nur als „Touristen" über den Kulturen „schweben", wäre die vom Insider geteilte Ansicht, welche ihm das Privileg einräumt, die jeweils andere Kultur zu verstehen.

In einer Sichtweise, die die Verflechtung als Grundlage von interkulturellen Beziehungen betrachtet, gewinnt die Allegorie der Brücke – traditionell verwendet, um L2 als Verbindung zwischen der Kultur des Lernenden und der des „Muttersprachlers" zu definieren – neue Dimensionen: Sie verliert ihre Endlichkeit und verschmilzt nahtlos mit dem eigentlichen Wesen der Kulturen und Identitäten. Die Brücke beginnt nicht mehr am Rand der Welten, welche sie verbindet, sondern überquert diese, sich in die Landschaft einfügend, und integriert das sie durchziehende Wegesystem. Das Vakuum des Abgrunds zwischen beiden Welten verschwindet. Damit wird verständlich, dass die Dynamik des Kontakts nicht in der Überwindung einer imaginären Trennbarriere beginnt, sondern im Individuum selbst, in seiner inneren Transkulturalität. In der Debatte über die Ziele des Sprachenlernens und die Bewusstseinsbildung über Mehrsprachigkeit definiert Hélot (2012: 216) Zweisprachige als Akteure bei der Errichtung von Brücken, die Menschen aus verschiedenen Kulturen verbindet.

---

24 Übersetzung des Verfassers. Im Original: „The ‚intercultural speaker' is not a cosmopolitan being who floats over cultures, much like tourists tend to do. Rather, he or she is committed to turning intercultural *encounters* into intercultural *relationships*. He or she is not satisfied with a view from the outside, with marvelling at differences and at what seems exotic and intriguing about another culture. An intercultural speaker is determined to understand, to gain an inside view of the other person's culture, and at the same time to contribute to the other person's understanding of his or her own culture from an insider's point of view".

Das veranlasst zur Beobachtung der Wirkung von Kommunikationsbeziehungen auf die Annäherung und gegenseitige Durchdringung von Kulturen. Hier kommt schließlich die von Hall (2011) angekündigte Antithese des Subjekts der Aufklärung ins Spiel – das postmoderne Subjekt, das sich durch multiple Identitäten aus Fragmentierungsprozessen auszeichnet. Es wird also eingeräumt, dass Identitäten historisch definiert sind und dass sie sich in einem ständigen Wandel befinden.

Es ist darüber hinaus wichtig, die Veränderungen in der zweiten Hälfte des 20. Jahrhunderts zu berücksichtigen, die zur Einführung neuer Untersuchungsformen zur Erklärung der heutigen Welt geführt haben. Nach den von Graddol (2006: 28–29) erhobenen Daten verdoppelte sich zwischen 1960 und 2000 die Gesamtzahl der internationalen Migranten auf 175 Millionen (3 % der Weltbevölkerung), und etwa 75 % der Menschen, die im ersten Jahrzehnt des 21. Jahrhunderts international reisten, taten dies zwischen nicht-anglophonen Ländern. All diese Transformationen wurden von Veränderungen in der epistemologischen und wissenschaftlichen Behandlung des kulturellen Phänomens begleitet und vorangetrieben. Von einer objektorientierten Sichtweise von Teilbereichen und Einzelkomponenten mit klar umrissenen Grenzen sind die Kulturwissenschaften zu einer Arbeit mit eher ganzheitlichem und prozeduralem Charakter übergegangen. Diese Arbeit basiert auf einer kontext- und netzwerkorientierten Perspektive des kommunikativen Austauschs und gipfelt in einem hochkomplexen System sich überlagernder Schichten (Witchalls 2012: 14).

Zur Unterstützung einer Theorie der sprachlichen Deregulierung verweist Signorini (2002: 110) auf die kommunikative Praxis oder die Sprachgemeinschaft und die gesellschaftliche Kommunikation im weitesten Sinne als Gegenstand einer mehr an der Mehrsprachigkeit interessierten Soziolinguistik, welche im Dialog mit Ethnographie, Ethnomethodologie und internationaler Pragmatik steht. Signorini selbst erinnert an die in den Studien zur interkulturellen Kommunikation von Gumperz (1982) vertretene interaktionale und interpretative Tradition, in der der Sprecher in den mündlichen Kommunikationsprozessen, welche die (Re-)Produktionsmechanik der Sprache und der Gesellschaft untermauern, den Platz des Handelnden einnimmt (Signorini, ebd.).

Gumperz Perspektive auf das, was er als „interkulturelle Kommunikation" fasst, ergänzt und präzisiert eigentlich das, was Welsch (2010) als „transkulturell" bezeichnet. Schließlich relativiert Gumperz den Einfluss von makrostrukturellen Faktoren im interaktionalen Sprachgebrauch. Seiner Meinung nach wird ein großer Teil der Gesprächsstruktur durch Anpassungen und Auswahl der Sprachmittel geprägt, was mit dem unmittelbaren Interaktionsraum und den beteiligten Subjekten zusammenhängt. Gumperz' zweite Prämisse besteht in der Überlappung und Verwebung von Netzwerken, die die soziokulturellen Räume in den Gemeinschaften abgrenzen. „Grenzen“ und „Räume“ klingen inzwischen zu ungenau, um Prozesse zu beschreiben, welche gerade die Konturen verwischen und die Berührungspunkte zum Inneren und zur Substanz, aus der sich die miteinander verbundenen Elemente konstituieren, erweitern. Es ist daher nicht zu erwarten, dass es eine Einzigartigkeit von Kultur und Sprachgemeinschaft gibt: Sprecher derselben Sprache können verschiedenen kulturellen Gruppen oder Subkulturen angehören und umgekehrt, da sowohl Sprache als auch Kultur soziale, sprachliche und geographische Grenzen überschreiten. Und natürlich nicht nur diese Elemente, sondern in erster Linie das sie tragende Individuum wechselt zwischen verschiedenen Räumen und sozialen Netzwerken hin und her und wird zur Schnittstelle zahlreicher Sozialkreise (Simmel 1992: 404). Dieser Ablauf, so Signorini (2002: 111), bildet überall „multiple und prozedurale Identitäten, die nicht a priori z.B. nach Sprache, Volkszugehörigkeit, Region, Klasse oder Geschlecht gegeben sind“[25].

Nach dieser Darstellung eines geschichteten und miteinander verbundenen Systems ist es sinnlos, Kultur als ein Zusammenwirken von Assoziationen, Ideen und Attributen zu definieren, welche in einer Gruppe von Menschen aktiviert wird, die innerhalb desselben kontextuellen Raums denselben Stimuli ausgesetzt sind. Obwohl ihre gepflegten Lebensstile eine relative Zugehörigkeit kennzeichnen, sind sie „Mechanismen der individuellen Zuordnung und Abgrenzung, die angenommen, abgelegt und ausgetauscht werden und nicht Ausdruck von Kollektivität“ (Leggewie/Zifonun 2010: 26). Das bedeutet, dass jede Person Normen aus einem ihrer soziokulturellen Umfelder übernimmt und sie auf Normen anderer Netzwerke, in der sie integriert, überträgt (Witchalls 2012: 14).

Graddol (2006: 113) gibt Hinweise auf die sozialen Auswirkungen dieser einzelnen Prozesse, wie z.B. auf den weltweiten Erfolg des japanischen Manga, der westliche Comics an Bedeutung überholt hat, auf die hohe Wettbewerbsfähigkeit des indischen Kinos in allen asiatischen Ländern im Vergleich zu den US-amerikanischen Filmproduktionen und auf das Wachstum spanischsprachiger soap operas auf dem Unterhaltungsmarkt der USA. Als das Internet auch alle Grenzen des anglophonen Sprach- und Kulturimperialismus durchbrach, wurde der Austausch der im multikulturellen Raum der Sofortkommunikation produzierten Inhalte in verschiedenen Sprachen begünstigt. Somit

---

25 Übersetzung des Verfassers. Im Original: „identidades múltiplas e processuais, não dadas a priori em função da língua, etnia, região, classe ou gênero, por exemplo“.

intensivierten die traditionellen Medien die internationale Verbreitung ihrer Produktionen, während die Verbesserung von Technologie und technischem Support die Auswahl zwischen verschiedenen Sprachoptionen für Audio und Untertitel ermöglicht (García 2009a: 27–29). Auf diese Weise wird jede neue Information nicht im Licht ihrer Herkunftskultur interpretiert und erhält entsprechend dem Deutungssystem der jeweiligen Zielkultur neue Bedeutungen. Um sie zu verstehen, benutzen die Mitglieder der Zielkultur ihre eigene Sprache und ihre kulturellen Interpretationsmodelle, und in der Regel wird diese Aufgabe im Vorfeld von den Massenmedien erfüllt (Witchalls 2012: 15). Mit anderen Worten: Das Globale wird zunehmend vom Lokalen absorbiert, zu neuen Lesarten verarbeitet und als kulturelle Produkte und Manifestationen wieder in die Welt gebracht, die durch Hybridisierung aktualisiert werden. Diese Dynamik ist durch die Co-Präsenz von universalisierenden und partikularisierenden Tendenzen geprägt (Robertson 1995).

Entscheidend ist jedoch, dass dieses Phänomen nicht mit einer vorgeblich verallgemeinernden Vorstellung von kultureller Globalisierung verwechselt werden darf, die weitgehend von einem ausschließenden Wirtschaftssystem bestimmt wird, weshalb sie in vielen Gebieten und Regionen noch nicht erlebt wird (Witchalls 2012, ebd.). Indem Welsch (2010: 45) interkulturelle Aspekte des täglichen Lebens aufzählt – den Konsum multinationaler Marken, die Übernahme östlicher Medizinpraktiken in westlichen Gesellschaften, Veränderungen der Essgewohnheiten unter dem Einfluss anderer Kulturen, das Interesse an Sportvereinen und Künstlern aus anderen Ländern –, verharmlost er in gewissem Maße, dass der interkulturelle Austausch in den Peripherien der Welt kürzere Wege zurücklegen kann oder tendenziell langsamer verläuft und dass folglich der Großteil der Weltbevölkerung weiterhin nationale Medien und lokal produzierte Online-Inhalte konsumiert (Witchalls 2012: 14–15). Im Allgemeinen geht es Witchalls darum, die wirklichen Grenzen der bisherigen Globalisierung aufzuzeigen, während Welsch den Einfluss der Vermischung kultureller Prägungen feststellt. Demzufolge haben die Individuen mehr Kongruenzen entwickelt als in den vergangenen Jahrhunderten, welche durch Differenzierung gekennzeichnet waren.

Dies bedeutet nicht, dass ich einen homogenisierenden Standpunkt einnehmen will oder dass die kulturelle Vielfalt im pädagogischen Prozess auf eine sekundäre Analyseebene verlagert wird. Im Gegenteil: Die Kenntnis der Eigenheiten und eine vergleichende Haltung führen zur Offenheit für globale Fragen, zu unabhängiger Reflexion und zur Autonomie der Lernenden in der Auseinandersetzung mit den Sprachen und Kulturen der Welt sowie mit sich selbst als transkulturellen Sprechenden (Oomen-Welke/Rösch 2013: 180). Auf diese Weise nimmt man sich als Teilnehmer dieser Vielfalt wahr und ist bereit, andere Affinitäten und Kongruenzen mit anderen Mitgliedern der globalen Gemeinschaft anzuerkennen. Aus soziolinguistischer Sicht wird die Zielsprache des Lernens als eine unter anderen Sprachen und Varietäten angesehen. Als Folge dieser Sichtweise endet das L2-Lernen nicht mit dem Beherrschen einer bestimmten gewählten Norm, sondern wird mehr als alles andere zu einem Mittel des Zugangs zur Mehrsprachigkeit der Orte, wo diese Sprache gesprochen wird (ebd.). Für diejenigen, die während des Spracherwerbsprozesses in diese Mehrsprachigkeit eintauchen, stellt dieser Ansatz eine Alternative zur ausschließlichen Zweisprachigkeit dar, indem die L1 des Lernenden in die Konzeption einer Gesellschaft und Kultur passt, die die Sprachen und sprachlichen Varietäten inländischer oder ausländischer Subjekte umfasst. Nach Oomen-Welke und Rösch sollte der Unterricht von „Deutsch als Fremdsprache", d.h. das Lernen außerhalb der Länder, in denen Deutsch Amts- und Verkehrssprache ist, auf seine Verwendung für die globale Kommunikation basieren (ebd.). Dazu muss sich die Lehrperson des Verhältnisses zwischen Kultur und Macht bewusst sein und auch, dass die Kontrolle, die im Klassenzimmer über die Kultur ausgeübt wird, aus einer imperialistischen Haltung hervorgeht. So muss die L2-Lehrperson andauernd auf die Haltung paternalistischer Abhängigkeit achten, die der Lernende ihr gegenüber im Sinne der Suche nach Schutz vor eigenen Schwächen performiert (Moita Lopes 1996: 47–50).

Die Entmystifizierung kultureller und sprachlicher Grenzen und die Vorstellung, dass Identitäten und Kulturen innerhalb der individuellen Subjektivität durch Austausch und hybride Kombinationen permanent rekonstruiert werden, stellen die Institutionen vor die Herausforderung, die Bewahrung einer traditionellen anachronistischen Ideologie mit der Neuerfindung ihrer Rollen im Hinblick auf die Anforderungen ihres zeitgenössischen Zielpublikums in Einklang zu bringen. Den binationalen Schulen sowie anderen interkulturellen Institutionen hat der ehemalige deutsche Außenminister Joschka Fischer (1998: 25) die politische Aufgabe übertragen, dem Globalisierungsprozess eine menschliche Dimension zu geben, was den oben beschriebenen Perspektivenwandel widerspiegelt. Eine solche Konzeption stellt eher eine Richtungsweisung als eine verbindliche Definition dar. Ihre Struktur stößt an verschiedenen Stellen auf Widersprüche, angefangen beim Rahmenplan, der weltweit als Leitfaden für die pädagogische Praxis an deutschen Schulen bestimmt wurde, und auch bei den Richtlinien der Kultusministerkonferenz (KMK) für die offiziellen Prüfungen des Deutschen Sprachdiploms (DSD). In der Darstellung seiner Ziele räumt der Rahmenplan dem Fach „Deutsch als Fremdsprache" die grundlegende Aufgabe ein, die Schülerinnen und Schüler entsprechend der

Region, in der sie leben, zur „kompetenten Bewältigung einer lebensweltlichen Sprachenvielfalt" (Bausch et al. 2009: 4) anzuregen. Dies geschieht innerhalb der Vorgaben der „fachlichen Anforderungen und didaktisch-methodischen Prinzipien, die sich grundsätzlich als regionen- bzw. standortübergreifend verstehen" (ebd.), und jede Bildungseinrichtung verpflichtet sich, diese in einem eigenen Arbeitsplan den administrativen Vorgaben sowie den örtlichen sprachlichen und pädagogischen Bedingungen anzupassen. Das Dokument weist jedoch weiter daraufhin, dass der festgelegte curriculare Rahmen grundsätzlich eingehalten werden muss, um Transparenz und Vergleichbarkeit der Unterrichtsarbeit an deutschen Auslandsschulen und an Schulen, die das Deutsche Sprachdiplom der KMK ausstellen, zu gewährleisten (ebd.). Auf diese Weise werden die lokalen und regionalen Besonderheiten bei der Ausarbeitung einheitlicher Tests und der Verallgemeinerung der Lernziele außer Acht gelassen. Diese sollen als Parameter für den Deutschunterricht in Auslandsschulen dienen (Kiper 2015: 151) und – zusammen mit der systematischen Entwicklung von Sprachkompetenz, diskursiven Strategien und Lernautonomie – „die Vermittlung (…) eines aktuellen Deutschlandbildes, deutscher Kultur, Kunst und Literatur" evaluieren (Zentralstelle für das Auslandsschulwesen 2013: 27).

Indem die untersuchten Schulgemeinschaften sich als bikulturell bezeichnen, erscheinen sie mehr oder weniger homogen in der Konstitution ihrer internen Struktur und im Verhältnis zu anderen Schulen und der Gesellschaft, in der sie sich vorfinden, herausfallend. Sie präsentieren sich als Produkte eines Konzepts der Zweisprachigkeit, das die Kolonistengemeinschaften aus ihren Herkunftskulturen mitgebracht haben. Der unmittelbarste Austausch findet mit den umliegenden Kulturen statt, aber die in jedem Kontext als hegemonial etablierte Kultur übt konservativen Druck auf die anderen aus. Wenn also Mehrsprachigkeit, sprachliche Vielfalt und hybride Praktiken abgewertet und ein gewisses reduktionistisches – oft sogar zweisprachiges – Sprachverhalten aufgezwungen wird, so wird eine Reihe von Bedeutungen, deren Kommunikation von bestimmten Zeichen und Ausdrucksformen abhängt, welche nur in anderen Sprachen verfügbar sind, nicht mehr bewahrt. Wenn auf der einen Seite „die Realität für jede Gesellschaft zu einem bedeutenden Grad aus den spezifischen Eigenschaften ihrer Sprachen und Symbole konstruiert wird"[26] (Greenblatt 1990: 32), so sollte andererseits nicht übersehen werden, dass das in Interaktionen ausgetauschte soziokulturelle Wissen neue subjektive

26 Übersetzung des Verfassers. Im Original: „reality for each society is constructed to a significant degree out of the specific qualities of its languages and symbols".

Einstellungen aktualisiert und aufbaut, die Teil unseres autobiografischen Gedächtnisses werden und die Produktion und das Verständnis zukünftiger Diskurse untermauern (Dijk 2011: 30–32).

Im Bewusstsein dieser Vorbehalte stelle ich in dieser Debatte die Perspektive von Welsch in den Vordergrund, nach der die interkulturelle Kompetenz gefördert werden sollte, um freiere, bewusstere und autonomere Individuen zu bilden. Nach dieser Auffassung hat ein Individuum, dessen Identität durch die Interaktion und Verflechtung einer Reihe von unterschiedlichen kulturellen Mustern konstituiert ist, in Bezug auf die Vielfalt der Praktiken und Manifestationen, die in seinem sozialen Umfeld möglich sind, größere Chancen, mit anderen Identitäts- und Kulturmatrizen in Verbindung zu kommen (S. 44). Auf diese Weise kann Transkulturalität den Einzelnen in die Lage versetzen, Entscheidungen zu treffen, die weniger an die von der hegemonialen Kultur und der einsprachigen Ideologie vorgegebenen Konzepte gebunden sind. Das ebnet den Weg für eine internationale Kultur, die nicht auf der multikulturellen Exotik, sondern auf dynamischer Hybridisierung beruht. Dies geschieht in einem Zwischenraum, in welchem die Polarisierung vermieden werden kann und in dem die Individuen als andere von sich selbst erscheinen können (Bhabha 2004: 56).

Im Folgenden wird ersichtlich, wie das sprachliche Zeichen an der Konstruktion dieses Raumes beteiligt ist und wie eine sprachökologische Herangehensweise sich auf traditionell konsolidierte Unterrichtsarrangements und Lehrpraktiken auswirken kann.

4.1. Das sprachliche Zeichen im Aufbau des transkulturellen Interaktionsraums

Ob im Bereich der Angewandten Linguistik oder in den Grenzstudien, so ist die Brücke zu einer beliebten Metapher geworden, um sprachlichen Kontakt durch Zweisprachigkeit darzustellen. Angesichts der in den vorhergehenden Abschnitten vorgeschlagenen Perspektivwechsel lohnt sich jedoch der Versuch, andere Bedeutungen im Zusammenhang mit dieser Darstellung zu ergründen. Außer als Verbindung zwischen zwei getrennten Seiten funktionieren Brücken auch als einschränkende Durchgänge (wo leicht ein Zoll errichtet werden kann), die wie ein enger Trichter die Kontrolle über den Identitätenverkehr ausüben. Bei Brücken mit sehr intensivem Verkehr sind keine Treffen zwischen den von beiden Seiten kommenden Personen vorgesehen. Wenn die Durchgangsrichtung der Brücke nicht einbahnig ist, werden in der Regel getrennte unidirektionale Spuren eingerichtet, die zugunsten des Verkehrs verhindern, dass man auf jene schaut, die in die Gegenrichtung unterwegs sind. Die Brücke als Übergangsraum dient daher oft nicht den Zwecken eines dritten Aufenthaltsraumes. In Bezug auf die traditionellen Ideologien des Fremdsprachenlehrens und -lernens, die auf strikten grammatikalischen Regeln und dem klassischen Muttersprachlermodell basieren, wird die Sprache als eine dunkle, rutschige und unvertraute Brücke mit Stolpersteinen und Fallen wahrgenommen, deren Überquerung die Beherrschung versteckter Tricks erfordert. Aus dieser Perspektive muss der zweisprachige Sprecher solche Bedingungen überwinden, um seinen Gesprächspartner und dessen Kultur zu erreichen, die ihn auf der anderen Seite völlig unversehrt erwarten.

In Wirklichkeit werden Dualismen wie Lehren/Lernen, Muttersprache/Fremdsprache und Muttersprachler/Zweisprachige zunehmend fragwürdige und unangemessene Kategorien für eine mehrdimensionale und pluralistische Beschreibung von Lerngemeinschaften, Wissensgemeinschaften und der Gesellschaft als Ganzer. Es ist unvernünftig zu versuchen, irgendein Individuum in prototypische Kompartimente oder gar in ein Kontinuum zwischen radikalen Extremitäten, die sich nie treffen, einzuordnen. Sobald sich das Subjekt als Brücke selbst erkennt, „als jemand, der in einem eigenen diskursiven Universum operiert, das weder das diskursive Universum des einsprachigen L1-Sprechers noch das des einsprachigen L2-Sprechers ist" (Maher 2007: 77–78), wird seine Situation immer eine der Vermittlung sein, d.h. eines dritten Raums, der sich permanent im Aufbau befindet, „da er für die Durchlässigkeit der Sprachen, die ihn konstituieren, durchlässig ist"[27] (ebd.).

Indem der kulturübergreifende Ansatz der Zweisprachigkeit und des Sprachenlernens den Aufbau mehrerer Brücken – oder eines Versammlungsortes – anerkennt, die sich durch Konfluenz und multidirektionale Dynamik charakterisieren (Carapeto-Conceição 2018b: 133–134), bildet sich ein alternativer Bezugsrahmen, der den Lernenden aufnimmt und ihn als ein von Natur aus plurilinguales Individuum akzeptiert. In einem Zwischenraum, der kulturelle Grenzen auflöst und durchlässig macht, können sich die aufstrebenden Zweisprachigen aktiv an der Konzeption dieses Raums beteiligen und in der

27 Übersetzung des Verfassers. Im Original: „como alguém que opera em um universo discursivo próprio, que não é nem o universo discursivo do falante monolíngue em L1, nem o do falante monolíngue em L2. (…) ele funciona em um terceiro lugar, lugar esse que, sendo permeável à permeabilidade das línguas que o constituem, está permanentemente em construção".

Praxis lernen, andere dritte Räume für künftige transkulturelle Dialoge zu schaffen.

Da „ein gemeinsames Wissen über die Welt“ (Trim et al. 2001: 31) als Voraussetzung für erfolgreiche Kommunikation gilt, ist es notwendig, dass sich die beteiligten Gesprächspartner auf bestimmte Annahmen und Parameter einigen, darunter auch die verwendete Sprache, die den Raum der Interaktionen abgrenzen wird. Was die Individuen in einer sozialen Identität verbindet, ist die gemeinsame Erfahrung (Raible 1998: 16), sodass Identität und Alterität Konzepte sind, die sich wechselseitig voraussetzen und im sozialen Bereich jeweils bezeichnen, was geteilt und was differenziert ist (S. 21). Zugleich definiert und positioniert uns unser Gegenüber jedes Mal, wenn es sich selbst im Diskurs definiert und positioniert (vgl. Voloshinov 2017). Wenn man den Dialog aus einer Bakhtin'schen Perspektive als triadische Beziehung zwischen dem Selbst, dem Anderen und einer Antizipation von beiden versteht (Holquist 1990: 154), dann wird der Raum der Interaktion durch diese drei Instanzen gestaltet. Man könnte ihn als einen flachen Bereich darstellen, ein Schachbrett, das als Bühne für die Verflechtung der Realitäten und eines einzigartigen Netzwerks von Beziehungen und Bedeutungen dient.

Es handelt sich hier um den Prozess der *Hybridität*, auf den sich Homi Bhabha bezieht (2004; und zuvor insbesondere in einem Interview mit Rutherford 1990) und dem alle Formen von Kultur stets unterworfen sind. Der Essentialismus einer früheren Urkultur oder ursprünglichen Kultur wird daher nicht akzeptiert. Nach Bhabha (2004: 13) stoßen Initiativen zur Affirmation kultureller Traditionen und zur Kalzifizierung kolonialer Kulturen durch Verherrlichung der Vergangenheit und Homogenisierung der Geschichte auf eine auferlegte Grenze, eine 'Brücke', die durch die Entfernung oder eine Neuzuordnung der Heimat und der Welt gekennzeichnet ist. Dieser Zwischenraum ist nicht mit einer Situation von Obdachlosigkeit oder Heimatlosigkeit verbunden, sondern kann als Zustand der Entblößung, Öffnung der Poren und Schärfung der Sinne bezeichnet werden, um den Hybridcharakter hervorzuheben, der jede Kultur konstituiert. Er begünstigt Erfahrungen des Austauschs, die die kulturelle Identität des Individuums neu definieren. Dieser Hybridcharakter besteht nicht in der bloßen Kombination zweier Herkunftselemente oder gar in der Möglichkeit, sie durch einen umgekehrten Prozess wiederzugewinnen, da keine Kultur in sich vollständig ist (Bhabha/Rutherford 1990). Die Artikulation von Kulturen sei unvermeidlich und möglich, „nicht wegen Vertrautheit oder *inhaltlicher* Ähnlichkeit, sondern weil alle Kulturen symbolbildende und subjektkonstituierende, interpellative Praktiken sind“[28] (S. 210). Bei der Hybridität geht es nicht um die Erzeugung eines neuen Elements, sondern im Gegenteil, um einen dritten Raum (*Third Space*) einen leeren und relationalen Zwischenraum zwischen der Maske und dem Gesicht, also zwischen Gesehenem und Interpretiertem, Bedeutendem und Bedeutetem; einen Raum der Antizipation und Verhandlung, der neue Positionen, neue Sinne und Sozialeinstellungen erzeugt (Carapeto-Conceição 2011: 48). Auf diese Weise und zur Sicherung des ethischen und historischen Rechts zum Bedeuten (Bhabha 1992: 49), sei hier die Notwendigkeit betont, die allen Äußerungen zugeschriebenen Werte zu „deuniversalisieren“ (Souza 2004: 130). Die Historisierung und Kontextualisierung des Moments der Äußerung invalidiert eine vermeintlich kulturelle Homogenität, da Bedeutung durch Resignifikation kreativ geschaffen wird.

Ein neuer Sprachbegriff für die inter-/transkulturelle Kommunikation entsteht, indem ihn Kramsch (2011: 238–239) als Weg zu einem ökologischeren sprachlich-kulturellen Ansatz darstellt und den Begriff *Third Place* oder *Third Culture* vorschlägt. Bhabhas Third Space wird hier soziolinguistisch konturiert. Kramsch betrachtet die menschlichen Beziehungen als komplexe Systeme, in denen das Selbst und das Andere, die inhärent pluralistisch, vielfältig und variabel sind, zum Teil durch ihr Gegenteil konstituiert werden und gleichzeitig miteinander in Konflikt geraten können (S. 247–248). Das *ego* ist ohne das *alter* nicht vollständig und umgekehrt, schließlich kann sich jeder subjektiv von innen heraus und objektiv durch die Augen des Anderen beobachten.

Betrachtet man beide in einem Kommunikationsversuch, in dem sie den Third Place teilen, wird man dazu gebracht, den Begriff der geographisch abgegrenzten Sprachgemeinschaften neu zu überdenken und offene oder deterritorialisierte Kommunikationspraktiken als prototypisch anzunehmen (Blommaert 2005: 216). Wichtige Aspekte dieser neuen Auffassung lassen sich aus der Sicht der Analysen dieser Studie im Lichte der Spannung zwischen den Dimensionen Identität und Alterität als dialogisches Prinzip besser erläutern:

> Da jede Äußerung an den/die Anderen gerichtet ist, kann sie unabhängig von Inhalt und Form immer in Bezug auf **Akte der Identität** und auf **Akte der Alterität** analysiert werden. Schon die Auswahl der Worte hängt vom Anderen (oder im schriftlichen

28 Übersetzung des Verfassers. Hervorhebung im Original: „not because of the familiarity or similarity of *contents*, but because all cultures are symbol-forming and subject-constituting, interpellative practices“.

> Diskurs vom **imaginierten Anderen**) ab. Wird ihre Materialität gewählt, so ist z.B. die Performance unterschiedlich, wenn sie sich an ein Kind oder einen Erwachsenen, einen Laien oder einen Experten, **eine Person derselben Muttersprache oder einen Fremden** richtet. Die unverzichtbare Bedeutung des Anderen für den Sprachgebrauch liegt auf der Hand. Mit anderen Worten, man kann sich auf die Dinge in der Welt mit verschiedenen Begriffen beziehen, und ihre Auswahl hängt vom Verständnishorizont ab, den der Sprecher auf der Seite des Gesprächspartners annimmt[29] (Jungbluth 2015: 219; Hervorhebungen des Verfassers).

Nach der Autorin ergibt sich die Wahl des Anderen (alter), mit dem man kommunizieren möchte, aus einer Reihe von Schritten, die damit beginnen, sich dem anderen zu zeigen, um einen Raum der Interaktion zu schaffen. Wenn der andere dies zur Kenntnis nimmt, gibt jede Seite eine Benachrichtigung heraus, die Beteiligten können sich annähern und ihre Positionen im sich herausbildenden Interaktionsraum festlegen. Dieser Raum gewinnt Konturen, indem sich das *alter* (das andere von zweien) aus dem *alius* (das beliebig andere) heraushebt und zusammen mit dem *ego* die Gesprächs-Dyade bildet. Der *alius* ist der sozial ausgegrenzte Teil, der nicht in die laufende Interaktion involviert ist und sich daher außerhalb des Interaktionsraums befindet (Jungbluth 2015: 215–217).

Gemäß Dijk (2011: 30), „verstehen wir einen Diskurs, indem wir ein mentales Modell konstruieren, und wir konstruieren ein mentales Modell eines Diskurses, indem wir unser allgemeines soziokulturell geteiltes Wissen ‚anwenden'; und umgekehrt, wenn wir einen Diskurs produzieren"[30]. *Mentale Modelle* sind subjektive Wiedergaben von Ereignissen oder Situationen, die in unserem autobiografischen Gedächtnis gespeichert sind und die durch soziokulturelles Wissen, das in Interaktionen ausgetauscht wird, konstruiert und aktualisiert werden. Laut Dijk untermauern sie die Produktion und das Verstehen von Diskursen. Unter diesen mentalen Modellen heben sich die *Kontextmodelle*

---

29 Übersetzung des Verfassers. Im Original: „As any utterance is directed towards the other/s, it may always be analysed in terms of acts of identity and acts of alterity, whatever content or form it may take. The very selection of the words depends on the other (or in written discourse on the imagined other). Their materiality chosen, e.g. the performance is different when directed towards a child or an adult, a layman or an expert, a person of the same mother tongue or a stranger. The indispensable importance of the other for language use is obvious. In other words, one may refer to the thing in the world using different terms, and their selection depends on the horizon of understanding the speaker assumes on the side of her/his interlocutor/s".

30 Übersetzung des Verfassers. Im Original: „we understand discourse by constructing a mental model, and we construct a mental model of a discourse by ‚applying' our general socioculturally shared knowledge, and vice-versa, when producing a discourse".

hervor, die bestimmen, wie Sprechende ihre Rede an die jeweilige kommunikative Situation und an ihre Gesprächspartner anpassen. Das bedeutet, dass man irgendwie im Voraus wissen oder sich vorstellen muss, was ein Partner bereits weiß und was er nicht weiß, aber vielleicht wissen möchte. Kontextmodelle verfügen über eine Vorrichtung, die beurteilt, ob jedes Wort oder jeder Satz und seine Bedeutungen dem Gesprächspartner verständlich sind. Mit anderen Worten, die interagierenden Subjekte müssen ihre mentalen Modelle und ihr Allgemeinwissen übereinander gegenseitig anpassen. Die Sackgasse, die sich angesichts eines komplexen Problems des „Gedankenlesens" auftut, wird normalerweise intuitiv umgangen, da die miteinander in Kontakt stehenden Sprecher, wie bereits erwähnt, zu sich überschneidenden sprachlich-kulturellen Gruppen gehören (sie haben z.B. die gleiche Schulart besucht, sprechen die gleiche Sprache, haben die gleichen Interessen, usw.). Aus diesem Grund und gerade wegen der Umstände, die sie zur Interaktion gebracht haben, teilen sie gemeinsame Einstellungen und ein gemeinsames Wissen.

Natürlich wird man dazu auf eine Reihe von Kategorien (Alter, Geschlecht, Nation, Rasse usw.), die sich aus Eigenschaften und Folgerungen zusammensetzen, zurückgreifen. Nach Sacks (1992: 40) wird ein großer Teil des Wissens, das die Mitglieder der Gesellschaft übereinander haben, in diesen Kategorien zusammengetragen. Auf dieser Grundlage stellen die Subjekte Fragen, die es ihnen ermöglichen, den Gesprächspartner zu definieren. Ihre Haltung und ihr Verhalten, sowie behandelte Themen versuchen sie von diesem Punkt aus an das anzupassen, was sie über den anderen zu wissen glauben. Natürlich bleibt diese Kategorisierung im Laufe des Gesprächs noch offen, da zu früheren Schlussfolgerungen neue Informationen hinzukommen und bestimmte Merkmale auffallen, sowohl solche, die von den ursprünglich zugeordneten Kategorien abweichen, als auch solche, die die früheren Einstellungen bestätigen (Behrent 2007: 54). Insbesondere in einer Situation des Third Place treibt dieser Prozess individuell eine Destabilisierung der Grenzen zwischen den Kontaktsprachen an. Auch wenn er die Sprechordnung nicht immer auf der Makroebene transformiert, werden Sprechende und ihre Sprache(n) dadurch an Gesprächssituationen angepasst (Signorini 2002: 98).

Die Entwicklung der zweisprachigen Autonomie beginnt mit der Infragestellung von Dualismen und vorgegebenen Kategorien und gipfelt für den Sprecher in der Erringung der Autorschaft über seine eigene Welt (Pennycook 1997: 45). Jede Identitätssuche in der modernen Welt schaltet Subjektpositionen (Rasse, Gender, Generation, institutionelle Verortung, geopolitische Verortung, sexuelle Orientierung) ein, deren wir uns erst richtig bewusst machen durch die Abkehr von den Singularitäten von ‚Klasse' und ‚Gender' als grundlegend konzeptuellen und organisatorischen Kategorien (Bhabha 2004: 2). Änderungen in der sozialen Organisation und die Entstehung und Legitimierung bisher marginalisierter oder nichtexistierender Kontexte beeinflussen die Form und das soziale Leben sprachlicher Zeichen (Voloshinov 2017: 109). Indem der Zeichenvorrat sich erweitert, kann der Einzelne durch den Erwerb und das Experimentieren mit anderen Codes die Binaritäten der Macht überwinden (Bhabha 2004: 333) und folglich seine Lesarten der Welt und von sich selbst im Ausdruck materialisieren.

Die Grundvoraussetzung für den Erfolg dieses Unternehmens ist die sprachliche Variation, die für die Flexibilität und Funktionalität der Sprache verantwortlich ist, menschliche Bedürfnisse nach Differenzierung und Identifikation sowie andere zunehmend komplexere Anforderungen sozialer Beziehungen zu erfüllen. Die Variation ermöglicht auch die Bildung, Bekräftigung und Weitergabe unserer soziokulturellen Identität (Berruto 2004: 89–90). Ebenfalls entscheidend für diesen Konstruktionsprozess ist die Befremdung gegenüber einem neuen System sprachlicher Möglichkeiten – z.B. durch das Erlernen einer L2 –, das es dem Individuum erlaubt, Bedeutungen zu finden und zu schaffen, die jene Annahmen von Klasse, Geschlecht, Rasse und Kultur auflösen, die seine zweisprachige, migrantische, südländische, autochthone, queere Identitäten in ihrer Komplexität nicht erfassen können bzw. wollen (Pennycook 1997: 53). So wird ein neues Bewusstsein über die (Selbst-)Identifikation in kulturpolitischen Verhandlungen begünstigt, indem man sein Recht beansprucht und ausübt, die im kolonisierenden Prozess produzierten Subjektivitäten zu deuten und zu hinterfragen (vgl. Bhabha, ebd.).

Der transkulturelle Sprachunterricht führt zur Eröffnung eines Third Place, in dem der Lernende in der Lage ist, Kontexte seiner eigenen Sprache und Kultur (first place) und Kontexte der Zielsprache und -kultur (second place) zu verstehen. Dies geschieht nicht, wie schon erwähnt, aus einer Position der bloßen Betrachtung des Anderen. Mehr noch als der Verkehr von Inhalten über imaginäre Grenzen hinweg findet dieser Austausch durch den Verkehr zwischen kulturellen Identitäten statt, denn gerade die Subjekte begeben sich in einen völlig neuen Raum, der aus den gemeinsamen Zeichen und Bedeutungen, die jeder Einzelne mitbringt (Brubaker 2002), aufgebaut werden muss. Wenn L2-Lernende sich als Teil einer Community of Practice erkennen (Wenger 2010), die sich kulturell und sprachlich heterogen präsentiert, erleben sie eine Art auf den Kopf gestellten Babelturm. Frei von Gatekeepern und ideologischen Grenzen und mit einer viel breiteren sprachlichen Kompetenz als der des Lehrbuchs kann man in jeder Kommunikationssituation je nach seinem

Gesprächspartner, dem Kontext der Interaktion, dem Zweck der Konversation und anderen Kriterien freiere sprachliche Entscheidungen treffen. Auch wenn diese Faktoren als grundlegend betrachtet werden, stehen sie beim Lernen normalerweise nicht im Vordergrund, da sie zugunsten der normativen Konvention ausgeschlossen sind. Der Third Place ermöglicht es daher, dass Lernen und Sprachgebrauch sich unbegrenzt rekonstituieren und verfeinern, wenn neue Gesprächspartner aufgenommen werden und zudem Bedingungen entstehen, die (a) Verbindungen zwischen Sprachen und Kulturen, (b) die Identifizierung von sprachlichen und kulturellen Grenzen, (c) die Überschreitung solcher Grenzen durch die Kommunikation selbst, (d) die kritische Reflexion über die eigene Identität und das interkulturelle Verhalten und (e) das Bewusstsein der Verantwortung, zum erfolgreichen Dialog zwischen Sprachen und Kulturen beizutragen, begünstigen.

Als Treffpunkt zwischen Sprecher unterschiedlicher sprachlich-kultureller Identitäten (Kramsch 2011: 244) verdeutlicht der Third Place Vorgänge, die durch die Artikulation kultureller Unterschiede angeregt werden und im Alltag durch die ständige Suche nach Klarheit und Konsens – fundamentale Elemente einer Idee effektiver Kommunikation, welche dennoch nur als Annäherung möglich ist – verborgen bleiben (Zarate et al. 2008: 15). Im Third Place kann sich der Lernende dessen bewusst werden, besonders wenn die pädagogische Übung der transkulturellen Kommunikation Interaktionskonfigurationen beinhaltet, die das Entstehen von Mehrdeutigkeiten und Ungenauigkeiten sprecherseitig sowie rezeptiv Verwechslungen und Missverständnisse begünstigen. Auf diese Weise können im Unterricht entsprechende Strategien und Kompetenzen für ihre Bewältigung gefördert werden. Transkulturelle Erfahrungen sollen Merkmale und Prinzipien menschlicher Interaktion im Allgemeinen transparent machen, das Bewusstsein für den Platz schärfen, den jeder im soziokulturellen Kontext einnimmt, und dazu beitragen, Störungen in der Kommunikation zwischen den Kulturen zu vermeiden (Mairose-Parovsky 1997: 80).

Die Vielfalt der sozialen Rollen, die jedes Subjekt spielt, und öffentliche Interaktionsräume, die in modernen Gesellschaften eminent heterogen und ambivalent sind, lösen neue (dritte) Perspektiven außerhalb der dominanten Weltsichtweisen aus (Carapeto-Conceição 2011: 53). In dieser Hinsicht sind sowohl beim Lehren als auch im Forschungsbereich die Bedeutungen und ideologischen Werte zu beachten, die das gesamte sprachliche Schaffen (Voloshinov 2017: 224–225) ausmachen, sowie der soziale, kulturelle und historische Kontext, in dem dies stattfindet:

> „*Wörter, Ausdrücke, Propositionen usw. ändern ihre Bedeutung je nach den Positionen derjenigen, die sie verwenden*, also sie erhalten ihre Bedeutung in Bezug auf diese Positionen, d.h. in Bezug auf die *ideologischen Formationen* (...), in denen diese Positionen eingebettet sind (...)"[31] (Pêcheux 1975: 144, Hervorhebungen des Verfassers).

Aus dieser Perspektive erhellt Pêcheux die Vielfältigkeit und Wandlungsfähigkeit von Sinnzusammenhängen, die sich aus der dialogischen Natur der Bedeutung ergeben. Der Bedeutungsverkehr wird durch die der Interaktion innewohnende Heterogenität ermöglicht, d.h. durch den Zwischenraum, „in dem die intersubjektiven und kollektiven Erfahrungen der *Nationalität,* des gemeinschaftlichen Interesses oder des kulturellen Wertes ausgehandelt werden"[32] (Bhabha 2004: 2), wo Bedeutung und Kultursymbole keine ursprüngliche Einheit oder Fixierung haben und dieselben Zeichen angeeignet, übersetzt, rehistorisiert und neu gelesen werden können (S. 55).

Unter diesem Aspekt nehme ich an, dass diese Zeichen aus einer beliebigen Sprache (LX) in einem mehrsprachigen Kontext der Begegnung und Verständigung zwischen zwei anderen Kulturen (CY, CZ) dienen, wobei CY und CZ die Kultur eines jeden Gesprächspartners und LX ihre gemeinsame L(C)2 – ihre *Begegnungssprache* – darstellen (Carapeto-Conceição 2011: 54). Der Unterschied zwischen einer lingua franca und einer Begegnungssprache besteht darin, dass diese einer Herkunftskultur entlehnt ist. Sie trägt mit sich Werte, Bilder und Referenzen, die sowohl von ihren L1-Sprechenden als auch von Nicht-L1-Sprechenden geteilt werden, und führt sie in einer sprachlich-kulturellen Gemeinschaft unabhängig von Grenzen und Territorien zusammen (ebd.).

Die LX-Nutzenden verhandeln ihrerseits in jeder Kontaktsituation über die Aufnahme von Zeichen, welche sie aus anderen Sprachsystemen einbringen, sowie über neue Bedeutungszuweisungen der verfügbaren Zeichen. In Netzwerken bereits etablierter Kräfte und Sozialeinstellungen konstituieren sich auf diese Weise mehrere Arten, das Spiel des Anderen zu spielen und zu vereiteln (Certeau 1984: 18), um sich der Assimilation und der dogmatischen Legitimierung historischer Gesetze zu widersetzen.

---

31 Übersetzung des Verfassers. Im Original: „*les mots, expressions, propositions, etc., changent de sens selon les positions tenues par ceux que les emploient,* ce qui signifie qu'ils prennent leur sens en référence à ces positions, c'est-à-dire en référence aux *formations idéologiques* (...) dans lesquelles ces positions s'inscrivent".

32 Übersetzung des Verfassers, Hervorhebung im Original: „that the intersubjective and collective experiences of *nationness*, community interest, or cultural value are negociated".

Um diese Idee in die transkulturelle Kommunikation mittels Begegnungssprache zu übertragen, eignet sich Kramschs (2011) Interpretation dessen, was Certeau gleichzeitig Improvisation und List nennt, wie etwa im Fall von Capoeira, das gleichzeitig Kampf, Tanz und Spiel ist: „*unseren* Raum innerhalb und gegen *deren* Ort konstruieren, indem wir *unsere* Bedeutung mit *deren* Sprache ausdrücken“[33] (S. 238).

4.2. Auswirkungen der Deregulierung auf das Lehren und Lernen von L2

Wenn wir die anachronistischen Lernziele ablegen, die den einsprachigen und monolithischen Muttersprachler in den Mittelpunkt stellten, so können neue Ziele in den Vordergrund treten, die den Bedürfnissen und Bedingungen einer kulturell verflochtenen Welt besser entsprechen, und als Lernraum eine Umgebung definieren, in der das mehrsprachige, transkulturelle Subjekt kein Sonderfall ist. In dieser neuen Umgebung ist kein Platz mehr für eine Interkulturalität, die sich nur mit der distanzierten Betrachtung der Zielkultur beschäftigt hat. Fast immer wird bei einer sogenannten interkulturellen Herangehensweise sogar der Blick outgesourct, indem ausschließlich Medienmaterial verwendet wird, welches im Referenzland der Zielsprache zu diesem Zweck produziert wurde. Von regionalen bis hin zu internationalen DaF-Tagungen wird die Entwicklung interkultureller Kompetenzen in der Regel anhand von Beispielen behandelt, die weder eine multidirektionale Sichtweise von Kultur und Sprache priorisieren noch einen Ausblick über die Grenzen der DACH-Länder hinaus zulassen.

Didaktische Vorschläge und Routinen, die es wagen, über die rezeptive Betrachtung von Aspekten der Zielkultur hinauszugehen, bestehen oft aus einer unkritischen Reproduktion ihrer Praktiken. Ein mehr oder weniger häufiges Beispiel, das in zweisprachigen Schulen vorkommt, ist das Bemalen von Hühnereiern zu Ostern als eine Aktivität, die ein bestimmtes Kulturmodell bloß imitiert, welches den Schülern in einer anachronistischen und dekontextualisierten Darstellung präsentiert wird. Savedra, Liberto und Carapeto-Conceição (2010) berichten, dass angesichts der Schwierigkeit einheimischer Familien, Hühnereier auszublasen, ohne sie zu zerbrechen, diese in einer bilingualen

33 Übersetzung des Verfassers, Hervorhebungen im Original: „constructing *our* space within and against *their* place, of speaking *our* meaning with *their* language“.

brasilianischen Schule durch Gipseier ersetzt wurden. Diese Anpassung weist auf lokale kulturelle Einflüsse hin, die trotz des Bemühens, die Lehrplanbereiche beider Kulturen abzugrenzen und sie als hermetisch abgeschlossene Einheiten zu behandeln, in allen Interaktionen vorhanden sind. In einem transkulturellen Ansatz wäre es möglich, dass die Kinder ihre Ostereier z.B. mit ethnischen Motiven indigener Völker bemalen oder in einem brasilianischen Osterwichtelspiel austauschen und dabei brasilianische Osterlieder auf Deutsch singen.

Jene Herangehensweise auf die Zielkultur deutet auf die gleiche Haltung hin, die normalerweise gegenüber der Zielsprache eingenommen wird. Es muss daran erinnert werden, dass die Ideologie, die die sprachliche Vielfalt als getrennte und zählbare Einheiten (Sprachen, Dialekte usw.) verdinglicht, zwar dazu beiträgt, das Wissen über Sprachen zu organisieren, was ihre Metadiskursivität und Standardisierung ermöglicht, aber kein empirisches Pendant in der kommunikativen Praxis findet (Romaine 1994: 12; Makoni/Pennycook 2005: 138; Sakai 2009: 73; Otheguy 2016: 65). Angesichts der Tatsache, dass Sprachen außerhalb der Illusion, die durch die teilweise Sedimentierung bestimmter Formen in provisorischen Systemen erzeugt wird (Hopper 1998: 157–158), keine festen Strukturen haben, wäre es sinnvoll, den Raum und die Bedeutung zu schmälern, welche normativen und strukturalistischen Modellen beigemessen werden. Im Sinne einer selbstständigkeitsorientierten sprachlichen Bildung plädiert Edmonson (2003: 69) dafür, dass den Lernenden curriculare Bedingungen geboten werden, die sie mit der sprachlichen Vielfalt und den unterschiedlichsten kommunikativen Konventionen der Welt vertraut machen.

Im Gegensatz zu diesem Plan wird dem L2-Lernenden regelmäßig das unkritische Einhalten der Standardnorm auferlegt. Diese wird mit der Muttersprachlerkompetenz verwechselt vor allem dann, wenn sie als Parameter für die Ermittlung des Leistungsniveaus herangezogen wird. Auf seiner globalen Kompetenzskala setzt beispielsweise der Gemeinsame Europäische Referenzrahmen für eine „selbstständige Sprachverwendung" (Niveau B2) voraus, dass man „sich so spontan und fließend verständigen [kann], dass ein normales Gespräch mit Muttersprachlern ohne größere Anstrengung auf beiden Seiten gut möglich ist" (Trim et al. 2001: 35).

Wie im Third Place wird die sprachliche Realität vom Individuum als „ein Pool sprachlicher Ressourcen" (Grace 1981: 263–264) und nicht als Sprache in einem vollständig endlichen Zustand begriffen, was daher nicht in das strukturalistische Modell der Sprachen als kohärente Systeme unabhängiger Teile (Milroy 2011: 65–66) passt. Diese Vorstellung bestätigt den Anachronismus eines festen, homogenen und abschließenden Ziels für die sprachliche

Entwicklung: „Das Phänomen, das tatsächlich auftritt, ist, dass Menschen ihrem kommunikativen und semantischen Repertoire Elemente eines neuen Systems sprachlicher Ressourcen hinzufügen"[34] (Lemke 2002: 84). Tatsächlich stellen die Methoden und regulatorischen Parameter in der Regel 'pasteurisierte', ordentliche Ausgaben der Sprachressourcen dar, als wären es Gerichte von einem Buffet, die der Lernende sich selbst servieren muss, indem er für jede Gebrauchssituation die entsprechende Ernährungsbilanz zieht. Ein angemessener Ansatz sollte Sprechende und Sprache nicht als getrennte Einheiten behandeln, da das eine ohne das andere nicht vollständig ist. Die Sprechenden treiben den Wandel der Sprache an und verkörpern ihn, und umgekehrt. Nach Donato (2000: 46) ist Sprache keine Form, an die sich der Lernende anpassen lernt. Im Gegenteil, der Lernende ist es, der seine Sprachwelt aktiv umgestaltet. Die Sprache des Sprechers oder der Sprecherin verändert sich, wenn man die Welt um sich herum durch seine Sprachpraxis und seine Worte verändert.

Dies bedeutet nicht, dass die Lehre und das Wissen um die Normen, die den formellen Gebrauch von Lexikon und Grammatik regeln, außer Acht gelassen werden, da diese Regeln den Dialog mit unbekannten Gesprächspartnern leiten, die nur als der gleichen Sprachgemeinschaft zugehörig identifiziert werden (Jungbluth 2015: 213). Der normative Standard, der im traditionellen Fremdsprachenunterricht auferlegt ist, usurpiert, überhöht und trivialisiert jedoch tendenziell ein platonisches Sprachideal, welches die Zweisprachigkeit der Lernenden und die Heterogenität der Begegnungen vernachlässigt. Diese Ordnung wird durch den institutionellen Apparat, einschließlich des Schulsystems, auferlegt, das die „Einschärfung, Legitimierung und Überwachung der Sprachgrenzen"[35] (Signorini 2002: 97) voraussetzt, indem es im Vorfeld die Rollen von *alter* und *alius* verteilt und vorgibt, wer auf welcher Seite der Grenze stehen soll.

Da sich jede Sprache seit ihrer Entstehung durch Hybridisierungsprozesse entwickelt hat – „eine Vermischung verschiedener ‚Sprachen', die innerhalb der Grenzen eines einzigen Dialekts, einer einzigen Landessprache, eines einzigen Zweiges, einer einzigen Gruppe verschiedener Zweige oder verschiedener

---

34 Übersetzung des Verfassers. Im Original: „The phenomenon which actually occurs is that people add elements of a new linguistic resource system to their communicative and semantic repertories".

35 Übersetzung des Verfassers. Im Original: „inculcação, legitimação e monitoramento das fronteiras linguísticas".

Gruppen solcher Zweige koexistieren“[36] (Bakhtin 1981: 358) –, ist es verständlich, dass das Bemühen um die Erhaltung des Standards und die stoische Praxis der Korrektur darauf abzielt, die Sprache vor dem Wandel zu ‘schützen’ (Monteagudo 2011: 43–44). Andererseits wäre es unangebracht zu ignorieren – und noch schlimmer zu bedauern –, dass solche Veränderungen stattfinden, da sie insbesondere durch Prozesse der Inklusion, der Aneignung und des interkulturellen Austauschs ausgelöst werden, die nicht nur durch neue Lernkontexte, sondern vor allem durch Intensivierung von Migrationsströmen, sozioökonomische Mobilität, transdisziplinäre Dialoge und Maßnahmen zum Abbau von Ungleichheiten begünstigt werden. An dieser Stelle müssen wir über den Platz nachdenken, welchen all diese Faktoren in den Lehransätzen binationaler Bildungseinrichtungen einnehmen, die den Schwerpunkt auf den Unterricht einer bestimmten zweiten Sprache legen. Wie vereinbaren ihre pädagogischen Konzepte den ausgeglichenen Kulturaustausch mit einer unmittelbaren Überwachung der nationalen, sprachlichen und ideologischen Grenzen?

Signorini (2002) entwickelt diese Diskussion im Zusammenhang mit der Sprachvariation und der sprachlichen Identität von L1-Sprechenden. Aus diesem Grund hält sie in ihrem Beitrag „Für eine Theorie der sprachlichen Deregulierung“ für entscheidend Faktoren wie die Trennung der Gebrauchsdomänen und die Erhebung des Status einer einzelnen Sprachvarietät zum nationalen Standard auf Kosten anderer vernakulärer, intermediärer oder kreolisierter Varietäten. Die beiden letzteren sind auch fürs Lehren anderer Sprachen von Bedeutung, da selbst das Subjekt, welches nach traditionellen Ansätzen als „Muttersprachler“ der deutschen Sprache bezeichnet wird, sei es ein Bewohner einer Großstadt oder des ländlichen Raums, in Südtirol oder an der Nordsee, eine komplexe Identität besitzt, die durch den Einfluss regionaler und angrenzender Kulturen und durch den ständigen Kontakt mit den Kulturen von Einwanderern aus allen Teilen der Welt geprägt ist.

Es ist uninteressant, ein abstraktes und stabiles Sprachmodell zu vermitteln, welches nach Corbeil (1983: 300), „für alle Sprechenden anpassungsfähig ist, aber keine Verwendung hat“[37]. Wichtiger ist die Variation, die Spielraum für

---

36 Übersetzung des Verfassers. Im Original: „(…) a mixing of various ‘languages’ co-existing within the boundaries of a single dialect, a single national language, a single branch, a single group of different branches or different groups of such branches (…)“.

37 Übersetzung des Verfassers. Vollständiger Originalauszug: „La ‘langue’ serait alors le plus haut niveau d’abstraction atteint, dont les résultats s’adapteraient à tous les locuteurs, mais aussi à aucun usage“.

unendliche Möglichkeiten neuer Kombinationen und sprachlicher Kreativität (Coseriu 1977) eröffnet, was die Schaffung, Reproduktion und freie Subversion von Formen und Sinnen, Rollen und Identitäten beinhaltet. Damit wird die Idee einer integrierten und unteilbaren Sprachkompetenz gestärkt, Sprachgrenzen offensichtlich aufgelöst und die Unterscheidung zwischen Zwei- und Mehrsprachigkeit nicht mehr ausschlaggebend (Otheguy 2016: 66).

Ungeachtet dessen und wie von García (2009a: 11) begründet, stelle ich hier die Option vor, den ersten Begriff sowie „zweisprachige Bildung" weiterhin zu verwenden. Es ist üblich, dass selbst heteroglossisch orientierte Schulbildung mit zwei Sprachen beginnt, aus denen mehrsprachige Kompetenz entwickelt wird. Auch die Ziele, die im Rahmen der vorliegenden Forschung entsprechend verfolgt werden, sind Aspekte dieser Entwicklung, die aus der Perspektive der portugiesisch-deutschen, spanisch-deutschen und rumänisch-deutschen Zweisprachigkeit unterstützt werden.

5. Mehrsprachigkeit und Transkulturalität im pädagogisch-institutionellen Diskurs von Begegnungsschulen

Nachdem in den vorangegangenen Kapiteln die Darlegung der theoretischen Grundlage und die Erörterungen, die diese Studie untermauern, vorgestellt wurden, werden im Folgenden der Kontext, die Themen sowie Daten dieser Forschungsarbeit erläutert.

Im ersten Abschnitt werden die teilnehmenden Institutionen vorgestellt. Der Schwerpunkt liegt auf ihren Lehrplanstrukturen, dem Sprachunterricht und der mehrsprachigen Praxis. Des Weiteren wird ein historischer und soziolinguistischer Überblick über die Schulgemeinschaft gegeben. Zusätzlich zu den Schulen, die an der Untersuchung mitgewirkt haben, wird anhand von Daten aus der Zentralstelle für das Auslandsschulwesen die Rolle dieses Bundesorgans und der erforschten Bildungseinrichtungen gemäß der von der deutschen Regierung definierten Politik veranschaulicht.

Anschließend werden die Art der Forschungsdaten definiert und die Grundlagen der Kritischen Diskursanalyse, sowie spezifische Aspekte dieses methodischen Ansatzes vorgestellt, welche für die Analyse des ausgewählten Datenkorpus relevant waren. Nach Klärung dieser Voraussetzungen konzentriert sich dieses Kapitel auf die Daten jeder Schule und ihre kommentierte Analyse, welche in Unterthemen um thematische Schwerpunkte herum strukturiert ist, die sich in dem von jeder Schule erstellten Korpus jeweils zeigen.

5.1. Vorstellung der an der Studie beteiligten Institutionen

Von der Festlegung der Forschungsziele an wurde der brasilianischen Schule zunächst ein Projekt des Briefwechsels mit jungen Deutschlernenden anderer Einrichtungen, die Deutsch als L2 (DaF) anbieten, vorgeschlagen. Die betreffende Schule hatte zuvor schon an meiner früheren Forschungsstudie über die gleiche Art von Partnerschaft teilgenommen (vgl. Carapeto-Conceição 2011, 2018b) und wurde im Übrigen als Teil der Gruppe der kooperierenden Schulen dieser Studie betrachtet, zumal dieses Projekt bereits die Unterstützung der Schulleitung, sowie das Interesse des Lehrkörpers mit seinen Klassen geweckt hatte.

Die Suche nach weiteren Partnerinstitutionen erfolgte über E-Mail-Kontakte mit anderen deutschen Auslandsschulen, die sich früher an ähnlichen

Projekten mit der brasilianischen Schule beteiligt und über die Plattform „Das Bild der Anderen“ angemeldet hatten (Hagen et al. 2006).[38] Da auf diesem Weg keine ausreichenden Rückmeldungen eingingen, wurden Leitungskräfte deutscher Auslandsschulen direkt kontaktiert, zu denen ich über verschiedene Kontaktnetze Zugang hatte. Darunter waren DaF-Lehrkräfte, Fachberatende, die von der Zentralstelle für das Auslandsschulwesen betraut sind, und Alumni vom Weiterbildungsprogramm des Pädagogischen Austauschdienstes der deutschen Kultusministerkonferenz. Vier Schulen reagierten positiv auf diesen Kontakt, von denen zwei ihre Bereitschaft zu einer dreijährigen Zusammenarbeit zum Ausdruck brachten, ab 2015 bis zum Ende des Schuljahrs 2018 bzw. 2017/2018.

Somit schlossen sich neben der brasilianischen Schule (im Folgenden *Schule BR*) eine deutsche Schule mit Sitz in Venezuela (*Schule VE*) und eine weitere in Rumänien tätige Institution mit ähnlichem Status (*Schule RO*) dem Projekt an. Auf diese Weise war es möglich, eine Kombination von sprachlich unterschiedlichen Lernkontexten zusammenzubringen, welche gleichzeitig auch Ähnlichkeiten aufwiesen, die über die ursprünglichen Kriterien der Partnersuche hinausgingen. Die wichtigste davon ist die schriftliche Verständigung zwischen den Nationalsprachen der einzelnen Schulstandorte: Portugiesisch, Spanisch und Rumänisch sind romanische Sprachen. Diese Gemeinsamkeit kann ggf. zur Relativierung der monoglossischen Praxis und zum Code-Switching mit der deutschen Sprache führen, die die Umrisse jener Sprachen durchdringt und ihre Signifikanten wirkungsmächtig aufnimmt.

Alle Schulen, die an der Studie teilnahmen, befinden sich in Stadtzentren mit über 250.000 Einwohnern. Um die Identität der Institutionen wie auch der wissenschaftlichen Mitwirkenden zu wahren und in Anbetracht der Tatsache, dass es in jedem dieser Länder nur wenige Schulen mit ähnlichen Merkmalen gibt, wird nach Möglichkeit jeder Hinweis auf den Standort dieser Institution in der Wiedergabe von Korpusauszügen weggelassen. Diese drei Schulen sind private Einrichtungen, die von gemeinnützigen Vereinen betrieben und von den Familien der Schülerinnen und Schüler durch Studiengebühren und einen Zuschuss der deutschen Regierung finanziert werden.

Während der ersten zwei Jahre des Briefkontaktes wurde festgestellt, dass die beträchtlichen Profilunterschiede zwischen den südamerikanischen Schulen

---

38 Datenbestand von Lehrenden und Schulen, die eine Kooperation für den E-Mail-Austausch zwischen Deutschlernenden suchen, vgl. Abschnitt 6.1 und http://www.goethe.de/bild.

und der Schule RO die zukünftigen Analysen der Sozialeinstellungen in den Schülerbriefen beeinträchtigen könnten. Neben anderen Unterschieden, die in den Teilkapiteln zu den einzelnen Schulen näher erläutert werden, fällt die RO-Schule auf als eine wesentlich jüngere Einrichtung als die Schulen BR und VE. Darüber hinaus bietet sie ein einheitliches Curriculum in deutscher Sprache für alle Schülerinnen und Schüler an, während die anderen untersuchten Institutionen ihr Angebot in zwei Schulzweige gliedern, die unterschiedliche Ansätze zur deutschen Sprache verfolgen und zu verschiedenen Abschlüssen führen.

Zudem führten Veränderungen im RO-Schulvorstand zu Versäumnissen in der Kommunikation mit den Lehrenden und zur Unterbrechung bereits bestehender Klassenpartnerschaften. Aus diesen Gründen wurden im Schuljahr 2016/2017 die Schulen RP und RQ in den Untersuchungsrahmen dieser Studie integriert, welche trotz des differenzierten Status in Bezug auf die auswärtige Bildungspolitik Deutschlands mehr mit den Schulen BR und VE gemeinsam haben. Darüber hinaus ergänzen sie die Forschung um weitere zweisprachige Erziehungskontexte, welche für die rumänische Realität aussagekräftiger sind. Trotz der Versuche, die Zusammenarbeit weiterhin fortzusetzen, wurde der Kontakt letztlich mit den Lehrenden der Schule RO abgebrochen, was ihre Teilnahme an dem internationalen Schülerbriefwechsel beendete.

Bevor die fünf Untersuchungszusammenhänge ausführlich beschrieben werden, bedarf es einer Einführung in die Arbeit der Zentralstelle für das Auslandsschulwesen, um ihre Rolle und ihren Einfluss auf die Vermittlung der deutschen Bildungspolitik in anderen Ländern verständlich zu machen.

5.1.1. Zentralstelle für das deutsche Auslandsschulwesen

Die fünf Schulen, auf die sich diese Forschungsarbeit konzentriert, sind in Deutschland mit der Zentralstelle für Auslandsschulwesen (im Folgenden ZfA) als einer dem Bundesverwaltungsamt unterstellten Behörde des Bundesministeriums des Innern unter der Schirmherrschaft des Bundespräsidenten verbunden.

Die ZfA hat die Aufgabe, die Arbeit der deutschen Auslandsschulen in enger Partnerschaft mit der KMK zu begleiten, und unterstützt derzeit 1.291 Auslandsschulen mit persönlicher, pädagogischer und finanzieller Förderung (vgl. ZfA 2017). Diese Unterstützung besteht vor allem in der Entsendung von Lehrkräften an deutsche Auslandsschulen, in der Fortbildung der dort tätigen Lehrenden – insbesondere für Deutsch als L2 –, in der Durchführung von zentralen Sprachprüfungen und in der Ausstellung der entsprechenden internationalen

Zertifikate. Das Auswärtige Amt arbeitet eng mit der ZfA zusammen, indem es Aufsicht ausübt und die Leitlinien für die deutsche Außenpolitik in den Bereichen Kultur und Bildung festlegt (vgl. ZfA 2013).

Mit den deutschen Auslandsschulen engagiert sich die ZfA für die Betreuung deutscher Staatsangehöriger, die während eines beruflich bedingten Auslandsaufenthaltes für ihre Kinder die Möglichkeit einer deutschen Schulbildung suchen. Dennoch haben die meisten Auslandsschulen nach Information der ZfA inzwischen ein umfassenderes Profil, demnach „bieten die heute überwiegend als Begegnungsschulen konzipierten Einrichtungen Kindern der Gastländer und anderer Kulturkreise die Möglichkeit, sich mit Deutschland, seiner Kultur und Sprache vertraut zu machen" (ebd., S. 23). Darüber hinaus ist die Zentralstelle auch dafür zuständig, die Schulvorstände zu beraten, damit sie sich selbstständig verwalten und die Schule auf dem internationalen Bildungsmarkt wettbewerbsfähig machen.

Die offizielle Erhebung der ZfA aus dem Jahr 2017 zeigt, dass Umfang und Relevanz dieser Arbeiten und Investitionen im vergangenen Jahrzehnt zugenommen haben. Zwischen 2006 und 2016 stieg die Zahl der von der ZfA geförderten Schulen um 114,1 % von 603 auf 1.291, wobei der bedeutendste Sprung (54,6 %) von 2007 auf 2009 mit der Eröffnung des Förderprogramms „Schulen: Partner der Zukunft" (PASCH) zusammenfällt, das Grundbildungseinrichtungen für den Unterricht der deutschen Sprache zusammenführt, berät, fördert und vernetzt, und dessen Ziel es ist, in den Gastländern bei jungen Menschen Interesse für Deutschland und seine Gesellschaft zu wecken, sie auf ein Hochschulstudium in Deutschland vorzubereiten und Deutschprüfungen für die offizielle DSD-Zertifizierung[39] – weshalb sie „DSD-Schulen" genannt werden – durchzuführen. Von den insgesamt rund 474.000 Lernenden Ende 2016 waren 390.300 (82,4 %) in DSD-Schulen und 83.400 (17,6 %) in Auslandsschulen.

Wie das Abitur, gibt das von der KMK ausgestellte Zertifikat über Deutschkenntnisse Gymnasiastinnen und Gymnasiasten die Möglichkeit, ein Studium in Deutschland zu absolvieren[40]. Dieses Diplom wird durch zentral konzipierte

39 DSD ist die Abkürzung für Deutsches Sprachdiplom und bezieht sich auf die Prüfung und Zertifizierung durch die KMK.

40 Sowohl Abitur als auch DSD weisen auf die Möglichkeit des Hochschulzugangs in Deutschland hin. Beim DSD jedoch durchlaufen die Lernenden ein einjähriges Studienkolleg, um in den spezifischen Fächern, die mit dem angestrebten Beruf zusammenhängen, eine dem deutschen Bildungssystem gleichwertige Basis für das Studium zu gewährleisten.

Tests erworben, welche für die Anwendung in allen Ländern der Welt erstellt wurden, in denen es Schulen gibt, die von der ZfA gefördert werden. Die Prüfungsteile werden in jeder Schule von aus Deutschland entsandten oder akkreditierten Lehrkräften betreut und bestehen aus einem Lese-, Hör-, Schreib- und Sprachfähigkeitstest. Die Ausarbeitung und die Kriterien für die Korrektur basieren auf Parametern, die durch den Gemeinsamen Europäischen Referenzrahmen für das Sprachenlernen festgelegt sind (vgl. Trim et al. 2001).

Der Statistikbericht der ZfA von 2017 enthält auch Daten über die Verteilung der von der ZfA geförderten Schulen rund um den Globus. Demzufolge sind die meisten dieser Einrichtungen (50,2 %) und der eingeschriebenen Lernenden (56,3 %) in Mittelosteuropa und in Ländern der Gemeinschaft Unabhängiger Staaten konzentriert. In Lateinamerika befinden sich lediglich 9,5 % der Schulen, aber hier wird die zweitgrößte Bevölkerungsgruppe in Bezug auf die Einschreibung von Schülerinnen und Schülern gezählt (17,5 %).[41] Nach Angaben der ZfA äußerten im Jahr 2016 33 % der Absolvierenden deutscher Auslandsschulen und Spezialgymnasien mit deutscher Abteilung[42] die Absicht, in Deutschland eine akademische Laufbahn einzuschlagen[43].

Laut dieser Erhebung übernahm die deutsche Bundesregierung im Jahr 2016 die Gehälter von 1.892 Lehrenden, die an Schulen im Ausland arbeiteten. Die deutschen Investitionen in Auslandsschulen werden als Mittel zur Umsetzung von vier Zielen im Bildungsbereich begründet: (a) die Förderung der deutschen Sprache, (b) die Begegnung mit der Kultur und Gesellschaft des Gastlandes, (c) die schulische Versorgung deutscher Kinder im Ausland und (d) die Stärkung des akademischen und wirtschaftlichen Standorts Deutschland[44].

5.1.2. Schule BR

Die 1965 gegründete deutsch-brasilianische Schule, deren Schülerinnen und Schüler am Projekt des interkulturellen Briefaustauschs teilnahmen, bezeichnet

41 ZfA, 2017, S. 8.

42 *Spezialgymnasien mit deutscher Abteilung* sind Sekundarschulen in Rumänien, Tschechien, der Slowakei, Bulgarien, Estland und der Türkei, welche eine außergewöhnliche curriculare Ausstattung mit Schwerpunkt auf der deutschen Sprache und zweisprachigen Fächern aufweisen. Die Lernenden dieser Sektionen legen parallel zum nationalen Schulabschlussverfahren das deutsche Abitur ab und erhalten damit ähnlich wie an deutschen Auslandsschulen einen doppelten Abschluss. Von den an dieser Studie teilnehmenden Schulen vertritt die Schule RQ diese Gruppe.

43 ZfA, 2017, S. 18.

44 ZfA, 2017, S. 3.

sich als „bikulturelle Begegnungsschule“ und wird in dieser Forschung als *Schule BR* aufgeführt. An ihr sind etwa 1.300 Schülerinnen und Schüler[45] von der frühkindlichen Erziehung bis zur gymnasialen Oberstufe in zwei curriculare Zweige eingeschrieben, die jeweils von einer ebenfalls zweigliedrigen Schulleitung koordiniert werden.

Der sogenannte „deutsche Zweig“ bietet den Unterricht hauptsächlich in deutscher Sprache an, berücksichtigt im Wesentlichen die Lehr- und Bildungsziele Deutschlands und ist am Bildungsplan des Landes Baden-Württemberg ausgerichtet. Normalerweise werden die Fächer von Lehrkräften unterrichtet, die aus Deutschland entsandt und von der deutschen Regierung subventioniert werden.

Nach Angaben der Schulleitung sind 10 % ihrer Schüler deutsche Staatsbürger. Jene, die gerade aus dem Ausland angekommen sind, durchlaufen eine Anpassungsphase, in der sie intensive und individualisierte Portugiesischkurse erhalten. Absolvierende des deutschen curricularen Zweigs erwerben einen Doppelabschluss und können Hochschulstudiengänge in Brasilien, Deutschland und anderen Ländern belegen, die eins von beiden Schulzeugnissen anerkennen.

Nur Klassen des brasilianischen Zweiges, dessen Schülerinnen und Schüler auf den einfachen brasilianischen Abschluss vorbereitet werden, nahmen an dieser Studie teil. In der Regel sind diese brasilianisch und Sprechende des Portugiesischen als L1, obwohl auch einige Spanischsprachige aus anderen südamerikanischen Ländern und Kinder aus multikulturellen Familien in den Klassenverbänden vertreten sind. Sie haben ab der 1. Klasse ein beachtliches Pensum an Deutschunterricht (DaF). Das Akronym für „Deutsch als Fremdsprache“ wird von den Lernenden und Lehrenden als Bezeichnung für das Fach verwendet. „DaF“-Schülerinnen und -Schüler, welche beim Erlernen der Sprache gute Leistungen zeigen, können während ihrer Schullaufbahn einen Wechsel in den deutschen Zweig beantragen. Im deutschen Zweig erhalten alle Schülerinnen und Schüler den Deutschunterricht nach einem „DaM“-Lehrplan (Deutsch als Muttersprache) ggf. mit ergänzenden Förderstunden für Quereingestiegene.

Der Deutschunterricht im brasilianischen Zweig (DaF) wird vom Beginn der Grundschule bis zur 12. Klasse als eines der Fächer mit der höchsten Stundenzahl unterrichtet, allerdings ist die Sprache bereits im Kindergarten präsent. Von der 1. bis zur 5. Klasse beträgt sie 6 Wochenstunden. Ab der 6. Klasse wird

---

45 Angaben von 2017.

das Lernpensum zwar auf 5 Wochenstunden gekürzt, aber durch das Angebot von zwei neuen Fächern – Gesellschaftslehre und Naturwissenschaften – in deutscher Sprache ergänzt. Damit erhalten die Klassen wöchentlich insgesamt 9 Schulstunden, deren Unterrichtssprache Deutsch ist. Dieser Unterricht wird in kleinen Gruppen von 12 bis 16 Schülern abgehalten. Das Lehrpersonal aus diesem Bereich war zur Zeit der Forschung hauptsächlich aus Lehrkräften zusammengesetzt, die aus Deutschland stammten, deutschen Migrationshintergrund hatten oder selbst eine deutschsprachige Schule in Brasilien besucht hatten. Von 17 DaF-Lehrenden hatten nur vier Ortskräfte die deutsche Sprache erst im Erwachsenenalter als Teil ihres akademischen und pädagogischen Werdegangs erworben. Alle DaF-Lehrkräfte waren deutsch- und portugiesischsprachig.

Im Rahmen eines Austauschprojekts mit Partnerschulen und -unternehmen reisen die Schüler:innen aus beiden Zweigen zweimal gemeinsam nach Deutschland. In der 8. Klasse erleben die Lernenden das tägliche Leben in einer Gastfamilie und gehen zur Schule, besuchen historische Sehenswürdigkeiten, lernen Deutsche Naturlandschaften kennen, kommen mit Aspekten regionaler Kulturen in Berührung und unternehmen weitere Aktivitäten auf einer Route, die Berlin, Dresden, Köln und München umfasst. In der 10. Klasse kehren die Schülerinnen und Schüler nach Deutschland zurück, um Berufspraktika zu absolvieren und Hochschuleinrichtungen kennenzulernen.

An der Schule BR wird in der 9. Klasse die offizielle Deutschprüfung für die Niveaustufen A2 und B1 (DSD I genannt) abgelegt. Die Ausstellung des KMK-Sprachdiploms auf Niveau B2 und C1 (DSD II) erfolgt nach einer weiteren Prüfung, die in der 12. Klasse im brasilianischen Zweig abgelegt wird (im deutschen Zweig in beiden Stufen jeweils eine Klasse früher). Im Jahr 2016 legten alle in den jeweiligen Jahrgängen eingeschriebenen Schülerinnen und Schüler die Prüfungen ab, und die Erfolgsquoten lagen insgesamt bei 96 % (DSD I) und 84 % (DSD II).

In Bezug auf andere Sprachen ist Englisch ab der 4. Klasse im brasilianischen Zweig und ab der 5. Klasse im deutschen Zweig Bestandteil des Lehrplans. Im Rahmen ihres Afterschool-Angebots werden außerdem outgesourcte Spanischkurse abgehalten.

5.1.3. Schule VE

Wie die Schule BR und andere ähnliche Schulen in Lateinamerika bietet die Institution, die in dieser Arbeit *Schule VE* genannt wird, einen nationalen Lehrplan mit Deutschunterricht (DaF) und einen weiteren, der auf dem baden-württembergischen Bildungsplan basiert. Letzterer mündet in das Abitur, das den Zugang zur Hochschulbildung in Deutschland und zu Universitäten in anderen Ländern, die seine Gültigkeit anerkennen, ermöglicht. Die deutsche Sprache begleitet die Kinder bereits in den Vorschulklassen und während der Alphabetisierung. Bis zum 6. Jahrgang, dem letzten des venezolanischen Primarbereichs, folgt die schulische Laufbahn einem einheitlichen Lehrplan, der die Kinder darauf vorbereitet, in zwei Zweigen mit unterschiedlichen Profilen und Zielen einzutreten. Das DaF/Deutsch-Unterrichtspensum umfasst in beiden Zweigen fünf Wochenstunden.

Im Gegensatz zur Schule BR wurden jedoch Klassen aus beiden VE-Schulzweigen in den Forschungsumfang einbezogen, da berücksichtigt wurde, dass der frühere Deutscherwerb bei allen Schülerinnen und Schülern sich auf Basis eines Fremdsprachenansatzes entwickelt hatte. Es ist interessant festzustellen, dass die Schule, auch wenn es hier keine signifikante Anzahl von deutschen oder L1-deutschsprachigen Lernenden gibt, parallel zu Klassen, die dem regulären venezolanischen Lehrplan folgen, einen Zweig des deutschen Lehrplans hat. Das als „bilingual" bezeichnete Segment führt zu einem Doppelabschluss und wird von deutschen, größtenteils entsandten Lehrenden betreut und geleitet. Wie in der Schule BR werden die Prüfungen DSD I und II in den Klassen 9 und 12, und für diejenigen, die dem „bilingualen" Lehrplan folgen ein Jahr früher, durchgeführt. Neben Spanisch als L1 und der hohen Stundenzahl in Deutsch ergänzen auch Englisch (ab der 5. Klasse) und Französisch (ab der 7. Klasse) den Lehrplan in beiden Schulzweigen. Das Schulprogramm sieht keine interkulturellen Schulreisen nach Deutschland vor.

Im Verlauf der Forschungsarbeit erwies sich das VE-Deutschkollegium aufgrund der restriktiven Umstände infolge einer anhaltenden politischen und wirtschaftlichen Krise in diesem südamerikanischen Land als unbeständig. Häufig wanderten venezolanische Lehrkräfte aus und selten kamen neue Lehrende aus Deutschland, um das Kollegium zu verstärken. Viele mussten Deutschunterricht als L2 fachfremd erteilen. So wird das Fach „DaF" neben einheimischen jungen Lehrenden ohne deutsche Abstammung, welche die Sprache im Zuge ihrer Qualifikation erworben haben, auch von entsandten deutschen Lehrenden verschiedener Fachbereiche unterrichtet. Die untersuchten Klassen bestehen aus 12 bis 25 Lernenden, die für „DaF"-Stunden gelegentlich in kleinere Gruppen unterteilt sind.

Die Schule VE wurde 2015 von etwa eintausend Kindern und Jugendlichen aus der Ober- und Mittelschicht besucht. Infolge der Krise blieben nur wenige deutsche Familien in Venezuela, und aufgrund einer starken Migration von Venezolanern sank die Gesamtzahl der in den beiden Zweigen der

Schule eingeschriebenen Schülerinnen und Schüler im Oktober 2018 auf 782. Davon waren nur vier L1-Deutschsprachige, nämlich Kinder von in der Schule tätigen Lehrkräften und von Mitarbeitern der deutschen Botschaft. Dieses Bild unterscheidet sich erheblich von dem soziolinguistischen Panorama zum Zeitpunkt ihrer Gründung, welche 1894 auf Wunsch von in Venezuela lebenden deutschen Familien erfolgte.

5.1.4. Schule RO

Vor der Gründung der Schule RO im Jahr 2007, die seither einen vollständigen Lehrplan in deutscher Sprache anbietet, meldeten Familien aus Deutschland ihre Kinder in traditionellen zweisprachigen Schulen an, die vom öffentlichen System betrieben und von der deutschen Regierung durch das Entsenden von Lehrenden mitfinanziert wurden. In diesem Fall war die doppelte Unterrichtssprache, die den Erwerb der rumänischen Sprache erforderte, ein Faktor, den viele Familien, die sich für internationale Privatschulen mit Englischunterricht entschieden, als unvorteilhaft empfanden. Als die Schule RO auf Privatinitiative prominenter deutscher Familien gegründet wurde, erhielt die Einrichtung den Status einer deutschen Auslandsschule, während bei den anderen die üblichen Subventionen der deutschen Außenpolitik schrittweise reduziert wurden.

Ihr Lehrpersonal bestand im Zeitraum der Datenerhebung aus 24 überwiegend L1-deutschsprachigen Lehrkräften. Die Lehrkräfte, die aus Deutschland kommen, beherrschen die rumänische Sprache häufig nicht, was auch für die drei Lehrenden zutraf, die für den Deutschunterricht zuständig waren. Für „DaF"-Unterricht war eine rumänische zweisprachige Lehrerin verantwortlich, die der deutschsprachigen Minderheit der Siebenbürger Sachsen angehört.

Insgesamt 190 Schülerinnen und Schüler besuchten vier Schulbereiche von der Krippe bis zur gymnasialen Oberstufe. Ihr vereinheitlichter Lehrplan folgt dem deutschen Modell des Landes Baden-Württemberg und endet mit dem Abitur. Die Anzahl der Lernenden in jeder Klasse variiert je nach Klassenstufe zwischen 2 und 18. Erwähnenswert an dieser Stelle ist, dass die Einweihungsklasse im Jahr 2007 nur aus 4 Kindern bestand. Von denen absolvierten im Jahr 2018 zwei das Abitur in der Einrichtung. Die nationalen Zugehörigkeiten und sprachlichen Identitäten der Lernenden und Lehrenden dieser Schule bilden ein besonders plurales ethnolinguistisches Mosaik. Während der drei Forschungsbesuche vor Ort zwischen 2015 und 2017 habe ich mit Personen brasilianischer, bulgarischer, deutscher, französischer, griechischer, kolumbianischer, österreichischer, rumänischer, schweizerischer und spanischer Herkunft gesprochen.

Etwa die Hälfte der Schülerinnen und Schüler der Grundschulklassen lernen Deutsch als L2, und im Gegensatz zur Schulpolitik anderer deutscher Schulen in Rumänien nimmt die Schule RO auch Lernende auf, die in diesem Lebensalter noch kein Deutsch können. Etwa 50 % der Schülerinnen und Schüler sind deutsche Staatsbürger und ebenso viele sind L1-Deutschsprecher. Während ihrer gesamten Schulzeit besuchen sie dieselben Deutschstunden wie die L2-Lernenden, sowie die aller anderen Fächer, welche mit Ausnahme des Rumänischunterrichts alle auf Deutsch unterrichtet werden. Nicht deutschsprachige Schülerinnen und Schüler der Jahrgängen 1 bis 4 erhalten zwei Stunden pro Woche Zusatzunterricht in DaF. Ab dem 5. Jahrgang umfasst das Schulprogramm zweijährlich Klassenfahrten zu Orten in Deutschland und Österreich, zwischendurch auch in Regionen Rumäniens, die für die Einwanderungsgeschichte von Minderheitengruppen deutschsprachiger Kulturen relevant sind.

Die rumänische Sprache erscheint im Schullehrplan als „Begegnungssprache", ein Begriff, der nicht mit dem Verständnis von „Begegnungssprache" verwechselt werden sollte, wie es in dieser Studie behandelt wird. In diesem Zusammenhang ist sie die Sprache, deren Grundkenntnisse einen interkulturellen Kontakt mit Aspekten der einheimischen Gesellschaft ermöglichen sollte. Unter dem Gesichtspunkt der Lernziele und des Stundenpensums der einzelnen Sprachen liefert die Schule RO ein bilinguales Bildungskonzept, das deutlich asymmetrisch ist. Rumänische Schülerinnen und Schüler erhalten vier Wochenstunden Rumänisch, welche die örtliche Gesetzgebung für ihre „Muttersprache" zwingend vorschreibt. Entsprechendes würde auch in Bezug auf andere Sprachen im Fall von Angehörigen nationaler Minderheiten gelten[46]. Lernende von Rumänisch als L2 werden hingegen in einem angepassten und entlasteten Angebot von nur zwei Stunden pro Woche unterrichtet. Der Lehrplan umfasst auch Englisch als „erste Fremdsprache" ab der 1. Klasse neben den beiden anderen Sprachen. Französisch vervollständigt das viersprachige Curriculum ab der 6. Klasse.

5.1.5. Schule RP

Auch die Schule RP ist eine junge private Einrichtung. Sie wurde 2004 gegründet und bietet, wie die anderen an dieser Studie beteiligten Schulen, einen Bildungsweg vom Kindergarten bis zum Gymnasium an. Seit erst zwei

46 Art. 45 des Nationalen Bildungsgesetzes 1/2011; Art. 32 Abs. 3 der rumänischen Verfassung, vgl. Kovács 2009.

Jahrzehnten gehören private Bildungseinrichtungen in Rumänien zum Alltag. Im Gegensatz zur Schule RO folgt der RP-Lehrplan den allgemeinen Richtlinien des rumänischen Bildungswesens und orientiert sich am Schulkonzept für deutschsprachige nationale Minderheiten, weshalb das Lehrangebot für Deutsch in dieser Schule als „limba germană maternă“ (muttersprachliches Deutsch) bezeichnet wird. Öffentliche Schulen, die diesem Format folgen, sind oft traditionelle Institutionen und von der rumänischen Gesellschaft für ihre qualitativ hochwertige Arbeit allgemein anerkannt. In der Schule RP wird der rumänische Lehrplan mit Lehrmitteln und Methoden aus Deutschland und der Schweiz kombiniert.

Ihre Zielgruppe sind Familien aus der lokalen Mittelschicht und sie hat kein spezifisches sprachliches oder ethnisches Profil. In Wirklichkeit entspricht das relativ breite Angebot von Schulen, die Deutsch als „Muttersprache“ unterrichten, nicht direkt der Realität der rumänischen Gesellschaft, da deutschsprachige Bevölkerungsgruppen im 20. Jahrhundert in großer Zahl nach Deutschland ausgewandert sind. Diese Institutionen sind jedoch bei Familien, welche an einer hoch angesehenen Schulbildung und der Aussicht auf kulturelle, akademische und berufliche Verbindung mit Westeuropa interessiert sind, sehr begehrt.

Mit Ausnahme der Fächer Mathematik und Naturwissenschaften ist die Unterrichtssprache Deutsch. Von der 1. bis zur 4. Klasse sind in jeder Lerngruppe Pädagogen tätig, die in bilingualen Partnerschaften arbeiten. Ab der 5. Klasse umfasst der Lehrplan in deutscher Sprache das Fach „Geschichte und Traditionen der deutschen Minderheiten“ entsprechend der Empfehlung der nationalen Gesetzgebung für Schulen, die den sprachlichen Minderheiten dienen sollen. Von da an wird der Mathematikunterricht in zwei parallelen Fächern in Rumänisch und Deutsch geleitet und die Zusatzsprachen Englisch und Französisch werden Teil des Stundenplans. Die Schule schätzt ausdrücklich die Teilnahme ihrer Schülerinnen und Schüler an Wissenschafts-Olympiaden und anderen Wettbewerben sowie ihre herausragenden Ergebnisse und häufigen literarischen Veröffentlichungen in rumänischsprachigen Zeitschriften. Ein besonderes Augenmerk wird auch auf Sprachprüfungen (einschließlich für DSD) gelegt. Jährlich finden Klassenfahrten nach Deutschland, Österreich und in die Schweiz statt.

In der Schule RP besteht jede Klasse aus 5 bis 18 Schülern, die Deutsch als L2 lernen. Insgesamt waren während der Forschung etwa 150 Kinder und Jugendliche in der Schule angemeldet und das Lehrpersonal bestand größtenteils aus zweisprachigen Kräften rumänischer Herkunft.

5.1.6. Schule RQ

Die ältesten Aufzeichnungen über die Schule RQ stammen aus dem Jahr 1778 als eine Konfessionsschule der deutschsprachigen Bevölkerung. Es handelt sich um eine Bildungseinrichtung, die das staatliche System Rumäniens integriert und dem speziellen Lehrplan für Schulen nationaler sprachlicher Minderheiten folgt. Bis zum Jahr 2000 war sie mit aus Deutschland entsandten Lehrenden und Zuschüssen vom Bund einer deutschen Auslandsschule gleichgestellt, sie ordnet sich heute jedoch in die Kategorie der staatlichen Spezialgymnasien mit einer deutschsprachiger Abteilung ein. Die Spezialabteilung, für die die Schule RQ weiterhin ausländische Unterstützung erhält, wurde 1992 eingerichtet, um die Arbeit mit den Jahrgängen 9 bis 12 nach einem angepassten Lehrplan mit Mathematik und Geschichte in deutscher Sprache für das Ziel des doppelten Abschlusses zu koordinieren: das deutsche Abitur und die rumänische Matura. Schülerinnen und Schüler der 9. Klasse im Besitz eines deutschen Passes haben bei der Einteilung in die Spezialklassen Vorrang. Die verbleibenden Plätze werden nach Leistungskriterien im Fach Deutsch besetzt. Nur gelegentlich sind in der Spezialabteilung Lernende, die aus deutschsprachigen Ländern stammen. Aus Deutschland entsandte Lehrende unterrichten in der Spezialabteilung, welche von einem ebenfalls entsandten und von der Schulleitung unabhängigen Gremium geleitet wird. Es ist auch für die Durchführung des deutschen Abiturs an anderen Schulen der Region zuständig.

Bei der Anmeldung von neuen Schülerinnen und Schülern werden Anträge von Familien, die deutschsprachigen Minderheiten in Rumänien angehören, bevorzugt. Es gab jedoch einen drastischen Rückgang dieser Bevölkerungsgruppe, deren Angehörige im Zusammenhang mit dem Zweiten Weltkrieg (Schmidt 2009: 47), aus dem von da an bis 1989 regierenden diktatorischen Regime (Brüggemann 2017: 120), nach der Auflösung des sozialistischen Blocks und noch heute im Zusammenhang mit der Europäischen Union ausgewandert sind. Die größte Nachfrage nach Plätzen an der Schule RQ kommt in Wirklichkeit aus wohlhabenden Familien, die eine traditionell anerkannte, westlich orientierte Bildung wünschen. Dies liegt daran, dass die Zulassung noch an eine mündliche Aufnahmeprüfung geknüpft ist, die nachweisen soll, dass das Kind dem Unterricht in „muttersprachlichem Deutsch" folgen kann. Es ist dank finanzieller Mittel und einer Reihe von privaten Kindergärten, die hohe Gebühren verlangen und darauf spezialisiert sind, Kindern im Alter von 3 bis 6 Jahren die deutsche Sprache zu vermitteln, möglich, sie auf die Aufnahmeprüfungen von Prestigeschulen mit deutscher Unterrichtssprache vorzubereiten.

Von der 1. bis zur 4. Klasse besteht das gesamte Lehrpersonal aus deutschsprachigen rumänischen Lehrenden, sodass im Primarbereich das Angebot einer vollständigen Stundentafel in deutscher Sprache erfüllt wird. Durch die Kürzung der Subventionen seitens der deutschen Regierung ist es für die Schule jedoch schwierig, deutschsprachige Fachlehrkräfte für die Arbeit in der Sekundarstufe zu rekrutieren. Anekdotische Berichte von Alumni und Lehrkräften legen nahe, dass eine gewaltige Abwertung der Lehramtstätigkeit nach dem Zusammenbruch des sozialistischen Regimes die Arbeit im Klassenraum für zweisprachige Fachkräfte, welche besser bezahlte Jobs außerhalb des Schuldienstes bekommen können, unattraktiv macht. Daher kommt es in der Praxis zu einer Unterbrechung des deutschsprachigen Lehrplanangebots ab der 5. Klasse, wobei die rumänische Sprache in allen Fächern zur Unterrichtssprache wird, mit Ausnahme von Deutsch und Geschichte der deutschen Minderheiten. Für diese Fächer sind vier rumänische Lehrende zuständig und eine aus Deutschland entsandte Lehrkraft ist Teil des Teams.

Insgesamt besuchen 1450 Schülerinnen und Schüler die Schule. Unterrichtet werden sie von 105 Lehrkräften. Ihr mehrsprachiger Lehrplan umfasst auch ab der 3. Klasse Englisch und ab der 5. Klasse Französisch.

5.2. Forschungsmethodik

5.2.1. Zusammensetzung des Korpus

Die Konstellation der kooperierenden Institutionen repräsentiert zwei Weltregionen, die angesichts der Zahl ihrer Partnerschulen und Studierenden von großer außenpolitischer Relevanz für Deutschland sind. Dabei ist zu bedenken, dass beide Regionen Ziel von Migrationswellen deutscher und deutschsprachiger Bevölkerung aus Mitteleuropa waren und gleichzeitig der Ursprung vieler Zuwanderer sind, die nach Deutschland ziehen.

Als kulturelle Matrix ist der bedeutende germanische Einfluss bei der Herausbildung der rumänischen nationalen Identität hervorzuheben. Dies trifft seit den ersten sächsischen Einwanderungsströmen im 12. Jahrhundert nach Siebenbürgen zu (Săgeată et al. 2017: 303) sowie im Zuge des Unabhängigkeitsprozesses, bei dem Karl von Hohenzollern-Sigmaringen 1881 zum König von Rumänien ausgerufen wurde (Crețu 2016: 79). Aus heutiger Sicht intensivieren sich die politischen und wirtschaftlichen Beziehungen zwischen Rumänien und Deutschland und die zunehmende Migration zwischen diesen Ländern, insbesondere seit dem Beitritt Rumäniens zur Europäischen Union im Jahr 2007 (vgl. Toderici 2018; Brücker et al. 2017). Die deutschsprachige Minderheit in Rumänien wurde im Laufe des 20. Jahrhunderts durch Umsiedlung, Flucht und Massenauswanderungen drastisch reduziert. In dieser Hinsicht ist die aktuelle europäische Identität Rumäniens laut Cercel (2015) stark von einem „philo-Germanism without Germans" abhängig.

Vor der zweiten Hälfte des 19. Jahrhunderts hatte die deutsche Präsenz in Südamerika noch keine große Verbreitung gefunden. Ein wichtiger Meilenstein war die Etablierung des Konquistaunternehmens und Gouvernements des schwäbischen Handelshauses Welser-Gesellschaft in der damaligen spanischen Provinz Venezuela zwischen 1528 und 1546 (vgl. Denzer 2005). Danach erinnert man sich an die Ankunft der Expedition Alexander von Humboldts an der Wende vom 18. zum 19. Jahrhundert und an die kurze Zeit von Maria Leopoldine Habsburg-Lothringen als Kaiserin von Brasilien in den 1820er Jahren. Diese Ereignisse brachten Einwanderer mit sich und inspirierten andere Gruppen, die sich in Kolonien niederließen. Aber erst ab 1840 in Venezuela (Bondarenko 2010: 180) und ab 1850 in Brasilien (Seyferth 2010: 743) verstärkte sich der Strom aufgrund der Migrationspolitik der jeweiligen Regierungen.

Heute verkörpert Deutschland Einstellungen des sozialen Status und des kulturellen Kapitals sowie die Idee einer Nation, die in der globalisierten Welt ein Gleichgewicht zwischen westlicher Tradition und Moderne herstellen kann. Zusammen mit Kontexten wirtschaftlichen Wachstums und Krisen, wie sie Brasilien und Venezuela im Erhebungszeitraum dieser Studie erlebten, macht dies den Erwerb der deutschen Sprache zu einem wichtigen Differenzierungsmerkmal für Eliten, die kommerzielle, akademische und berufliche Ziele in einem europäischen Land verfolgen, das politisch ausgeglichen, wirtschaftlich mächtig und geneigt ist, qualifizierte Einwanderer aufzunehmen.

Um den Diskurs institutioneller Selbstdarstellung von Schulen, die sich als bikulturell bezeichnen, zu analysieren, nutzte ich die offizielle Website jeder der teilnehmenden Schulen mit dem Ziel, das Forschungskorpus zusammenzustellen. Die im Internet leicht zugänglichen und an die externe Öffentlichkeit gerichteten Texte wurden zusammen mit einigen ergänzend ausgewählten internen Dokumenten verknüpft. Die Suche nach ideologischen Paradigmen erfolgt durch die Zuordnung von Textpassagen, in denen das Konzept einer bikulturellen Begegnung, die interkulturellen Ziele des Schulprogramms, die curriculare Struktur und das Verhältnis zu brasilianischen, venezolanischen, rumänischen und deutschen Einflüssen angesprochen werden.

Im Sinne einer ethnographischen Studie wurden in allen teilnehmenden Schulen Feldforschung und teilnehmende Beobachtungen durchgeführt. Diese Interventionen ermöglichten es dem Forscher, wichtige Akteure kennenzulernen, sich auf das Schulleben einzulassen und in ständigem Kontakt mit

Einstellungen zu stehen, welche diejenigen aus den für die Analyse ausgewählten Materialien bestätigen oder widerlegen.

In der Zwischenzeit wurde der pädagogische Diskurs auf der institutionellen Ebene der einzelnen Schulen den in der Kritischen Diskursanalyse beschriebenen Verfahren unterzogen. Nun soll geklärt werden, wie diese Methodik, kombiniert mit den ethnographischen Grundsätzen, die Ideologien und Einstellungen zum Erlernen der deutschen Sprache und zur Mehrsprachigkeit, die den Lehrplänen zugrunde liegen, ans Licht bringen kann.

5.2.2. Kritische Diskursanalyse unter Einbeziehung des ethnographischen Ansatzes

Angesichts des diskursiven, dialogischen und intertextuellen Charakters, der den Kulturwissenschaften eine große Annäherung und Vertrautheit mit ihrem Untersuchungsgegenstand ermöglicht, sowie der persönlichen Bezüge und Perspektiven, die der Forscher auf dieser Basis konstruiert, verzichtet diese Arbeit ausdrücklich auf den Anspruch, einen identitätsleeren Blick darzustellen. Aus diesem Grund wird das Textkorpus nicht als verbindliche Beschreibung angesehen, sondern als diskursive Formation, die sich zur Konstruktion einer bestimmten Perspektive artikuliert.

Eine Untersuchungsarbeit über Interaktionen sollte, auch wenn sie sich streng auf Analysemodelle und -verfahren stützt – oder gerade wegen dieser übermäßigen Strenge – weder ihren Gegenstand unterschätzen noch auf eine Untersuchung jenseits der Textgrenzen verzichten. Dabei sollten sowohl die materiellen Aspekte der Interaktion als auch ihre Prozesse und sozialen Verhältnisse, Überzeugungen, Werte und Wünsche der Interagierenden beachtet werden (Chouliaraki/Fairclough 1999: 60–61). Auf diese Weise ist die textuelle Praxis, ebenso wie jede diskursive Praxis, auch eine soziale Praxis.

Indem Kultur als ein komplexes System mit den von Larsen-Freeman und Cameron (2008) aufgezeigten Eigenschaften verstanden wird, wobei sich der Forscher auch als integraler Bestandteil begreift, wird ein Abstand gebrochen, der für die Kulturanalyse schädlich ist. Schließlich wird laut Geertz (1973) durch das kulturelle Verständnis, das Begleiten und die Beteiligung am täglichen Leben die Normalität des Alltags entlarvt, ohne die Einzigartigkeit der Individuen zu schmälern: „Indem es sie in den Rahmen ihrer eigenen Banalitäten stellt, löst es ihre Undurchsichtigkeit auf“[47] (S. 14). In dieser Absicht bietet

47 Übersetzung des Verfassers. Im Original: „setting them in the frame of their own banalities, it dissolves their opacity“.

die Ethnographie einen methodischen Rückhalt, der für den Erfolg einer kritischen Analyse entscheidend sein kann. Feldforschung und teilnehmende Beobachtung schaffen Raum für Aufzeichnungen, Interviews, Feldnotizen und den Zugang zu Daten in Archiven und Dokumenten, die für die Rekonstruktion der diskursiven Praxis relevant sind (S. 5–9).

Die Kritische Diskursanalyse wiederum hat nicht nur die Untersuchung der Verzahnung diskursiver Praktiken in sozio-politischen Machtstrukturen zum Ziel, sondern versucht auch, in diesen Praktiken und in sozialen Strukturen aktiv Veränderungen zu bewirken. Nach Kress (1990) bedeutet es, direkt oder implizit eine Krise zu provozieren, und zwar in der Form von Texten, in den Prozessen der Textproduktion und des Lesens sowie in den Machtstrukturen, die sie hervorrufen. Die vorliegende Studie nutzt das methodologische Instrument der Kritischen Diskursanalyse, um die soziale Funktion des Schulwesens und der mehrsprachigen Erziehung zu beurteilen, indem die Schulen und die Menschen, die in ihnen arbeiten, dynamische Einheiten sind, deren Identität sich durch Austausch aller Art ständig wandelt.

In diesem Sinne hilft Roy Bhaskar (2008), den Blick hinsichtlich der vermeintlich zu erzielenden Ergebnisse zu lenken. Indem er die Welt, die Erfahrung und ihre ontologische Schichtung abgrenzt, zeigt er, dass man keinen Zugang zur Wirklichkeit an sich haben kann, da sie unabhängig von den Einstellungen ist, die man von ihr hat (S. 161–162). Es ist also nicht möglich, objektiv zu beobachten und zu beschreiben, was real ist, denn jede Analyse durchläuft den Erfahrungsfilter (Ramalho 2009: 4). Ethnographische Notizen und Schriften bestehen daher aus einer eigenen Rekonstruktion der (Re-)Konstruktionen anderer Menschen, der Forschungsteilnehmer (Geertz 1973: 15).

Sofern die intrinsische Subjektivität der Analyse erkannt und explizit gemacht wurde, muss regelmäßig die Ausrichtung der Forschung überprüft und ihre Leistung bei der Erfüllung ihrer emanzipatorischen Rolle ausgewertet werden. Laut Martín Rojo (2005), zielt die Kritische Diskursanalyse darauf ab,

> in die soziale und diskursive Ordnung einzugreifen, indem man die Reflexivität der Sprecher erhöht, ihr Bewusstsein für die Auswirkungen des Sprachgebrauchs schärft und sie für die Analyse und Umgestaltung ihres Gebrauchs ausstattet, und darüber hinaus die Möglichkeit alternativer Ansichten und Einstellungen zu Ereignissen schafft (…)[48] (S. 220).

48 Übersetzung des Verfassers. Im Original: „intervir na ordem social e discursiva, aumentando a reflexividade dos falantes, sua consciência das repercussões do uso linguístico e dando-lhes as ferramentas necessárias para analisar e modificar seus

Es ist jedoch notwendig, eine methodische Offenheit zu wahren, da der Diskurs sich nicht in Formen pressen lässt. Laut Foucault (2010), sollte seine Analyse nicht in eine Auseinandersetzung mit vorhergehenden Bedeutungen verfallen: „Wir müssen uns nicht einbilden, daß uns die Welt ein lesbares Gesicht zuwendet, welches wir nur zu entziffern haben. Die Welt ist kein Komplize unserer Erkenntnis. Es gibt keine prädiskursive Vorsehung, welche uns die Welt geneigt macht“ (S. 34).

Wie man sich mit der Frage befasst, die die analytische Arbeit antreibt und die Chouliaraki und Fairclough (1999) als „Problem“ bezeichnen, kann die methodische Einstellung beeinflussen. Das „Problem“ betrachte ich hier als mobilisierendes Element ohne vorgegebenen Rahmen, ein *Puzzle*, das noch zu entdeckende Möglichkeiten verbirgt und das sich als Herausforderung anbietet. Die Entschlüsselung der Strukturverhältnisse, die für die Form des begrifflich-diskursiven Labyrinths verantwortlich sind, verdeutlicht den offenen Charakter des Untersuchungsgegenstandes und begünstigt intertextuelle und interdisziplinäre Verbindungen, die bei einer an „Hindernissen“ und „Problemen“ orientierten Analyse möglicherweise nicht berücksichtigt würden. Diese Perspektive resignifiziert zudem positiv die Rolle, den Einfluss und die Präsenz des Ethnographen im Alltag der untersuchten Gemeinschaft. Die komplexe Spezifizität und die Umstände seiner Ergebnisse ermöglichen es, die einbezogenen Begriffe zu aktualisieren und „nicht nur realistisch und konkret *darüber*, sondern, was noch wichtiger ist, kreativ und imaginativ *damit* nachzudenken“[49] (Geertz 1973: 23).

In Bezug auf die diskursive Konstruktion von Sozialeinstellungen konzentriert sich diese Untersuchung auf die folgenden diskursiven Handlungen, die Martín Rojo (2005: 219) unter anderen anführt:

a) Aufbau der Einstellung zu sozialen Akteuren unter Berücksichtigung (i) der Formen ihrer Bezeichnung, (ii) der ihnen zugewiesenen Attribute und Tätigkeiten und (iii) der gegensätzlichen bzw. polarisierenden Dynamiken zwischen sozialen Gruppen;
b) Einstellung über die Prozesse, sowie darüber, wem die Verantwortung dafür übertragen wird und wer die Konsequenzen zu tragen hat;

---

usos, criando, além disso, através das análises, a possibilidade de que surjam visões e representações alternativas dos acontecimentos (...)“.

49 Übersetzung des Verfassers. Hervorhebungen im Original: „to think not only realistically and concretely *about* them, but, what is more important, creatively and imaginatively *with* them“.

c) Die Projektion der Einstellungen der Sprechenden gegenüber ihrer Aussage, nicht nur einschließlich ihres Standpunktes, sondern auch ob sie sich in gemäßigter oder intensiver Weise ausdrücken;
d) Die Legitimation und Delegitimation diskursiver Einstellungen zu Ereignissen, sozialen Akteuren, sozialen Verhältnissen und dem Diskurs selbst.

Die Analyse des ausgewählten Korpus orientiert sich an einigen der ebenfalls von Martín Rojo (2005: 220) erläuterten diskursiven Strategien, wobei „Strategie" als ein mehr oder weniger zielgerichteter Aktionsplan zu verstehen ist:

a) Referenz- und Nominationsstrategien, die Kategorisierungsmittel, einschließlich Metaphern und Metonymien, verwenden und gelegentlich zu Verdinglichung führen;
b) Prädikationsstrategien, die von Stereotypen, Urteilen und der impliziten oder expliziten Zuweisung von Handlungen Gebrauch machen;
c) Verwendung von *Topoi*, d.h. von Prinzipien, die von der Gemeinschaft im Konsens akzeptiert werden, von Referenzen, die für zuverlässig gehalten werden, aber nicht immer kontextualisiert sind, oder von punktuellen Beurteilungen, die verallgemeinert oder willkürlich übernommen werden, um Attributionen zu rechtfertigen;
d) Perspektive oder Einrahmung diskursiver Einstellungen durch Einbeziehung des Sprechers in die Rede;
e) Verstärkungs- und Eindämmungsstrategien;
f) Strategien zur Legitimierung der Handlungen und Reden selbst ausgehend von dem Prinzip der „Norm", der Ordnung des Diskurses, der Repräsentativität der Institutionen usw.

Da sich diese Forschung hauptsächlich mit institutionellen Diskursen befasst, die in einem öffentlichen Raum mit offiziellen Zugangsrechten stattfinden, behandelt sie das soziale Management des Macht erzeugenden Diskurses sowie die ihm zugeschriebenen Werte je nach der Legitimität seiner Vertreter und dem Ort, wo er sich verbreitet. Für Martín Rojo erfordert die Untersuchung der Diskursordnung das Bewusstsein, dass die Macht und Autorität des Sprechenden auf die Gesprächspartner zurückstrahlt und Ungleichheit unter den Beteiligten verursacht. In diesem Zusammenhang greifen Interessenkonflikte in die diskursiven Beziehungen ein, insbesondere in den Kampf um die Produktion,

Manipulation und Verbreitung der Diskurse. In gewisser Weise stellt der Diskurs, wenn er geführt wird, bereits ein Machtzeichen dar. Betrachtet man solche Verhältnisse historisch, so lässt sich feststellen, dass Macht dazu neigt, allmählich von materieller Aktivität zum Diskurs überzugehen (Chouliaraki/Fairclough 1999).

5.3. Kritische Analyse des pädagogisch-institutionellen Diskurses

Eine vorherige dokumentarische Analyse half bei der Auswahl des Korpus, das die politisch-institutionelle Achse dieser Forschung bildet. Die ausgewählten Texte stellen der Schulgemeinschaft und der externen Öffentlichkeit die Bildungspolitik und die Lehrpläne jeder Schule vor. Sie zeichnen sich deshalb durch einen homogenen, kontrollierten und legitimierten Sprachgebrauch aus.

Texte, die ursprünglich in zwei Sprachen vorhanden sind, wurden in der Landesprache analysiert. Alle Quellenauszüge, die im untersuchten Original nicht in deutscher Sprache sind, wurden in der folgenden Diskussion vom Verfasser übersetzt.

Die nächsten Abschnitte umfassen die Darstellung der Dokumente, aus denen sich das Korpus für jede der fünf untersuchten Schulen zusammensetzt, sowie die Diskussion seiner Analyse im Lichte der bisher erläuterten theoretischen und methodischen Instrumente.

5.3.1. Schule BR

Um die institutionelle Selbsteinstellung und die sprachliche Ideologie der Schule BR zu untersuchen, wurden die in Tabelle 2 gelisteten Textquellen analysiert. Die Analyse der Texte, die sich durch eine größere Reichweite und Objektivität in Bezug auf die curriculare Struktur und die pädagogischen Ziele der Schule auszeichnen (BRinstA, BRinstB und BRinstC), erfolgte im Vorfeld (vgl. Carapeto-Conceição 2018a) und setzte die Schwerpunkte, deren ergänzende Konzepte in den anderen Quellen ermittelt wurden und zu einer fundierten Beschreibung der ideologischen Position der Institution beitragen konnten.

Tabelle 2: Textkorpus zur Analyse des pädagogisch-institutionellen Diskurses der Schule BR

Kodierung	**Titel**[a]	**Medium/Format**	**Veröffentlichungsdatum** *** letzter Zugriff**	**Anzahl der Wörter**
BRinstA	Escola alemã de encontro *Deutsche Begegnungsschule*	Offizielle Webseite	01.12.2018*	407
BRinstB	Fundamentação pedagógica *Pädagogische Grundlage*	Offizielle Webseite	01.12.2018*	211
BRinstC	Apresentação (DaF e DFU) *Präsentation (DaF und DFU)*	Offizielle Webseite	01.12.2018*	401
BRinstD	Inscrição de novos alunos – Perguntas mais frequentes *Anmeldung neuer Schüler – FAQ*	Offizielle Webseite	01.12.2018*	467
BRinstE	Palavra da direção escolar *Wort der Schulleitung*	Jubiläumsschrift „50 anos de encontro“	2015	390
BRinstF	Palavra do diretor administrativo-financeiro *Wort des Verwaltungsleiters*	Jubiläumsschrift „50 anos de encontro“	2015	385
BRinstG	Palavra da diretoria *Wort des Vorstandes*	Jubiläumsschrift „50 anos de encontro“	2015	465
BRinstH	Candidatura ao prêmio escolar alemão *Bewerbung um den Deutschen Schulpreis*	Internes Begleitdokument	2016	6.414
BRinstI	Inscrição de candidatos e seleção de novos alunos: 5º ao 8º ano do ensino fundamental *Bewerbung und Auswahl neuer Schüler: Jahrgänge 5 bis 8*	Offizielle Webseite (PDF-Datei)	2018	436
BRinstJ	Missão / Visão / Perfil escolar *Mission / Vision / Schulprofil*	Hausordnung	2017	291
BRinstK	Konzept zur Sprachförderung (Entwurf)	Internes Begleitdokument	2015	804

a Zum besseren Verständnis sind die Titel in portugiesischer Sprache mit einer Übersetzung des Autors in Kursivschrift versehen.

Es folgt eine Erhebung und Diskussion der Daten zur allgemeinen Selbstdefinition der Institution als „Begegnungsschule“, zur Bestimmung und Ausprägung der Zweisprachigkeit in ihrem pädagogischen Angebot und zur politisch-ideologischen Ausrichtung, die in Bezug auf Sprachen und den Deutschunterricht als Zusatzsprache dominiert.

5.3.1.1. Selbstdefinition (Deutsche Begegnungsschule)

Im analysierten Text BRinstH aus dem Jahr 2016, in dem die Identität der Schule BR, ihre Merkmale, Ziele, Kooperationen und Herausforderungen ausführlich dargestellt werden, wird die Schule als „eine deutsche Auslandsschule mit Begegnungscharakter“[50] vorgestellt. In ihrem Grußwort bei der Festschrift zum fünfzigjährigen Bestehen der Institution (2015) behaupten die Schulleiter, dass die Einrichtung „heute viel stärker durch ihren Begegnungscharakter geprägt ist, als man sich das in ihren Anfängen hätte vorstellen können“[51], und betonen, dass unter den Absolventinnen und Absolventen derzeit vor allem Jugendliche ohne deutsche Abstammung (BRinstE) sind. Der Verwaltungsdirektor erwähnt im BRinstF nachdrücklich den Begriff „Begegnungsschule“ (*escola de encontro*) und beleuchtet die tägliche Manifestation der Begegnung („sehr präsent, täglich gelebt“[52]) in der Zusammenarbeit zwischen dem pädagogischen und dem administrativen Bereich. Dementsprechend wird die Schule bei der Formulierung ihres Mission-Statements (BRinstJ) als „Begegnungsschule“ benannt, und BRinstH verbindet die Begegnung mit einer Idee des „Erlebens“ (*vivência*).

Indem sich die Schule als „Begegnungsschule“ definiert, stellt sie ihren „bikulturellen“ Charakter in den Vordergrund. Dieses Attribut (*bicultural*) taucht als erstes in dem Text auf, der ihr Konzept im Internet der externen Öffentlichkeit präsentiert (BRinstA), und es wiederholt sich bei der Einleitung des Lehrangebots „Deutsch als Fremdsprache“ (BRinstC).

In BRinstA wird das Adjektiv „zweisprachig“ (*bilíngue*) nicht als Attribut der Schule, sondern des angebotenen Lehrprogramms verwendet. Die Schule gibt sich sonst nur im BRinstI auf diese Weise ausdrücklich zu erkennen, wo sie ihre bicurriculare Struktur neuen Familien vorstellt, die an einem Schulwechsel interessiert sind. In diesem Fall wird auf das in unterschiedlichen Proportionen Vorliegen von zwei Unterrichtssprachen (Portugiesisch und Deutsch)

---

50 „uma escola alemã no exterior com caráter de encontro“

51 „é hoje muito mais caracterizada pelo seu caráter de encontro do que se poderia imaginar em seus primórdios“

52 „muito presente, vivido todos os dias“

hingewiesen und hervorgehoben, dass „die deutsche Sprache in allen Klassen obligatorisch ist“[53].

Im Festschriftband war der Begrüßungstext des Präsidenten des Schulvorstands (BRinstG) der einzige unter den analysierten Quellen, die die Schule als „zweisprachig“ explizit darstellt, obwohl weder der interkulturelle Dialog noch die deutsche Sprache oder die Sprachen, die Teil dieser Zweisprachigkeit sind, eindeutig angesprochen werden. Diese Eigenschaft hängt angeblich mit der Befähigung von Individuen zusammen, „ihre Plätze in einer zunehmend globalisierten Welt einzunehmen“[54]. Sie steht in Übereinstimmung mit den Zielsetzungen des Rahmenplans (Bausch et al. 2009: 5–6) und mit dem institutionellen Leitbild, das auf „Schlüsselpositionen der Wissenschaft, der Wirtschaft, der Politik und der Kultur verweist, von denen aus die Absolventen „eine menschlichere globalisierte Welt entwickeln werden“[55] (BRinstJ). Für die Schulleitung können diejenigen, „die mit der deutschen Sprache und Kultur vertraut sind“[56], als „Weltbürger“ (*cidadãos do mundo*), die hier ausgebildet werden, „einen erheblichen Beitrag zur Verständigung zwischen den Völkern leisten“, so der damalige deutsche Außenminister Frank-Walter Steinmeier, für den Kultur und Bildung mit dem Erlernen von Verantwortungsbewusstsein zusammenhängen[57].

An dieser Stelle lässt sich die Einstufung einiger Schlüsselbegriffe (Begegnung, Bikulturalität und Zweisprachigkeit) nachvollziehen: Die Begegnung geht den Kulturen voraus, welche ihrerseits den Sprachen vorausgehen bzw. jede ist jeweils Behälter der nächsten. Auch werden Sprachen nicht als definitive Schlussfolgerung dargestellt, sondern sind mit umfassender internationaler Mediation und globaler Staatsbürgerschaft verbunden. Diese Ansicht stimmt mit Interpretationen aus anderen Studien überein: Das Fundament des Begegnungsortes ist ein Schnittbereich aus gemeinsamen Elementen aller Kulturen, die dort zusammenkommen, so dass die Begegnung den Ort veranlasst und

---

53 „a língua alemã é obrigatória em todas as turmas“

54 „ocupar os seus espaços em um mundo cada vez mais globalizado“

55 „Nossos concluintes, cidadãos competentes e responsáveis em posições chave da ciência, economia, política e cultura desenvolverão um mundo globalizado mais humano“.

56 „familiarizados com a língua e com a cultura alemã“

57 Im Original, auch in der Textquelle wiedergegeben, erscheint die Aussage des ehemaligen Außenministers vom 6.1.2016: „Denn Kultur und Bildung, das heißt die Förderung eines selbstbestimmtes Lebens. Das heißt, Unterschiede verstehen und überbrücken. Das heißt, lernen und lehren, Verantwortung zu übernehmen“.

nicht umgekehrt (Kramsch 2011, 2014). Das ergibt allerdings nur dann einen vollen Sinn, wenn man Sprache als eine Reihe von Signifikanten betrachtet, die Signifikate tragen, die für jede einzelne Begegnung spezifisch sind und in der Interaktion kooperativ und sukzessiv determiniert werden (Coseriu 1956).

Paradoxerweise wird diese Begegnung durch eine Struktur aus zwei „Zweigen" (*ramos*) dargestellt, eine Metapher, die statt Zusammenfluss, vielmehr auf eine Gabelung, Spaltung oder Abzweigung hindeutet: Baumäste, die vom gleichen Stamm aus wachsen, aber sich voneinander entfernen, indem sie sich in verschiedene Richtungen entwickeln und immer weniger ineinander übergehen. Indem der Diskurs sich nicht wirklich mit den Besonderheiten beider Lehrpläne befasst, verstärkt er die Idee der Begegnung, wie z.B. in dem Text, der die häufig geäußerten Zweifel potentieller neuer Familien vorwegnimmt (BRinstD). Zur Frage „Welches pädagogische System überwiegt an (...)[58], das brasilianische oder das deutsche?" spricht der Text von einem „einheitlichen pädagogischen Projekt" (*projeto pedagógico único*). Zu diesem Thema wird in BRinstH die „interkulturelle Zusammenarbeit" zwischen beiden Zweigen als Grundlage für ein integriertes „Lernsystem" dargestellt[59].

Das pädagogische Vorhaben wird im entsprechenden Text auf der Homepage der Schule (BRinstB) zunächst rechtlich begründet (a) durch die brasilianische Gesetzgebung, und zwar durch das Gesetz 9.394/1996, dessen Artikel 2[60] im Zitat transkribiert und als „das Prinzip der pädagogischen Arbeit der Schule" erläutert wird; und (b) durch den baden-württembergischen Bildungsplan 2004, der nur genannt, aber nicht ausgeführt wird. Es ist insofern interessant, dass der internationale Bezug an sich bereits die Entscheidungen bei der Gestaltung des Unterrichtsangebots zu legitimieren und die institutionelle Integrität

58 Die Namen der Schulen werden bei der Wiedergabe des Forschungskorpus ausgelassen.

59 Vollständiger Originalauszug: „A cooperação intercultural entre os ramos brasileiro e alemão (...) constitui, assim, a base para o desenvolvimento da escola inteira como um sistema de aprendizagem".

60 „Die Bildung, eine Pflicht der Familie und des Staates, welche von den Prinzipien der Freiheit und den Idealen der menschlichen Solidarität inspiriert ist, zielt auf die freie Entwicklung des Schülers, seine Vorbereitung auf die Ausübung der Staatsbürgerschaft und seine Orientierung oder Qualifikation für die Arbeit ab". Im Original: „A educação, dever da família e do Estado, inspirada nos princípios de liberdade e nos ideais de solidariedade humana, tem por finalidade o livre desenvolvimento do educando, seu preparo para o exercício da cidadania e sua orientação ou qualificação para o trabalho".

zu erhalten scheint, da er im Gegensatz zum brasilianischen Recht nicht mit einer Definition oder Erklärung für die portugiesischsprachige Zielgruppe versehen ist, die voraussichtlich weder mit diesem Bildungsplan noch mit dem Schulsystem, aus dem er stammt, vertraut ist. Andererseits ist auch zu beachten, dass bei Aspekten, die den Unterricht weiterer Sprachen betreffen, kein Bezug auf curriculare Richtlinien des brasilianischen Staates genommen wird.

Der Text betont, dass diese beiden Prinzipien die „Mission" der Organisation ausmachen. Dies bescheinigt die rechtliche und solide Gültigkeit des pädagogischen Konzepts, das auf diesen Grundlagen aufgebaut worden sei. Diese „Mission" wird jedoch weder ausdrücklich dargestellt[61], um zu klären, wie sich ein Konzept mit dem anderen verträgt, noch gibt es eine klare und explizite Stellungnahme dazu, wie diese Prinzipien konkret umgesetzt werden. Im Gegenteil, diese Säulen, die in gewisser Weise die Ziele und das pädagogische Handeln orientieren, werden durch den Diskurs selbst relativiert, wenn er schließlich behauptet, dass diese Mission „einer ständigen Neuformulierung unterliegt"[62].

Durch die Untersuchung der auf der Schulwebseite veröffentlichten Texte liefert eine bestimmte analytische Perspektive Hinweise auf ihre Adressaten – und damit auf die Zielgruppe, die die Einrichtung versorgen will. Allgemeine Ziele, die auf Begriffen wie „Lösungen" (*soluções*), „Verständigung" (*entendimento*) und „intellektuelle Fragen" (*questões intelectuais*) basieren, deuten auf einen bildungspolitischen Diskurs hin, der die geistige Arbeit gegenüber der körperlichen privilegiert. Darüber hinaus befassen sich die vorgelegten Konzepte und Ziele grundsätzlich mit Fragen von überregionaler Bedeutung. Dabei wird die Hierarchisierung reproduziert, die die Aufteilung der Gesellschaft in sozioökonomische Schichten historisch bedingt (Saviani 2007: 155–156).

61 Die institutionelle Mission der Schule erscheint jedoch nur deklarativ und ohne zusätzliche Überlegungen bei BRinstJ, welches zu Beginn des Schuljahres an Schüler und Familien verteilt wird und die allgemeinen Regelungen für Verhalten, Evaluationen und andere interne Verfahren enthält: „(…) als Begegnungsschule stellt sie ein einzigartiges pädagogisches Angebot zur Verfügung (…), das darauf abzielt, ihren Schülern eine moderne Schulbildung auf der Grundlage der aktuellsten deutschen und brasilianischen Unterrichtsstandards sowie den Erwerb des deutschen (Abitur) und brasilianischen Abschlusses zu ermöglichen". Auszug im Original: „(…), como uma escola de encontro, coloca à disposição uma oferta única de educação (…), que visa proporcionar aos seus alunos uma moderna formação escolar, com base nos mais atuais padrões de ensino, tanto alemães quanto brasileiros, assim como a aquisição das conclusões alemã (Abitur) e brasileira".

62 „está sendo submetida a uma reformulação permanente"

Wenn der Vorstellungstext in portugiesischer Sprache (BRinstA) die erste der von der ZfA formulierten Hauptfunktionen der Begegnungseinrichtungen hervorhebt, nämlich „Begegnung mit Kultur und Gesellschaft des Gastlandes"[63], lässt sich die Zweideutigkeit einer zusammenhanglosen Aussage leicht als Ambivalenz verstehen. Für diejenigen, die mit dem deutschen Konzept der bikulturellen Begegnung vertraut sind, ist klar, dass das „gastfreundliche Land" Brasilien heißt und deutsche Familien die Gastgemeinschaft sind. Im Kontext lässt sich aber Deutschland ebenfalls als einladendes Land verstehen, da es durch seine Begegnungsschule einheimische Schüler begrüßt, aufnimmt und versorgt. Der Text richtet sich im Endeffekt vielmehr an brasilianische Familien, die die Schularbeit wenig kennen und sich darüber informieren möchten.

In der Tat irrt sich der institutionelle Diskurs zwischen Kultur, Sprache, Land und Nation und beschreibt zweisprachige Bildung als einen Ansatz, der erst im Kontext der Migration sinnvoll wäre. Anders ausgedrückt, mit „deutsche[n] Kinder[n], die sich im Ausland befinden"[64] meint die in diesem Diskurs propagierte Ideologie eine ganz besondere Form der Migration, denn sie bezieht sich auf den Migranten aus einer besonderen Klasse, für den der Umzug mit Verkürzung der Entfernungen und mit Flexibilisierung (statt Verhärtung) der territorialen Schranken verbunden ist. Darüber hinaus ist das Zusammenleben mit Muttersprachlern eine weitere durch den analysierten Diskurs geförderte Idealisierung, die der Common Sense mit dem erfolgreichen Erlernen von Sprachen verknüpft. Der Text nutzt die metonymische Legitimation auf mehreren Ebenen und vermittelt dem Leser eine soziale Einstellung über die Deutschen als freie, offene und wanderlustige Menschen – und damit auch über ihre Bildung.

5.3.1.2. Zweisprachigkeit in der Lehrplanstruktur

Nach BRinstA wird der deutsche Zweig von „deutschen und brasilianischen Schülern" besucht, die „Unterricht hauptsächlich in deutscher Sprache haben", dessen Programm „größtenteils die Ziele des Unterrichts und der Bildung in Deutschland berücksichtigt"[65]. Der brasilianische Zweig besteht aus „Schülern, zumeist Brasilianern", die „in Übereinstimmung mit der brasilianischen

63 „o encontro com a cultura e a sociedade do país acolhedor"
64 „crianças alemãs que se encontram no exterior"
65 „Os alunos alemães e brasileiros têm aulas principalmente em língua alemã. O programa de ensino contempla, em sua grande maioria, as metas de ensino e educação da Alemanha".

Gesetzgebung auf den brasilianischen Abschluss vorbereitet werden“[66]. Demselben Text zufolge absolvieren brasilianische Schüler während ihrer Schullaufbahn drei Unterrichtsfächer auf Deutsch und legen offizielle Sprachprüfungen in dieser Sprache ab. Trotzdem würden sie in der Regel nicht darüber verfügen, was „Grundvoraussetzungen für das Erreichen eines zweisprachigen Abschlusses“[67] genannt (aber nicht definiert) wird. Die bikulturelle „Begegnung“, wie sie oben und auf der Schulhomepage definiert ist, scheint nur im so genannten deutschen Zweig stattfinden zu können, in dem nicht nur Fächer in beiden Sprachen angeboten werden, sondern auch Menschen mit unterschiedlichen Profilen der portugiesisch-deutschen Zweisprachigkeit die jeweiligen Kulturen vertreten. Es handelt sich um eine Konstellation, die sich aus Jugendlichen zusammensetzt, deren deutsche Familien seit Langem in der Region ansässig sind; weiteren, die direkt aus dem deutschen Bildungssystem kommen und Portugiesisch als Zusatzsprache lernen; denjenigen, deren Eltern aus zwei verschiedenen Ländern stammen und mehr als eine Sprache im Alltag sprechen; sowie aus den Schülern, die Deutsch „als Fremdsprache“ gelernt haben und im Laufe der Grundschulzeit aus dem brasilianischen Zweig gewechselt sind. Aufgrund dieser Praxis sind jährlich 50 % der Schulabsolventen in Klassen des deutschen Zweiges (Abiturklassen) angemeldet, obwohl nach BRinstA und BRinstH nur 10 % der gesamten Schülerschaft deutsche Staatsbürgerschaft besitzt. In beiden Schulzweigen ist aber die Entwicklung der Deutschkenntnisse in den Oberstufenklassen mit ausgezeichneten Erfolgsquoten bei den KMK-Prüfungen festzustellen.

Es ist zu beachten, dass die analysierten Quellen die Migration zwischen den curricularen Zweigen nur in einer Richtung thematisieren, nämlich vom brasilianischen zum deutschen Zweig. Bei dem FAQ-Katalog (BRinstD) wird die Frage gestellt: „Wenn mein Sohn im brasilianischen Zweig ist, darf er dann in den deutschen Zweig wechseln?“[68] Das Versäumnis einer Erklärung bezüglich der umgekehrten Situation kann natürlich darauf zurückzuführen sein, dass es tatsächlich keine häufig gestellte Frage ist. Die Zusage ist konsequent auf die einseitige Richtung beschränkt und ein hypothetischer Wechsel in die andere Richtung wird nicht weiter in Betracht gezogen, wie in allen anderen untersuchten Dokumenten auch.

66 „Os alunos, em sua grande maioria brasileiros, são preparados para a conclusão brasileira, de acordo com a Legislação Brasileira“.

67 „requisitos básicos para conseguirem uma conclusão bilíngue“

68 „Se meu filho estiver no Ramo Brasileiro pode se transferir para o Ramo Alemão?“

Hinsichtlich des Zweigwechsels dürfen nach BRinstA „brasilianische Schüler, deren Muttersprache Portugiesisch ist (...), wenn sie nötige Interessen und Veranlagung haben",[69] auf den deutschen Lehrplan umsteigen und die gleiche Klasse wie deutsche und/oder L1-deutschsprachige Schüler besuchen. So werden nichtdeutsche Schülerinnen und Schüler nach Fähigkeiten kategorisiert, die sie in die Lage versetzen, differenzierte Anforderungen zu erfüllen. Die Angabe, dass im brasilianischen Zweig die Lernenden Portugiesisch-Muttersprachler sind, die Deutsch „als Fremdsprache" lernen, impliziert, dass ihre L1 den Erwerb der L2 erschwert und die Entwicklung von Fähigkeiten beeinträchtigt, welche für die Erreichung der schulischen Ziele des deutschen Zweiges für unverzichtbar gehalten werden. Der Begriff *aptidão* kann auf Portugiesisch zwar „Eignung" oder „Neigung" entsprechen, aber würde in dem Zusammenhang an erster Stelle verstehen lassen, dass es sich um eine angeborene Disposition handeln sollte. Dieses Verständnis wird im weiteren Verlauf mit der Bemerkung relativiert, dass Schüler mit unterschiedlichen Profilen und kulturellen Hintergründen aufgenommen werden, auch wenn sie dafür keine „Grundvoraussetzungen" (*requisitos básicos*) erfüllen. Das weicht durchaus von einer voraussetzungslosen Aufnahme ab und bestätigt, dass bestimmte Anforderungen existieren und ihr Einhalten im Hinblick auf ein ideales Schülerprofil, für das das bilinguale Programm konzipiert ist, vom Gesichtspunkt der Schule aus zu erwarten und wünschenswert ist.

Die direkte und eineindeutige Korrespondenz zwischen Brasilianischsein und Portugiesisch als Muttersprache sowie die Etablierung der „guten Beherrschung der deutschen Sprache" als „Grundbedingung für die Teilnahme nichtdeutscher Schüler"[70] am deutschen Curriculum führt zur widersprüchlichen, auf einem stereotypen Identitätsprofil basierenden Kategorisierung, die die sinnstiftende Hybridität des Bildungsprojekts missachtet. Beiläufig wird es im Diskurs so ausgedrückt, als ob nur Deutsche als Erstsprache Deutsch sprechen würden und als ob diese Tatsache jedem deutschen Kind entsprechen würde. Schüler mit deutscher Staatsbürgerschaft werden mithin vom

69 Vollständige Textstelle: „Durante os primeiros anos escolares, os alunos brasileiros, cuja língua materna é o português, são preparados de tal maneira, que, caso tenham interesse e aptidão necessários, poderão passar para o Ramo Alemão da escola a partir do Ensino Fundamental."

70 Vollständige Textstelle: „Condição básica para a participação de alunos não-alemães no ensino deste ramo é um bom domínio da língua alemã".

sprachlichen Auswahlverfahren ausgenommen, dem andere sich unterziehen müssen.

Es wird ein asymmetrisches Verhältnis im Diskurs – und tendenziell in der Dynamik der „Begegnung" – festgestellt, das sich auch in der einseitigen Hervorhebung der Zulässigkeit des deutschen Abiturs an brasilianischen Universitäten (BRinstD) niederschlägt, und zwar in Kombination mit dem brasilianischen Zeugnis unter der Bedingung des doppelten Abschlusses durch den deutschen Zweig. Lediglich in der Bewerbung um den Schulpreis der Robert Bosch Stiftung (BRinstH) wird erwähnt, dass der einfache Abschluss des brasilianischen Zweigs mit dem durch die offizielle KMK-Prüfung erworbenen Deutschzertifikat zur Anmeldung an deutschen Studienkollegs berechtigt, die Schulabsolventen aus anderen Ländern auf den Zugang zu deutschen Hochschulen vorbereiten sollen.

5.3.1.3. Begriffskonstruktionen der kulturellen Begegnung

So wie der Begriff „Deutsche Begegnungsschule" bereits im Titel der Präsentationsseite im Internet (BRinstA) vorgestellt wird, führt den Lesenden dazu, die Schule mit dem neugierigen Blick derer zu betrachten, die sich vor einem neuen, alternativen Konzept und einem innovativen Ansatz sehen. In sieben attributiven Konstruktionen (41 %) wird die Präpositionalphrase *de encontro* verwendet, um die Schule zu definieren. Die „Begegnung" stellt den positiven Integrations- und Annäherungscharakter trotz der curricularen Struktur in „Zweigen" in den Vordergrund. In vier Fällen (23,5 %) wird das Adjektiv „deutsch" (*alemão*) vor „zweisprachig", „bilingual", „bikulturell" oder „international" bevorzugt, was die offizielle Bindung an ein Land unterstreicht, dessen soziale Einstellung als positiv bewertet wird.

Die Betonung der „deutschen Kultur- und Bildungspolitik" (*política cultural e educacional da Alemanha*) findet sich in BRinstA explizit und in anderen Dokumenten kommen Verweise und Zitate vor, die auf diesen Bezug hindeuten. In BRinstH wird die Zusammenarbeit mit dem Deutschen Generalkonsulat und dem Goethe-Institut als erfolgreiche „deutsche Kulturpolitik" (*política cultural alemã*) angegeben. Der gleiche Text befasst sich allerdings auch mit den ständigen Veränderungen in Bezug auf die „Bedingungen und Erwartungen an die Gesellschaft und die Bildungspolitik". Trotzdem lässt er nicht den Schluss zu, dass die Schule geneigt ist, ihr Angebot im Hinblick auf solche Veränderungen anzupassen. Er beweist stattdessen eine konservative Haltung in Bezug auf die ursprünglichen pädagogischen Ziele und lobt die Geschichte der Einrichtung, die angesichts des Rückgangs der in der Stadt ansässigen deutschen Familien

„die Attraktivität ihres Unterrichtsangebots für brasilianische Familien immer wieder auf die Probe stellen" musste[71].

Zur „Begegnung" wird in den Quellen systematisch das Attribut „bikulturell" verwendet, was eine Reihe von Einstellungen aktiviert, die der Common Sense um die Idee der „Kultur" herum aufbaut: Gelehrsamkeit, Kultiviertheit, Zivilisation, ein gegebener Satz prestigeträchtiger Kenntnisse, die unter anderen durch Studium und Lesen erworben werden. In BRinstH wird *cultura* anders definiert, und zwar als *um sistema comunicativo*. Es sei jedoch wenig komplex im Sinne einer eindimensionalen Struktur, die sich „auf unterschiedlichen Ebenen" etabliert, wobei der Diskurs eine vertikale Linearität „von der Anwendung im Alltag bis zur 'Hochkultur'" zieht[72].

Wenn die Zielgruppe zunächst einmal *cultura* als ein Extrem dieses Kontinuums bzw. als kostbares Gut versteht, das man erwerben, akkumulieren und als Instrument zum Vorteil des Nutzers einsetzen will, dann kommt der institutionelle Diskurs ihrer Erwartung entgegen. Im Falle der besonders bei BRinstA gebilligten „bikulturellen Begegnung" (*encontro bicultural*), vermittelt das Präfix „bi" den zwei betroffenen Kultureinheiten ein Konkretheitsmerkmal, das Begrenztheit und Homogenität einschließt. Dadurch wird ihre Disposition eingeschränkt, sich gegenseitig zu durchdringen oder äußere Interferenzen zuzulassen. Nach den analysierten Texten zielt dieses Zusammentreffen auf „gegenseitiges Verständnis zwischen Brasilien und Deutschland" und die Intensivierung der Zusammenarbeit bei der Lösung von „weltweit relevanten intellektuellen Fragestellungen" (BRinstA)[73]. Die „sozialen Ziele" ihrer Arbeit würden darin bestehen, „die kulturellen Beziehungen zwischen Brasilien und Deutschland zu entwickeln" sowie „die deutsche Sprache zu kultivieren und die deutsche Kultur zu verbreiten" (BRinstI)[74]. In diesem Rahmen scheint die

---

71 Vollständige Textstelle: „Hoje, poucas famílias alemãs estão vivendo no Rio de Janeiro a longo prazo, fato que exige do colégio comprovar, repetidamente, a atratividade de sua oferta de ensino às famílias brasileiras".

72 Vollständige Textstelle: „proporcionar a possibilidade do acesso à cultura alemã por meio da aprendizagem da língua alemã, entendendo 'cultura' integralmente como um sistema comunicativo em níveis diferenciados – da aplicação no cotidiano à 'alta cultura'".

73 Vollständige Textstelle: „A meta principal da escola é contribuir para que haja um melhor entendimento mútuo entre o Brasil e a Alemanha, intensificando a cooperação na busca de soluções para as questões intelectuais mundiais".

74 Vollständige Textstelle: „(...) tem como objetivos sociais desenvolver o relacionamento cultural entre o Brasil e a Alemanha, cultivar o idioma alemão e difundir a cultura alemã".

Begegnung in der Partnerschaft oder Bündnisphase stehenzubleiben und sich nicht unbedingt in Richtung gegenseitiger Verflechtung und Resignifizierung zu bewegen. Schließlich mildert ein „zweisprachiges Bildungsprogramm" (*programa de ensino bilíngue*), wie es in BRinstA benannt wird, gegenüber alternativen Begriffskonstruktionen wie zweisprachiger Pädagogik, Erziehung oder Schulbildung die Auswirkungen aller mit diesem Konzept verbundenen Heterogenität, als handele es sich um eine kontrollierte Vielfalt, die manipuliert wird, um die Identität und die traditionellen Werte jeder Seite zu bewahren.

5.3.1.4. Sprachideologie und Sprachpolitik

Die „Förderung der deutschen Sprache" (*fomento da língua alemã*) ist eine der von der ZfA festgelegten Funktionen der Begegnungseinrichtungen, die auf der Internetpräsenz (BRinstA) dargestellt sind. In BRinstH wird das Thema an verschiedenen Stellen aufgegriffen. Zu Beginn wird darauf hingewiesen, dass „der Kern der pädagogischen Arbeit darin besteht, den Zugang zur deutschen Kultur durch das Erlernen der deutschen Sprache zu ermöglichen"[75]. An anderer Stelle verweist derselbe Text auf den Sprachunterricht als „Arbeitsschwerpunkt" und als eine der Stärken der Schule, die mit der Wertschätzung begründet wird, die die „Schulphilosophie" der „Mehrsprachigkeit" als „Schlüsselkompetenz für ein besseres Verständnis der Welt" entgegenbringt[76]. Deutsch und Portugiesisch werden als Hauptsprachen der Schule angegeben, zu denen Englisch ergänzend hinzukommt. Obwohl ihr eindeutig ein untergeordneter Stellenwert eingeräumt wird, gibt es in dem analysierten Material keine ausdrückliche Rechtfertigung für diese Differenzierung oder für die Wahl der englischen Sprache gegenüber anderen Sprachen als festes drittes Element bei der Zusammensetzung des curricularen *multilinguismo*. Dies liefert einen zusätzlichen Anhaltspunkt für das Verständnis von kultureller und sprachlicher Vielfalt in diesem Bildungskonzept: Es handelt sich um ein Modell, das sich aus 'multiplen' oder 'multiplizierten' Praktiken zusammensetzt. Dabei geht es tatsächlich nicht um einen 'Plurilingualismus', bei dem eine freie, 'plurilinguale' und vielfältige Interaktion unter unzähligen Varietäten und Codes vorgesehen wird, sondern um eine kontrollierte Dynamik zur Umsetzung eines vorgegebenen und relativ

75 „O cerne do trabalho educacional consiste (…) em proporcionar a possibilidade do acesso à cultura alemã por meio da aprendizagem da língua alemã".

76 Vollständige Textstelle: „Um foco do trabalho está no ensino de línguas, já que vemos no multilinguismo uma competência chave para um entendimento melhor do mundo, uma visão que está ancorada, também, na filosofia escolar".

homogenen soziolinguistischen Ideals. Diese wird bei der In-vitro-Konstruktion (vgl. Calvet 2007) eines Projekts um spezifische und begrenzte Normen herum gebaut. Das Angebot von extracurricularem Spanischunterricht ist in dieser Konstruktion nicht ausdrücklich berücksichtigt und wird in den analysierten Quellen nicht erwähnt, ebenso wenig wie die Mitgliedschaft von Sprechenden anderer (z.B. Heritage-)Sprachen in der Schulgemeinschaft. Im Laufe dieser Forschungsarbeit hatte ich Kontakt zu spanisch-, italienisch-, dänisch-, litauisch-, russisch- und thailändischsprachigen Schülerinnen und Schülern, die in beiden Schulzweigen angemeldet waren, sowie zu einer kroatischsprachigen Lehrkraft und anderen, die Regionalsprachen aus Deutschland und der Schweiz sprechen.

Obwohl das pädagogische Leitbild Personal-, Sozial- und Methodenkompetenzen als Stützpfeiler angibt (BRinstB), werden bei der Ausführung der Schulleistungen im Bereich des Sprachunterrichts an erster Stelle die Bestehensquoten bei den offiziellen Deutschprüfungen dargestellt und es wird nicht auf transversale Kompetenzen eingegangen. Erwähnt wird auch das Angebot von Prüfungen zur Erlangung offizieller Englischzertifikate. Es gibt jedoch weder Hinweise auf die Leistung von Portugiesischlernenden (L2), noch auf die Beteiligung dieser Jugendlichen an entsprechenden Zentralprüfungen (z.B. Celpe-Bras) oder auf einen internen ähnlichen Test zur Ermittlung des Sprachniveaus.

Als Leistungsindikatoren für den Sprachunterricht werden in BRinstH Angaben über Studienzulassungen und formale Anerkennungen durch Gremien des deutschen Staates behandelt. Die Zweisprachigkeit wird erneut im Zusammenhang mit den Maßnahmen zur individualisierten Entwicklung von „Neuankömmlingen aus Deutschland“ (*recém-chegados da Alemanha*, abgesehen von anderen Herkunftsländern) thematisiert, die Schwierigkeiten bei der Verständigung auf Portugiesisch haben, sowie von Schülern, die vom brasilianischen Zweig in den deutschen migrieren. Diese „sind in der Lage, am deutschsprachigen Unterricht teilzunehmen, als ob es ihre Muttersprache wäre“,[77] indem ihre Situation als aufstrebende Zweisprachige, die für eine adäquate methodische Orientierung ausschlaggebend sein muss, sachlich unterschätzt wird.

Das Dokument bezieht sich noch auf „bilinguale Unterrichtsprojekte“, die im „geteilten Unterricht“ stattfinden. Dafür sind zwei Lehrkräfte desselben Faches zuständig, die jeweils einer nationalen Kategorie – „eine brasilianische

77 „são capacitados de participar das aulas em alemão como se fosse esse idioma sua língua materna“

und eine deutsche" – zugeordnet werden. Hier handelt es sich im Text konsequenterweise um „die multiple Perspektive eines Wissensbereichs"[78]. Als Beispiel wird eine Aktivität erwähnt, in der totalitäre Regierungen im Zeitraum 1930 bis 1945 in Brasilien und Deutschland verglichen werden. Dies ist einer von vielen Fällen, in denen die Konzepte von Sprache, Herkunft und nationaler Identität zu untrennbaren Clustern verschmolzen sind. So werden Inhalte der brasilianischen Kultur durch den brasilianischen Lehrer auf Portugiesisch vermittelt und Ähnliches geschieht in Bezug auf Themen der Kultur und Geschichte Deutschlands. Im Hinblick auf eine positivistische Authentizität stehen die unendlichen Möglichkeiten des Crossovers, die kollaborative Unterrichtsformen bieten, nicht auf der Agenda. Die Beherrschung und Nutzung der deutschen Sprache durch Personen anderer Nationalität(en), erscheint in diesem Zusammenhang als unerwartet bzw. es wird davon ausgegangen, dass das mit dem Erwerb der deutschen Identität verbunden sein muss.

In den Texten, die von Mitgliedern der Schulleitungen für das Festbuch (BRinstE, BRinstF und BRinstG) verfasst wurden, gibt es keine Überlegungen, in denen die Sprachförderung im Vordergrund steht. Die untersuchten Statements führen zur Schlussfolgerung, dass der institutionelle Diskurs Sprachen analog zum Umgang mit den Begriffen Kultur und Interkulturalität als stabile und normierte Einheiten darstellt, die trotz ihrer Beteiligung an der Politik der Begegnung auf diesem Kontaktterrain Sektoren mit klaren Grenzen markieren. Damit wird die sprachliche Kompetenz aufgespalten, sodass keine Interferenzen, Verflechtungen und Variationen, die in der zweisprachigen Praxis entstehen, zugelassen werden.

Das Dokument „Konzept zur Sprachförderung in allen an (...) gesprochenen Sprachen" (BRinstK) wurde in das Korpus aufgenommen, weil es starke Kontrapunkte zur Auffassung der anderen Quellen setzt. Es handelt sich um den Entwurf eines Unterstützungs- und Entwicklungsprojekts, das sich nicht auf politische oder soziolinguistische Fragen stützt, sondern, inspiriert durch neuere neurowissenschaftliche Studien und das Konzept der Mehrsprachigkeit des europäischen Referenzrahmens, wichtige Schnittpunkte mit den Annahmen dieser Forschung aufzeigt. Die vom DaF-Fachleiter verfasste und in gedruckter Form erhaltene Schrift ist keine Quelle streng institutioneller Natur, da sie keine vom Vorstand offiziell gebilligten Positionen darstellt. Im kurzen

78 Vollständige Textstelle: „a disciplina é tratada por dois professores, um brasileiro e um alemão (aula compartilhada). Assim, alunas e alunos enxergam a perspectiva múltipla dessas áreas de conhecimento e criam-se projetos de ensino bilíngues".

einleitenden Abschnitt „Ausgangspunkt, Herausforderung, Problem" wird die Vorstellung zurückgewiesen, dass Sprachen isoliert gelernt werden sollen, und ausdrücklich festgestellt, „dass sowohl die Muttersprache als auch alle erlernten Fremdsprachen zueinander in Beziehung stehen". So entsteht die Erkenntnis, dass eine Sprachmittlungskompetenz nach dem ZfA-Rahmenplan (Bausch et al. 2009) zu fördern ist und „dass sich eine zentrale kommunikative Kompetenz durch das Erlernen der Herkunftssprache und von Fremdsprachen herausbildet". Demzufolge müsste das Erlernen von Sprachen im Schulkontext als Folge haben, „diese intersprachliche kommunikative Kompetenz der Schüler/innen systematisch und fächerübergreifend zu entwickeln, statt wie bisher die verschiedenen Sprachen von einander unabhängig und ohne Bezug zueinander zu unterrichten". Der Vorschlag umfasst die Ausarbeitung eines sprachenübergreifenden Methoden- und Kompetenzcurriculums und die Entwicklung mehrsprachiger Unterrichtsprojekte.

Als wissenschaftlich-methodische Unterstützung weist das Dokument auf Parameter und Instrumente hin, die vom DaF-Kollegium bereits verwendet werden und von deutschen Institutionen erarbeitet wurden[79]. Es werden dabei keine Studien und Technologien berücksichtigt, die vor Ort und in anderen Ländern entwickelt wurden, was dieser Lehrerschaft eine führende Rolle bei der Implementierung des Projekts zuspricht. Auch Empfehlungen und Richtlinien der brasilianischen Gesetzgebung für den L2-Unterricht werden nicht herangezogen.

Die Korpusanalyse kommt zur Schlussfolgerung, dass im bilingualen Programm der Schule BR eine Einstellung der sich begegnenden Kulturen überwiegt, die dem sphärischen Modell der Interkulturalität entspricht, nach dem Kultur das Leben eines Volkes und jedes einzelnen Menschen prägen muss (Welsch 2010). Jede Einstellung und jeder Einzelne gilt dabei als unersetzlicher Teil einer Kultur, Fremdes wird verachtet, und jede Kultur muss von den Kulturen anderer Völker abgegrenzt und geschützt werden. Hier wirkt die

---

79 Die kollegialen Hospitationen auf der Grundlage der „Evidenzbasierten Methoden der Unterrichtsdiagnostik und -entwicklung" (erstellt im Auftrag der KMK an der Universität Koblenz-Landau; vgl. http://www.unterrichtsdiagnostik.de); die Interpretationen der Anforderungen an handlungsorientierten Unterricht mit konkreten Beispielen und nach den im gemeinsamen europäischen Referenzrahmen festgelegten Niveaustufen (organisiert durch den Europarat und Regierungsstellen Deutschlands, Österreichs und der Schweiz; vgl. Glaboniat et al. 2015); den Aufbau der KMK-Sprachprüfungen; das Konzept der individuellen Entwicklungsportfolios (vgl. Ballweg/Bräuer 2011) u.a.

untersuchte Schule als Vermittlungsstelle, die gleichzeitig zusammenführt und die Funktion hat, jeden Kontakt einzurichten und ihm Kontext und Bedeutung zuzuordnen.

Obwohl also der institutionelle Diskurs (BRinstH) die Rolle der Schule „[bei] der Erweiterung und Vertiefung der Beziehungen zwischen Brasilien und Deutschland" mit dem Aufbau einer „Brücke zwischen den Kulturen" vergleicht, geht es bei dieser interkulturellen Begegnung zwar um den Meinungsaustausch und die Zusammenarbeit im Hinblick auf gemeinsame Ziele, aber nicht um die kulturelle Durchlässigkeit und Verflechtung, die sich in der Identitätsentwicklung ergeben. In BRinstA sind die Ziele der interkulturellen Begegnung in Dialoge und Beziehungen eingebettet, die Transformationen außerhalb der sich entfaltenden mehrsprachigen Subjektivitäten beeinflussen. Die „dauerhafte und kooperative Konstruktion des interkulturellen Lernens" wird von der Schule als „Herausforderung" formuliert (BrinstH)[80]. Sie überträgt auf ein Lernkonzept Zielvorstellungen, die die deutsche Außenpolitik in den – dauerhaft und kooperativ – aufgebauten Beziehungen zwischen den Ländern verwirklichen will.

5.3.1.5. Deutschsprachige Fächer

Hauptziel der bikulturellen Begegnungsschule ist es, so die Worte unter „Präsentation", mit denen die Rubrik „DaF und DFU" (BRinstC) auf der Schulwebseite eröffnet wird, „ein tieferes Verständnis für die deutsche Sprache, Geschichte und Kultur zu wecken und zu fördern"[81]. Diese Vision, die bereits in früheren Analysen hervorgehoben wurde, betrachtet die Begegnung als eine Einbahnstraße, die so angelegt ist, dass die deutsche Kultur ihre nationalen und geographischen Grenzen überschreitet und, unter der Prämisse der Interkulturalität, andere Räume erreicht. Die Dualität der Begegnung wird in ihre Definition nicht einbezogen, da das Material nicht gleichzeitig als Ziel das vertiefte Verständnis der örtlichen Sprache, Geschichte und Kultur für die deutschen Lernenden berücksichtigt, die im Ausland eine Bildungseinrichtung mit ähnlicher Struktur und ähnlichen Bedingungen oder jedenfalls kompatibel mit dem Bildungssystem ihres Heimatlandes vorfinden. Mit den offenbar im

80 Vollständige Textstelle: „Onde estão os pontos fortes (...) na área ‚desempenho', tendo em vista o desafio de construir a aprendizagem intercultural de forma duradoura e cooperativa?"

81 „despertar e promover uma compreensão mais profunda da língua, história e cultura alemãs"

Vorfeld festgelegten Positionen von Agens und Patiens, Sender und Empfänger wirkt die Begegnung asymmetrisch.

Das Konzept der frühkindlichen bilingualen Erziehung wird durch die Metapher der Immersion beschrieben, um zu erklären, wie die Kindergartenschülerinnen und -schüler zweimal wöchentlich mit der deutschen Sprache in Kontakt kommen. Dem Text zufolge tauchen Kinder portugiesischer Muttersprache in ein „deutschsprachiges Bad" (*banho de língua alemã*) ein. Die Bademetaphorik wird vermutlich direkt aus dem Deutschen übernommen und *banho* dient als Übersetzung des in ähnlichen Zusammenhängen gebräuchlichen Begriffs „Sprachbad". Es kann beim Lesenden Vorstellungen von Frische und Genuss aktivieren, zeigt aber auch das Kind als fremden und jungfräulichen Körper, der den Atem anhält oder seine individuelle Existenzweise aufgibt, damit er sich in einer Umgebung aufhalten kann, die ihm weder natürlich noch anfangs angenehm ist, an die er sich aber mit der Zeit akklimatisieren und für die er Fähigkeiten entwickeln kann, die seiner Natur fremd sind. Darüber hinaus gehört das portugiesische Wort *banho* zu einem etwas unterschiedlichen Begriffsfeld als 'Bad' und hängt unmittelbarer mit der Idee von Waschen, Reinigung und Desinfizierung eines Körpers zusammen.

Um das Lehrpersonal und das deutschsprachige Unterrichtsfach für den brasilianischen Zweig zu bezeichnen und von den Äquivalenten im deutschen Zweig zu unterscheiden, wird im Schulalltag der Fachbegriff „DaF" verwendet. Die Abkürzung „DaF" und der Begriff „Deutsch als Fremdsprache" werden im analysierten Text als *alemão para estrangeiros* („Deutsch für Ausländer") übersetzt und sind trotz ihres allgemeinen akademischen Gebrauchs und ihrer Etablierung als Berufsbildungsfach umstritten (vgl. Radwańska-Williams 2008; Rajagopalan 1997). Diese Bezeichnung mag der Einstellung der ersten Phase des intensiven Kontakts mit der Sprache als Immersion entsprechen. Wie jedoch bereits erwähnt, impliziert die Charakterisierung des Sprechenden oder Lernenden als „Ausländer" oder „Fremden" eine Reduzierung der Komplexität seiner Identität und eine Relativierung seiner Verortung als Mittelpunkt des Lernprozesses. Darüber hinaus legt diese Perspektive in Bezug auf die zu erwerbende Sprache und Kultur zusätzliche Stolpersteine auf den Weg ihrer Aneignung. Erkennen sich Lernende selbst als Ausländer oder Fremde, ist es verständlich, dass sie Schwierigkeiten mit der Zielsprache haben oder sie nie als ein verfügbares und legitimes Mittel zum Ausdruck ihrer eigenen Kultur und Identität betrachten werden, selbst wenn ihre Kenntnisse durch Sprachstandsprüfungen bestätigt wurden.

Der Diskurs stellt „DaF" als Fachdisziplin dementsprechend vor, ohne jedoch ihre Bedeutung zu revidieren. Wie alle Abkürzungen verschlüsselt es seine Bedeutung durch Anfangsbuchstaben, deren Bedeutung nur der vertraute Leser selbstständig erschließen kann. Das gibt dem Schulfach einen Anschein von Vollkommenheit, als ein abgeschlossenes Konzept. In den Dokumenten, zu denen Schüler, Erziehungsberechtigte und Lehrkräfte Zugang haben, wird das Fach ebenfalls auf diese Weise benannt, während die anderen am Lehrplan beteiligten Sprachen (Portugiesisch und Englisch) transparent bezeichnet werden. Es scheint, dass der Deutschunterricht andere Kenntnisse abdeckt oder einen differenzierten Ansatz verfolgt, aber der Text gibt nicht explizit an, welche Faktoren das Etikett „Fremdsprache" für Deutsch, aber nicht für Englisch rechtfertigen würden.

Die Aktivitäten im DaF-Unterricht sind nach der Textquelle von einem modernen und multimedialen Charakter geprägt und orientieren sich an konkreten kommunikativen Umständen in deutscher Sprache. In diesem Zusammenhang wird auf keine weiteren Begriffe in Bezug auf den interkulturellen, bikulturellen, multilingualen oder Begegnungscharakter als Identitätsmerkmale der Schule zurückgegriffen. Stattdessen wird beleuchtet, dass „die Schüler systematisch auf alle abzunehmenden Deutschprüfungen vorbereitet werden",[82] wobei der Text auf die offiziellen Diplomprüfungen eingeht. Deren Erstellung und Verwaltung sind in Deutschland zentralisiert, wo ihr Format, Inhalt und Verlauf einheitlich für die ganze Welt bestimmt werden, weshalb diese Prüfungen eine äußerst geringe interkulturelle Leistung erbringen, indem sie eine unidirektionale Annäherung zwischen den Lernenden und der Metropole der L2 veranlassen.

Abschließend würdigt BRinstC die Schulbibliothek als einen Ort, der Möglichkeiten für einen erweiterten Kontakt mit der deutschen Sprache bietet und in dem Unterricht und außerschulische Aktivitäten stattfinden. Dadurch ist die Zielsprache nicht mehr auf den Klassenraum und den Unterricht beschränkt. Allerdings begrenzt der Text diesen Handlungsrahmen, wenn er darüber hinaus die Relevanz der Bibliothek und ihrer Sammlung in folgendem Sinne definiert: „in den Schülern die Freude am Lesen deutscher Bücher zu wecken und zu erhalten"[83]. Die Verwendung der nationalen Zuordnung als Attribut an der Stelle, die der grenzenlosen Sprache zukäme, verstärkt die Einstellung eines künstlichen L2-Erwerbs. Hierbei scheinen die Lernenden-Lesenden-Sprechenden eher

82 „os alunos são (...) preparados de forma sistemática para todos os exames de alemão a serem aplicados"

83 „despertar e manter nos alunos o prazer da leitura de livros alemães"

Leser und Zuhörer als ausdrucksfähige Absender zu sein. Ihr Blick wird wieder einmal auf ein Kulturgüter lieferndes Land gelenkt und nicht in die freie und bewusste Bildung ihrer transkulturellen und mehrsprachigen Identitäten und Interaktionen.

Zusätzlich wird die Arbeit mit individuellen Entwicklungsportfolios in allen Klassen der Grundschule hervorgehoben. Obwohl es sich um eine Strategie handelt, die sich in dieser Schule auf DaF beschränkt, was der interdisziplinären Dimension des Portfolios widerspricht, steht die Umsetzung dieses Konzepts im Einklang mit der im Rahmenplan vorgeschlagenen kompetenzbasierten Lehrplangestaltung (Bausch et al. 2009). Die Verwendung von Portfolios zeigt, dass es ein wichtiges Anliegen ist, der Entwicklung von Selbstkompetenzen Vorrang einzuräumen, was auf dem Repertoire an Fähigkeiten basiert, das in jeder Fachdisziplin und im Dialog mit der progressiven selbstständigen Anwendung von Lernstrategien und Selbstbewertungsmethoden aufgebaut wird.

Für eine Zusammenfassung der Diskussionen anhand der analysierten Daten ist zu berücksichtigen, dass die institutionelle Selbstdefinition der Schule vom Begriff der Begegnungsschule ausgeht und von dort aus ihre curriculare Struktur untermauert. Im Hinblick auf ihre Ziele ist kritisch anzumerken, dass das Potenzial für Partnerschaft und Dialog zwischen zwei Nationen betont wird, ohne jedoch ein ausgewogenes oder symmetrisches Verhältnis zu unterstellen, da Deutschland die einzige Referenz für soziokulturelle Themen und sprachliches Verhalten bildet. Schließlich muss bei der pädagogischen Auffassung der Begegnung sowohl auf ihre Auswirkung auf die Identität des Lernenden geachtet werden, als auch darauf, wie er die Ereignisse in seiner Umgebung und in der Gegenwart, in der er als zweisprachiges Kind und Jugendlicher lebt, interpretiert.

5.3.2. Schule VE

Um die institutionelle Selbstdarstellung und die sprachliche Ideologie der Schule VE zu untersuchen, wurden die in Tabelle 3 aufgeführten Texte analysiert.

Tabelle 3: Textkorpus zur Analyse des pädagogisch-institutionellen Diskurses der Schule VE

Kodierung	Titel[a]	Medium/Format	Veröffentlichungsdatum * letzter Zugriff	Anzahl der Wörter
VEinstA	¿Por qué (…) para nuestros hijos? *Warum (…) für unsere Kinder?*	Offizielle Webseite	02.12.2018*	243
VEinstB	Ideales · *Ideale*	Offizielle Webseite	02.12.2018*	463
VEinstC	Acreditaciones · *Akkreditierungen*	Offizielle Webseite	02.12.2018*	172
VEinstD	Oferta académica · *Akademisches Angebot*	Offizielle Webseite	02.12.2018*	271
VEinstE	Actividades biculturales *Bikulturelle Aktivitäten*	Offizielle Webseite	02.12.2018*	198
VEinstF	Reglamento interno · *Hausordnung*	Offizielle Webseite (PDF-Datei)	2005	5.184
VEinstG	Mejora de la calidad productiva de la organización · *Verbesserung der produktiven Qualität der Organisation*	Proyecto LOCTI[b]	06.07.2008	5.257

a Zum besseren Verständnis sind die spanischsprachigen Titel mit einer Übersetzung des Autors in Kursivschrift versehen.
b Ley Orgánica de Ciencia, Tecnología e Innovación (Organgesetz über Wissenschaft, Technologie und Innovation).

Die Analyse von Texten, die sich durch eine größere Umfangsbreite und Sachlichkeit in Bezug auf die Lehrplanstruktur und die Bildungsziele auszeichnen (VEinstA und VEinstB), wurde vorläufig durchgeführt (vgl. Carapeto-Conceição 2020). Daraus konnte ich spezifische Themen bestimmen, deren ergänzende Aspekte in den anderen Textquellen zu erkennen waren, was zu einer fundierteren Beschreibung der ideologischen Ausrichtung der Institution beitrug. Im Folgenden werden Daten gesammelt und diskutiert, die im Zusammenhang mit ihrer allgemeinen Selbstdefinition, ihrer Position zur formalen und zweisprachigen Bildung, ihrer pädagogischen Einstellung zu Interkulturalität und Mehrsprachigkeit sowie mit der Identitätsbildung der Lernenden stehen.

5.3.2.1. Schulpolitik, bikulturelle Identität und Zugehörigkeit

Auf der Schulwebsite ist der Weg zum Text VEinstA tendenziell der erste, den der Besucher zurücklegt, der daran interessiert ist, das pädagogische Konzept kennenzulernen. Im Hauptmenü, das die Mitte des Bildschirms horizontal kreuzt, kommt die erste Option als Frage: „*¿Por qué…?*" (Warum?) und der Name der Schule. *Ideales*, *Historia* und andere Elemente im Zusammenhang mit den Vorschriften, Zertifizierungen, Partnerorganisationen und dem Elternrat sind gleich unten angeordnet. In der Mitte der Homepage gibt es an prominenter Stelle einen zweiten Zugang zum Präsentationstext (VEinstA), indem man auf eine Schaltfläche klickt, die ein Foto des Schulhofes und den Titel „Warum (…) für unsere Kinder?"[84] zeigt. Dieser Titel greift auf das diskursive Framing zurück, bei dem der Leser in der Rede direkt angesprochen wird, und erscheint oben auf der Zielseite.

In diesem Text wird die Schule als *alemán* und *bicultural* charakterisiert. Unter 243 Wörtern kommt das Adjektiv *alemán* mit seinen Flexionsformen sechsmal und *Alemania* zweimal vor. Die Wörter *Venezuela* und *venezolano* kommen nicht vor. Zu Beginn des Textes steht die Bezeichnung der Einrichtung als *colegio alemán*. Die deutsche Identität der Schule wird betont, dem Leser aber als bereits bekannt vorausgesetzt. Die Verwendung des unbestimmten Artikels bei *un colegio alemán* sollte eigentlich darauf verweisen, dass sie zuvor als solche präsentiert wurde, was nicht der Fall ist. Dieser Rahmen bezieht den Leser im Vorfeld in den Diskurs mit ein, der diese Informationen als verlässlich etabliert wahrnimmt, ebenso wie die Präsenz der Institution in der lokalen Gesellschaft. Es ist zu beachten, dass als Referenz- und Benennungsstrategie die

84 „¿Por qué (…) para nuestros hijos?"

Attribute *alemán* und *bicultural* häufiger verwendet werden (jeweils neun und fünf Nennungen bzw. 45 % und 25 % der gezählten Attribute) als *internacional* (eine Angabe, 5 %) oder sogar *bilíngüe*, was in keinem der analysierten Texte in Verbindung mit dem Wort *escuela* oder *colegio* vorkommt. Bei VEinstA nimmt man direkt und kurz auf den Sprachunterricht Bezug. Dabei wird aber gerade herausgestellt, dass das Lehrprogramm umfangreicher ist, und es kommt eine Intensivierungsstrategie zum Einsatz: „An einer deutschen Schule zu lernen ist viel mehr als eine Sprache zu lernen“[85].

Alle drei Erscheinungen (15 %) der Präpositionalphrase *de encuentro* finden sich bei VEinstG, sodass im Gegensatz zur Schule BR dieses Merkmal in den Texten, die für die Öffentlichkeit am zugänglichsten sind, nicht herausgestellt wird. Schließlich fällt die hohe Häufigkeit (25 %) des Ausdrucks *en el extranjero* (im Ausland) auf, der in VEinstE und VEinstG mit dem Adjektiv *alemán* kombiniert ist. Er deutet auf die Verbindung mit Deutschland, verstärkt das Gewicht dieses Verhältnisses und gibt dem Diskurs eine konkrete Position im geographischen Raum.

Den Text VEinstD unter der Überschrift *Oferta académica* (Akademisches Angebot) kann man auch über das Hauptmenü direkt erreichen. Nachdem er den Charakter der binationalen Zusammenarbeit und das „Hauptziel“ verdeutlicht, den Lernenden „in beiden Ländern anerkannte Abschlüsse“ anzubieten[86], wird der Schule „eine bikulturelle und multilinguale Bildung“ zugeschrieben. Im Anschluss folgen „die von den venezolanischen und deutschen Staaten geforderten humanistischen und wissenschaftlichen Kenntnisse auf den verschiedenen Bildungsebenen“[87].

Auf der Seite, die sich mit dem bikulturellen Charakter der Einrichtung (VEinstE) befassen will, wird dieses Konzept anhand eines Ausschnitts aus dem 1998 durch die Regierungen Venezuelas und Deutschlands unterzeichneten Abkommen zur Gründung der bikulturellen Schule vorgestellt:

> Die Schule wird den Deutschunterricht stark fördern und einen bikulturellen Lehrplan anbieten, der den deutschen und venezolanischen Schülern neben der

---

85 „Estudiar en un colegio alemán es mucho más que aprender un idioma“.

86 Vollständige Textstelle: „una educación integral, innovadora y actualizada, cuyo objetivo primordial es formar a los estudiantes que cursan sus estudios en esta institución para obtener títulos reconocidos en ambas partes y poder acceder a la educación superior en ambos países“.

87 „los conocimientos humanísticos y científicos exigidos, por el Estado venezolano y el Estado alemán, en los distintos niveles de enseñanza“

Zweisprachigkeit auch Wissen und gegenseitiges Verständnis beider Kulturen auf hohem Niveau vermittelt[88] (Gobierno de la República de Venezuela 1998: 8).

Im eindeutig kommerziellen Diskurs von VEinstA geht es jedoch darum, diesem Status weitere Vorzüge hinzuzufügen, indem man die Entwicklung anderer Fähigkeiten neben dem Spracherwerb betont. Dies kann man als Bereicherung des Curriculums verstehen, entweder, indem man die anderen Fachkomponenten als Ergänzung der sprachlichen Bildung versteht oder umgekehrt, d.h. indem man den Deutschunterricht einfach als einen zusätzlichen Vorteil gegenüber einem traditionellen Lehrprogramm interpretiert. Durch die Art und Weise, wie diese Informationen im Text angeordnet sind, kann der Erwerb der deutschen Sprache nicht als zusätzliche Belastung oder Einwand gegen das Erlernen sonstiger curricularer Inhalte gesehen werden, die zum regulären Lehrplan gehören.

Deswegen werden in den meisten Fällen (VEinstC, VEinstD, VEinstE und VEinstG) die positiven Merkmale des curricularen Konzepts nicht mit der Zweisprachigkeit verbunden, sondern mit der deutschen institutionellen Zugehörigkeit durch die explizite Erwähnung des binationalen Abkommens. In der Rubrik *Acreditaciones* (VEinstC) der Internetseite wird hervorgehoben, dass „die Bundesrepublik Deutschland (…) durch finanzielle Beiträge und die Entsendung von Lehrkräften subventioniert“[89]; im VEinstD, wie bereits erwähnt, wird angegeben, dass die humanistischen und wissenschaftlichen Fachinhalte den staatlichen Anforderungen der beiden Länder entsprechen; bei VEinstE zitiert man den deutschen Außenminister in einer nicht genauer belegten Rede, die den Regierungsanspruch zum Ausdruck bringt, „den Zugang zur deutschen Sprache und zum deutschen Bildungswesen zu erleichtern“[90]. Die Schulordnung (VEinstF) nennt die Erlangung des Bachiller-Grades und der Hochschulreife als Ziele, die mit dem Erwerb von nicht genauer bezeichneten „pädagogischen Schlüsselwerkzeugen“ erreicht werden sollen[91]. Bemerkenswert

88 „El colegio fomentará con especial empeño la enseñanza en lengua alemana y ofrecerá un programa de estudios bicultural, que transmita a las alumnas y alumnos alemanes y venezolanos, además del bilingüismo, conocimientos y comprensión recíproca de ambas culturas a un elevado nivel“.

89 „la República Federal de Alemania subsidia a (…) mediante aportes económicos y envío de personal docente“

90 „facilitar el acceso al idioma y al sistema educativo alemán“

91 Vollständiger Textauszug: „De sus Objetivos (…) Artículo 6. Brindarles a los alumnos la posibilidad de obtener el título de Bachiller y la ‚Hochschulreifeprüfung‘ (prueba final para el bachillerato alemán) facilitándoles las herramientas pedagógicas claves que le permitirán alcanzar estas metas académicas.“

ist hier der Einsatz von Nominations- und Prädikationsstrategien in einem diskursiven Genre von begrenztem Umfang, das sachlich, präzise und objektiv sein will.

Die Zusammenarbeit zwischen den Ländern dient als Motto für die Einreichung eines technologischen Innovationsprojektes (VEinstG), das bei der venezolanischen Regierung eingereicht und von ihr genehmigt wurde. Es soll nach dem Gesetz für Wissenschaft, Technologie und Innovation durch das Aufbringen finanzieller Mittel von Privatunternehmen zur Produktivitäts- und Qualitätssteigerung der Organisation entwickelt werden. In der Erläuterung ihrer Ziele wird im Text „eine qualitativ hochwertige, ganzheitliche und venezolanisch-deutsch kulturintegrative Schulbildung“[92] hervorgehoben. Es handelt sich dabei um die einzige Erwähnung der kulturellen Vielfalt von beiden Ländern im gesamten Korpus. Weiterhin soll das Projekt „die besten Praktiken und Verfahren, die im deutschen Bildungswesen eingesetzt werden, erwerben und bundesweit übernehmen und an die Bedürfnisse des venezolanischen Bildungswesens anpassen“, also von außerhalb nach innen, in umgekehrter Richtung zu dem, was in allen anderen analysierten Texten überwiegt.

Gemeinsam ist jedoch allen Quellen, dass sie sich auf das Prestige und die positive soziale Einstellung des Partnerlandes in der lokalen Gesellschaft stützen und dabei auf Referenz- und Nominationsstrategien zurückgreifen, so wie es Martín Rojo (2005: 229) erläutert:

> Die Verwendung des Demonyms weist darauf hin, dass von allen Merkmalen, die eine Person besitzt, das wichtigste die Tatsache ist, dass sie eine bestimmte Herkunft hat. Damit unterstreicht der Begriff das stereotype Bild, das man von diesem Volk hat. Diese Bilder sind in der Regel vereinfachend und hängen von einer Reihe von Merkmalen ab, die die Kategorie angeblich definieren würden und somit allen Mitgliedern der Gruppe zuzuordnen wären.[93]

Diese Strategie homogenisiert das Kollektiv und behindert, dass das WIR sich im SIE (die anderen) wiederfindet (ebd., S. 232). Indem das Lehrkonzept als

---

92 „una educación de alta calidad, completa e integradora de las culturas venezolanas y alemanas“

93 Übersetzung des Verfassers. Im Original: „O uso do gentílico indica que, de todas as características que possui uma pessoa, a mais importante é o fato de ela ter uma origem determinada. Dessa forma, o termo destaca a imagem estereotípica que se tenha desse povo. Essas imagens costumam ser simplificadoras e dependem de um conjunto de características que supostamente definiriam a categoria e seriam assim atribuídas a todos os membros do grupo“.

„eine andere Art, sich auf die Zukunft vorzubereiten"[94] erscheint, wird das SIE als eine Reihe von Mitteln und Werten wahrgenommen, die gleichzeitig nicht vorhanden und alternativ zu UNSEREN sind.

5.3.2.2. Ziele der formalen Erziehung und Beitrag der bilingualen Bildung

In dem analysierten Diskurs wird die Zukunft als Herausforderung dargestellt und die deutsche bikulturelle Bildung sowie die deutsche Sprache mit der Idee des beruflichen und sozioökonomischen Erfolgs verknüpft. Anschließend wird die Bedeutung der Familienerziehung hervorgehoben und einer Zielgruppe zugeordnet, die zwar an einem alternativen Bildungsmodell interessiert ist, aber an traditionellen Werten und Praktiken festhält. Deshalb versucht der Diskurs die angebotene formale Bildung mit den Werten in Einklang zu bringen, die der nicht-formalen Bildung zugeschrieben werden, indem man Unterschiede neutralisiert und Ziele individualisiert, wie auszugsweise dargestellt: „Sowohl die formale als auch die nicht-formale Bildung muss auf das Leben vorbereiten, auf die Zukunft, der die Schüler beim [Schul-]Abschluss begegnen werden, und nicht auf die Vergangenheit" (VEinstA)[95]. Die Realität, die den Schüler in der Gegenwart umgibt, in der er in verschiedene soziale Umfelder eingefügt ist, fehlt in diesem Argument. Die Schule gilt dabei als Labor, Fließband oder Quarantänestation abseits der Welt. Andere Auszüge aus dem Korpus, die in diese Richtung weisen, sind

(a) in der bereits erwähnten Rede des deutschen Außenministers (VEinstE) zu finden, in der er die kollektive Fähigkeit zur „Lösung gemeinsamer Zukunftsprobleme"[96] im Bewusstsein der Zugehörigkeit zu einer internationalen Lerngemeinschaft, anerkennt;
(b) in VEinstB, nach dem die Schule sich bereit erklärt, die Lernenden „in Bezug auf pädagogische Aspekte und ihre berufliche Zukunft"[97] zu beraten;
(c) im gleichen Text, in dem man Lernautonomie, problemlösungsorientiertes Denken und kompetente Nutzung der Informationstechnologie als

94 „una manera diferente de prepararse para el futuro"
95 „tanto la educación formal como la no formal deben preparar para la vida, formar para el futuro que encontrarán los estudiantes al egresar y no para el pasado"
96 „solucionar los problemas de futuro compartidos"
97 „con respecto a aspectos pedagógicos y a su futuro laboral"

„Schlüsselwerkzeuge für die Zukunft“[98] darstellt, während die Ansprüche und Herausforderungen des Alltagslebens für Kinder und Jugendliche, in dem solche Werkzeuge nicht nur einen Zweck, sondern eine große Anwendbarkeit finden, eindeutig außen vor gelassen werden;

(d) in VEinstF, das die Rechte und Pflichten der Schule, der Lernenden und ihrer Erziehungsberechtigten auflistet, wonach der Schüler „die Verantwortung für sein Lernen und sein akademisches Handeln übernehmen“ soll, aber auch den Spielraum für Kreativität, Autonomie und Mitgestaltung von Lernstrategien einschränkt, indem es als Lernen und Verantwortung vorerst „die Erfüllung der in den Lernprogrammen vorgeschriebenen Aktivitäten, der Aufgaben, Aufträge und der Hausarbeiten, die von den Lehrkräften empfohlen werden“, versteht.

Die in Punkt (d) zitierte Passage ignoriert die Tatsache, dass Lernen auf integrierte Weise außerhalb der lehrplanmäßigen Pflichtaktivitäten stattfindet, und lässt es dem Lernenden nicht offen, bewusste Entscheidungen über seine eigenen Lernziele und -methoden zu treffen. Hier wie auch in anderen Artikeln der Schulordnung wird das Gesetz zum Schutz von Kindern, Mädchen und Jugendlichen erwähnt, das im Jahr 2000 verkündet und 2007 und 2015 reformiert wurde und in dessen Artikel 93, Buchstabe F es heißt, dass alle Kinder und Jugendlichen die Aufgabe haben, „ihren Pflichten im Bereich der Bildung nachzukommen“[99] (Gobierno de la República Bolivariana de Venezuela 2015: 25).

Ein weiteres Missverständnis, das sich aus diesem Ansatz ergibt, ist die Behandlung der Lernenden als unfertige Menschen im Gegensatz zu Schulabsolventen, die als Erwachsene angeblich mit allen notwendigen Fähigkeiten ausgestattet sind, um in der sozialen, akademischen und beruflichen Welt zu handeln. Im Hinblick darauf stützt der Text VEinstA die Schularbeit auf drei rhetorische Fragen, die vor dem Hintergrund eines neoliberalen Leitbildes formuliert werden: „Was erfordert die globalisierte Welt heute?“, „Was bietet unsere Schule?“ und „Was ist heute unser Mehrwert?“[100]

Anstatt den interkulturellen Schwerpunkt herauszustellen und das Erlernen einer zweiten Sprache mit dem gegenseitigen Verständnis zwischen menschlichen

---

98 „herramientas clave hacia el futuro“

99 Übersetzung des Verfassers. Im Original: „cumplir sus obligaciones em matéria de educación“.

100 „¿Qué requiere hoy el mundo globalizado?“; „¿Qué ofrece nuestro colegio?“; „¿Cuál es nuestro valor agregado hoy?“

Gruppen zu vereinbaren, wird die kulturelle Vielfalt aus einer technikorientierten Perspektive unter Berufung auf politisch-ökonomische Begrifflichkeiten vorgestellt. In der Tat wird durch die Antwort auf die erste Frage – „Generierung unentbehrlicher Fähigkeiten und Fertigkeiten für den internationalen Wettbewerb" – diese Rahmenbedingung gefestigt. Bei VEinstD steht diese Forderung nicht nur in Verbindung mit dem, was man als „humanistische und wissenschaftliche Kenntnisse" bezeichnet, sondern auch mit der sportlichen und künstlerischen Schulbildung, „die die Fähigkeiten unserer Absolventen stärkt, sich dem Wettbewerb einer globalisierten Welt zu stellen", wobei die Jugendlichen erneut als zukünftige Menschen betrachtet werden, die die Welt „bewältigen" müssen[101].

Der Begriff *competitividad* erscheint wieder drei Absätze weiter unten mit anderer Bedeutung und anderem Bezug, und zwar auf außerschulische Angebote, nämlich „sportliche und musikalische Aktivitäten von hoher Wettbewerbsfähigkeit und Qualität"[102], wahrscheinlich in Bezugnahme auf die Schülerleistungen bei diesen Aktivitäten und bei der Teilnahme an externen Wettbewerben. In diesem Fall wird statt des Bildungsprozesses auf die erlangten Ergebnisse fokussiert. So überwiegen die Prämissen eines konventionellen Angebots, das keine weitere Erklärung seiner Grundlagen verlangt, und eines Diskurses, der sich darauf konzentriert, die Übereinstimmung zwischen den institutionellen Idealen und den Erwartungen einer Klientel zu verdeutlichen, die als anspruchsvoll und homogen eingeschätzt wird.

Ein angeblich konservatives Profil und eine Schulkultur, die Tradition und hierarchische Beziehungen schätzt, scheinen für die Sozialeinstellungen verantwortlich zu sein, die der Text VEinstA anregt. Demnach wird Wissen von der Schule an den Schüler weitergegeben (Lakoff/Johnson 2002), indem man den Lernenden nach Freires (2016) Bankiers-Konzept als ein leeres Gefäß begreift, das darauf eingestellt ist, das vom Lehrer deponierte Wissen bloß zu akkumulieren.

5.3.2.3. Interkulturalität und Zweisprachigkeit

Nachdem die Entwicklung (oder „Generierung") von Fähigkeiten und Fertigkeiten durch die internationale Kompetition gerechtfertigt wird, weist der

101 Vollständige Textstelle: „los conocimientos humanísticos y científicos exigidos, por el Estado venezolano y el Estado alemán, en los distintos niveles de enseñanza y una formación deportiva y cultural que potencian las capacidades de nuestros egresados al enfrentar la competitividad de un mundo globalizado".

102 „actividades deportivas y musicales de alto nivel de competitividad y de calidad"

Diskurs erst an zweiter Stelle als Anforderung der globalisierten Welt darauf hin, „Toleranz und den Respekt vor anderen Menschen und Werten zu fördern“[103]. In Bezug auf die Entwicklung interkultureller Kompetenzen wird nicht über den obigen Satz hinausgegangen, der eine romantisierende Vorstellung von „anderen Völkern und Werten“ evoziert. Dies bedingt, dass der Schüler sich selbst als Teil einer homogenen Gruppe wahrnimmt, deren andere Mitglieder ähnliche Merkmale wie er tragen, und dass er in der Lage ist, den Anderen im Blick zu haben, zu tolerieren und zu respektieren, aber vor allem die Grenze zwischen beiden wahrzunehmen. Weitere Aussagen zur Toleranz und zum Respekt vor unterschiedlichen kulturellen Identitäten finden sich in dem analysierten Korpus, z.B. in der Schulordnung (VEinstF) bei der Erläuterung der institutionellen Zielvorgaben:

> Förderung und Entwicklung des harmonischen Zusammenlebens zwischen Venezolanern und Deutschen sowie anderen Nationalitäten, die auf der Grundlage des gegenseitigen Respekts und Verständnisses gegenüber anderen Kulturen in die Schulgemeinschaft eintreten. Dafür bildet (…) Schüler aus, die anderen Völkern und anderen kulturellen Ausdrucksformen gegenüber offen sind und sich der Notwendigkeit von Verständnis, Kooperation und Frieden in der internationalen Gemeinschaft bewusst sind[104].

In dem Abschnitt fällt die Anerkennung auf, dass andere kulturelle Identitäten neben der venezolanischen und der deutschen in der Schule vertreten sind. Dazu gehören Familien mit einer Migrationsgeschichte nach Venezuela, insbesondere solche, die aus anderen lateinamerikanischen Ländern stammen und an beiden Schulzweigen mitbeteiligt sind.

Die Verstärkung der Idee des „gegenseitigen Respekts“, des „Verständnisses gegenüber anderen Kulturen“ und vor allem des „harmonischen“ Zusammenlebens kann in diesem Zusammenhang ein Hinweis auf ein Ideal der Homogenisierung oder der scheinbaren Neutralisierung von Unterschieden sein und erinnert an die von Bhabha (2004) diskutierten Umstände, nach denen „Kultur sich nur dort zu einem Problem oder einer Problematik entwickelt, wo die wechselseitige Infragestellung und Artikulation des Alltagslebens (…)

---

103 „promover la tolerancia y el respeto de otros pueblos y valores“

104 „Promover y desarrollar la convivencia armónica entre venezolanos y alemanes, así como de otras nacionalidades que se incorporen a la comunidad educativa sobre las bases del respeto mutuo y del entendimiento hacia otras culturas. Para ello (…) preparará estudiantes abiertos a otros pueblos y otras manifestaciones culturales, conscientes de la necesidad del entendimiento, cooperación y paz en la comunidad internacional“.

zu einem Verlust an Bedeutung führen“ (S. 50), sodass ihre Grenzen „außerhalb von wohlgemeinten moralistischen Polemiken gegen Vorurteile und Stereotypen“ (ebd.) meistens unhinterfragt bleiben[105]. Der interkulturelle Kontakt ist häufig durch Konflikte geprägt, deren Verschweigen mit dem Willen zur harmonischen Zusammenarbeit und zum Weltfrieden verwechselt werden kann. Das führt dazu, dass Differenzen und Widersprüche eher neutralisiert als anerkannt und ausgehandelt werden, wodurch die Hybridität der Kulturen und Identitäten geschätzt werden könnte und Toleranz, Entfremdung und Aneignungsfähigkeit aufeinandertreffen würden.

Mit deutlicher Bezugnahme auf die kulturelle Vielfalt und mit der Betonung, dass die Bereitschaft, dieser Vielfalt Rechnung zu tragen, mit der „Toleranz gegenüber den uns unterscheidenden Merkmalen“ nicht unvereinbar ist, bekundet die vom deutschen Außenminister in VEinstE zitierte Rede das Ziel einer interkulturellen Annäherung, bei der Unterschiede gewürdigt werden.

Insofern wäre darüber nachzudenken: Zu welcher Gruppe gehört der Lernende aus der Sicht des pädagogisch-institutionellen Diskurses? Wenn es sich um eine deutsche Schule handelt, aus welcher Herkunft stammt der zu tolerierende „Andere“? Wenn die Mitglieder dieser Gemeinschaft in den Dialog mit dem deutschen „Anderen“ von vornherein einbezogen sind oder dazu einen speziellen Zugang haben, dann soll das venezolanische zu den „anderen Völkern“ zählen, die zu tolerieren und zu respektieren sind? Ein günstiger Anlass zur Erörterung dieser Fragen könnte sich bei VEinstA bieten, wo man den Begriff „bikulturelle Schule“ einführt und den Beitrag dieses Profils zur Ausbildung der Schülerinnen und Schüler thematisieren sollte. Es weist jedoch nur auf „die Möglichkeit des Zugangs zur Hochschulbildung“ hin, also auf die Idee des individuellen Erfolgs und der Vorbereitung auf die Zukunft „in oder außerhalb ihres Landes“[106].

Erst nachdem die deutsche Sprache und die deutsche institutionelle Identität als Differenzierungsmerkmale für eine besser auf internationale Anforderungen

---

105 Übersetzung des Verfassers. Vollständiger Originalauszug: „Culture only emerges as a problem, or a problematic, at the point at which there is a loss of meaning in the contestation and articulation of everyday life, between classes, genders, races, nations. Yet the reality of the limit or limit-text of the culture is rarely theorized outside of well-intentioned moralist polemics against prejudice and stereotype, or the blanket assertion of individual or institutional racism“.

106 Vollständige Textstelle: „(…) por ser un colegio bicultural ofrece a sus alumnos la posibilidad de acceder a la educación universitaria con una excelente preparación, para continuar estudiando dentro o fuera de su país“.

ausgerichtete Bildung herausgestellt wurden, erscheint die Bikulturalität als ein Faktor, der das Lernen und die Entwicklung des Schülers erheblich beeinflusst. Das Beharren auf einer nach außen gerichteten Orientierung räumt internationalen Belangen viel Gewicht ein und unterschätzt regionale Problemstellungen, mit denen auch der vernetzte Bürger konfrontiert ist und bei denen er aufgefordert ist, unverzüglich einzugreifen. Merkwürdigerweise ist das die einzige Erwähnung des Herkunftsortes des einheimischen Lernenden in diesem Text, jedoch verknüpft mit der Erwägung der Möglichkeit, ihn zu verlassen. Diese Interpretation findet besondere Konturen in Bezug auf ein Land, das seit mindestens einem Jahrzehnt von einer tiefen politischen und wirtschaftlichen Krise betroffen ist, die 2,3 Millionen Menschen zwischen 2014 und 2018 zur Auswanderung zwang (vgl. Colombo 2018).

Nach VEinstE soll das Schulprogramm „den venezolanischen und deutschen Schülerinnen und Schülern über die Zweisprachigkeit hinaus, Kenntnisse und gegenseitiges Verständnis beider Kulturen vermitteln“[107]. Diese Aussage kategorisiert die Schüler nach ihren Herkunftsländern oder ihrer Staatsbürgerschaft und verwendet die Metapher der Übertragung, um den Lehr- und Erwerbsprozess von L2 darzustellen. Die positivistische Ausrichtung, der dieser Diskurs zu folgen scheint, ist noch auffälliger bei der in VEinstA vorhandenen Definition der deutschen Sprache als von der Schule gebotener „Mehrwert“ (*valor agregado*). Anhand von argumentativen Topoi wird Deutsch als eine Sprache dargestellt, die mit „komplexen symbolischen Strukturen“ ausgestattet ist, die in anderen Sprachen oder auch in der L1 der Lernenden nicht zu beobachten sind, wie auch anderen Venezolanern nicht verfügbar sind, die nicht das Privileg haben, solche Strukturen „auf andere Lernerfahrungen“, d.h. bei der Entwicklung anderer Fähigkeiten, „übertragen“ und „anwenden“ zu können[108]. Durch eine Betrachtung von Sprache als Produkt, dem ein Mehrwert zugeschrieben wird, der als Auslesefilter oder schwer zugängliches Gut gilt, verpasst man wieder eine gute Gelegenheit, den interkulturellen Charakter des curricularen Angebots aufzugreifen. Es wird eine oberflächliche und unpräzise Auffassung von Sprache als System und soziales Phänomen geschaffen, die sich viel mehr am allgemeinen Menschenverstand orientiert als an fachwissenschaftlichen Erkenntnissen. Das Innovationsprojekt (VEinstG) befasst sich mit Lehrmethodik, Personalausbildung, Qualitätskontrolle und Infrastruktur

107 „transmita a las alumnas y alumnos alemanes y venezolanos, además del bilingüismo, conocimientos y comprensión recíproca de ambas culturas“

108 Vollständige Textstelle: „El alemán posee estructuras simbólicas complejas que, una vez adquiridas pueden ser transferidas y aplicadas a otros aprendizajes“.

für eine bikulturelle und zweisprachige Bildung als Bereiche wissenschaftlich-technologischer Innovation. Nichtsdestotrotz bekräftigt es die Einstellung, dass sprachliche Erziehung nicht zu diesem Rahmen gehört, und schließt als letzten seiner Absichten die „Integration der Sprachen mit Wissenschaft und Technologie“[109] ein. Dabei versetzt man den Sprachunterricht in eine Position der Passivität, anstatt ihn als Bestandteil des Modernisierungsprozesses einzubeziehen und sein transformatives Potenzial auszunutzen.

Im Gegensatz zur Schule BR wird in dem ausgewählten Korpus der Schule VE die vorliegende Aufteilung des Lehrplans in zwei Zweige nicht als Schwerpunkt behandelt. Auf der Schulhomepage muss der Besucher die Möglichkeiten des Hauptmenüs mit beträchtlicher Geduld und Interesse erkunden, um zu erfahren, dass es „ab der zweiten Klasse den spanischsprachigen (kastilischen) und den bilingualen Zweig gibt, die sich nur in der Verwendung von Deutsch als Muttersprache unterscheiden“[110] (VEinstD). In diesem Fall nutzt die Schule auch die Zweige als Metapher für die parallelen Lehrpläne, aber hier mit der ausdrücklichen Angabe des Bifurkationspunkts im Progressionsverlauf. Das gewählte Differenzierungskriterium für die Benennung der Lehrplanangebote ist ein weiterer Unterschied zwischen beiden Schulen. Während die Schule BR die curricularen Zweige nach den Ländern Brasilien und Deutschland bezeichnet, die die gesetzlichen Grundlagen für die Erarbeitung ihrer Studienpläne legen, sind die Abteilungen der VE-Schule nach den Unterrichtssprachen benannt. Dadurch können Bezeichnungen mit pragmatischen Merkmalen assoziiert und die Zweideutigkeit der Heimatadjektive umgangen werden. Darüber hinaus ist durch diese Strategie kein Fehler oder Widerspruch festzustellen, wenn in „bilingualen“ Klassen keine Schüler sind, die Deutsch als L1 sprechen oder aus Deutschland sind, wie im Zeitraum der Forschungsarbeit. Andererseits ist der *castellana-bilingüe*-Gegensatz nicht symmetrisch, wie es der Fall wäre, wenn die zum Abitur führende Sektion als *rama alemana* bezeichnet würde. Schließlich geht es um einen Dualismus zwischen Ein- und Zweisprachigkeit, obwohl in beiden Zweigen sowohl Spanisch als auch Deutsch unterrichtet wird.

Indem der Diskurs den Deutschunterricht „als Muttersprache“ als unterscheidendes Merkmal zwischen beiden Lehrplänen festlegt (VeinstD), wird nicht deutlich, dass er sich damit auf den gewählten Zweig und nicht auf die L1

---

109 „integración de los idiomas con ciencia y tecnología“

110 „A partir de la segunda clase, existen las ramas castellana y bilingüe que se diferencian sólo en la utilización del alemán como lengua materna“.

der Lernenden bezieht. Der Text bietet dem Leser jedoch keine Anhaltspunkte für den Schluss, dass sowohl Schüler des kastilischen als auch des bilingualen Zweiges außer in Ausnahmefällen Spanisch als L1 sprechen und Deutsch als erste Zusatzsprache lernen. Angenommen, dass im einzigen namentlich als 'bilingual' geltenden Lehrplan Spanisch und Deutsch nach muttersprachlichem Ansatz unterrichtet werden, ist dadurch ein Konzept der Zwei- bzw. Mehrsprachigkeit legitimiert, an dem nur Sprachkenntnisse teilnehmen dürfen, deren Erwerb unter diesen Bedingungen erfolgt. So gehören Englisch, Französisch und 'DaF' nicht zu diesem Produkt, obwohl sie nach demselben Text Teil der angebotenen „bikulturellen und multilingualen Bildung" (*formación bicultural y multilíngüe*) sind. Es liegt also ein klar umrissenes bikulturelles Bildungsprojekt vor, in dem nicht alle Sprachen Platz haben, die in den Lehrplänen eine Rolle spielen. Dieses Projekt ist also nicht für die Konturen und den Umfang des allgemeinen Lehrangebots zuständig, sondern es ist darin enthalten.

Eine weitere Interpretationsmöglichkeit des Dualismus *castellano/bilíngüe* in der Bezeichnung der Curricula lässt sich durch die Annahme eröffnen, dass die Sprachen metonymisch auf die venezolanische und deutsche Kultur bezogen sind, die einen monokulturellen und einen bikulturellen Zweig darstellen würden. Das Innovationsprojekt (VEinstG) nennt „Schüler venezolanischer und deutscher Kultur" und ordnet sie zwei damit besser zu integrierenden Gruppen zu, ohne ausdrücklich zu präzisieren, ob diese mit ihrer Herkunft zusammenhängen[111]. Dem Projekt zufolge sollten Unterrichtsinhalte und -methoden angepasst werden, um sicherzustellen, dass sie „sowohl die venezolanische als auch die deutsche Kultur widerspiegeln und Respekt und Toleranz gegenüber beiden fördern"[112].

5.3.2.4. Der Raum der Identitätsbildung

In den analysierten Texten ist eine Tendenz zur Aufhebung interkultureller Unterschiede und zur Universalisierung des Lernenden, seiner Identität und seines erworbenen Wissens zu beobachten. Eine Ausnahme kann vom Wortlaut der Hausordnung (VEinstF) gemacht werden. Sie bringt zwar an erster Stelle das Ziel der „Bildung universeller Individuen" zum Ausdruck, aber diese

111 Vollständiger Textstelle: „Espera lograr esto al evaluar y reformular su tecnología para optimizar su eficiencia y competitividad así como mejorar la integración que promueve en los alumnos de las culturas venezolana y alemana".

112 Vollständige Textstelle: „El contenido y la manera en que las materias son impartidas por (…) serán adecuados para garantizar que reflejen tanto la cultura venezolana como la alemana, y fomenten el respeto y la tolerancia de ambas".

als „Kenner von sich selbst und ihrer Umgebung" beschreibt. Die unmittelbare Abfolge gibt den Absolventen eine demokratische Verpflichtung, die allerdings egozentrisch in ihrem Zweck ist: „die mit einer positiven, kritischen, verantwortungsbewussten, demokratischen, aufrichtigen und kreativen Haltung an ihrer Selbstverwirklichung in einem Klima der gesunden Koexistenz mit anderen und der Umwelt aktiv sind"[113].

Laut VEinstB bietet die Schule den Schülern die Entwicklung kognitiver, sozialer, ethischer und emotionaler Aspekte ihrer Persönlichkeit. Als Ergebnis dieser Arbeit verallgemeinert der Text, ihrer Schülerschaft „ein ausgewogenes Verhalten [zu] präsentieren". Positive Eigenschaften dieser kollektiven Persönlichkeit werden im Anschluss verstärkt: „und zeichnen sich aus durch ihre Toleranz und ihren Respekt für die Meinung anderer sowie durch ihr Selbstvertrauen neben einem kritischen Bewusstsein"[114]. Die Toleranz gegenüber „den Überzeugungen anderer" wird durch die Hausordnung (VEinstF) im Zusammenhang mit der „Anerkennung und Praxis ethischer Normen und religiöser Werte" bezeugt[115].

Diese Passagen vermitteln eine Einstellung zum Bildungsprozess, in dem die Entwicklung nicht auf Selbsterkenntnis und die Konstruktion der eigenen Identität durch das Individuum ausgerichtet ist, sondern auf die Anpassung der Identitäten an ein als legitim angesehenes Paradigma, in dem Unterschiede ausgeblendet werden. Obwohl die im betreffenden Abschnitt zitierten sozialen und persönlichen Kompetenzen nachweislich durch das interkulturelle Lernen entwickelt werden können, verbindet der Diskurs diese Entwicklung mit regulativen Grundsätzen.

Das Deutschlernen hieße in diesem Zusammenhang, sich von der Umgebung zu lösen und von Traditionen abzugrenzen, während man sich jedoch einem konservativen globalisierten Ideal anpassen lässt, welches kulturelle Eigenheiten und Identitäten außer Acht lässt. Ohne ausdrückliche Vorbehalte scheint diese

113 Vollständige Textstelle: „Formar individuos universales, conocedores de sí mismos y de su entorno que con actitud positiva, crítica, responsable, democrática, sincera y creativa participen activamente en su autorrealización en un clima de sana convivencia con los demás y con el medio ambiente".

114 Vollständige Textstelle: „Nuestros alumnos proyectan un comportamiento equilibrado y se destacan por su tolerancia y respeto hacia las opiniones del otro, así como por su seguridad en sí mismos a la par de una conciencia crítica".

115 Vollständige Textstelle: „Así como también educarlos hacia el reconocimiento y práctica de normas éticas y valores religiosos, la tolerancia y el respeto de las convicciones de los demás".

Bedingung den „Zugang zu einem weltweiten Netzwerk deutscher Schulen“[116] (VEinstA) zu begünstigen, welches tendenziell als eine kulturell und ideologisch homogene Gruppe von Institutionen verstanden wird. Diese Auffassung, wie auch die Förderung einer globalisierten Bildung, stellt das Projekt der Begegnung unterschiedlicher Kulturen infrage. Denn nicht nur von der Vielfalt der beteiligten Kulturen ist auszugehen, sondern auch von multiplen Arten der Begegnungen zwischen deutschen *Kulturen* und denen des jeweiligen Landes, in dem die Partnerschulen angesiedelt sind.

Bei der Untersuchung des Textes VEinstB fällt parallel dazu eins der „Schlüsselwerkzeuge“ auf, welche die Schule ihren Lernenden gewährleisten will, nämlich ein sogenanntes „international ausgerichtetes“ Unterrichtsangebot, durch welches sie „die [notwendigen] Zeugnisse erhalten, um an Universitäten von Venezuela, Deutschland und der Welt studieren zu dürfen“[117]. In diesem Sinne wird in VEinstA „die Idee von Deutschland als Hochschulzielort“ bekräftigt und gleichzeitig der Wunsch geäußert, „Weltbürger“ zu bilden und „dass unsere Schüler auf diese Welt ohne Grenzen vorbereitet sind, (…) andere Kulturen kennenlernen und verschiedene Sprachen lernen“[118]. Basierend auf Topoi, welche die Bezeichnungen „Weltbürger“ und „Welt ohne Grenzen“ als gültig anerkennen, gehören diese nach wie vor zu den Argumenten, mit denen die Forderung nach einem „Mehrwert“ gerechtfertigt wird, welche die Schule erfüllen will.

Das Bedeutungsgeflecht, das durch den institutionellen Diskurs um diese Ziele aufgebaut wird, umfasst den Begriff der Begegnung, die im ausgewählten Korpus nicht genau definiert ist, aber auf welcher die Konzeption des Schulprofils basiert. Da im Text VEinstB die Begegnungserfahrung als ein den Absolventen gewährter Vorteil hinsichtlich des Zugangs zur Hochschulbildung hervorgehoben wird, scheint die akademische Auswanderung ein dringlicheres Ziel zu sein als die Weiterführung ihrer Ausbildung an einer einheimischen Universität. Innerhalb desselben Satzgefüges wird das Erreichen dieses Ziels durch die Forderung nach „hohen Leistungsniveaus sowie besonderen

---

116 „el acceso a una red mundial de escuelas alemanas“

117 „los títulos para poder estudiar en las universidades de Venezuela, Alemania y el mundo“

118 Vollständige Textstelle: „Formamos ciudadanos del mundo. Hay cambios en el mundo y queremos que nuestros alumnos estén preparados para este mundo sin fronteras, que reciban una excelente formación académica, conozcan otras culturas y aprendan varios idiomas“.

Sprachlernfähigkeiten“[119] verknüpft. Wie bereits im Diskurs der Schule BR analysiert, wird hierbei auf die Auswahl eines bestimmten Schülerprofils nach Maßgabe spezifischer Fähigkeiten hingewiesen, die nicht definiert sind und die dem Prozess des Erlernens weiterer Sprachen und der Entwicklung der Sprachkompetenz vorausgehen bzw. unabhängig der Lehrmethodik entstehen sollen. Darüber hinaus lässt der Text das Potenzial der nationalen hispanophonen und mehrsprachigen Kultur und der spanischen Sprache für die internationale Kommunikation, das interkulturelle Zusammenleben sowie für den Zugang und Erfolg an ausländischen Hochschulen außer Acht. Allein als L1 wird Spanisch von 442 Millionen Menschen in 31 Ländern gesprochen (Simons/Fennig 2018). Damit ist es eine der drei am weitesten verbreiteten Sprachen (Calvet/Calvet 2012) sowie eine der am meisten erlernten Zusatzsprachen.

5.3.2.5. Globalisierende Ausrichtung und Neudefinition von Grenzen

Schließlich dominiert im pädagogisch-institutionellen Diskurs der Schule VE die Idee einer bikulturellen Bildung mit globalisierender Orientierung. Es geht darum, den internationalen Dialog durch kulturelle Homogenisierung, Aufhebung von Unstimmigkeiten und die Vermittlung von Sprachen als kulturell entleerte Codes zu ermöglichen, um akademischen und beruflichen Anforderungen der internationalen Kommunikation gerecht zu werden. So macht der Diskurs deutlich, welche Grenzen die vertretene Bildungspolitik ausräumen will und in welche Richtung der Blick gerichtet ist. Eine „Welt ohne Grenzen“ bedeutet in diesem Fall nicht, dass es in bzw. um Venezuela oder Lateinamerika keine Grenzen mehr geben soll. Die Welt entspricht in diesem Fall dem globalen Norden und jenen Zugelassenen, für die alle Grenzen offen sind. In diesem Zusammenhang ist es bemerkenswert, dass die Gemeinschaft dank der Verbindung mit der „Begegnungsschule“ aus ihrem sozialen Umfeld herausfallen und aus dem globalen Süden an einen ideologischen Ort gelangen, welcher dem kulturell hegemonialen Norden näher steht (vgl. Sousa Santos 2010, Kachru 1985).

Die Bezugnahme von VEinstA auf das Weltnetz der deutschen Auslandsschulen – und die Weltkarte (Abb. 1) mit ihren Standorten am Ende der Seite – könnte die multikulturelle Vielfalt, die sich um die Sprache versammelt, zur Geltung bringen, wenn die Sprache zuvor in diese Debatte einbezogen worden wäre. Der Diskurs lädt in der Tat zu Begegnungen mit anderen Eliten ein im Rahmen des gemeinsamen Projekts einer bikulturellen Bildung, die als sozialer Filter fungiert.

119 „altos niveles de rendimiento, así como aptitudes especiales para el aprendizaje de los idiomas“

Angesichts des hohen Vorkommens diskursiver Strategien wie der Bezugnahme auf Topoi, dem Einsatz von Verstärkungsformeln und der Beschränkung der Leserperspektive orientiert sich der Diskurs, mit dem sich die Schule nach außen präsentiert, an Erwartungen des allgemeinen Menschenverstandes und an vermutlich von der Zielgruppe geteilten Einstellungen. Diese weisen auf ein eurozentrisches formales Bildungsideal hin und sind nur schwer mit dem Bikulturalismus zu vereinbaren, der dem pädagogischen Konzept der Schule zugrunde liegt.

Abbildung 1: Auszug aus dem Forschungskorpus (VEinstA) – Karte des deutschen Auslandsschulnetzes. Übersetzung der Bildbeschriftung durch den Autor: „Ein weltweites Netz von Schulen, das Kontinuität und Stabilität für unsere Schüler gewährleistet".

Eine Analyse von Statements aus dem Innovationsprojekt an das venezolanische Amt (VEinstG) fasst diesen latenten Konflikt in ihrem politisch-institutionellen Diskurs zusammen. In diesem Dokument formuliert die Institution eine Selbstdefinition, die sich sowohl auf ihre Tradition „von über 100 Jahren Geschichte in Venezuela" stützt als auch auf das mit Deutschland unterzeichnete Abkommen, nach dem sie „sich in eine bikulturelle Begegnungsschule verwandeln" soll und die folgenden Leitprinzipien intensiviert habe: „eine engere

Verflechtung der kulturellen, sozialen, historischen, geographischen und erzieherischen Werte Venezuelas und Deutschlands in einem Klima des Respekts und der Toleranz"[120]. Das 2008 herausgegebene Dokument scheint aktueller zu sein als die anderen analysierten Quellen und reflektiert eine Position, welche der interkulturellen Debatte des 21. Jahrhunderts konsequenter entspricht. Es zieht die transkulturalistische Metapher der Verflechtung heran und stellt sie auf eine höhere Satzebene als die interkulturellen Konzepte von Respekt und Toleranz. Sei es aufgrund eines Blickwechsels oder wegen der Ziele des Dokuments, bringt es das Entwicklungspotential zur Sprache, welches mit der Möglichkeit einhergeht, „das venezolanische und das deutsche Lehren zu kombinieren und zu integrieren". Es soll dazu beitragen, die lokalen Rahmenbedingungen auszubauen, „um eine Exzellenzbildung zu erreichen, welche auf den nationalen Kontext fokussiert, aber international ausgerichtet ist"[121]. An diesem Punkt wird die auswärtige Orientierung des pädagogischen Konzepts bestätigt und gleichzeitig Einsicht in die umgebende Realität gezeigt, auch wenn nicht objektiv auf die Aspekte hingewiesen wird, auf die die schulischen Aktivitäten einwirken.

Das Dokument hebt zu Recht die Bedeutung des Sprachenlernens für die internationale Bildung hervor, und dass angesichts dessen „die Implementierung neuer Bildungsprozesse" erforderlich ist[122]. Die Schule sieht sich daher als

---

120 Übersetzung des Verfassers. Vollständige Textstelle: „(...) cuenta con más de 100 años de historia en Venezuela. En todos estos años se ha caracterizado por su búsqueda de excelencia académica e integración al país. Es así que en el año escolar 1998–1999, mediante un convenio firmado entre la República de Venezuela y la República Federal de Alemania, se trazó el objetivo de transformarse en un Colegio de Encuentro Bicultural; en realidad no se trata de una transformación en sí misma puesto que implica principios que el Colegio adoptó desde sus inicios, sino más bien de una profundización de los mismos: un entrelazado más estrecho de los valores culturales, sociales, históricos, geográficos y educativos venezolanos y alemanes, bajo un clima de respeto y tolerancia".

121 Übersetzung des Verfassers. Vollständige Textstelle: „El reto fundamental se encuentra en combinar e integrar la enseñanza Venezolana y Alemana de manera tal que se pueda obtener los mejores elementos de ambas visiones y modelos educativos para el contexto venezolano; es decir, que se logre una educación de excelencia enfocada en el contexto nacional pero con orientación internacional".

122 Übersetzung des Verfassers. Vollständige Textstelle: „Constituye una innovación en los procesos de mejora de calidad puesto que funcionará como una prueba piloto de la implementación de los nuevos procesos educativos en un área central para la educación internacional: idiomas".

innovative und potentielle Entwicklungsstelle für Methoden und Technologien im Bildungsbereich, die bereit ist, diese mit anderen Schulen vor Ort zu teilen – „ein Beitrag zur venezolanischen Bildungstechnologie“[123]. Das Dokument zielt auf die staatliche Vermittlung an private Investoren im Hinblick auf „Transfer, Aneignung und Eingliederung neuer Technologien der deutschen internationalen Bildung“[124]. Erwähnt werden die in Deutschland unter Leitung der KMK entwickelten Bewertungsverfahren und fachlichen Instrumente zur Anwendung an deutschen Auslandsschulen, aber auch Weiterbildungsmöglichkeiten in Partnerschaft mit anderen Schulen dieses Netzwerks und die Einstellung von ggf. ausländischen Lehrkräften. Diese Ziele lassen jedoch vermuten, dass sich die Institution nicht als eine *lokale* Einrichtung versteht, die Wissen und Innovation erzeugen kann. In der Tat ist ihre Bindung nicht nur in Bezug auf die kulturelle Identität, sondern auch politisch und institutionell mit Deutschland am stärksten. Ihr Beitrag würde in der Dokumentation des Prozesses bestehen, welcher von den internationalen Partnerschaften aus (bereits) durchgeführt wird, sodass „sie als Leitfaden für jede weitere venezolanische Bildungseinrichtung dienen kann, die Zugang zu dem in diesem Prozess generierten Wissen haben möchte“[125]. Obwohl die Schule ihre Aufgabe betont, nationale Grenzen zu überwinden, hält sie sich auf diese Weise von der lokalen Gesellschaft fern, indem sie die Entwicklungschancen durch den Austausch mit anderen venezolanischen Einrichtungen nicht berücksichtigt, sondern sich nur noch als Vektor importierter Ideen positioniert.

5.3.3. Schulen RO, RP und RQ

Zur Untersuchung der institutionellen Selbstrepräsentation und der sprachlichen Ideologie der drei rumänischen Schulen (RO, RP und RQ) wurden die in Tabelle 4 aufgeführten Texte unter die Lupe genommen.

---

123 „un aporte a la tecnología educativa venezolana“.

124 „Transferencia, apropiación e incorporación de nuevas tecnologías de educación internacional alemana“

125 Übersetzung des Verfassers. Vollständige Textstelle: „Mediante la documentación detallada de todo el proceso se permitirá establecer un informe detallado que sirva de guía a cualquier otra institución educativa Venezolana que quiera acceder al conocimiento generado en éste proceso“.

Tabelle 4: Textkorpus zur Analyse des pädagogisch-institutionellen Diskurses der Schulen RO, RP und RQ

Kodierung	Titel[a]	Medium/Format	Veröffentlichungsdatum * letzter Zugriff	Anzahl der Wörter
ROinstA	Bine ați venit *Willkommen* (Startseite)	Offizielle Webseite	10.12.2018*	199
ROinstB	Profilul școlii *Schulprofil*	Offizielle Webseite	10.12.2018*	799
ROinstC	Cuvânt de salut al directorului școlii *Grußwort des Schulleiters*	Offizielle Webseite	10.12.2018*	268
ROinstD	Atmosferea din clasă îți da chef de învățat *Die Atmosphäre im Klassenzimmer macht dir Lust zum Lernen.*	Offizielle Webseite	10.12.2018*	405
ROinstE	Viziune educațională *Pädagogische Vision*	Offizielle Webseite	10.12.2018*	427
ROinstF	Orar / Plan de învățământ *Stundenplan / Lehrplan*	Offizielle Webseite	10.12.2018*	427
ROinstG	Deutsch als Fremdsprache	Offizielle Webseite (PDF)	02.06.2015	1.862
ROinstH	Klassenfahrten	Offizielle Webseite (PDF)	21.11.2016	5.151
RPinstA	Despre noi *Über uns*	Offizielle Webseite	13.12.2018*	346
RPinstB	Cuvântul directorului *Worte des Schulleiters*	Offizielle Webseite	13.12.2018*	286

(Fortsetzung auf der nächsten Seite)

Tabelle 4: Fortsetzung

Kodierung	**Titel**[a]	**Medium/Format**	**Veröffentlichungsdatum** *** letzter Zugriff**	**Anzahl der Wörter**
RPinstC	Misiune şi viziune *Mission und Vision*	Offizielle Webseite	13.12.2018*	372
RPinstD	Primar *Primarstufe*	Offizielle Webseite	13.12.2018*	352
RPinstE	Gimnazial *Mittelstufe*	Offizielle Webseite	13.12.2018*	370
RPinstF	Liceal *Oberstufe*	Offizielle Webseite	13.12.2018*	430
RPinstG	Tabere *Ausflüge*	Offizielle Webseite	13.12.2018*	371
RPinstH	Educaţie de elită la (…) *Elitebildung bei (…)* (Interview mit dem Schulleiter)	Örtliches Nachrichtenportal	18.04.2013	1.897
RQinstA	Legea educaţiei naţionale *Gesetz über nationale Bildung*	Amtsblatt (vgl. România 2011)	10.01.2011	78.993

a Zum besseren Verständnis sind die Titel in rumänischer Sprache mit einer Übersetzung des Autors in kursiv versehen.

Das Material aus den drei rumänischen Schulen bildet ein einziges Korpus und auf Besonderheiten jeder Institution wird bei der Auswertung der Ergebnisse immer dann hingewiesen, wenn sie für das Verständnis einzelner Sachverhalte relevant sind.

Es wurden weder im Internet noch in der Presse oder bei den Forschungsbesuchen in der Schule RQ repräsentative Texte zu ihrem institutionellen Diskurs gefunden. Als öffentliche Einrichtung obliegt es jedoch dem Staat, die politisch-pädagogischen Richtlinien und die Art ihrer Aktivitäten festzulegen. Aus diesem Grund ergänzt das Analysekorpus neben den ausgewählten Quellen zu den privaten Schulen RO und RP das seit 2011 geltende Bildungsgesetz, welches insbesondere in den Artikeln 45, 46 und 47 den Lehrplan und die Organisation der Schuleinheiten mit Unterricht in nationalen Minderheitensprachen reglementiert. Das Gesetz beeinflusst auch die Arbeit der untersuchten Privatschulen, vor allem der Schule RP, deren Lehrplan jenem der Schule RQ sehr ähnlich ist. Diese genießt in der rumänischen Gesellschaft seit über einem Jahrhundert hohes Ansehen. Die Schule RO hingegen basiert ihre Praxis stärker auf deutschen Bildungsstandards.

Im Folgenden werden die Daten zur allgemeinen Selbstdefinition jeder Institution zusammengetragen. Außerdem werden ihre Bildungspolitik und -richtlinien, ihr pädagogisches Konzept für interkulturelles Lernen und Mehrsprachigkeit sowie die Auswirkungen dieses Konzepts auf den Lernprozess diskutiert.

5.3.3.1. Selbstdefinitionen und Leitlinien

Das Logo der Schule RO identifiziert sie durch die Farben der rumänischen und deutschen Flaggen als binationale Institution. In allen Texten ist der Name der Schule zuerst auf Deutsch und dann auf Rumänisch angegeben. Ihr gebräuchliche Akronym ist von ihrem deutschen Namen abgeleitet. Der Slogan der Schule, *Pedagogie Germană • Responsabilitate • Umanitate*[126], steht auf allen Seiten ihrer offiziellen Internetpräsenz. So lässt ihre Präsentation keinen Zweifel daran, dass die Institution sowohl auf technischer als auch auf kultureller Ebene größere Verbindungen und Affinitäten zu Deutschland als zur lokalen Gesellschaft hat. Das ist ein erstes Zeichen dafür, dass es sich um ein alternatives Angebot handelt, das die junge Schule in ihrer Region unter den üblichen deutschsprachigen Einrichtungen hervorhebt, die größtenteils dem öffentlichen Bildungswesen angehören.

126 „Deutsche Pädagogik, Verantwortung, Menschlichkeit"

Auf der Startseite wird der Leser darüber informiert, dass die wachsende Zahl der Studierenden den Bau eines neuen Campus erfordert, welcher dank Spenden der deutschen Bundesregierung und privater Initiativen realisiert wird. Ein Link führt zum Aktionsportal „Bildung ist Leben", auf dem das Projekt im Detail vorgestellt wird. Das Grundstück für den Bau der neuen Schule wurde von der österreichischen Energie-, Öl- und Gasgesellschaft OMV zur Verfügung gestellt.

Auch die ebenfalls private Schule RP versucht, sich als wertvolle Alternative zu anderen bilingualen Angeboten hervorzuheben. Ihr Konzept geht von „dem Wunsch aus, eine qualitativ überlegene Alternative zur deutschsprachigen Bildung des öffentlichen Schulwesens anzubieten"[127] (RPinstA). Dabei ist jedoch zu bedenken, dass das rumänische Bildungssystem einen positiven Ruf genießt und die deutschsprachigen öffentlichen Schulen eine lange Tradition haben. In formlosen Gesprächen mit Dozierenden, Studierenden und anderen Mitgliedern der Zivilgesellschaft wurde die Qualität der allgemeinen staatlichen Bildung in Rumänien anerkannt. Obwohl die Schule RP nicht mit der deutschen Regierung verbunden ist, basiert sie doch auf den gleichen Grundlagen und wird von sehr ähnlichen Zielen geleitet wie das sonst übliche Angebot. Sie zeigt insofern Parallelen zum traditionellen Lehrplan öffentlicher Schulen mit Unterricht in nationalen Minderheitensprachen, wie jener der Schule RQ.

Diese Vision wird durch die Erklärung über die Initiative ihres Trägervereins bestätigt: „indem man auf den Erfahrungen in diesem Bereich aufbaute, die sich durch Einbeziehung in die Konzipierung und Umsetzung regionaler/nationaler Maßnahmen zur Bildungspolitik angesammelt hatten, wurden alle Schritte zum Aufbau einer soliden Institution für das Lernen der deutschen Sprache eingeleitet"[128] (RPinstA). Die Schule RP verbindet ihr pädagogisches Projekt mit einer Bildungspolitik, die sich an sprachliche Minderheitengruppen richtet, insbesondere an die Siebenbürger Sachsen. Früher bekleidete ihr Gründer und derzeitiger Schulleiter das für Schulwesen zuständige Amt im Kreis Sibiu. Im Interview mit einer überregionalen Tageszeitung (RPinstH) bezieht er sich auf diese Geschichte und behauptet, dass seine Schule „ihre Wurzeln im Bildungsraum von Sibiu hat" und er als regionaler Vorgesetzter zur Förderung eines Bildungsmodells beigetragen habe, „das durch seine Qualität Kontinuität

127 „Pornind de la dorința de a oferi o alternativă superioară din punct de vedere calitativ la sistemul public de educație în limba germană"

128 „valorificând experiența în acest domeniu câștigată prin implicarea în crearea și aplicarea politicilor regionale/naționale în educație, a inițiat toate demersurile pentru a construi o instituție solidă pentru studiul în limba germană"

besitzt"[129]. Durch die Auszeichnung einer Hochschule für Lehrerausbildung in Sibiu als akademische Wiege seiner Lehrkräfte, wird der bereits bestehende gute und solide Ruf der Region deutlich, dem der Schulleiter seine Schule mit Absicht zuordnet. In seiner Rede wendet er sich häufig an historische Persönlichkeiten, die wegen ihres Beitrags zur Wissenschaft, Bildung und zum Kampf für die Rechte der deutschsprachigen Minderheiten im nationalen Gedächtnis verankert sind. Ein Beispiel dafür ist der Pädagoge und lutherische Pastor Stephan Ludwig Roth[130], dessen Worte der Direktor bemüht, als er gefragt wird, über welche Vorteile seine Schüler gegenüber jenen anderer Schulen verfügen: „ Das sächsische Volk weiß und fühlt, dass seine Existenz von der Bildung und seiner ethischen Kraft abhängt. Das sind das Segel und das Ruder ihres Lebens"[131] (RPinstH). Der Theologe, Historiker und Politiker Paul Philippi[132]

---

129 Vollständige Textstelle: „(...) are rădăcini în spațiul educațional din Sibiu. În perioada în care am coordonat învățământul din județul Sibiu am contribuit la promovarea acestui model educațional, care are continuitate prin calitate".

130 Der 1796 in Siebenbürgen geborene Stephan Ludwig Roth ist in die Geschichte eingegangen als fortschrittlicher Intellektueller für seinen Einsatz für die Rechte der ethnischen Minderheiten in Rumänien, für die Bewahrung ihrer Sprachen und kulturellen Vielfalt sowie für den Kampf gegen nationalistische Werte und homogenisierende Maßnahmen, die Unterschiede unterdrückten. Unter seinen Werken befindet sich das 1842 veröffentlichte Manifest „Der Sprachkampf in Siebenbürgen". Er schloss sein Theologiestudium in Tübingen (Deutschland) ab, arbeitete in der Schweiz als Mitarbeiter von Johann Heinrich Pestalozzi und setzte sich in Siebenbürgen für eine Bildungsreform und die Einrichtung von Dorfschulen mit einem pädagogischen Plan zur Bekämpfung der Armut ein. Roth wurde des Landesverrats beschuldigt und 1849 vom Blutgericht der Revolution ermordet, welche Siebenbürgen an einen neuen, vom österreichischen Kaiserreich unabhängigen ungarischen Staat annektieren wollte (vgl. Wurzbach 1874).

131 „Poporul săsesc știe și simte că existența sa depinde de educația sa și de puterea sa etică. Acestea sunt vela și vâsla vieții sale", in der von der Quelle gelieferten Übersetzung.

132 Paul Philippi wurde 1923 in Brașov (Kronstadt), Siebenbürgen, geboren. Nachdem Philippi im Zweiten Weltkrieg unfreiwillig bei der Waffen-SS an der Ostfront gekämpft hatte und in Kriegsgefangenschaft geraten war, studierte er in Erlangen und schlug seine akademische Laufbahn in Zürich und Heidelberg ein. Zurück in Rumänien war er Universitätsprofessor in Sibiu (Hermmanstadt) und 1989 Mitbegründer des Forum Democrat al Germanilor din România (FDGR), Verband und politische Partei, die die deutsche ethnische Minderheit im rumänischen Parlament vertritt. Er starb im Juli 2018 in Sibiu (vgl. Roth 2018).

wird im gleichen Interview zitiert, um die lange Tradition der deutschsprachigen Schulbildung in Rumänien und Europa zu bezeugen: „Die Schulbildung hat in den sächsischen Gemeinden eine sehr alte und bemerkenswerte Tradition, auch im Vergleich zum gesamten europäischen Raum“[133]. Letztendlich trägt die Schule RP den Namen eines weiteren historisch berühmten siebenbürgisch-sächsischen Intellektuellen.

Die Forschung bezieht damit zwei private Bildungseinrichtungen ein, die auf den neuen Platz Rumäniens im europäischen und internationalen Kontext des 21. Jahrhunderts zurückführen. Nach Erhebung des Institut Național de Statistică (INS) hat sich die Zahl der privaten Schuleinrichtungen in Rumänien zwischen 2006 und 2016 verdoppelt (vgl. Vasiliu 2018). Die Schulen RO und RP starteten ihre Aktivitäten im ersten Jahrzehnt dieses Jahrhunderts, wie es selbst unter den ersten Daten steht, welche die Leserschaft vorfindet, die ihre Webseiten besucht, um sich über ihre Arbeit zu informieren. Die erste nennt ihr Gründungsdatum (2007) und das Jahr 2012 als Meilenstein ihrer Mitgliedschaft im Netzwerk der „140 offiziellen deutschen Auslandsschulen“[134]. Danach wird die Lehrplanstruktur vorgestellt, deren Umsetzung zum Forschungszeitpunkt noch nicht abgeschlossen war, da noch kein Klassenverband den letzten Oberstufenjahrgang erreicht hatte (ROinstA). Die Schule RP verbindet wiederum ihre Gründung im Jahr 2004 mit der Vorreiterrolle ihres pädagogischen Konzepts, das die Veränderungen im Bildungssystem vorwegnehme, welche 2007 mit der Aufnahme Rumäniens in die Europäische Union eintreten würden (RPinstB).

Nach dem Text RPinstC wird dieses Konzept nun erreicht, indem „ein kohärentes Bildungssystem, welches den Schüler in einen relevanten und an Bedeutung reichen Lernprozess einbezieht“[135], geschaffen wird. Dieses Dokument wurde in der Ich-Form im Plural formuliert. Erwähnt wird darin unter anderen Zielen, die die institutionelle Mission der Schule umfasst, das kontinuierliche Erlernen und Entwickeln von „Kompetenzen, die die Anpassung der Pädagogik an die dynamischen Erwartungen einer Gesellschaft der Zukunft voraussetzen“[136].

---

133 „școlarizarea are în cadrul comunităților săsești o tradiție străveche și remarcabilă chiar în comparație cu întreg spațiul european“, in der von der Quelle gelieferten Übersetzung.

134 „[una dintre cele] 140 de școli germane în străinătate oficiale“

135 „un sistem educațional coerent, care să implice elevul într-un proces de învățare relevant și bogat în semnificații“

136 Vollständige Textstelle: „să fim continuu elevi și să ne dezvoltăm acele competențe care presupun adaptarea pedagogiei la dinamismul așteptărilor unei societăți a viitorului“.

In diesem Horizont zeichnet sich ein Bildungsprojekt ab, das sich den Anforderungen der Gegenwart nicht unbedingt verpflichtet. Die Schule RP positioniert sich zuallererst als Mitverantwortliche und Mitgestaltende einer zukünftigen Gesellschaft. Unter den analysierten Schulen ist es die einzige, in derer Präsentation ausdrücklich festgestellt ist, dass sie „keine bestimmte Religion fördert, [und] nicht den Bildungszugang einer bestimmten ethnischen Gruppe begünstigt". Stattdessen übernimmt sie die Funktion, „eine qualitativ hochwertige Bildung in der deutschen Sprache zu fördern, während die hohen Standards im Hinblick auf den Erwerb der rumänischen Sprache gesichert werden und Offenheit für universelle Werte besteht"[137] (RPinstA). Der Auszug definiert das Schulprofil ausgehend von der Ablehnung sowohl einer kulturellen Identifikation mit Deutschland als auch des Modells für sprachliche Minderheiten. Insofern wird der deutschen Sprache ein unterschiedlicher Status und Charakter im curricularen und institutionellen Rahmen zugewiesen.

Die Schule RO betont in ihrer Vorstellung auch, dass sie ein junges Projekt ist. Sie nutzt dieses Merkmal jedoch als Unterstützung, um die Tatsache hervorzuheben, in kurzer Zeit internationale Anerkennung und Legitimation erreicht zu haben. Im Gegensatz zur Schule RP, die einen unabhängigen Ansatz zeigen will, wird im Diskurs der Schule RO ihr auf baden-württembergischen Vorgaben basierendes Curriculum hervorgehoben. In Fortsetzung desselben Satzgefüges wird in ROinstF erläutert, dass der Unterricht in deutscher Sprache stattfindet. Es ist zu beachten, dass die Beherrschung dieser Sprache auch in Rumänien als Faktor der Exklusivität und sozialen Ausgrenzung gilt. Der Text „Despre noi" (Über uns) der Schule RP unterstützt diese Einstellung, indem er die deutsche *Kultur*, „einschließlich der sprachlichen Komponente", als starkes Interesse der rumänischen Gesellschaft herausstellt, welches sich „im Bau eines Zugangswegs zu diesem Universum von Wissen materialisiert"[138] (RPinstA).

In einem vom Schulleiter signierten Text wird die Schule RO als Begegnungsschule definiert. Was folgt, ist jedoch keine Erläuterung einer ausgewogenen oder symmetrischen interkulturellen Beziehung, sondern die stärkere

---

137 „nu promovează o anumită religie, nu favorizează accesul la educație al unei anumite etnii; rolul pe care și l-a asumat este acela de a încuraja educația de calitate în limba germană, menținând standarde ridicate în ceea ce privește însușirea limbii române, cu deschidere către valorile universale"

138 Vollständige Textstelle: „Cultura germană, incluzând componenta lingvistică, a prezentat pentru societatea românească, de-a lungul timpului, un interes puternic, materializat prin construirea unor căi de acces către acest univers de cunoaștere"

Rolle einer Seite: „eine deutsch-rumänische Begegnungsschule, die Schülern die Möglichkeit bietet, das internationale deutsche Abitur zu absolvieren"[139] (ROinstC). Seine pädagogischen Aktivitäten, die zu diesem Ziel führen, basieren nach ROinstB auf dem Qualitätsrahmen des Bundes und der Länder für deutsche Schulen im Ausland. In dem Text, der sich auf Schulausflüge und -reisen bezieht, wird dieses Dokument auch als Referenz für die zu entwickelnden Inhalte und Fähigkeiten zitiert.

Die Kombination von *german* (deutsch) und *în străinătate* (im Ausland) ist die häufigste Attributsform durch ein Adjektiv oder ein Präpositionalgefüge im institutionellen Diskurs dieser Schule. Dazu gehört ein Hinweis auf ihren offiziellen Status bei deutschen Behörden, der auf allen Seiten des Schulportals zu finden ist. Jeweils im unteren Teil steht ein Absatz, in dem sich die Institution bezeichnet als „die einzige Schule in Rumänien, die dem deutschen Programm vollständig folgt und vom deutschen Auswärtigen Amt akkreditiert und Mitglied des Weltverbandes Deutscher Auslandsschulen ist"[140]. Darüber hinaus führt die Schule den Rahmenplan (Bausch et al. 2009) als Parameter für die kommunikativen Kompetenzen an, die in den ergänzenden Stunden für Schülerinnen und Schüler anderer Erstsprachen entwickelt werden (ROinstG).

Neben diesem Verzeichnis von offiziellen Dokumenten und Gremien werden bei der Beschreibung des „Schulprofils" (ROinstB) die Herkunft der eingestellten Fachkräfte thematisiert und die Vermittlungsrolle der ZfA hervorgehoben. Allerdings wird die Beherrschung der deutschen Sprache als L1 durch das Schulpersonal, insbesondere Lehrkräfte, durchaus als Nachweis für die Unterrichtsqualität herangezogen. In ROinstF wird „deutschen Muttersprachlern", ohne Rücksicht auf ihre Qualifikation, die Fähigkeit zugeschrieben, Unterricht zu entwickeln, der „auf der Konkretisierung, der Verbindung mit lebensnahen Aspekten und der Handlungsorientierung basiert, sowie auf der Festlegung von Themen, welche für Kinder geeignet sind"[141]. Der Diskurs setzt somit die sprachliche Identität des Lehrpersonals in Beziehung zu allgemeiner Lehrfähigkeit und Methodik. Andererseits verbindet die Schule RP die

139 „(...) o şcoală de întâlnire germano-română, ce oferă elevilor posibilitatea de a susţine bacalaureatul german internaţional".

140 „singura şcoală din România care urmează în totalitate programa germană şi care este acreditată de Ministerul Afacerilor Externe din Germania şi membră a Federaţiei Mondiale a Şcolilor Germane din străinătate".

141 „Orele predate de vorbitori nativi de limba germană se bazează pe concretizare, pe asocierea cu aspecte din viaţa reală şi pe raportarea la acţiune, precum şi pe stabilirea temelor adecvate pentru copii".

Deutschkenntnisse ihrer Lehrkräfte mit der Qualität der pädagogischen Arbeit, indem sie Sprachkompetenz ausdrücklich als Teil einer fachspezifischen Qualifikation definiert (RPinstH). Diese Überlegung ist in diesem Fall nicht auf Mitarbeiter beschränkt, die aus einem anderen Land stammen oder Deutsch als L1 erworben haben: „(...) Musik-, Sport- und Kunstunterricht finden mit spezialisierten, deutschsprachigen Lehrern statt, bereits ab dem Primarbereich“[142].

Die Strategien und Argumente der Schule RP zur Legitimierung ihres Vorschlags sind sehr heterogen. Ihr Diskurs bezieht sich nur selten auf sie in anderer Weise als direkt mit ihrem Namen oder mit dem Possessivartikel der ersten Person im Plural - *școala noastră*, „unsere Schule“. Ausnahmen finden sich in RPinstG und RPinstH, wo sich die Schule in einer Gemeinschaft von Einrichtungen *de limba germană* (deutscher Sprache) und *cu învățamânt în limbă germană* (mit Unterricht in deutscher Sprache) identifiziert. Es wird ein historischer Wert der deutschen Kultur für das Imaginäre der rumänischen Gesellschaft heraufbeschworen, wie bereits erwähnt, während gleichzeitig die Vorteile der Aufnahme Rumäniens unter die EU-Mitgliedstaaten beleuchtet werden, um die Schwerpunkte ihres Lehrplans zu rechtfertigen: „Die [kulturelle] Perspektive wurde durch die Eingliederung Rumäniens in die EU gestärkt, sowie durch die erweiterten Arbeitsmarktchancen, die größere Mobilität junger Menschen und die Bedeutung von Sprachkompetenzen auf internationaler Ebene“[143] (RPinstA). Dies bestätigt den Art. 2 Abs. 2 des Nationalen Bildungsgesetzes (RQinstA):

> Die vom Gesetz übernommene Aufgabe ist der Aufbau der geistigen Infrastruktur der rumänischen Gesellschaft durch Bildung entsprechend den neuen Herausforderungen, welche sich aus dem Status Rumäniens als Mitgliedstaat der Europäischen Union und der Funktionsweise im Kontext der Globalisierung ableiten, sowie die nachhaltige Generierung hochgradig wettbewerbsfähiger nationaler Humanressourcen, die in der Lage sind, in der gegenwärtigen und zukünftigen Gesellschaft wirksam zu handeln[144].

142 „(...) orele de muzică, educație fizică și educație plastică se fac cu profesori specializați, vorbitori de limbă germană, încă din învățământul primar“.

143 „Perspectiva a fost întărită de integrarea României în UE și de oportunitățile sporite oferite de piața muncii, de mobilitatea crescută a tinerilor, de importanța acordată la nivel internațional competențelor lingvistice“.

144 „Art. 2 (2) Misiunea asumată de lege este de formare, prin educație, a infrastructurii mentale a societății românești, în acord cu noile cerințe, derivate din statutul României de țară membră a Uniunii Europene și din funcționarea în contextul globalizării, și de generare sustenabilă a unei resurse umane naționale înalt competitive, capabilă să funcționeze eficient în societatea actuală și viitoare“.

In den Quellen der Schule RP finden sich häufig Hinweise auf offizielle Akkreditierungen, wie z.B. die Betriebsgenehmigung durch das Ministerium für Bildung und Forschung (RPinstF, RPinstH). Bemerkenswert ist aber auch der starke Bezug auf die Biographie des historischen Vorbilds, die der Schule ihren Namen gibt, um ihren bilingualen Ansatz zu rechtfertigen. Sowohl im Text ihrer Selbstdefinition (RPinstA) als auch im Grußwort der Schulleitung an Internetbesuchende (RPinstB) will die Metapher des zu verwirklichenden Traums in Verbindung mit dem Entdeckergeist das Streben darstellen, Ziele zu erreichen, welche die bereits von der Wissenschaft erreichten Horizonte überschreiten. Der institutionelle Diskurs bezieht sich stark auf die individuellen Potenziale der einzelnen Kinder und Jugendlichen, den Lauf der Zivilisation mithilfe der Mittel zu ändern, die ein alternatives Bildungsangebot bietet. Nicht nur die Einstellung über den siebenbürgisch-sächsischen Namenspatron unterstützt diese Metapher. Andere berühmte Persönlichkeiten, auch ausländischer Herkunft, tauchen in Zitaten wie jenem von Wernher von Braun auf, in dem dieser die Leistungen des rumänischen Wissenschaftlers hervorhebt. Von Braun war der deutsch-preußische Raumfahrtingenieur der NASA und leitete die Entwicklung der Rakete, welche 1969 die ersten US-amerikanischen Astronauten auf den Mond brachte. Im Falle der Schule RP handelt es sich also um einen Diskurs mit einer starken nationalistischen Neigung, welcher allerdings Worte eines Vertreters des westlichen Imperialismus in Anspruch nimmt, um ihre nationale Identität zu validieren.

Wenn auf der einen Seite eine explizite Identifikation mit nationalen Werten besteht, so sticht gleichzeitig die Hinwendung zu ausländischen Leitlinien, Einflüssen und Vorbildern hervor. In RPinstH besteht ein Versuch, beide Einstellungen zu versöhnen. Dort wird betont, dass die Schule mit allen damit verbundenen Vorteilen und Rechten Teil des nationalen Systems ist und darüber hinaus die Teilhabe an Bildungschancen anderer europäischer Länder ermöglicht. Die Mobilität der Familien wird dadurch begünstigt, wie jener der „vielen Kinder, die unsere Schule besucht haben [und] jetzt in Deutschland, Österreich oder den Niederlanden lernen“[145]. Erklärungen dieser Art haben auch eine

145 Vollständige Textstelle: „Astfel, ca școală aparținând sistemului național de învățământ, fiecare elev care studiază în școala noastră are aceleași drepturi cu cele ale unui elev care învață într-o școală publică, dar și șanse egale cu orice elev care studiază în altă țară din Europa. De aceea, urmare a mobilității părinților, mulți copii care au învățat în școala noastră studiază acum în Germania, Austria sau Olanda“.

legitimierende Wirkung, sowohl indem sie dem Schulprojekt einen besonderen Charakter verleihen, als auch durch Einklang mit den Sozialeinstellungen dieser Gesellschaft hinsichtlich der Herkunft der Unterrichtsmethoden, der Arbeitskräfte, der materiellen Ausstattung und benutzten Lehrmittel: „Obwohl der Lehrplan derselbe ist wie in anderen deutschsprachigen Schulen in Rumänien, sind die Organisationsstruktur für das pädagogische Konzept, die eingesetzten Humanressourcen und die materiellen Ressourcen komplett unterschiedlich. (…) Lehrmittel werden in Deutschland, Österreich, Luxemburg oder der Schweiz ausgewählt und erworben"[146] (RPinstH). In einem anderen Text wird die Herkunft dieser „spezialisierten Bildungsressourcen für den Unterricht der deutschen Sprache" als Qualitäts- und Präzisionsmaßstab bezeichnet, ohne Berücksichtigung der inländischen Entwicklung von Methoden und Mitteln für den Deutschunterricht im lokalen Kontext. Die deutsche und österreichische Herkunft der verwendeten Materialien würde, so der Text, „die nachfolgende Integration [des Lernenden] in jedes akademische, wissenschaftliche und berufliche Milieu" unterstützen (RPinstF)[147]. Angesichts der kontextbezogenen geographischen Einbettung besteht dieser Horizont aus den Arbeits-, Studien- und Forschungsmöglichkeiten in Institutionen des deutschsprachigen Raumes in Westeuropa.

Als *filozofie educațională* (RPinstC) werden die Grundsätze und Ziele der Schule RP zusammengefasst. „Einfühlsam gegenüber einer äußerst vielfältigen Gesellschaft" verleiht ihnen der Diskurs einen kohärenten und zusammenhängenden Aspekt, ohne sich auf externe Vorgaben oder Befürwortung zu berufen, und betont ihre vermeintliche Originalität im Vergleich zu den üblichen Alternativen öffentlicher und privater Bildungseinrichtungen, die dieselbe Zielgruppe ansprechen. Der Text fordert diese Konkurrenten mit der Bemerkung heraus, dass das vorliegende Konzept „das echte Kind" favorisiert und dass es auf einer Vorstellung basiert, nach welcher Schule „ein Raum [ist], der die Entwicklung [des Kindes] für die Gesellschaft vereinfacht, in der es leben

146 „Deși programa școlară este aceeași cu cea utilizată în celelalte școli de limbă germană din România, diferă complet structura organizatorică pentru conceptul educațional, resursele umane folosite și resursele materiale. (…) Materialele didactice sunt selectate și achiziționate din Germania, Austria, Luxemburg sau Elveția".

147 „Utilizarea resurselor educaționale specializate pentru studiul limbii germane (seturi educaționale achiziționate din Austria și Germania) constituie un support important pentru integrarea ulterioară în orice mediu academic, de cercetare sau profesie".

wird". Auch wenn „real" und pragmatisch, werden Kinder und Jugendliche in eine Zeit versetzt, die nach ihrer Schulzeit liegt. Dabei setzt die Schule soziale Umstände voraus, die ihr Leben und ihre Wünsche bestimmen werden. Die Werte, welche nach dem Text den didaktischen Ansatz der Schule RP charakterisieren – „hohes Leistungsniveau, fremdsprachliche Kommunikationsfähigkeit, Mobilität, Multikulturalität, Anpassungsfähigkeit an eine sich ständig verändernde Gesellschaft und echte Teamfähigkeit" – kennzeichnen vor allem die Modernität und die Gesellschaft, in welcher die rumänische städtische Mittelschicht gegenwärtig lebt[148]. Es ist jedoch anzumerken, dass die Beziehung zwischen dem Schüler und seinem zukünftigen Leben sich in den Worten des Schulleiters einem etwas anderen Rahmen zuordnen lässt, welcher für diese Analyse grundlegend ist. Seine Aussage beschreibt den gewählten Ansatz als „eine reife Art, unseren Schüler **aus dem Prisma der Zukunft**, in der er leben wird, zu betrachten"[149]. In diesem Fall ist die Zukunft zwar ein Bezugspunkt, aber das Individuum wird nicht in diese andere zeitliche Konjunktion versetzt. Stattdessen wird die Blickrichtung gewechselt, ausgehend von der Zukunft zum Subjekt, indem der Lernende in den Mittelpunkt dieser Konzeption und aller Beziehungen zur Realität gestellt wird.

Dieser Auszug stammt aus dem Interview, in dem der Schulleiter und Gründer der Schule RP seinen pädagogischen Vorschlag vorstellt. Dazu bezieht er sich auf offizielle Dokumente und argumentiert, dass „die Erziehung in bilingaler Umgebung die kognitive Werkzeuge stimuliert"[150] und dass die deutsche Sprache kein Ziel an sich ist, „sondern als Instrument für den Aufbau und die Festigung anderer Fertigkeiten angesehen wird"[151] (RPinstH). Tatsächlich werden im institutionellen Diskurs Sprachkompetenz und sprachliches Wissen

148 Vollständige Textstelle: „(...) o filozofie educațională pe care și-a conceput-o în beneficiul copilului real, axată pe principiul că școala trebuie să fie un spațiu care să faciliteze dezvoltarea pentru societatea în care va trăi, caracterizată prin valorizarea competențelor înalte, a capacității de a comunica facil în limbi străine, mobilitate, multiculturalitate, adaptabilitate la o societate în continuă schimbare și o reală capacitate de a lucra în echipă, empatici la o societate extrem de diversă".

149 „Este o manieră matură de a privi copilul nostru din prisma viitorului în care va trăi". Hervorhebung hinzugefügt.

150 „Educația în mediu bilingv, stimulează pârghiile cognitive".

151 „De aceea, limba germană nu este doar ca o țintă unică, ci este văzută ca instrument în construirea și consolidare a altor competențe"

nur sehr selten unter den Komponenten der intellektuellen Bildung eines Individuums aufgeführt: „Wir erweitern die Wissensgebiete über den Lehrplan hinaus und unterstützen die Erkundung der natürlichen, künstlerischen, literarischen, wissenschaftlichen und technologischen Welt“[152] (RPinstE). Im Hinblick auf das Angebot außerschulischer Aktivitäten (kreatives Schreiben, Rhetorik, Vorbereitung auf Sprachprüfungen, Programmiersprache usw.) und die Gewichtung der sprachlichen und kommunikativen Fähigkeiten im institutionellen Diskurs – „wir ermutigen sie [die Lernenden], ihre Meinungen zu bilden, zu kommunizieren, zu debattieren, sie durch Argumente zu stützen und die Unterschiede zwischen ihren Meinungen und denen anderer zu schätzen“[153] (ebd.) –, bemüht sich die Schule zu verstehen, dass Sprache alle zu erkundenden „Welten“ durchdringt oder deren Grundlage ist und dass sie die Funktion eines Vermittlers von Wahrnehmung, Ausdruck und Wissen erfüllt.

5.3.3.2. Interkulturalität und Bilingualismus

Die Präsentation des DaF-Angebots der Schule RO ist auf der Webpräsenz der Schule nur auf Deutsch vorhanden. Sie unterstreicht das Recht der Schülerinnen und Schüler, in ihrer L1 miteinander zu kommunizieren, sodass „Interkulturalität als Begegnung auf Augenhöhe gelebt“ wird (ROinstG). Diese Prämisse scheint den Vorgaben von Art. 46 Abs. 1 des Nationalen Bildungsgesetzes (RQinstA) nachzukommen. Demzufolge muss im Falle von Schulen mit Unterricht in nationalen Minderheitensprachen die Vermittlung aller Fächer – mit Ausnahme der rumänischen Sprache und Literatur – in der Muttersprache gesichert sein. Nichtsdestotrotz und mit der Feststellung, dass L1-Förderung kein untergeordnetes Ziel ist (ROinstG), etabliert sich Deutsch als Alltagssprache. Im analysierten Material wird die Erwartung geäußert, dass Vorschulkinder bereits auf Deutsch reagieren, wobei „Rumänisch in Ausnahmefällen erlaubt sein sollte“. Darüber hinaus sollen die Kinder durch Lieder, Redewendungen und Geschichten möglichst viel Input auf Deutsch erhalten, aber diese Sprache soll nicht für Korrekturen und Ermahnungen im Schulalltag verwendet werden, damit sie nicht mit negativen Erfahrungen verbunden ist. Der Text legt auch unter den Zielen der Vorschulerziehung fest, bei nicht deutschsprachigen

152 „Lărgim domeniile de cunoaştere dincolo de curriculum şi susţinem explorarea lumii naturale, artistice, literare, ştiinţifice şi tehnologice; (…)“

153 „îi încurajăm să îşi clarifice opiniile formate, să le comunice, să le dezbată, să le susţină argumentându-le şi să aprecieze diferenţele dintre opiniile lor şi ale celorlalţi; (…)“

Schülern Selbstvertrauen und Sprachkenntnisse zu entwickeln, was ihnen ermöglichen würde, ab der ersten Klasse in eine Routine einzutreten, in der alle Fächer in dieser Sprache unterrichtet werden. Dennoch, und obwohl in anderen Dokumenten bestätigt wird, dass sich das soziolinguistische Schülerprofil mit der zunehmenden Anmeldung von Kindern ohne Deutschkenntnisse grundlegend ändert, werden sie in diesem DaF-Lehrprogramm als Individuen betrachtet, die einen besonderen, auf ein Sprachdefizit eingestellten Ansatz benötigen, um sich integrieren zu können: „Es gibt mindestens eine Fachkraft die Deutsch als Muttersprache hat und eine Fachkraft die Rumänisch als Muttersprache spricht pro Gruppe, damit sich auch die rumänischen Kinder bei uns geborgen und verstanden fühlen“ (ROinstG). In diesem Abschnitt fällt die Metonymisierung der Sprache durch die nationale Identität auf, vor allem angesichts der Existenz von Schulen, die sich gezielt an die traditionell deutschsprachige Bevölkerung Rumäniens richten. Anders als bei der Schule RP handelt es sich dabei nicht um ein Konzept der zweisprachigen oder bikulturellen Erziehung, das bereits vor Ort entsprechend den Bedürfnissen der umgebenden Gesellschaft etabliert war, sondern um ein Lehrangebot, welches im Zusammenhang eines internationalen Schulnetzes auf die Nachfrage jüngerer und sozioökonomisch privilegierter Zugewanderter aus Deutschland eingeht.

Die Analyse der Textquellen erlaubt die Feststellung einer eindeutigen Übereinstimmung zwischen den Vorstellungen von Interkulturalität und Zweisprachigkeit. Beide Begriffe sind, wie bereits ausgeführt, von Dualismen getrieben. So entspricht Zweisprachigkeit der Interkulturalität wie Mehrsprachigkeit der Transkulturalität. Es ist zu beachten, dass das rumänische Nationale Bildungsgesetz (RQinstA) in seinem Art. 3 lit. g und h „die Grundsätze, die die voruniversitäre und höhere Bildung sowie das lebenslange Lernen in Rumänien regeln“, unter welchen „die Sicherung der kulturellen Identität aller rumänischen Bürger“, die Förderung und Aufrechterhaltung dieser Identität und „der kulturellen Werte des gesamten rumänischen Volkes“ sowie der „interkulturelle Dialog“ stehen[154]. Wenn das Gesetz jedoch in einer weiteren Abteilung die Einrichtung eines öffentlichen Bildungsapparats für die umfassende schulische Versorgung in Minderheitensprachen vorsieht und die sprachliche Vielfalt in der rumänischen Gesellschaft anerkennt, setzt es andererseits entsprechend dem romantisch-nationalistischen

154 Vollständige Textstelle: „Principiile care guvernează învăţământul preuniversitar şi superior, precum şi învăţarea pe tot parcursul vieţii din România sunt: (…) g) principiul garantării identităţii culturale a tuturor cetăţenilor români şi dialogului intercultural; h) principiul asumării, promovării şi păstrării identităţii naţionale şi a valorilor culturale ale poporului român (…)“

Herder'schen Ideal eine einheitliche kulturelle Identität und gemeinsame Werte aller rumänischen Bürger voraus.

Dennoch ist Interkulturalität im institutionellen Diskurs der Schule RO kaum mit Zweisprachigkeit verbunden. Insofern bildet sich aus beiden Begriffen keine gemeinsame Untersuchungskategorie bei den Textanalysen. Interkulturelle Kompetenz geht im Diskurs dieser Schule entweder mit einer Zweisprachigkeit einher, die bei den Schülerinnen und Schülern bereits vorhanden ist, oder ist auf ihren deutschsprachigen (im Grunde monolingualen) Hintergrund sowie jenen der Schule zurückzuführen. Konkret wird dieses Verhältnis mit dem ergänzenden Ansatz für den Deutschunterricht als L2, der vorzugsweise bis zum Ende der Primarstufe reichen soll, um Schüler mit abweichendem sprachlichem Profil auf das maßstäbliche deutschsprachige (monolinguale) Sprachverhalten anzugleichen.

Dies würde jedoch nicht den Wunsch entkräften, auf dem Weg zum *bacalaureat german internațional* (Abitur) „in den uns anvertrauten Kindern und Jugendlichen ein vertieftes Verständnis für die deutsche und rumänische Kultur zu entwickeln"[155] (ROinstC). Ein anderer Text bezieht sich auf die Anwendung einer „interkulturellen Methodik" und die damit einhergehende Förderung des „regen Austausch[s] zwischen der deutschen, der rumänischen und anderen Kulturen" (ROinstH). Auf diese Weise eröffnen sich immerhin Begegnungsmöglichkeiten, ohne dass der dynamische und im Wesentlichen hybride Charakter der Identitäten eingeräumt wird. Die Institution betont den multikulturellen und heterogenen Charakter der Klassen und der Schulgemeinschaft und immer wieder, dass gegenseitiger Respekt und Toleranz gegenüber Unterschieden die Grundlage der Interaktionen bilden: „Wir sind ein Treffpunkt für verschiedene Kulturen, welche an einem Austausch beteiligt sind, der sich durch gegenseitigen und förderlichen Respekt charakterisiert"[156] (ROinstA). Es ist jedoch zu beachten, dass in diesen Diskursen der Austausch nicht als grundlegendes Ereignis behandelt wird, das spontan zwischen Individuen stattfindet, die miteinander interagieren. Respekt und Toleranz deuten auf Abstand und Vorsicht hin und fördern das Zögern bei den Schritten, die man dem anderen entgegen geht. Dies scheint nicht ohne einen Reflex der Selbsterhaltung zu geschehen. Der Antrieb, die Identitätsströme im Austausch zu organisieren

155 „Pe drumul către această diploma [bacalaureatului german internațional] dorim să dezvoltăm copiilor și adolescenților încredințați nouă o înțelegere aprofundată a culturilor germane și române".

156 „Constituim un loc de întâlnire pentru diferite culturi angajate într-un schimb caracterizat de respect reciproc și avantajos".

und zu filtern, lässt zu, die Auswirkungen transkultureller Beziehungen auf bestehende Identitäten, Kulturen und Einstellungen offenbar zu begrenzen.

Die so genannten interkulturellen Kompetenzen und kulturbezogenen Kenntnisse der deutschsprachigen Länder (Landeskunde) werden nach dem DaF-Lehrkonzept (ROinstG) im Fach „Mensch, Natur und Kultur“ auf der Ebene des Primarbereichs unterrichtet. Aspekte der Geschichte, Geographie, Kunst und Alltagskultur werden in diesem Rahmen gegenübergestellt und verglichen. Auf diese Weise werden interkulturelle Kompetenzen vom Deutschlernen losgelöst. Im gleichen Material werden Aktivitäten und Projekte erwähnt, die in das DaF-Programm aufgenommen werden sollen. Dazu gehören an erster Stelle die Partnerschaft zum E-Mail-Austausch mit einer Schule in Deutschland und das mit dieser Forschung zusammenhängende Projekt, welches den Kontakt zu brasilianischen und venezolanischen Brieffreunden in deutscher Sprache ermöglichte.

Auch der institutionelle Diskurs der Schule RP ordnet in dieser Hinsicht Schwerpunkte in eine Reihenfolge ein. „Werte und Haltungen“, welche die pädagogische Arbeit im Primarbereich leiten, werden in einem Abschnitt des Textes RPinstD aufgeführt. Als erster Punkt erscheint „Lesefreude, Sensibilität und ästhetische Sensibilität im Bereich der Literatur“, gefolgt von „Kenntnis der deutschen Kulturwerte und deren Verinnerlichung“, drittens „unabhängiges Denken“. „Kritisches Denken“ steht vor „Vertrauen in die Kommunikationsfähigkeit“, „Flexibilität und Toleranz gegenüber Argumenten und Meinungen anderer Menschen“ und „Offenheit gegenüber Neuem“, um vorerst nur die ersten Einträge auf der Liste zu zitieren, die zwar nummeriert sind, aber nicht ausdrücklich eine Rangordnung aufweisen[157]. Trotzdem sind diese Einträge nach dem in der Analyse verwendeten methodischen Ansatz nicht willkürlich angeordnet. So muss implizit eine ideologische Motivation vorliegen, um die Aneignung bzw. Verinnerlichung deutscher Kulturwerte als Leitmotiv vor dem unabhängigen und kritischen Denken zu erwähnen. Diese beiden Punkte klingen insofern widersprüchlich, als nicht zu erwarten ist, dass Lernende eigenständig und kritisch über die Werte einer fremden Kultur nachdenken und handeln, welche ohne Vorbehalt in ihre eigene Identität übernommen werden sollen. Es scheint, dass ein unabhängiger und kritischer

157 Vollständige Textstelle: „Valori şi atitudini pe care le urmărim: 1. Bucuria de a citi, sensibilitate şi sensibilitate estetică în domeniul literaturii; 2. Cunoaşterea valorilor culturii germane şi interiorizarea acestora; 3. Gândire independentă, gândirea critică; 4. Încredere în capacitatea comunicativă; 5. Flexibilitate şi toleranţă faţă de argumentele şi părerile altora; 6. Deschidere pentru nou“

Geist nach dieser Sichtweise sich nur in einem zuvor abgesteckten kulturellen Rahmen frei entfalten darf. Die anderen Aspekte sind Teil eines einheitlichen Konzepts der interkulturellen Kommunikation, was im letzten Listeneintrag als eine Fertigkeit dargestellt wird, welche sich unmittelbar auf akademisch-wissenschaftliche Intertextualität und Bilingualismus bezieht: „Interkulturelle Kommunikationsfähigkeiten, die Verbindungen zwischen Fachliteratur in der Muttersprache und rumänischer Literatur herstellen“[158]. Auch wenn die sprachliche Identität der anvisierten Klientel und der Schülerinnen und Schüler, die die Einrichtung besuchen, nicht zugunsten von Deutsch gegeben ist, erhält Deutsch den Status der „Muttersprache“, da der schulische Lehrplan sich auf die Regelungen stützt, nach denen traditionelle Minderheitensprachen als Unterrichtssprache eingesetzt werden.

In Bezug auf den Schulunterricht in den Sprachen der nationalen Minderheiten, die in offiziellen Dokumenten und institutionellen Aussagen auch als „Muttersprachen“ bezeichnet werden, legt das rumänische Bildungsgesetz (RQinstA) in Art. 46 Abs. 6 fest, dass das Lehren dieser Sprachen, der Geschichte und Traditionen der jeweiligen nationalen Minderheiten sowie die musikalische Erziehung auf der Grundlage von Lehrplänen und Methoden erfolgt, die von Experten in diesen Sprachen und Kulturen entwickelt wurden. Das Gesetz nutzt die zweisprachige Verankerung, um diese Unabhängigkeit jedoch einzuschränken, indem es sowohl in Lehrmitteln als auch im Unterricht für rumänische Geographie und Geschichte die Verwendung von Fachbegriffen und Ortsbezeichnungen in rumänischer Sprache vorschreibt (ebd.). Insofern wird das Bestreben des Staates deutlich, gegenüber den Minderheitengemeinschaften seine kulturelle und politische Hegemonie im Bildungsbereich durchzusetzen.

Alle untersuchten Schulen in Rumänien berücksichtigen in ihrem Diskurs den deutschsprachigen kulturellen und geographischen Raum innerhalb der Landesgrenzen. Die Texte, die sich mit Ausflügen und Schulaktivitäten über den Standort der Schulen hinaus befassen, umfassen nicht ausschließlich internationale Zielorte. Es werden zunächst Möglichkeiten vorgestellt, die sich in Rumänien befinden, fast immer Städte und Regionen, die durch Migrationsgeschichte und deutschsprachige Kultur geprägt sind. Die Schule RO bietet ihren Oberstufenschülern die Möglichkeit, „sich kulturell weiter[zu]bilden in einer der größeren rumänischen Städte“ (ROinstH). Als Beispiele werden vier

158 „(…) 7. Abilități de comunicare interculturală, realizarea de conexiuni între literatura de specialitate în limba maternă și literatura română.“

Städte – Cluj (Klausenburg), Sibiu (Hermannstadt), Timişoara (Temeswar) und Iaşi (Jassy) – genannt, wo sich die Siebenbürger Sachsen (im Fall der ersten beiden ab dem 12. Jahrhundert) und die Banater Schwaben (ab dem 18. Jahrhundert in Timişoara) niedergelassen haben. Der letzte erwähnte Ort, Iaşi, war zwischen 1565 und 1849 die Hauptstadt des ehemaligen Fürstentums Moldau und gilt als Wiege der rumänischen Kultur (vgl. Haidu/Ziegler 2014; Neamţu 1994). Im Diskurs wird allerdings das interkulturelle Lernen der rumänischen oder der deutschen Sprache beim Besuch dieser Orte nicht miteinbezogen. Die Hauptziele dieser pädagogischen Ausflüge sollen vielmehr darin bestehen, den Teamgeist und die soziale, politische und kulturelle Entwicklung zu fördern.

Die pädagogischen Fahrten der Schule RP werden durch die Erläuterung der für nationale und internationale Destinationen gemeinsamen Zielsetzungen eingeleitet, die die Praxis der deutschen Sprache abdecken: „Neben der kulturellen Sensibilität, die wir anregen wollen, steht auf der Tagesordnung der Schulausflüge die Übung der deutschen Sprache in neuen Kontexten, welche sich von denen unterscheiden, die der Schulstandort bieten kann“[159] (RPinstG). Im Text wird der „thematische Ausflug“ in die „sächsischen Burgen“ als „angewandter Teil des Unterrichts für Geschichte und Traditionen der deutschen Minderheiten in Rumänien“ präsentiert. Die siebenbürgischen Städte Sibiu, Sighişoara (Schäßburg), Mediaş und Braşov (Kronstadt) gelten als Beispiele für Orte, an denen Lernende nach „Zeugen der deutschen Minderheitskultur“ suchen können und „integrative Perspektiven mit Studienrichtungen entwickeln“[160] (RPinstG).

Im Diskurs der Schule RO ist ein kurzer und direkter Verweis auf Ziele in den DACH-Ländern (Berlin, Wien, Hamburg, Köln, München und die Bodenseeregion) zu finden, die in Hinsicht auf Klassenfahrten für Mittel- und Oberstufe (ROinstH) infrage kommen. Die Schule RP nennt ungefähr die gleichen

159 „Pe lângă sensibilitatea culturală pe care ne propunem să o încurajăm, exersarea limbii germane în contexte noi, diferite de cele pe care spaţiul şcolar le poate oferi, se afla pe agenda taberelor şcolare“.

160 Vollständige textstelle: „‚Cetăţi săseşti – dimensiune culturală a minorităţii germane din România‘ este o excursie tematică pe care o organizăm ca parte aplicată a cursului de Istoria şi tradiţiile minorităţilor germane din România, obiect de studiu specific şcolilor cu învăţământ în limba germană în clasele a VI-a şi a VII-a. Sibiu, Sighişoara, Mediaş, Braşov etc. sunt alte zone în care încercăm să identificăm mărturii al culturii minorităţii germane şi, totodată, să dezvoltăm perspective integratoare cu disciplinele de studiu (geografie, istorie, educaţie civică, dar şi arhitectură, gastronomie etc.)“.

Orte in Deutschland und weist auf ihre Teilnahme am Wiener Weihnachtsmarkt hin, was „in der Schulgemeinschaft bereits eine Tradition ist“[161]. Schließlich heißt es im Text, dass inzwischen Reiseziele in anderen Ländern wie den Niederlanden und der Schweiz angeboten wurden, „um den Blickwinkel auf besondere Merkmale der deutschsprachigen Gemeinschaften zu erweitern“[162] (RPinstG). Dem Text zufolge basiert die Gestaltung der Reisepläne auf der Erkenntnis von „Ähnlichkeiten/Unterschieden, Besonderheiten, Gemeinsamkeiten usw.“[163], was die Konfrontation mit Merkmalen der eigenen Kultur der Lernenden einschließen kann, da sie sowohl wegen der Art des Schulcurriculums als auch durch ihre Zweisprachigkeit als Mitglieder einer deutschsprachigen Gemeinschaft anerkannt sind.

5.3.3.3. Normen, Maßstäbe und Einstellungen zur Sprachkompetenz

Das Angebot von Deutsch als Zusatzsprache der Schule RO für die Grundschulklassen konzentriert sich nach ROinstG auf kommunikative Fähigkeiten und folgt dem Rahmenplan für deutsche Auslandsschulen (Bausch et al. 2009). Den Lernenden „sprachliche Mittel verfügbar zu machen“, welche „eine zielgerichtete und authentische Kommunikation auf Deutsch ermöglichen“, sei das Ziel dieser Arbeit. In Klammern schließen sich greifbare Hinweise zum Verständnis dieser Absicht an, um die „sprachlichen Mittel“ zu verdeutlichen, welche die Institution in dieser Hinsicht für relevant hält: „korrekte Aussprache, Orthographie und Grammatik sowie ein differenzierter Wortschatz“. Schließlich bezieht sich der Diskurs auf verschiedene „Module“, die in den Basisunterricht integriert sind und multimediale Ressourcen zum Ausbau der vier kommunikativen Fertigkeiten nutzen. Dem Dokument zufolge werden vom Gymnasium an keine weiteren DaF-Kurse mehr angeboten, was diesen Ansatz auf den „muttersprachlichen“ Deutschunterricht zur Differenzierung beschränkt.

Neben einem Konzept, bei welchem sich der DaF-Ansatz durch den Fortschritt auf der Kompetenzskala dem L1-Unterricht zunehmend angleichen

---

161 „Participarea la Târgul de Crăciun de la Viena este deja o tradiție în comunitatea (...)“

162 Vollständige Textstelle: „Pentru a lărgi perspectiva asupra specificității comunităților care vorbesc limba germană, au fost propuse, de-a lungul timpului, și tabere în alte țări în care există comunități vorbitoare de limba germană, cum ar fi Olanda și Elveția“.

163 „Asemănări/deosebiri, specificități, elemente de unicitate etc. toate acestea sunt în ‚ghidul‘ nostru de călătorie“.

soll, finden sich in den analysierten Texten der Schule RO zwei Äußerungen, in denen die Beherrschung der deutschen Sprache als L1 als Kompetenzmuster für zweisprachige Lernende herangezogen wird. Muttersprachler seien dadurch in der Lage, Deutsch zu unterrichten sowie sprachliches Verhalten zu beurteilen und zu korrigieren. In einer dieser Aussagen wird behauptet, dass die Institution „großen Wert auf sprachliche Kompetenz legt" und dies in erster Linie durch die Tatsache sichtbar ist, dass ihr Lehrpersonal zum größten Teil aus „deutschsprachigen Muttersprachlern" besteht. Die Sprachkompetenz wird hierbei einem hypothetischen und arbiträren Ideal unterworfen, das jener Modellsprecher selbst nur im virtuellen Sinn umsetzen kann. Der Absatz endet mit der Feststellung, dass derartige Lehrkräfte „Kindern und Jugendlichen als sprachliches Vorbild fungieren"[164] (ROinstB). Ein anderer Text, der sich mit dem DaF-Programm befasst, stellt ein Nachhilfesystem vor, in dem leistungsschwächere Lernende „kostenfreie Unterstützung im Fach Deutsch" von fortgeschrittenen Mitschülern erhalten, die in Klammern als „deutsche Muttersprachler" bezeichnet werden[165] (ROinstG). In diesem Zusammenhang bezieht sich dieser Begriff nicht auf die Form des Spracherwerbs, sondern auf eine bestimmte Leistungsart oder Qualität der erworbenen Sprachkenntnisse.

Entsprechend einer ähnlichen Ausrichtung gründet die von der Schule RP angestrebte Sprachkompetenz auf angenommenen „korrekten Kenntnissen" und „von Einheimischen beim Erlernen der deutschen Sprache erreichten Standards" (RPinstA). Der Diskurs begünstigt an dieser Stelle die Interpretation, dass er auf *nativi* deutschsprachiger Regionen (Einheimische) – anstatt der deutschen Sprache (Muttersprachler) – hindeutet, und folglich, dass die zuerst genannten nicht immer die gleiche L1 besitzen. Andererseits wird das Ziel des L2-Lernens von den Kenntnissen ausgehend konzipiert, die ein vermutlicher L1-Schüler durch den Erwerb der normativen Sprachnorm erreichen kann. In der Abfolge und im kopulativen Verhältnis mit Hilfe einer getrennt-mehrteiligen Konjunktion (*atât … cât*, auf Deutsch ‚sowohl … als auch') wird versucht, die angegebenen Schwerpunkte und die im Grunde gegensätzlichen, durch europäische Rechtsdokumente geförderten Werte für den Sprachunterricht

164 Vollständige Textstelle: „(…) pune mare preţ pe competenţa lingvistică. Acest lucru este demonstrat în primul rând prin faptul că majoritatea membrilor corpului didactic al şcolii şi al grădiniţei sunt vorbitori nativi de limbă germană, care le servesc copiilor şi adolescenţilor ca model lingvistic".

165 Vollständige Textstelle: „Nachhilfesystem SchülerInnen helfen SchülerInnen: Fortgeschrittene SchülerInnen (Deutsch Muttersprachler) bieten kostenfrei Unterstützung im Fach Deutsch".

in Einklang zu bringen: „als auch eine Offenheit gegenüber den Disziplinen, welche den durch europäische Dokumente geförderten Schlüsselkompetenzen zugrunde liegen (...)“[166].

Im Diskurs sowie in der Lehrplanstruktur der Schule RP wird der Ansatz für den Deutschunterricht auf die Perspektive von Familien und Schülern ohne Migrationshintergrund ausgerichtet. Auf diese Weise lässt sich daraus ableiten, dass sich das Erlernen der deutschen Sprache über das gesamte Schulleben erstreckt mit dem Ziel, kommunikative und interkulturelle Kompetenzen zu erwerben und zu verbessern. Im Text RPinstD, der sich mit dem Plan für die Primarstufen befasst, wird die transdisziplinäre Pädagogik betont, in welcher „relevante Lernkontexte und -erfahrungen erschaffen werden“ und „auf den direkten Kontakt mit der sozialen, kulturellen und natürlichen Umwelt“ fokussiert wird. Selbsterkenntnis, Reflexion, Kreativität, Einfühlungsvermögen, Autonomie, Diversität, Inklusion, Kooperation, Wettbewerb und Naturschutz werden in einem strukturierten Plan als Prioritäten für die Anfangsphase der Schulbildung aufgeführt, „um den kommunikativ-funktionalen Aspekt des Erlernens der Muttersprache und -literatur im aktuellen Kontext zu verstärken“,[167] unter welchen im Einklang mit der unterliegenden Gesetzgebung Deutsch und deutschsprachige Literatur zu verstehen ist. Die Entwicklung der kommunikativen Fertigkeiten beschränkt sich daher nicht auf die Grenzen und Ziele eines bestimmten Unterrichtsfachs. Stattdessen werden ihnen greifbare Ziele zugeordnet, die über die Beherrschung der Sprachstruktur und von idiomatischen Mitteln hinausgehen. Als unverzichtbare Werkzeuge zur Erfüllung interdisziplinärer Aufgaben gewinnen Sprachkenntnisse noch mehr Bedeutung

166 Vollständige Textstelle: „(...) rolul pe care şi l-a asumat este acela de a încuraja educaţia de calitate în limba germană, menţinând standarde ridicate în ceea ce priveşte însuşirea limbii române, cu deschidere către valorile universale. Aceasta înseamnă atât o cunoaştere corectă şi la standarde atinse de nativi în învăţarea limbii germane, cât şi o deschidere către disciplinele care stau la baza competenţelor cheie promovate de documentele europene către valori, prin stimularea apetitului pentru creativitate“.

167 Vollständige Textstelle: „Accentul este pus pe crearea contextelor şi a experienţelor relevante de învăţare, iar focalizarea este pe contactul direct cu mediul social, cultural şi natural. Capătă importanţă: autodescoperirea şi reflecţia; valorificarea ideilor creative; responsabilitatea pentru învăţare; empatia şi grija faţă de ceilalţi; administrarea pozitivă atât a succesului, cât şi a eşecului; colaborarea şi competiţia; diversitatea şi incluziunea; natura şi protejarea ei. Acest cadru a fost structurat pentru a accentua aspectul comunicativ-funcţional al învăţării limbii şi literaturii materne în contextul actual“.

und Relevanz. Der „richtige und angemessene Gebrauch der deutschen Sprache in verschiedenen kommunikativen Situationen“ ist der erste dieser Punkte, gefolgt von der Aneignung und Anwendung von Kenntnissen, die im Umgang mit literarischen und nichtliterarischen Texten erworben wurden. „Schriftliche und mündliche Argumentation, Meinungsäußerung und der Einsatz kritischen Denkens im Umgang mit literarischen und nichtliterarischen Texten“ bilden eine dritte Kompetenzsäule, welcher der vierte und letzte Punkt – „Verständnis für fremdkulturelle Äußerungen und unterschiedliche Meinungen“ – nachgeordnet ist[168]. Obwohl die allgemeinen Zielkompetenzen für die Klassenstufen 1 bis 4 weitgehend mit Sprachkenntnissen zusammenhängen, muss dennoch die monoglossische und normativistische Voreingenommenheit berücksichtigt werden, welche L2 als *limbă maternă* (Muttersprache) definiert.

5.3.3.4. *Die didaktisch-lehrplanmäßige Umsetzung der staatlichen und institutionellen Politik für Mehrsprachigkeit*

Das 2011 in Kraft getretene nationale Bildungsgesetz, das die Einrichtungen der Allgemein- und Hochschulbildung in Rumänien regelt, legt in Art. 10 Abs. 1 Arten des Unterrichts in (a) rumänischer Sprache, (b) Sprachen nationaler Minderheiten und (c) internationalen Verkehrssprachen fest. Es gewährleistet Kindern und Jugendlichen, die ethnischen Minderheiten angehören, dass der Unterricht in ihrer Muttersprache stattfindet (ebd., Abs. 2). Unter den allgemeinen Grundsätzen der „allgemeinen und höheren Bildung sowie für das lebenslange Lernen“ in Rumänien heißt es in Art. 3 lit. i: „Das Prinzip der Anerkennung und Gewährleistung der Rechte von Angehörigen nationaler Minderheiten und ihres Rechts auf Bewahrung, Entwicklung und Ausdruck ihrer ethnischen, kulturellen, sprachlichen und religiösen Identität“[169] (RQinstA).

---

168 Übersetzung des Verfassers. Vollständige Textstelle: „Competențe: 1. Utilizarea corectă și adecvată a limbii germane în diferite situații de comunicare; 2. Aplicarea și extinderea elementelor de bază ale activităților științifice cât și însușirea de cunoștințe de fundal literar-științifice, pe baza diverselor texte literare și non-literare; 3. Argumentarea în scris și oral, exprimarea opiniei și utilizarea gândirii critice în abordarea textelor literare și non-literare; 4. Înțelegere pentru expresiile culturale străine și pentru opiniile diferite“.

169 Übersetzung des Verfassers. Vollständige Textstelle: „Principiile care guvernează învățământul preuniversitar și superior, precum și învățarea pe tot parcursul vieții din România sunt: (…); i) principiul recunoașterii și garantării drepturilor persoanelor aparținând minorităților naționale, dreptul la păstrarea, la dezvoltarea și la exprimarea identității lor etnice, culturale, lingvistice și religioase (…)“

Mit besonderem Augenmerk auf Mehrsprachigkeit und öffentliche Schulen mit Unterricht in Minderheitensprachen, wie z.B. die Schule RQ, verstärkt Art. 45 die oben dargelegten allgemeinen Grundsätze und legt u.a. fest

a) die Möglichkeit für jeden Bürger Rumäniens oder anderer Länder der Europäischen Union und der Schweiz, sich für alle Formen der Bildung in rumänischer Sprache, Sprachen nationaler Minderheiten oder internationalen Sprachen anzumelden, unabhängig von der Muttersprache und vorherigen Bildungssprache (Abs. 3);
b) das Recht nationaler Minderheiten auf eine proportionale Vertretung in der Verwaltung der Bildungseinrichtungen und Schulaufsichtsbehörden (Abs. 8);
c) die Beteiligung von Lehrpersonen, die den jeweiligen Minderheitengruppen angehören, an den Leitungsgremien von Schulen mit Unterricht in Minderheitensprachen (Abs. 9);
d) die Bereitstellung von geeignetem Lehrmaterial für den muttersprachlichen Fachunterricht (Abs. 12).

Derselbe Artikel sieht ferner neben dem Recht auf Weiterbildung auch die Verpflichtung zur beruflichen Ausbildung in der jeweiligen Minderheitensprache für Lehrkräfte vor, die in Klassen unterrichten, welche einem vollständigen Lehrplan in dieser Sprache folgen. Der Text verbindet ihre Kompetenz nicht mit soziolinguistischen und identitätsbezogenen Kriterien, d.h. das Gesetz setzt nicht voraus, dass diese Erziehenden die betreffende Sprache als L1 beherrschen. Gleichzeitig soll eine gleichwertige und qualitätsgerechte Unterrichtsversorgung für Schülerinnen und Schüler aus allen gesetzlich anerkannten Minderheitensprachgruppen sichergestellt werden. Darüber hinaus sorgt Art. 97 Abs. 1 dafür, dass Schuleinheiten mit einem vollständigen Angebot in der Muttersprache nationaler Minderheiten von Personen mit entsprechenden Sprachkenntnissen geleitet werden[170]. Doch paradoxerweise verfügte während des Untersuchungszeitraums keine der drei rumänischen Schulen über Führungskräfte, die sowohl Deutsch als auch Rumänisch beherrschten.

In den curricularen Richtlinien für *școală primară* und *gimnaziu* werden in Art. 68 Abs. 1 acht „Schlüsselkompetenzbereiche" definiert, darunter „Kommunikationskompetenz in Rumänisch und der Muttersprache im Falle

170 In dem Artikel heißt es, dass die Nominierung für dieses Amt sowie in Schulen mit Minderheitensprachsektionen in Absprache mit der parlamentarischen Organisation erfolgt, welche die jeweilige ethnische Minderheit in der Legislative vertritt.

nationaler Minderheiten“ sowie „in Fremdsprachen“, „kulturelle Sensibilisierung und Ausdrucksfähigkeit“ und „Lernen zu lernen“[171] (RQinstA). Auf diese Weise erweist sich die mehrsprachige Bildung als ein Ideal des Erziehungsprozesses neben weiteren Aspekten, die im institutionellen Diskurs der analysierten privaten Institutionen nicht zum Ausdruck kommen. Zum einen wird die interkulturelle Entwicklung nicht durch die Anhäufung von dekontextualisiertem Wissen über eine bestimmte Kultur und die unkritische Reproduktion von Stereotypen begünstigt. Zum anderen hebt schließlich die letzte der Leitachsen den emanzipatorischen Charakter eines Bildungskonzepts hervor, welches in der Schule nicht endet, und betont die Idee, dass das Individuum befähigt werden kann, seine eigenen Entscheidungen darüber zu treffen, was und wie es lernen will, auch im Hinblick auf Sprachen und Kulturen.

Die Schule RO, die sich selbst als Begegnungsschule bezeichnet, behauptet, im ersten Jahrgang von *şcoală primară* der intensiven Alphabetisierung in Deutsch den Vorrang zu geben, und ordnet die rumänische Sprache, die in der umliegenden Gemeinde vorherrscht und die L1 eines Großteils ihrer Schülerschaft ist, als „Begegnungssprache“ (ROinstG) ein. Bei der Erläuterung wird nicht das Konzept der Begegnungssprache angewandt, das sich auf die theoretische Grundlage dieser Studie stützt, sondern es weist auf eine interkulturelle Sensibilisierung für das Sprachenlernen und den Kontakt mit anderen Kulturen hin[172]. Ein anderer Text, der die Förderung des Spracherwerbs in der Vorschulphase positiv bewertet, bestätigt diese Ansicht. Im Vordergrund steht dabei die Einsprachigkeit, die die curricularen Leistungen von der Alphabetisierung bis zum Gymnasium kennzeichnet. Diese „richten sich, unterstützt durch geeignete Methoden zum Sprachenlernen, auch an Schüler mit einer anderen Muttersprache als Deutsch“[173] (ROinstB). Aus dem analysierten Abschnitt geht

171 „Curriculumul naţional pentru învăţământul primar şi gimnazial se axează pe 8 domenii de competenţe-cheie care determină profilul de formare a elevului: a) competenţe de comunicare în limba română şi în limba maternă, în cazul minorităţilor naţionale; b) competenţe de comunicare în limbi străine; (…) g) competenţe de sensibilizare şi de expresie culturală; h) competenţa de a învăţa să înveţi“.

172 Der Begriff der „Begegnungssprache“ wird hinsichtlich der ersten Schulzyklen üblicherweise als ein Gegensatz von fremdsprachlicher (Leopold-Mudrack 1998: 87) und systematischer Bildung (Rück 2003: 213–214) definiert und dargestellt.

173 Vollständige Textstelle: „De asemenea în prim plan stă faptul că predarea materiilor în şcoala primară şi liceu se desfăşoară permanent în limba germană, care, fiind sprijinită de metode optime pentru învăţarea limbii, se adresează şi elevilor cu altă limbă maternă decât germana“.

eindeutig hervor, dass die plurilinguale Erziehung sowie die Symmetrie im Umgang mit den Sprachen der interkulturellen „Begegnung" keine Ziele oder Maßstäbe darstellen, die sich im Aufbau des pädagogischen Projekts niederschlagen. Bei der diskursiven Einteilung der sprachlichen Identitäten der Lernenden werden Rumänischsprachige mit Sprechenden anderer L1-Sprachen zusammengefasst. Die Mehrsprachigkeit wird hierbei nicht als kommunikative Praxis und Kultur, sondern als Identitätsmerkmal behandelt.

Lernende, die Rumänisch *ca limba străină* (als Fremdsprache) lernen, erhalten nach ROinstF ein wöchentliches Pensum von zwei Stunden für das Erlernen dieser Sprache, die zum baden-württembergischen Studienplan *suplimentar* (ergänzend) sind. Diese Zeit beträgt weniger als die vier Wochenstunden, die dem Unterrichten des Rumänischen *pentru vorbitorii nativi* (für Muttersprachler) gewidmet – und gesetzlich vorgeschrieben – sind[174].

Während die Schule RO in ihrem Diskurs die deutsche Sprache als Grundlage einer Standardidentität anspricht und die Schule RQ die mehrsprachige kommunikative Praxis und den Spracherwerb als Rechte betrachtet, stellt sich aus der Analyse des Textmaterials der Schule RP eine wirtschaftlich-pragmatische Argumentation zur Rechtfertigung der Investition in deutschsprachigen Unterricht für rumänische Kinder und Jugendliche heraus. Ohne Deutschland direkt beim Namen zu nennen, dafür aber an die erste Stelle der Motivationen zu setzen, heißt es im RPinstF: „Europas größter Wirtschaftsakteur mit Sitz im deutschsprachigen Raum zeichnet sich durch Stabilität, stetige Entwicklung und implizit durch einen großen Bedarf an Fachkräften aus"[175]. Das mitteleuropäische Land wird so als eine wichtige und sichere Quelle beruflicher und akademischer Möglichkeiten für jene präsentiert, die über ein *portofoliu lingvistic* verfügen, das Deutsch, aber auch Englisch, „Französisch oder Spanisch und natürlich Rumänisch" umfasst[176]. Zwischendurch werden Leistungszertifikate (für Deutsch und Englisch) als eine Form der externen Legitimation

174 „Suplimentar cu aceste planuri de învățământ sunt predate și 2 ore de limba română ca limba străină precum și 4 ore de limba română pentru vorbitorii nativi, în conformitate cu cerințele Ministeriului Român de Educație".

175 „Cel mai mare protagonist economic din Europa, aflat în spațiul german de limbă, se caracterizează prin stabilitate, dezvoltare constantă și, implicit, o nevoie majoră de specialiști".

176 Übersetzung des Verfassers. Vollständige Textstelle: „Cu un portofoliu lingvistic care cuprinde atât limba germană, atestată prin examinările specifice de limbă, cât și engleza atestată prin examinările Cambridge, franceza sau spaniola și, bineînțeles, limba română, cu o pregătire temeinică în domeniul științelor, dar și al

des Lehrprogramms und der Aufwertung der Mehrsprachigkeit erwähnt. Die Metapher des Portfolios suggeriert eine Einstellung, die zwar den pädagogischen Ansatz untermauert, aber auf eine Sprachförderung auf Leistungsebene abzielt und Sprachkenntnisse bzw. das Wissen, das über die Prestigevarietät einer Sprache erschlossen werden kann, kumuliert. Für den Schulleiter in seinem Interview „ist das Sprachenportfolio für Erwachsene wichtig im Berufsleben, für die Mobilität und natürliche Integration in verschiedenen Sprachräumen, für das Verständnis kultureller Unterschiede“[177]. Das Sprachwissen wird in diesem Diskurs als ein Portfolio abgebildet, d.h. etwas, das man während der Schulzeit für die Erfüllung einer bestimmten Rolle in der Zukunft, im Erwachsenenleben, erwirbt und nicht zugunsten der Interaktion der Lernenden mit der sie umgebenden Welt und ihrer Gegenwart. Das Portfolio setzt nicht voraus, dass die Leistung in unterschiedlichen Situationen erbracht wird, da es zum Sammeln, Dokumentieren, Darstellen und Auswerten aufgebaut ist. Die integrierte Entwicklung von Fertigkeiten in verschiedenen Codes ist in dieser Sichtweise nicht als Bestandteil eines einzigen mehrsprachigen Kompetenzprinzips zu begreifen.

Umfassende Sprachprüfungen sind im nationalen Bildungsgesetz, Art. 74 Abs. 4 und 5, zum Abschluss der sechsten und achten Klasse vorgesehen. Die erste ist transdisziplinär und besteht aus zwei Tests, von denen einer, der sogenannte Sprach- und Kommunikationstest, die rumänische Sprache, moderne Sprache I (Englisch, im Fall der untersuchten Schulen) und, „für Schüler aus Klassen mit Unterricht in nationalen Minderheitensprachen, auch die Muttersprache“ umfasst[178] (RQinstA). In der achten Jahrgangsstufe wird die Sprachkompetenz durch schriftliche Prüfungen „in der rumänischen Sprache und Literatur“, „in der Muttersprache“ und „in einer internationalen Verkehrssprache“ bewertet. Die beiden letzteren schließen keine literarischen Inhalte ein, außerdem werden die Sprachprüfungen im Gesetzestext nicht mit dem

IT-ului, antreprenoriatului, eticii şi psihologiei, toate construite pe axa creativităţii şi inovaţiei, absolvenţii (…) au şanse reale de integrare academică universitară şi profesională în medii de succes“.

177 „portofoliul lingvistic al adultului este important în viaţa profesională, în mobilitatea şi integrarea naturală în spaţii lingvistice diverse, în înţelegerea diferenţelor culturale“.

178 Vollständige Textstelle: „Proba de limbă şi comunicare va cuprinde limba română şi limba modernă I, iar pentru elevii din clasele cu predare în limbile minorităţilor naţionale, şi limba maternă“.

Attribut *transdisciplinară* versehen, wie es bei den mathematischen und naturwissenschaftlichen Tests der Fall ist[179] (ebd.). Betrachtet man die Vielfalt der in den anderen Tests behandelten Wissensdomänen, so zeigt die Unterteilung der Sprachen in bis zu drei Assessments, in denen Kenntnisse und Fertigkeiten ähnlicher Art geprüft werden, dass dem Erlernen mehrerer Sprachen zwar große Bedeutung beigemessen wird, dass aber gleichzeitig die Mehrsprachigkeit als ein Portfolio gegenseitig entfremdeter und sammelbarer Elemente dargestellt wird.

Gemäß Art. 77 Abs. 4 sind im nationalen Bacalaureat vier Sprachen inbegriffen, welche für alle Absolventen der Oberstufe mit Lehrplänen in nationalen Minderheitensprachen obligatorisch sind. Die Beurteilung der „Sprachkompetenz in der mündlichen Kommunikation in Rumänisch“ und „in der Muttersprache“ besteht aus zwei getrennten Tests neben einer dritten Evaluation zur „Kompetenz in zwei internationalen Verkehrssprachen, die im Laufe der Oberstufe erlernt wurden“. Die Ergebnisse werden auf der durch den Gemeinsamen Europäischen Referenzrahmen (2001) festgelegten Skala dargestellt, und Zertifikate, die zuvor durch andere offizielle Sprachstandsprüfungen erworben wurden, haben Anspruch auf Anerkennung und Gleichwertigkeit[180].

---

179 „Evaluarea se realizează prin următoarele probe: a) o probă scrisă la limba şi literatura română; b) o probă scrisă la limba maternă; c) o probă scrisă transdisciplinară la matematică şi ştiinţe; d) o probă scrisă la o limbă de circulaţie internaţională; e) o probă practică de utilizare a calculatorului, susţinută în timpul anului; f) o probă orală transdisciplinară de evaluare a competenţelor civice şi sociale, susţinută în timpul anului“.

180 Vollständige Textstelle: „Examenul naţional de bacalaureat constă în susţinerea următoarelor probe: proba A de evaluare a competenţelor lingvistice de comunicare orală în limba română; proba B de evaluare a competenţelor lingvistice de comunicare orală în limba maternă, pentru elevii care au urmat studiile liceale într-o limbă a minorităţilor naţionale; proba C de evaluare a competenţei lingvistice la două limbi de circulaţie internaţională studiate pe parcursul învăţământului liceal. Rezultatul evaluării se exprimă prin nivelul de competenţă corespunzător Cadrului european comun de referinţă pentru limbi. Elevii care promovează, pe parcursul învăţământului preuniversitar, examene cu recunoaştere internaţională pentru certificarea competenţelor lingvistice în limbi străine au dreptul la recunoaşterea şi echivalarea rezultatelor obţinute la aceste examene, la cerere şi conform unei metodologii aprobate prin ordin al ministrului educaţiei, cercetării, tineretului şi sportului“.

5.3.4. Fazit

Alle analysierten Diskurse deuten auf eine zweisprachige Bildungspolitik hin, in der sich inhaltlicher Pragmatismus und gegenwartsfremde Ziele gegenüber den kommunikativen und identitätsstiftenden Aspekten der sprachlichen Erziehung mehr oder weniger stark abheben. Derartige Einstellungen erschweren heteroglossische Praktiken und schränken die Funktion der Schule als Ort für die Verflechtung kultureller Bezüge und deterritorialisierter mehrsprachiger Praktiken ein, die den Third Place kennzeichnen würden. Überwiegend gehen die institutionellen Diskurse von einer Ideologie der Grenzziehung aus, die zwar im DaF-Rahmenplan und durch den europäischen Referenzrahmen (2001) infrage gestellt wird, aber in ihrer Beschreibung von Kompetenzen und Niveaustufen präsent ist.

Im Folgenden werden Aspekte der institutionellen Selbstdarstellung der fünf untersuchten Schulen entsprechend der kritischen Analyse der Quellen zusammengefasst. Viel mehr noch als der Vergleich von Profilen und Visionen geht es in dieser Studie darum, die Merkmale zu identifizieren, die diese Schulen aus ihrer Sicht als deutsche, bikulturelle oder Begegnungseinrichtungen ausweisen, und wie sie bildungspolitische Entscheidungen, Lehrplanstrukturen und Sprachideologien beeinflusst.

Die südamerikanischen Schulen BR und VE sind in zwei curriculare Sektionen gegliedert, deren Definition jeweils von der mutter-/fremdsprachlichen Kategorisierung ausgeht, die nicht immer der sprachlichen Identität der Lernenden entspricht. Im Fall der Schule VE werden die curriculare Struktur in einer ein-/zweisprachigen Verzweigung dargestellt, die der Vorstellung eines bilingualen pädagogischen Ideals entspricht, in dem die L2 in ähnlicher Form erworben wird wie die L1 eines „Muttersprachlers" oder eine mit diesem Muster vergleichbare Kompetenz ersichtlich ist. In der Einstellung der Schule BR sind Sprachen stärker mit nationaler und kultureller Zugehörigkeit verbunden. Beide Einrichtungen nennen sich „Begegnungsschulen", aber die Ausführungen machen an verschiedenen Stellen deutlich, dass diese Begegnung in einem zugleich geteilten und unterteilten Raum stattfindet. Wie die Diskurse dieses Aufeinandertreffen betonen, werden die beiden Seiten als unterschiedliche und homogene Einheiten hervorgehoben. So entsteht die Idee einer „Brücke" zwischen den *Kulturen*, welche in erster Linie *Länder* verbindet. Ihre Errichtung erfolgt in dem Maße, wie die Grenzen zwischen den sich begegnenden Kulturen ideologisch bekräftigt werden und bei der Ausgestaltung der schulischen Identität an Bedeutung gewinnen.

Zu beachten ist auch, dass dieses Treffen, insbesondere im Diskurs der Schule BR, in nahezu allen Fällen eine einseitig auf Deutschland und die deutsche Kultur ausgerichtete Orientierung darstellt. Deutschland gilt als Wissens- und Kulturlieferant, dessen Zugang durch die Beherrschung der angebotenen Sprache und die von außen bestimmten Verfahren zur bilingualen Leistungsmessung erschlossen wird. Ansonsten versteht die Schule VE die deutsche Sprache als einen Vorzug, der ihren Schülerinnen und Schülern den Zugang zum Hochschulstudium im Ausland sowie zu einem internationalen Netzwerk deutscher Schulen ermöglicht.

In Rumänien nahmen drei Institutionen mit signifikant unterschiedlichen Profilen an der Studie teil. Die Schule RO stellt sich als deutsche Auslandsschule vor. Ihre Definition von „Begegnungsschule" unterscheidet sich jedoch von den oben beschriebenen Schulen, da sie eine einheitliche Lehrplanstruktur bietet. Sie geht auf die Bedürfnisse einer Klientel von deutschsprachigen Zugewanderten - nicht nur deutscher Herkunft - in einem Bildungsraum ein, in dem Deutsch die Unterrichtssprache für alle Schülerinnen und Schüler ist und deutsche Richtlinien sowie Lehrpläne eingehalten werden. In diesem Zusammenhang gilt die rumänische Sprache als L2 und Form der Begegnung mit der umgebenden Kultur.

Die private Schule RP zeigt hingegen ein eigenständigeres Profil in Bezug auf die deutsche Bildungspolitik. Sie orientiert sich am prestigeträchtigen Modell der rumänischen staatlichen Schulen für deutschsprachige Bevölkerungsminderheiten, behauptet aber, keiner ethnischen, nationalen oder kulturellen Gruppe zugeordnet zu sein. Ihr Bildungsprojekt will die Beteiligung Rumäniens durch ihre Absolventen am wirtschaftlichen und sozialen Leben der Europäischen Union fördern. Vor diesem Hintergrund erscheint die Mehrsprachigkeit als Mittel zum Erreichen anderer notwendiger Kompetenzen für die akademische und berufliche Vermittlung in andere EU-Mitgliedstaaten.

Unter den untersuchten Institutionen ist die Schule RQ der einzige Vertreter des öffentlichen Systems. Historisch als deutsche Schule etabliert, diente sie der deutschsprachigen Bevölkerung, deren Vorfahren sich seit dem 12. Jahrhundert in Rumänien niedergelassen hatten. Ihr pädagogisches Profil und ihr bilingualer Lehrplan konnten mittels teilnehmender Beobachtung und der Analyse des Bildungsgesetzes herausgearbeitet werden. Dementsprechend leitet die Schule RQ ihre Arbeit im Hinblick auf die Umsetzung des Rechts auf Mehrsprachigkeit und Multikulturalität ab.

In der Praxis zeichnet sich die Schule nicht mehr durch Kinder aus deutschsprachigen Minderheiten aus. Das gemeinsame Merkmal der meisten beteiligten

Familien ist ihre sozioökonomische Lage. Da die Tradition des Deutschunterrichts in Rumänien einen guten Ruf genießt und die Aufnahme von Schülerinnen und Schülern nach wie vor an die Beherrschung der deutschen Sprache gebunden ist, wird diese oft in teuren privaten Kindergärten erworben.

6. Kommunikative Praxis in der Begegnungssprache

Angesichts des überwiegend interkulturellen Charakters der an dieser Forschungsarbeit beteiligten Schulen wurde zwischen 2015 und 2018 ein umfassender Plan für den Briefwechsel in deutscher Sprache zwischen Partnerklassen ausgearbeitet. Der erste Ansatz bestand darin, Jugendliche unterschiedlicher L1 zusammenzubringen, welche die gleiche L2 lernen. Diese Erfahrung unterscheidet sich wesentlich von den Hauptzielen der Bildungseinrichtungen und ihrer Partner, welche den Erwerb der deutschen Sprache in erster Linie mit dem Kulturaustausch mit Deutschland verbinden. In diesem Kapitel werden die Prozesse, Veränderungen, Reaktionen, Konflikte und Anpassungen betrachtet, die durch die Umsetzung des neuen Projekts ausgelöst wurden.

Das methodische Konzept wurde auf der Grundlage einer früheren Untersuchung (Carapeto-Conceição 2011) geplant, die in einem ähnlichen Zusammenhang durchgeführt wurde. Bei dieser Gelegenheit wurden open-ended Interviews mit Teilnehmenden des Briefwechsels geführt, die zwei Partnerklassen – aus Deutschland und der Slowakei – zugeteilt und deren sprachliche Einstellungen analysiert und verglichen wurden.

Im Folgenden wird der Erfassungsbereich über die Lehrmethode hinaus erweitert und die kommunikative Austauschdynamik unter den Lernenden näher betrachtet. Dies beruht auf den Ergebnissen der ersten Untersuchung, der Anwendung der dort entwickelten Konzepte und der Überprüfung ihrer Schlussfolgerungen.

6.1. Der Briefwechsel in der Begegnungssprache Deutsch

Der Briefwechsel zwischen Schülerinnen und Schülern der 5. bis 10. Klasse dreier deutscher Auslandsschulen wurde zunächst als ein Instrument der *exploratorischen Praxis* definiert, das auf die Diagnose und Entwicklung interkultureller Kompetenzen im Deutschunterricht abzielte. Nach Allwright (2001) ist die exploratorische Praxis eine didaktische Herangehensweise, welche die Erweiterung der Autonomie in der pädagogischen Arbeit anstrebt und auf kritischer Beobachtung, der Reflexion über die Unterrichtsdynamiken und dem Verständnis eventueller Herausforderungen beruht, um Veränderungen zu planen und einzuleiten. Demzufolge handelt der Lehrende im Wesentlichen auch als Forscher, welcher das eigene Verhalten anhand von Methoden und Kriterien untersucht, beurteilt und verändert.

Der vorliegenden Studie liegt dieses Konzept zugrunde, obwohl ich, außer gelegentlich im Rahmen teilnehmender Beobachtung, die unterrichtende Rolle nicht innehatte. Gleichzeitig wurde den Partnerlehrkräften die Moderation des Briefwechsels als deren einzige Aufgabe im Projekt zugeteilt. Im Laufe der Studie wurden einige Lehrende dazu aufgefordert, Aktionspläne zum Verständnis der daraus resultierenden Prozesse und der Herausforderungen für die Entwicklung transkultureller Kompetenzen vorzuschlagen. Die Kooperationspartner zeigten jedoch kein wesentlich größeres Engagement für die zu untersuchende pädagogische und methodische Fragestellung. Ihre Maßnahmen beschränkten sich im Allgemeinen darauf, genügend Unterrichtszeit für das Schreiben der Briefe einzuräumen. Es wurde festgestellt, dass die Lehrenden die Kommunikationsmöglichkeiten mit den Projektpartnern für die Entwicklung der in ihren Klassen regelmäßig erarbeiteten Ziele nicht wirklich ausnutzten.

An dieser Stelle muss betont werden, dass das Briefwechselprojekt nicht aus einem Lösungsvorschlag für ein Problem oder einen Mangel besteht, der in der pädagogischen Praxis der untersuchten Lehrenden und Institutionen direkt festgestellt wurde. Seine Funktion geht hier der Planung möglicher Veränderungen voraus, denn es soll mentale Prozesse ans Licht bringen, die zwar kontinuierlich ablaufen, aber meist verborgen sind oder sich selten sorgfältig beobachten und dokumentieren lassen. Es geht darum, das Problem nicht mehr als Hindernis, sondern als Gelegenheit zur Reflexion, Reifung und Verbesserung zu verstehen (Allwright 2001: 118). Daher sollte das Verständnis des Phänomens als wichtigster und bereichernder Teil der Erkundungspraxis weder auf der Suche nach einer „Lösung" gründen, noch das Erreichen eines vorgegebenen „Ziels" anstreben (S. 4).

Der im Folgenden dargestellte Forschungsabschnitt folgt Allwrights (2001: 109–114) sechs nachstehend zusammengefassten Kriterien:

a) Die Verständnisbildung sollte Vorrang vor Veränderungsmaßnahmen haben;
b) die Forschungsarbeit sollte das Lehren und Lernen der Sprache nicht behindern;
c) der Forschungsgegenstand muss für alle Beteiligten relevant sein;
d) alle Arbeitsleistungen sollten auf unbestimmte Zeit nachhaltig sein und nicht zur vorzeitigen Erschöpfung verurteilt sein;
e) alle Aktivitäten müssen Menschen zueinander bringen;
f) alle Aktivitäten müssen die Entwicklung aller Beteiligten gewährleisten.

Die Forschungsarbeit sah sich mit Einflussfaktoren konfrontiert, die die Erfüllung einiger dieser Kriterien behinderten, hauptsächlich, weil die meisten Lehrenden, welche das Projekt begannen, nicht seine gesamte Durchführung begleiteten. Zu Beginn eines neuen Schuljahres übernahmen andere Lehrkräfte die Vermittlung der Partnerschaft und es gelang nicht immer, dass diese sich die Projektziele zu eigen machten. Auch das Interesse einiger Schülerinnen und Schüler wurden beeinträchtigt, wenn zum Schuljahreswechsel in jeder Schule Änderungen in der Klassenzusammensetzung geschahen. Dadurch wurden bereits etablierte Beziehungen unterbrochen und neue Briefpartnerschaften mussten aufgebaut werden.

Auf der anderen Seite ist das Erkunden der Praxis zum Enträtseln ihrer Systeme und zum Lenken ihrer Prozesse, wie Behrent (2007) empirisch feststellte, der Kommunikation in L2 immanent. Die Gesprächspartner stehen vor herausfordernden Aufgaben, die sie gemeinsam überwinden müssen. Dazu gehören Bemühungen, Kommunikationsprobleme zu verhindern und Verständigung auszuhandeln. Gemeinsam wollen sie auch ihre Kompetenz in der Zielsprache üben und verbessern.

Eine Annahme der Symmetrie, die zwischen diesen Gesprächspartnern bestehen könnte, da es sich sowohl um L2-Sprechende als auch um Lernende auf ähnlichem Niveau handelt, ist im Rahmen exolingualer Kommunikationssituationen weder realistisch noch möglich. Entscheidend ist in diesem Fall das Bewusstsein der Lernenden, welches mit deren Autonomie und einer besonderen Sprachkompetenz verbunden ist, die sich in einer Situation der Interaktion mit Sprechenden anderer L1 manifestiert (Behrent 2007: 58). Das „Wissen, es nicht zu wissen" (knowing not to know) befähigt die Nutzenden einer L2, über Formen und Bedeutungen, die Gesprächsdynamik und die Kommunikationssituation, in der man sich befindet, nachzudenken und, auch im Hinblick auf den eigenen Kenntnisstand und bereits vorhandene Fähigkeiten, bewusste Entscheidungen zu treffen. Eine solche Konfiguration des Briefaustauschs entspricht sowohl den von Oomen-Welke und Rösch (2013) aufgestellten Annahmen für ein an mehrsprachiger, globaler Kommunikation ausgerichtetes Sprachenlernen (S. 180), als auch einem ihrer methodischen Vorschläge (S. 186). Darüber hinaus soll es den Identitätssinn der Beteiligten in der Lerngemeinschaft stärken und sie zu einer gesunden Neugier auf den Anderen veranlassen; ein Ziel, das Motta-Roth (2006: 194) der interkulturellen Bildung zuschreibt.

Indem Lernende mit den Variablen konfrontiert werden, die das kommunikative Ereignis ausmachen, wie die kulturellen Merkmale und sprachliche Identität ihrer Gesprächspartner, erkennen sie sich selbst als vielseitig, was sie anregt, die Persönlichkeit, Erfahrungen und Ansichten ihrer Partner zu entdecken. „Alles Wissen beginnt mit der Frage", argumentiert Antonio Faundez in seinem Dialog mit Paulo Freire in *Por uma pedagogia da pergunta* (1985: 46). Sie prangern das an, was Freire die „Kastration der Neugier" nennt, die von der traditionellen Lehre betrieben wird. Faundez zufolge „sollte der Lehrende (...) zunächst einmal das Fragen lehren (...) Und nur von Fragen ausgehend sollte man sich auf die Suche nach Antworten begeben, und nicht umgekehrt"[181], wie es oft bei der Textarbeit vorkommt, bei welcher alles, was man zu entdecken erwartet, schon gegeben ist (ebd.).

Der zur Durchführung dieses Versuchs angenommene Vorschlag für ein Brief-Tandem wurde aus dem vom Goethe-Institut geförderten Projekt *Das Bild der Anderen* (Hagen et al. 2006) übernommen. Die Initiative versteht sich als eine Gelegenheit für Deutschlernende auf allen Niveaustufen im Schulbereich, mit anderen Lernenden ihrer Altersgruppe und aus verschiedenen Kulturen zu interagieren und sich durch diesen Kontakt ein Bild von sich selbst und ihren Partnern zu machen. Nach den Initiatoren kann dadurch die schriftliche Kompetenz in L2 in einem personalisierten Kontext entwickelt werden, welcher aus der Perspektive des Lernenden sinnvoll ist.

Das Konzept entstand 1989 während der Konferenz European School Projects in Amsterdam und hatte zum Ziel, Lösungen vorzuschlagen, welche die externe Realität in den Klassenraum bringen und dabei die Mauern des Klassenzimmers niederreißen sollten. Damals wurde in den ersten Schulen der Zugang zum World Wide Web und die Kommunikation per E-Mail noch ausprobiert. Lone Hagen und Thomas Peters planten gemeinsam die erste Klassenpartnerschaft, die sie mit ihren Schülergruppen in Dänemark bzw. den Niederlanden in die Praxis umsetzten. Die Erfahrung wurde 1990 ausgewertet, als Annie Ring Knudsen der Gruppe beitrat, und diente als Grundlage für die Entwicklung eines Systems zur Korrespondenz zwischen Deutsch-Neulingen in beiden Ländern. Das erste Begleitmaterial für Lehrende mit Anweisungen und Druckvorlagen wurde auf Niederländisch (1993) und Dänisch (1995) veröffentlicht. Allerdings machte das wachsende Interesse aus anderen Ländern es notwendig, eine Webseite zu erstellen[182] und eine internationale Ausgabe des 1999 auf Deutsch erschienenen „Kochbuch für E-Mail-Anfänger" zu veröffentlichen, dessen Verkauf die Finanzierung des Projekts ermöglichte. Mithilfe der

---

181 Übersetzung des Verfassers. Im Original: „o professor deveria (...), antes de tudo, ensinar a perguntar (...) E somente a partir de perguntas é que se deve sair em busca de respostas, e não o contrário".

182 www.goethe.de/bild

Webseite ist es für die teilnehmenden Lehrpersonen einfacher geworden, miteinander zu kommunizieren und Partner zu finden.

Über die Online-Plattform haben im europäischen Schuljahr 2017/2018 rund 120 Klassen Partnerschaften aufgebaut, die meisten aus Polen (27,6 %), Dänemark (18,1 %) und Italien (9,5 %). Unter den Hauptmotiven für die Umsetzung des Projekts im L2-Deutschunterricht heben die Projektgründer die Vorteile der E-Mail gegenüber der konventionellen Post hervor: die Kompatibilität mit dem Informatikunterricht, die verkürzte Wartezeit dank hoher Geschwindigkeit beim Senden und Empfangen, die Leichtigkeit des Schreibens und Korrigierens durch digitale Textverarbeitung, die Vereinfachung der Archivierung und Lehrerkontrolle und die geringen Kosten im Vergleich zum Postweg. Das Material verbindet noch die Nutzung von E-Mails als Kommunikationskanal mit der Lernmotivation und der Wahrnehmung des Deutschen als einer modernen Sprache.

Als letzter von zehn Motiven, welche die Umsetzung des Projekts rechtfertigen, wird die Notwendigkeit eines interkulturell orientierten Lernens erwähnt. In diesem Zusammenhang nimmt die deutsche Sprache für diese Schülerinnen und Schüler die Position einer internationalen Kultursprache ein. Mehr als die Art der Versendung – elektronisch oder per traditioneller Post – und sogar unabhängig von den produzierten Textgenres ist aus der Perspektive dieser Forschungsarbeit dieser interkulturelle Aspekt das ausschlaggebende Motiv, ähnliche Projekte in den Prozess der Kompetenzentwicklung in L2 zu integrieren.

Zu den Kriterien für die Partnerauswahl rät das „Kochbuch“, dass die Leistungsniveaus beider Klassen gleichwertig oder sehr nahe beieinanderliegen sollten, ebenso wie das Alter der entsprechenden Lernenden und deren Anzahl in jeder Gruppe. Durch den E-Mail-Austausch zwischen den Lehrpersonen während des gesamten Projektverlaufs lernen sich beide Parteien kennen und besprechen ihre Erwartungen, Bedürfnisse und Arbeitsgegebenheiten (Anzahl der Teilnehmenden, Fachlehrplan, Schulstruktur, technische Ausstattung, Stellenwert der deutschen Sprache in der Schule und Gemeinde, praktizierte Lehrmethoden, Fest- und Ferienkalender usw.). Es wird auch empfohlen, nicht nur Namenslisten aus jeder Klasse an die Partnerlehrkraft zu schicken, sondern auch individuelle Informationen der Lernenden, damit kompatible Paare gebildet werden können und Frustrationen bei hoher Diskrepanz von Interessen, Schreibeifer und Schreibvermögen vermieden werden.

Den Lehrkräften, welche mit dieser Studie kooperierten, wurde empfohlen, die Verfügbarkeit echter Leserinnen und Leser zu nutzen, damit traditionelle Schulaufsätze so gut wie möglich durch Textproduktionen ersetzt werden, welche sich an authentische Gesprächspartner richten. Somit konnten die in den Briefen bearbeiteten Themen dem entsprechenden Jahrgangslehrplan folgen und das Projekt konnte in den Unterricht sinnvoll integriert werden. Die Lehrenden sollten die Schülertexte, welche an die Briefpartner gerichtet waren, auch nur in dem Fall korrigieren, wenn Schreibende spontan oder beim Nachfragen diesen Bedarf äußerten. Die entsprechend ganzheitliche oder stellenweise Korrektur musste dann gemeinsam mit dem Textverfasser durchgeführt werden. Dass die Lernenden aktiv beurteilen sollen, ob und in welchem Umfang ihr Schreiben eine sprachliche Überprüfung benötigt, stärkt nicht nur ihre Autonomie und ihr Verantwortungsbewusstsein als Sprachnutzende, sondern erhöht die Wahrnehmung der Authentizität ihres Ausdrucks bei den Partnern, wenn sie beim Lesen Normabweichungen feststellen und somit eine Erfahrung der Kommunikation durch eine Sprache machen, die so zugänglich, plural und flexibel ist wie ihre eigene L1, in der grammatikalische Ungenauigkeiten und orthographische Unstimmigkeiten die Kommunikation in der Regel nicht wesentlich beeinträchtigen und ihre Beherrschung des Codes nicht infrage stellen.

Bei der Beobachtung der Lernenden beim Verfassen ihrer Briefe sollten die Lehrkräfte sicherstellen, dass die Fragen des Absenders beantwortet wurden, dass neue Fragen an die Briefpartner gestellt wurden und dass der Text mit den strukturellen Merkmalen der ausgearbeiteten Textsorte übereinstimmt. Im Allgemeinen verfassten die Lernenden ihre Briefe digital mit dem Textverarbeitungsprogramm Microsoft Word, indem sie Text und Bilder kombinierten, oder sie wurden handschriftlich auf Papier geschrieben und mit Illustrationen und Aufklebern dekoriert. Lernende in fortgeschritteneren Klassenstufen schrieben hingegen dichtere Texte und verwendeten weniger außersprachliche Elemente.

Nachdem die Briefe geschrieben waren, wurden diese von der Lehrperson ggf. eingescannt und per E-Mail an die Partnerschule weitergeleitet. Das Senden und Empfangen musste jedoch oftmals durch mich als Forscher vermittelt werden. Manchmal wurde auch der Postweg benutzt oder man nutzte Reisen des Projektleiters oder von Schulmitarbeitenden zwischen den Ländern aus. In solchen Fällen wurden die Briefe speziell verziert und in handgefertigte Umschläge verpackt. Nicht selten wurden die Korrespondenzen durch kleine Souvenirs wie Armbänder, Süßigkeiten, Miniaturen, Fotos, Münzen und, mit herausragender Häufigkeit, lokale Geldscheine ergänzt.

Pro Jahr wurden in jeder Klasse etwa zwei bis vier Versand- und Empfangsrunden durchgeführt. Die Schwankungen und langen Schweigeperioden waren auf Lehrkräftewechsel, Schichtwechsel, intensive und inkompatible Testpläne, Klassenfahrten und gegensätzliche Ferienkalender zurückzuführen, wobei zu bedenken ist, dass an dem Projekt Schulen aus beiden Hemisphären beteiligt waren. Die Umverteilung der Schülerinnen und Schüler in neue Klassenverbände zum Anfang eines Schuljahres, was in Partnerschaften mit Brasilien in abwechselnden Semestern geschah, und die durch Migration bedingten Abbrüche erschwerten die Kontrolle des Postverkehrs und führten fallweise zum mehrmaligen Wechsel von Briefpartnern im selben Jahr. Trotz der Frustration, die solche Zwischenfälle verursachten, stellte sich heraus, dass auch unter diesen Umständen potenziell langfristige Brieffreundschaften begonnen wurden, wie Kontakte, die trotz der ungünstigen Faktoren immerhin mehr als drei Jahre bestanden haben.

6.2. Vorstudie mit Kontrollgruppe

In einer vollständigen, aber vom Umfang begrenzteren Untersuchung (Carapeto-Conceição 2018b) wurden die Entwicklungsgewinne durch die Kommunikation in Deutsch als Begegnungssprache, die Steigerung der Motivation und des Selbstwertgefühls der Lernenden bewertet. Das Projekt dauerte ein Schulsemester und umfasste Klassen des 6. Jahrgangs eines deutschen Gymnasiums und einer slowakischen základná škola (1. bis 9. Klasse), denen der Austausch von Briefen und E-Mails auf Deutsch mit zwei Klassen einer zweisprachigen Schule in Brasilien angeboten wurde. Eine dritte Lerngruppe aus dieser Schule nahm als Kontrollgruppe an der Studie teil, da sie keinen Kontakt zu einer Partnerklasse hatte. Für die Teilnahme an den open-ended Interviews wurden jeweils sechs Individuen aus den drei brasilianischen Gruppen ausgewählt. Die Leitfragen betrafen ihre mehrsprachige Identität, die Auswirkungen des Sprachenlernens sowie ihre Einstellungen gegenüber der deutschen Sprache, der Mehrsprachigkeit und der exolingualen Kommunikation.

Nur sehr wenige Interviewte erwähnten die Erfahrung mit dem Briefwechsel, wenn sie nach ihrem praktischen Gebrauch des Deutschen gefragt wurden. Meist auf den Schulalltag beschränkt, wird die deutsche Sprache nach den Befragten nicht für andere Zwecke außer dem Lernen angewendet.

Die von der Kontrollgruppe vorgetragenen Einstellungen lieferten Anhaltspunkte zu den sprachlichen Einstellungen, die die Lernenden der beiden anderen Klassen vor dem Briefprojekt hatten. In dieser Gruppe setzte sich die Auffassung durch, dass Deutsch eine außergewöhnliche Sprache ist, die selten als L2 erlernt wird. Daher wird der potenzielle Gesprächspartner, wie auch das Ziel des Lernens durch den sogenannten „Muttersprachler" verkörpert. Für die Mitglieder dieser Gruppe sei dieses Ziel jedoch unerreichbar, denn sie müssten sich dazu alle sprachlichen Kenntnisse aneignen, über die der „Muttersprachler" verfügt und die ihnen nicht zur Verfügung stehen würde. Deshalb bedeutete Deutschlernen für diejenigen Befragten, die noch keine Erfahrungen in der Begegnung mit sprachlicher Kommunikation gemacht hatten, lediglich das Verstehen von grammatikalischen Strukturen und des Wortschatzes. In den Äußerungen dieser Gruppe wurde die deutschsprachige Gemeinschaft mit einem Land oder Länderverband gleichgesetzt, in dem Deutsch die offizielle Sprache ist. Dahinter steckt die Annahme, dass es sich dabei um Gesellschaften handelt, die sich ausschließlich aus L1-Sprechenden und denjenigen, denen ihre Akzeptanz oder „Einladung" vergönnt wurde, zusammensetzen. Da es sich bei jener Bevölkerung generell um einsprachige Personen handele, fühlen sich die Interviewten privilegiert, mit ihnen kommunizieren zu können und Zugang zu ihrer Kultur zu haben. Für internationale Kontakte wurde die „Weltsprache" Englisch für die am besten geeignete Sprache gehalten.

Der Kontakt mit der Partnerklasse in Deutschland dagegen ermöglichte es den Mitgliedern der zweiten Forschungsgruppe, die Einstellungen, die sie über deutschsprachige L1-Sprechende hatten, zu verändern. Die L2-Lernenden hatten jedoch das Gefühl, dass sie nicht über die sprachlichen Ressourcen verfügten, um ihren Ausdruck zu modulieren, mit Bedeutungsnuancen zu spielen und schließlich auf Botschaften ihrer Briefpartner mit derselben Spontaneität und Leichtigkeit zu reagieren, wie diese es taten. So blieb in dieser Gruppe das Bild des idealen „Muttersprachlers" erhalten, welcher vorbildlich, einsprachig und Angehöriger einer sprachlich homogenen Gemeinschaft ist. Ein Teil der bisherigen Vorstellungen wurde daher durch die Eindrücke bestätigt, welche diese Gruppe durch den Briefkontakt gewonnen hat. Im Verhältnis zu den L1-Sprechenden aus Deutschland nahmen sich die Befragten als sprachlich unterlegen und der Sprache gegenüber als Fremde wahr. Auf diese Weise neigte diese Gruppe dazu, den Anderen nach dem interkulturellen Muster der distanzierten Kontemplation zu beobachten und sich mit ihm ohne Identitätswechsel auszutauschen.

Auch für Teilnehmende der dritten Gruppe stellt der L1-Sprechende aus Deutschland ein Modell zur Entwicklung ihrer Sprachkompetenz dar. Als Folge des Austauschs mit ihrer Partnerklasse in der Slowakei verstand diese Gruppe jedoch, dass die L2 ihnen mehr Interaktionsmöglichkeiten bietet als das begrenzte Gebiet, in dem sie eine offizielle und hegemoniale Sprache ist. Ein klares Indiz für diese Ansicht ist das seltene Vorkommen (in einigen Fällen absolutes Fehlen) des „Muttersprachlers" in den Wortmeldungen der Mitglieder dieser Gruppe. In diesem Fall steht er angeblich nicht im Zentrum des Deutschlernens und personifiziert nicht den Hauptzweck dieses Lernens. Die Verwendung der deutschen Sprache als Brücke zu einer dritten Kultur hat dazu geführt, dass sich junge Lernende im Niveau A2 als Teil eines interkulturellen Netzwerks und einer deutschsprachigen internationalen Gemeinschaft wahrnehmen.

Dies geschah in einem durch die Interaktionen konstruierten Raum des Austauschs (Third Place), in dem die Schüler neue Parameter für ihr Lernen gewannen und sich selbst als legitime Nutzer der Zielsprache erkennen ließen. In Analogie zur Funktionsweise des Sonnensystems ist es, als ob die Sonne zu einem großen Planeten wird und jeder Planet beginnt, sein eigenes Licht auszustrahlen und von dem Licht anderer zu profitieren – ein demokratischeres Modell als die direkte Abhängigkeit von einer einzigen Übertragungsquelle, wie es die Brieffreunde der deutschen Partner in etwa imaginieren, und interaktiver als der autarke Zustand einer Mikro-Sonne, die einen Lichtfunken vom Original trägt, wie es nach der Einstellung der Kontrollgruppe aussah. Die Erfahrung des Briefwechsels mit den slowakischen Partnern war daher jene, die die brasilianischen Teilnehmenden am besten in die Lage versetzte, sich sozial als zweisprachige Subjekte anzusehen und ihre Einstellungen über die deutsche Sprache auf der Grundlage dieses Bewusstseins zu überarbeiten.

In dieser Studie konnte der Mythos der Nativität (Rajagopalan 1997) jedoch weder durch direkte Interaktion mit L1-Deutschsprachigen, noch durch das Auftauchen neuer Bezüge überwunden werden. Der regelmäßige Austausch mit den Partnern aus Deutschland, auf die dieses Idealmodell ursprünglich zugeschnitten war, macht den „Muttersprachler" zu einem konkreteren Bezugspunkt. In den Fällen der beiden anderen Studiengruppen bestand jedoch weiterhin die Vorstellung eines Sprechers, welcher die Struktur seiner Sprache beherrscht und den Zugang zu seiner Kultur kontrolliert. Für diejenigen jedoch, welche Deutsch als Begegnungssprache mit den Partnern aus der Slowakei erlebten, war dieser hingegen kein Maßstab für den Erfolg des kommunikativen Austauschs gewesen.

Im traditionellen Lehrkonzept bieten Lehrmittel wie auch die physischen und konzeptuellen Grenzen des Klassenraums Darstellungen der Realität der L2 durch simulierte Kommunikationssituationen und durch mündliche und schriftliche Texte, welche künstlich ausgearbeitet wurden, um für sprachliche Mittel zu sensibilisieren und Sprachfertigkeiten zu entwickeln. Das führt aber nicht automatisch zu kommunikativen Praktiken. Nach der empirischen Beobachtung entstehen bei der reinen Ausübung von Textgenres, die einen vorgegebenen Adressaten für die Nachricht voraussetzen, in der Regel fiktive Empfänger, für die man zwar einen Namen erfindet, die aber keine Vorgeschichte, keine Vorlieben, keine Gewohnheiten, keine Interessen besitzen oder gar in ein soziales Umfeld eingefügt sind. Durch die Verwandlung dieses hypothetischen

Gesprächspartners in eine individuelle und authentische Persönlichkeit, die provoziert und auf Reize reagiert, wird auch die erlernte Sprache greifbar, erhält eine soziale Kontur, Schattierungen und Dynamik, wie die eigene L1 des Lernenden. Einmal in der exolingualen Kommunikation in die Praxis umgesetzt, erhält der Lernende tendenziell eine erweiterte Dimension der Reichweite der L2, erkennt sich als kompetenter Nutzer der Zielsprache und nimmt diese als ein verfügbares und wirksames Instrument zum Ausdruck seiner Identität und seiner eigenen Kultur wahr.

Diese Ergebnisse und Erkenntnisse dienten als Ausgangspunkt für die im Folgenden diskutierten Methoden und Analysen, in Bezug auf den Briefaustausch zwischen Klassen aus den im Kapitel 5 vorgestellten Schulen.

6.3. Methodologische Beschreibung

Da es sich um eine hauptsächlich qualitative Forschungsarbeit handelt[183], stützt sich diese Studie nicht auf zuvor aufgestellte Hypothesen. Ausgehend von einer naturalistischen, deskriptiven und prozeduralen Perspektive (Vieira Abrahão 2006: 220) wird stattdessen nach Bedeutungen gesucht, die die Forschungssubjekte selbst errichten. Die Art und Weise, wie sie sich in das Sozialgefüge, in dem sie leben, einbinden und wie sie ihre Umgebung und ihre Erfahrungen interpretieren, sind die wesentlichen Fakten dieser ethnografischen Untersuchung. Die Datenerhebung erfolgt daraufhin in unmittelbarem und längerem Kontakt mit den Teilnehmenden unter den Umständen ihrer alltäglichen Tätigkeiten (Bogdan/Biklen 1998: 2). Die prototypischen Kategorien, denen die beobachteten Verhaltensweisen zugeordnet werden, zeigen sich auf diese Weise bei der Interpretation der Daten, wenn Merkmalsgruppen zusammenkommen, und nicht a priori (Berruto 1995: 152–158).

Andererseits ist die detaillierte Wirkungsbeschreibung jeder einzelnen Komponente des Verhaltens nicht maßgeblich, um es mit seiner Wahrnehmung, seinen Auswirkungen und Veränderungen als komplexes System zu erklären. Stattdessen überwiegt hier ein ökologischer Ansatz, bei dem der Ausschnitt die Dynamik des Kontextes, welcher die Interaktionen umgibt, nicht sterilisiert (Larsen-Freeman/Cameron 2008: 230). Selbst mit einem scharfen Blick auf die kleinen, ungeordneten Details liegt mein Hauptinteresse auf der Interaktion zwischen den Parteien, aus der neue Verhaltensweisen hervorgehen.

183 Ergänzende quantitative Methoden wurden verwendet, die es vor allem ermöglichten, die Häufigkeit einiger Strategien je nach Alter/Schulklasse zu visualisieren.

Diskontinuität und selbstorganisierter Wandel untermauern die Unvorhersehbarkeit komplexer Systeme. In diesem Sinne muss man die Prozesse rückblickend beschreiben, nachdem die sich daraus ergebenden Veränderungen analysiert wurden (S. 232), ohne jemals anzunehmen, dass jedes Mal, wenn zu einem späteren Zeitpunkt oder in einem anderen Kontext die gleichen Bedingungen und Konfigurationen auftreten, die gleichen Folgen erzeugt werden. Bei jedem Individuum wird ein unterschiedliches Ensemble von Systemen in den Lernprozess einbezogen. Damit überwiegen die Besonderheiten gegenüber den allgemeinen Befunden (S. 240).

Eine Stichprobe an Schülerbriefen der fünf teilnehmenden Schulen wurde ausgewählt, in denen Ansichten und Bedeutungen in Bezug auf Sprache und Kultur analysiert wurden, welche sich im Laufe des interkulturellen Kontaktes in der Begegnungssprache Deutsch veränderten. Zusätzlich zu den institutionellen Diskursen, die im vorhergehenden Kapitel einer kritischen Analyse unterzogen wurden, bilden die Briefe als Ausdruck dialogisierender Identitäten die intersubjektive Achse dieser Studie und wurden nach Moraes und Galiazzi (2011) im Rahmen der Diskursiven Textanalyse ausgewertet. Die teilnehmende Beobachtung, durch welche Informationen über die Interaktions- und Lernkontexte gewonnen wurden, unterstützte die Methode.

Da es sich um ein nach dem Kriterium der interkulturellen Ausprägung vorab ausgewähltes Korpus handelt und die Texte vergleichsweise kürzer sind als bei Interviews oder transkribierten Erzählungen, begünstigt die freiere Interpretation des linguistischen Materials bei der Diskursiven Textanalyse die hermeneutische Rekonstruktion von latenten Sinnstrukturen und Deutungsmustern, die für die Forschung von besonderem Interesse ist. Durch einen Vergleich mit der Inhaltsanalyse (Mayring 2014) kann man zu zwei Oppositionsverhältnissen gelangen, welche eine Definition der Methode ergeben (Medeiros/Amorim 2017; Moraes 2003):

a) während in der Inhaltsanalyse die deskriptive Arbeit des Korpus seiner Interpretation vorausgeht, wobei sprachliche Materialität und Distanz bis zur Kategorisierungsphase überwiegen, sieht die Diskursive Textanalyse vor, dass die anfängliche Beschreibung bereits einen interpretativen Prozess impliziert, da „jedes Lesen bereits eine Interpretation ist und es kein einheitliches, objektives Lesen gibt“[184] (Moraes 2003: 192–193);

184 Übersetzung des Verfassers. Im Original: „toda leitura já é uma interpretação e (...) não existe uma leitura única e objetiva“.

b) tendenziell objektiv ist die Inhaltsanalyse im Expliziten beschränkt (auch wenn sie in der Bildungsforschung zunehmend das Latente, das Implizite und das Unausgesprochene umfasst), während sich hingegen die Entwicklung entfernterer, komplexerer und tiefgreifenderer Bedeutungen durch ihre ständige Rekonstruktion als integrales Ziel der Diskursiven Textanalyse zeigt (S. 194).

Dem von Moraes (ebd.) aufgezeigten Weg folgend, wurde für das Forschungskorpus eine Stichprobe von Texten ausgewählt, welche in Bezug auf die untersuchten Phänomene valide und repräsentative Ergebnisse liefern kann. Dabei kam der inter- und transkulturelle Inhalt der Briefe, aus denen der Korpus besteht, in Betracht. Nach der Aufstellung des Korpus durchlief das Material die drei grundlegenden Verfahrensschritte der Diskursiven Textanalyse: die Zerlegung der Texte oder Unitarisierung, die Herstellung von Bezugspunkten oder Kategorisierung und das erneuerte Verständnis des Ganzen bei der Konstruktion eines Metatextes (S. 191).

Durch Paraphrasierung, Reduktion, Verallgemeinerung und andere Strategien entwickeln sich Analysekategorien, die sich auf das Korpus als Grundlage stützen. Diese Entwicklung ist dynamisch, offen und unabgeschlossen. Kategorien werden ständig auf die Probe gestellt, miteinander konfrontiert und neu definiert, wenn bei der Aufarbeitung des Korpus neue Einstellungen entdeckt werden. Ausgehend von der Unordnung, die bei der Unitarisierung entsteht, „besteht dieser Prozess darin, das semantische System bis an die Grenze des Chaos zu führen“ (S. 196). Dabei können neue Verhältnisse hergestellt werden, die zuvor in den Texten nur latent waren und die die „Konstruktion einer neuen Ordnung, welche ein neues Verständnis in Bezug auf die untersuchten Phänomene darstellt“[185] (ebd.), veranlassen. In diesem Prozess der selbstorganisierten Sinnkonstruktion bildet das Korpus eine Reihe von Signifikanten, denen die Forschungsperson Bedeutungen zuschreibt, indem sie ihr Wissen und ihre Theorien mit den Erkenntnissen verknüpft, die in den neuen Verhältnissen zwischen den Fragmenten des Materials entstehen. Das Ziel der Analyse ist die Herausbildung und Kommunikation dieser neuen Sinngebungen und Bedeutungen (S. 192–193). Indem man die aus der Analyse abgeleiteten Erkenntnisse in Form von verbindenden Argumenten der Unterkategorien ausdrückt,

185 Übersetzung des Verfassers. Im Original: „esse processo consiste em levar o sistema semântico ao limite do caos. (...) [O estabelecimento de novas relações entre os elementos unitários de base possibilita] a construção de uma nova ordem, representando uma nova compreensão em relação aos fenômenos investigados“.

können sie letztlich als Rahmen für die Erstellung eines deskriptiv-interpretativen Metatextes dienen (S. 200–201). Der gesamte Vorgang ist zyklisch, sodass sowohl die Kategorien und Verhältnisse als auch der dadurch erzeugte Metatext fortwährend für eine Neuzerlegung in einem immer wiederholbaren analytischen Prozess zur Verfügung stehen.

6.4. Analyse der kommunikativen Praxis in der Begegnungssprache

Das Briefeschreiben im Rahmen des L2-Lernens wurde unter der Berücksichtigung vorgeschlagen, dass dieses Textgenre im Fremdsprachenunterricht immer weniger präsent zu sein scheint und dass die meisten jungen Studienteilnehmer, die zwischen 2002 und 2008 geboren sind, höchstwahrscheinlich noch nie einen persönlichen Brief geschrieben bzw. auf dem traditionellen Postweg erhalten hatten. Die Entscheidung, dem Briefschreiben Priorität einzuräumen, wurde durch an ZfA-Richtlinien orientierten Lehrplänen und den Anforderungen der KMK-Sprachprüfungen beeinflusst. Das Testverfahren „Auf dem Weg zum DSD“[186] wie auch das vom Goethe-Institut vertretene „Fit in Deutsch“ bewertet im Teilbereich zur schriftlichen Kommunikation auf dem Niveau A2 das Verfassen einer E-Mail an eine hypothetische Empfangsperson derselben Altersgruppe, die zum Freundeskreis gehört oder briefbefreundet ist. E-Mails sowie Briefe werden im alltäglichen Leben der untersuchten Schülerinnen und Schüler wenig verwendet, da sie über verschiedene digitale Kommunikationsmittel verfügen, die für ihre Bedürfnisse flexibler und effektiver sind.

Durch Sicherheits- und Datenschutzregelungen werden an einigen der Schulen Einschränkungen auferlegt, die verhinderten, dass Kinder und Jugendliche persönliche E-Mail-Konten auf den Schul-PCs eröffnen und nutzen können. Darüber hinaus verfügten Institutionen, auch wenn es sich um Eliteschulen handelt, nicht immer über die technische Ausstattung, um digitale Texte im Unterricht zu schreiben, zu speichern und zu versenden. Wenn möglich, schrieben die Lernenden ihre Briefe mithilfe des Textverarbeitungsprogramms Microsoft Word und die Dateien wurden von der Lehrkraft an die Zielschule oder an den Projektleiter geschickt, der schließlich als Vermittler fungierte. Immer

186 Nach Bedarf und Lehrplanstruktur jeder Schuleinrichtung wird diese in Deutschland ausgearbeitete Leistungsprüfung bei Lernenden der 6., 7., oder 8. Klasse durchgeführt.

häufiger wurden jedoch Briefe handschriftlich verfasst, welche die Lehrkraft einsammelte, einscannte und weiterleitete.

Das gesamte Datenmaterial umfasst 724 Briefe, deren Verteilung nach Schule, Klassenstufe und Forschungsjahr in Tabelle 5 detailliert dargestellt ist. Die Schülerzahl in der Tabelle bezieht sich auf die Verfassenden der Briefe im Forschungskorpus. Die Verteilung der Teilnehmenden pro Schule ist je nach Klassengröße, Lehrplanprofil und Dauer der Beteiligung ungleichmäßig. Darüber hinaus ist zu berücksichtigen, dass ich selbst an der Schule BR, aus der 52,9 % der Informanten stammen, in den ersten 18 Monaten der Studie als Lehrkraft gearbeitet habe. Die Zahl der beteiligten Jugendlichen der Schule VE (102) entspricht in etwa der aller rumänischen Schulen (100), was 23,8 % bzw. 23,3 % der Gesamtzahl der teilnehmenden Schülerschaft entspricht. Auf den von den Schulen übermittelten Listen wurden 208 Lernende als weiblich (48,5 %) und 221 als männlich (51,5 %) identifiziert. Es muss an dieser Stelle erinnert werden, dass keiner der am Projekt beteiligten Lernenden zuvor an einem Briefwechsel mit Partnerschulen teilgenommen hatte.

Tabelle 5: Zusammensetzung des Briefmaterials

Schule	**Schülerzahl**	**Briefe pro Klassenstufe**					**Briefe pro Jahr**				**Gesamt**
		K6	**K7**	**K8**	**K9**	**K10**	**2015**	**2016**	**2017**	**2018**	
BR	227	136	156	55	32	23	101	122	179	–	402
VE	102	4	36	74	27	20	42	51	47	21	161
RO	20	14	17	–	–	–	14	17	–	–	31
RP	25	–	37	–	–	–	–	–	25	12	37
RQ	55	–	93	–	–	–	–	–	55	38	93
Gesamt	429	154	339	129	59	43	157	190	306	71	724

Bereits in den Briefen, mit denen die Briefpartner den ersten Kontakt aufgenommen haben, nutzten die Lernenden die Möglichkeit des Textgenres kreativ, um den Kontakt zu vertiefen, im Gegensatz zu den Textproduktionen, welche vorrangig auf die Übung der Sprache und die Beurteilung durch den Lehrenden abzielen. Selbstverständlich tritt die Motivation eines tatsächlichen Kontakts mit einem Jugendlichen aus einem anderen Land gegenüber den formalen Zielen des Unterrichts in den Vordergrund, wenn die Schüler ihre Erfahrung auf andere Kanäle ausdehnen, die sich besser an ihre Routinen, Erwartungen und kommunikative Bedürfnisse anpassen. Die analysierten Texte belegen ein Bedeutungsnetz, in dem die Kommunikation auf Distanz eng mit sozialen Netzwerken, Konnektivität, Hypertext und sofortigen Antworten verbunden ist. Da das gewählte Konzept Einschränkungen aufweist, welche diese Beziehungen erschweren, teilen die Briefpartner beim ersten Kontakt oft Telefonnummern mit Landesvorwahl und Nutzernamen aus mehreren Sozialnetzwerken. Einige Texte sind darauf ausgerichtet, einen dieser Kanäle als zentrale Interaktionsplattform zu etablieren, die den Gesprächspartnern vor allem die Freiheit gibt, die Häufigkeit und den Abstand der Kontakte, das Gesprächsthema, sowie Form und Sprache der Kommunikation zu bestimmen, wie die folgenden Auszüge zeigen:

> Ich habe jetzt deine Whatsapp Nummer und wir können mit Whatsapp sprechen[187]. (BRve42-93D)[188]

187 Alle Korpusauszüge werden originalgetreu übertragen, ohne jede Änderung oder Anpassung an normative Konventionen.

188 Der Code in Klammern verweist auf die Indizierung der Briefe, welche den Korpus dieser Forschungsarbeit bilden. Diese Identifikatoren bestehen aus zwei Großbuchstaben, welche die Schule des Absenders angeben; zwei Kleinbuchstaben identifizieren die Empfängerschule und eine bis drei Ziffern kennzeichnen den am Projekt teilnehmenden Lernenden. In Kombination mit der ersten Länderangabe gibt diese Zahl an, wer den Text geschrieben hat, auf den sich der Code bezieht. Fallweise kann auf diese Zahl ein kleiner Kennbuchstabe (a, b, c) folgen, der angibt, dass derselbe Lernende mehr als einen Brief im selben Zeitraum geschrieben hat, was möglicherweise darauf zurückzuführen ist, dass zu mehr als einem Gesprächspartner derselben Partnerschule Kontakt bestand. Nach einem Bindestrich als Trennzeichen gibt die erste Ziffer die Jahrgangsstufe des Absenders an (6 bis 9 und schließlich 0 für die 10. Klasse). Die zweite Ziffer rechts neben dem Bindestrich steht für das Jahr, in dem der Text geschrieben wurde, wobei 1 als Indikator für das erste Forschungsjahr, d.h. 2015, und 4 für das vierte und letzte Forschungsjahr, 2018, steht. Schließlich wurden die Buchstaben A, B, C und D verwendet, um die vier Bimester des brasilianischen Schuljahres, welches im Februar beginnt, zu bezeichnen. Dieser Verweis wurde zum Zweck einer rein zeitlichen Ordnung verwendet, um die geschriebenen Texte aller Schulen zu indexieren, auch wenn ihr Schulkalender im August oder September beginnt. Um ein Beispiel zu geben, nehmen wir aus diesem ersten Zitat einen Auszug aus BRve42-93D, den das Individuum, das in der BR-Schule mit der Nummer 42 gekennzeichnet ist, an dessen Briefpartner in der Schule VE adressierte und im November oder Dezember 2017 versandte, als der Absender die 9. Klasse besuchte.

> Lieber F., Ich will dir sagen, dass der Nummer von WhattsApp bin ich. Bitte schreib mit weiter in WhatsApp. Ich will wissen alles über dich weil habe alles über dich vergessen. (VEbr92-73B)

> Wenn du Instagram hast, sag mir, damit wir da öfters sprechen können. (…)
> PS: Wenn du kein Instagram hast, kann ich dir auch meine Nummer geben. (RQbr52-73C)

> Ich würde gern sagen wir sollen mehr sprechen… Hast du Instagram, Snapchat oder Facebook? (RQbr35-74A)

Daten zu sozialen Netzwerken erscheinen oft am Ende des Textes, vor oder nach der Unterschrift. In einem Fall (BRve108-62B) wurden die Hinweise für die Kontaktaufnahme auf digitalen Plattformen in den Briefkopf gesetzt, wo traditionell die Adresse des Absenders steht.

Die folgenden Abschnitte, die um während des gesamten Analyseprozesses festgelegte Kategorien herum aufgebaut sind, beschränken sich jedoch nicht auf formale Beobachtungen, aus denen Merkmale und Bearbeitungen der praktizierten Textgenre hervorgehen. Solche Beschreibungen werden mit dem Bestreben angenommen, Manifestationen des mehrsprachigen Bewusstseins und sprachlichen Ausdrucks der beteiligten Subjekte zu erkennen. Ein zweiter Schwerpunkt ist die Verwendung von Sprachmitteln bei der Darstellung, Wahrnehmung und Behandlung interkultureller Aspekte. Dabei wurde in den ausgetauschten Schriften vor allem nach Elementen gesucht, die darauf hinweisen könnten, welches Bild der Absender sich von seinem Gesprächspartner macht und wie er sich und den Partner, ihre Kulturen und die Begegnungssprache in der Konstruktion des Third Place positioniert.

6.4.1. Ausdruck von Ethnizität im interkulturellen Kontakt über die Begegnungssprache

Mithilfe der Briefe der Deutschlernenden und deren spontanem Ausdruck war es möglich, Daten über die ethnische Identität mehrerer Teilnehmenden zu erhalten. Die meisten dieser Manifestationen stammen von Texten, die in Venezuela und Rumänien produziert wurden. In lediglich einem brasilianischen Brief erklärt dessen Verfasser die Herkunft seiner Familie, möglicherweise als Antwort auf eine Frage des Briefpartners: „Meine ganze Familie kommt aus Brasilien“ (BRve125-73A). In diesem Fall scheint die Aussage die Neugierde eines Gesprächspartners zu frustrieren, welcher eine Identität mit

Migrationshintergrund erwartete. Mehr oder weniger gleichlautend antwortete über seine Herkunft ein venezolanischer Teilnehmer, der immer in der gleichen Stadt gelebt hat: „Ich bin in (…) seit ich geboren bin" (VEbr7-81C).

In der Schule VE hat sich dieses Thema jedoch als sehr geschätzt erwiesen. Es ist üblich, die durch die Familienzugehörigkeit erworbenen Nationalitäten hervorzuheben, z.B. durch direkte Erwähnung von eingewanderten Großeltern aus europäischen Ländern:

> Ich habe deutscher Abstammung. Die Mutter meiner Oma kommt aus Berlin, aber meine Oma ist hier in Venezuela geboren. Deshalb bin ich in einer deutschen Schule. (VEbr4-81C)

> Meine Oma heißt B. und mein Opa heißt R. Sie sind portugesisch und die Familie von mein Vater sind aus Polen. (VEbr102-81D)[189]

Beide jungen Autoren dieser Texte erkennen sich selbst als Teil einer Abstammungslinie an, die von ihren Großeltern mitgebracht wurde und sie damit zu Trägern bestimmter Charaktere im Verhältnis zu anderen Venezolanern macht. Die erste Schülerin nennt diese Genealogie als Motiv für den Besuch einer deutschen Schule.

In den Briefen, in denen sich die venezolanischen Teilnehmenden sehr über die Fußball-Europameisterschaft freuen, tauchen nach Auseinandersetzungen über die Mannschaften verschiedene Manifestationen ethnischer Affinität auf:

> Ich bin Italiener, deshalb mein lieblings Mannschaft ist Italien. Die Finale wird Italien vs Deutschland und Italien wird die Eurocopa gewinnen. (VEbr6-82B)

> In meiner Klasse, es gib viele Italiener das Italien Fans sind, und auch Deutsche, Spanier uzw. Wie ist in deiner Klasse? Gib es auch Leuten von verschiedenen Nationalitäten. Hast du auch verschiedene N.? Ich bin Deutsche, Venezolaner und Slowene. (VEbr8-82B)

Eine scheinbare Verherrlichung der Vielfalt deutet in Wirklichkeit auf die Wertschätzung von multiplen oder differenzierten Nationalitäten hin, die soziales Ansehen verleihen. Das Interesse an der Staatsangehörigkeit der

189 In den Zitaten dieses Korpus werden die Namen von Schülerinnen, Schülern, Lehrkräften und Personen, die ihren privaten Kreisen angehören, sowie Nachnamen und weitere Vornamen, welche die Anonymität beeinträchtigen könnte, weggelassen. Orthographie folgt dem Original.

Klassenkameraden und brasilianischen Partner während der Männerfußball-EM lässt vermuten, dass dieses Gefühl mit einem Stolz verbunden ist, sich als Teil der europäischen Gemeinschaft anzuerkennen – ein Merkmal, das sie von anderen Venezolanern unterscheiden würde. Es wäre also nicht die Idee der Vielfalt, die es zu würdigen gilt. Im Gegenteil, Europäer zu sein, macht sie einander ähnlich und damit zu Mitgliedern einer besonderen Gruppe, die sich von der Norm um sie herum abhebt, indem dieser Schüler sich zum Nachteil der deutschen Mannschaft zur Unterstützung der italienischen Nationalelf bekennt.

In dieser Hinsicht treten in den VE-Texten einige Individuen hervor, deren Familien aus anderen lateinamerikanischen Ländern ausgewandert sind:

> Ich komme aus San José (Costa Rica), aber wohne ich auf (...) Venezuela. (VEbr18-81D)

> Ein Teil meiner Familie ist aus Venezuela und der andere Teil ist aus Kolumbien. (VEbr28-81D)

In der venezolanischen Partnerschule behauptet nur die Autorin des ersten Auszugs in der ersten Person, aus einem anderen Land direkt gekommen zu sein. Darüber hinaus weisen diese Aussagen im Vergleich zu den vorhergehenden weitere Besonderheiten auf. Hier beziehen sich die Jugendlichen weder auf „Nationalität" und „Abstammung" noch auf bestimmte Mitglieder ihrer Familien. Die Migrationssituation ist real und präsent, da in einem Fall die Schülerin erklärt, selbst ab einem bestimmten Zeitpunkt in einem anderen Land gelebt zu haben, und im zweiten Text die Autorin zunächst als Venezolanerin erkennt und den Teil ihrer Familie angibt, welcher aus dem Nachbarland stammt. Tatsächlich liegt beiden Aussagen gleichzeitig ein Gefühl der Zugehörigkeit zu einem größeren Raum zugrunde, innerhalb dessen sich Migrationsströme in einem horizontalen Sinn abspielen.

Es ist möglich, die Aussagen einiger Lernenden der Schule RO ebenfalls aus dieser Perspektive zu betrachten:

> Ich komme aus Bulgarien. Ich bin 11 Jahre alt. Ich wohne jetzt in (...), Rumänien. Ich gehe nach zwei Jahren nach Sofia, Bulgarien. Mein Hobby ist Fußball spielen, schwimmen, mit Freunde sprechen und Videospiele. Wie viele Freunde hast du? Wo bist du geboren? Ich bin in Österreich geboren. Ich hab dort 2 Jahren gelebt. Dann war ich zwei Jahren in eine bulgarische Kindergarten gewesen. Nacher bin ich nach Schweiz gegangen. Dort hab ich 3,5 Jahren gelebt. Dort hab ich auch Deutsch gelernt. (RObr15-61B)

Ich bin in Österreich geboren. Ich musste übersiedeln, weil mein Vater, Chef von seiner Firma sein wollte. Ich bin schon seit 3 Jahren hier in (...). Mein Vater kommt aus Frankreich und ist halb Rumäne aber ist in Österreich geboren. Meine Mutter ist in Österreich geboren. (RObr10-61B)

Beim Beginn, die erste Nachricht zu lesen, könnte man glauben, dass der Schüler in zwei Jahren *wieder* in Bulgarien sein wird, dort wo er „herkommt", obwohl er anscheinend nie in diesem Land gelebt hat. Er fragt seinen Briefpartner, wie viele Freunde er hat, was für jemanden, der in der 6. Klasse schon Schulen in drei Ländern besucht hat, eine wichtige Angabe sein muss. Für ihn entspricht die Herkunftsidentifikation nicht seinem Geburtsort. Die Nationalität seiner Eltern oder Großeltern wird vom Individuum angenommen und wird im Gegensatz zu den vorherigen Auszügen nicht als historischer Zufall, Erbgegenstand oder Merkmal sozialen Status dargestellt. Der Verfasser des zweiten Auszugs ist ebenfalls wie seine Eltern in Österreich geboren, gibt aber seine Staatsbürgerschaft nicht im Text an. In diesem Fall handelt es sich ausnahmsweise um einen L1-deutschsprachigen Schüler.

Nationale Identität, Geburtsort und Nationalität der Eltern stimmen in der Schule RO oft nicht überein. Dies wird unter den Lernenden als normal angesehen und beeinflusst, wie diese jungen Leute definieren, wer sie sind. Andere Beteiligte des Projektes in dieser Gruppe bekennen sich zur spanischen Abstammung: „Ich wohne in (...) aber habe spanische Abstammung" (RObr11-61B); manche kommen aus Deutschland: „Hier in Rumänien (bzw. Deutschland, weil ich aus dem Land komme)" (RObr1-72A); und eine wieder andere Teilnehmerin ist Brasilianerin: „Ich bin in Brasilien geboren doch blieb dort nur 1 Jahr lang. Danach lebte ich in Deutschland & Kolumbien. Jetzt lebe ich in Rumänien (...)" (RObr2-71B). Für diese Lernenden ist es sinnvoll, ihren Partner zu fragen, ob sie aus dem Land kommen, in dem sie sich befinden, oder ob sie aus anderen Gründen dort leben: „Bist du Brasilianerin oder lebst du in Brasilien wegen anderen Gründen?" (ebd.).

Dieses Bild charakterisiert jedoch nicht die beiden anderen Schulen in Rumänien. Während die Schule RO, ebenso wie die Schulen BR und VE, als Auslandsschule mit der deutschen Bundesregierung verbunden ist und vielen ausländischen Familien zur Verfügung steht, die vorübergehend in Rumänien leben, ist die Schule RQ eine öffentliche und traditionelle Einrichtung. Das Gleiche gilt auch für die private Schule RP, welche hauptsächlich rumänischen Familien aus der Mittelschicht dient, die von früher Kindheit an in eine zweisprachige Erziehung investieren, damit ihre Kinder über die notwendigen

Sprachkenntnisse verfügen, um in einer dieser Institutionen die bilinguale Grundschule besuchen zu dürfen:

> Ich spreche Deutsch seit ich 2 Jahre und ein halb alt bin und ich glaube dass es die schönste Sprache von allen ist. (RQbr38-73C)

In Briefen von RQ- und RP-Lernenden wurden auch einige Hinweise auf den Migrationshintergrund, die durch Abstammung erworbene Nationalität und den Geburtsort außerhalb des Landes gefunden:

> Ich wurde 2005 am 31. März in Wien geboren. (RPbr8-73C)

> Ich heiße M. und komme aus Rumänien aber mein Vater kommt aus Deutschland. (RQbr43-73C)

> Ich habe drei Staatsangehörigkeiten (italienische, rumänische und venezolanische). Mein Vater kommt aus Venezuela. Ich spreche 4 Sprachen. (RPbr7-73C)

Im Vorstellungsschreiben wird der Geburtsort des Verfassers in der Regel nicht spontan erwähnt, es sei denn, diese Information stellt wie in den ersten beiden obigen Beispielen eine Verbindung der Herkunft mit den L2-Referenzländern dar. Im dritten Auszug wird jedoch die mehrsprachige Identität mit einer multiplen Ethnizität verbunden, die keine germanischen Komponenten enthält.

Die kommentierten Fälle sind im ganzen Korpus die einzigen, in denen sich Briefpartner durch ethnische Merkmale identifiziert haben, sei es durch die persönliche oder familiäre Migrationsgeschichte, durch die Herkunft ihrer Eltern oder Großeltern oder durch den Status der Differenzierung oder gesellschaftlich anerkannten Zugehörigkeit als kulturelles Privileg. In der Regel stellen sich die Lernenden als Brasilianer, Venezolaner oder Rumänen vor, indem sie den Ausdruck „Ich komme aus …" verwenden, der im Fall der ersten beiden Gruppen eine Beziehung der Zugehörigkeit zu dem Ort, von dem aus sie schreiben, wo sie leben und lernen, zum Ausdruck bringt, die der ethnischen Identität ihrer Vorfahren übergeordnet ist. Wenn die Herkunftsländer der Eltern oder Großeltern genannt werden, geht es auch darum, die Familienmitglieder vorzustellen, mit denen sie zusammenleben. In keinem Text wurde auf frühere Generationen Bezug genommen, deren Ursprünge mit ihrer erworbenen Nationalität oder ihrer hybriden Ethnizität zusammenhängen. Aus diesem Grund lässt sich vermuten, dass sich die Teilnehmenden, außer in den bereits erläuterten Fällen, in erster Linie als Angehörige der Kultur ihrer L1 (Portugiesisch, Spanisch, Rumänisch) und des Landes, in dem sie leben, identifizieren.

6.4.2. Einstellungen gegenüber Deutschland, der Germanophonie und Deutsch als Begegnungssprache

Eine quantitative Erhebung der Erwähnungen bezüglich Deutschlands wurde nach Schulen und im Verhältnis zur Gesamtzahl der Briefe durchgeführt. In insgesamt 8,1 % des analysierten Materials wurden Hinweise auf das Land und die Deutschen gefunden. Von 55 Zitaten sind 30 auf durch die Lehrperson festgelegte Themen zurückzuführen, die in den Briefen angesprochen werden sollten, wie z.B. die Vorbereitung einer Austauschreise und einen Roman, der im Unterricht bearbeitet worden war. Lässt man diese induzierten Fälle außen vor, so zeigt sich, dass lediglich 3,7 % der Texte eindeutige Bezüge zu Deutschland oder zu Aspekten seiner Kultur aufweisen, die durch Adjektive, Adverbien und Redewendungen erkenntlich sind.

In nur zwei Briefen wird die Familiengeschichte deutscher Einwanderung dargestellt. Sechs Briefe erwähnen Familie oder Freundschaften, die in Deutschland leben. In einem anderen Fall wird gefragt, warum der Partner oder die Partnerin eine deutsche Schule besucht, und gleichzeitig, ob er oder sie Verwandte in Deutschland hat. Es gibt zehn Texte, die Reisen nach Deutschland erwähnen, wobei in einem davon auch Österreich als Reiseziel erscheint und in einem anderen die Schweiz. Zwei Schüler äußern den Wunsch, nach Deutschland zu reisen. Berlin, Hannover und Köln erscheinen in nur drei Briefen und sind die einzigen deutschen Städte, die im gesamten Korpus genannt werden.

Zwei Briefe beziehen sich auf Hunderassen, die als deutsch bezeichnet werden – „drei große Deutsche Schäferhunde" (BRrp109-73D), „einen Deutscher Shephard" (RQbr47-73C) und „Dachshund, eine deutsche Rasse" (BRve2a-93D). Vier Briefe zitieren den deutschen Fußball und drücken Bewunderung und Sympathie für die Nationalmannschaft aus. Ein venezolanischer Schüler erinnerte in einem Brief an seinen brasilianischen Briefpartner an die Niederlage Brasiliens gegen Deutschland bei der Weltmeisterschaft 2014, und ein weiterer brasilianischer Jugendlicher äußerte den Wunsch, das Stadion Allianz Arena zu besuchen. Obwohl Deutschland als Studienort ein Thema ist, das im institutionellen Diskurs der Schulen einen hohen Stellenwert hat, wird es nur von zwei Zehntklässlern angesprochen, von denen einer auch auf die USA als Alternative verweist.

Insgesamt gaben neun[190] Teilnehmende an, in deutschsprachigen Regionen oder Ländern geboren zu sein oder gelebt zu haben: vier in Deutschland, drei in Österreich – von denen einer auch in der Schweiz – sowie ein weiterer in der Schweiz, und schließlich eine Schülerin in Kronstadt (rumänisch Braşov), Stadt in der Region Siebenbürgen, die sie in ihrem Vorstellungsschreiben auf Deutsch nennt.

Zuletzt gibt es vereinzelte Hinweise: eine Schülerin begründet ihr Schreibversäumnis mit einer Reise nach Deutschland; ein Schüler kommentierte seinen Traum, Pilot bei der deutschen Lufthansa zu werden; ein anderer Schüler erklärte den Ursprung der DSD-Leistungsprüfungen und ein wieder anderer erläuterte den Weg der Briefe, welche aufgrund logistischer Schwierigkeiten in Venezuela auf dem Postweg an den Projektleiter in Deutschland gesendet werden mussten, der sie wiederum weiterleitete. Abschließend ist die Frage eines RO-Schülers der 6. Klasse an seinen brasilianischen Briefpartner erwähnenswert: „Magst du Deutschland?" (RObr12-62A).

Einige Teilnehmer nannten Lieblingsbücher und empfahlen Titel der Jugend- und Gegenwartsliteratur deutscher oder deutschsprachiger Autoren[191]. In solchen Verweisen wurde meist die Autorin bzw. der Autor genannt, aber in keinem Schreiben werden sie oder die Werke ausdrücklich auf Deutschland bezogen.

Nach der Überprüfung der Häufigkeit von nationalen Farbkombinationen und Flaggen zur Verzierung der Briefe überwogen Symbole und Farben des absendenden Landes. Diese Auswertung konzentrierte sich auf Briefe aus den Klassenstufen 6 und 7, da das von den nachfolgenden Klassen erstellte Material nur in Ausnahmefällen paratextuelle grafische Elemente und Farbgestaltung enthält. Die Briefpartner der Schule VE nutzten die Nationalfarben und die venezolanische Flagge am häufigsten. Außerdem zeichneten sie die Flagge des Partnerlandes häufiger als ihre Gesprächspartner es selbst taten.

Unter den rumänischen Schulen gab es nur in einer Institution (RQ) Briefe, welche mit den rumänischen Nationalfarben versehen waren. Diese Forschungsarbeit verfügt nicht über genügend Daten, um zuverlässig auf die Faktoren hinzuweisen, die diese Abweichung beeinflussen. Die Tatsache, dass die Schule RQ

---

190 Ein Exemplar wurde in der Schule BR, ein weiteres in der Schule VE identifiziert und die anderen verteilt auf die rumänischen Schulen: 4 in RO, 2 in RQ und 1 in RP.

191 Folgende literarische Werke deutscher Autoren werden im Korpus erwähnt: „Panthersommernächte" von Bettina Belitz; „Momo" von Michael Ende; die Kinderbuchreihe „Hexe Lilli" von Knister; „Tintentod" von Cornelia Funke; „Russendisko" von Wladimir Kaminer.

eine öffentliche Bildungseinrichtung mit einer größeren Tradition in der lokalen Gesellschaft ist und dass dieser Sachverhalt die Ergebnisse einer gezielten Untersuchung zu diesem Aspekt bestimmen könnte, ist aber nicht außer Acht zu lassen. Zudem war diese Schule ursprünglich Teil eines nationalen deutschsprachigen Bildungsprojektes. Parallel dazu sind RO und RP kleinere, viel jüngere Einrichtungen, welche sich basierend auf den Zielen der Europäischen Union und der direkten Zusammenarbeit mit Deutschland und anderen westeuropäischen Ländern offen für eine international orientierte Bildung zeigen.

In allen Gruppen wurden die Farben Schwarz, Rot und Gelb, die für Deutschland stehen, im Forschungskorpus in nur sechs Briefen ermittelt, von denen fünf aus der Schule BR und einer aus der Schule VE verschickt wurden. In diesem Fall wurde von der Schülerin ein kleinerer Umschlag angehängt, welcher ein Armband in den Farben der venezolanischen Flagge enthielt, die folgende Botschaft trug: „Ich habe gemacht. Es ist für dein Hand. Ich kann anderes machen mit die deutsches Fahne!" (VEbr52-6B). Nationalsymbole aus anderen Ländern der DACHL-Gruppe sind im Forschungskorpus nicht vertreten. Das einzige Vorkommen eines anderen Landes, das durch seine Nationalflagge repräsentiert wurde, findet sich im Brief eines brasilianischen Schülers (BRve127-73D), der die nicaraguanische Flagge als Antwort für den venezolanischen Partner entwarf, zu dessen Brief diese Studie leider keinen Zugang hatte, er darin aber offenbar bedauerte, bald in dieses Land auswandern zu müssen.

Vor der Darlegung allgemeiner Aspekte der Struktur und der Sprache des Materials sind noch einige Antworten venezolanischer Lernender auf eine Provokation zu betrachten, welche möglicherweise auf eine Initiative aus der brasilianischen Partnerklasse oder der anleitenden Lehrkraft zurückzuführen ist: Warum ist es wichtig, Deutsch zu lernen? Im Folgenden finden sich einige Auszüge:

> Meine Meinung über das Thema Deutschlernen in der Schule ist, dass es ist sehr wichtig. Wir lernen in einer Deutsche Schule, wir sehen alle die Fächer auf Deutsch. Für den Abi ist es sehr wichtig, ein gutes Deutsches Niveau zu haben. Deutschlernen ist es auch wichtig, wenn man nach Deutschland ziehen will. Wer in Deutschland studieren möchte, so ist es klar, dass diese Person Deutsch sprechen muss. (VEbr7-93B)

> Ich finde, dass Deutsch gut für unseren Leben ist (Zukunft) aber nicht so intensiv lernen, weil man sich langweilig. (VEbr15-93B)

> Ich finde Deutsch wichtig wenn du nach Deutschland fliegst. Warst du schon in Deutschland? Ich habe natürlich in Deutschland geflogen. (VEbr39-93B)

Die Einstellung, die diese Texte über sie vermitteln, ist immer noch die eines Sprachcodes, den man lernt, um die vom Lehrplan gesetzten Ziel zu erreichen, in Deutschland zu leben, zu studieren und dorthin zu reisen. Abgesehen von einer eher oberflächlichen Überlegung, dass das Erlernen der Sprache zu einem besseren Leben in der Zukunft des zweisprachigen Individuums beitragen würde, deuten diese Aussagen darauf hin, dass der Gebrauch des Deutschen als Begegnungssprache die sprachlichen Einstellungen der Lernenden offenbar nicht so stark beeinflusst hat, dass sie ihren metalinguistischen Diskurs verändert hätten. Das Bemühen um den Spracherwerb während der gesamten Schullaufbahn wäre in diesen Stellungnahmen nur oder vor allem durch die Annahme gerechtfertigt, dass Deutschland ein einsprachiges Land ist und dass ein einzelnes Land der Welt zum Reise- oder Studienziel wird, auch wenn es andere Länder gibt, in denen Deutsch gesprochen wird, und nicht deutschsprachige Länder, in denen das internationale Abitur für den Hochschulzugang ebenfalls anerkannt ist.

6.4.3. Fremdwörter, Entlehnungen und Neologismen im Wortschatz der Begegnungssprache

Bereits bei der ersten Durchsicht des gesammelten Datensatzes konnte erkannt werden, was das markanteste und eindringlichste Merkmal dieser Analyse sein würde. Fast alle Texte der teilnehmenden Schülerinnen und Schüler enthielten Wörter aus anderen Sprachen, einschließlich ihrer L1. Besonders erwähnenswert ist das häufige Auftreten von Begriffen der globalisierten Mediensprache und der neuen Informations- und Unterhaltungsplattformen. Es handelt sich um Marken von Produkten und Dienstleistungen, insbesondere der digitalen Medien und der Unterhaltungs- und Bekleidungsindustrie, sowie um Begriffe, die sich auf sportliche Aktivitäten beziehen. Sie erscheinen nicht immer mit großen Anfangsbuchstaben, wie sie auch in der L1 normalerweise als Eigennamen geschrieben werden. Diese werden als Gattungsbezeichnungen verwendet, oft in der Annahme, dass sie dem Gesprächspartner einer anderen Kultur bekannt sind. So wie mehrere Lernende in ihren Vorstellungsschreiben angaben, dass sie gerne Fußball oder Basketball spielen, fügen viele in der gleichen Auflistung den Handelsnamen von elektronischen Spielen sowie Videospielkonsolen und Spielzeugmarken hinzu, ohne sie als solche zu definieren. Dabei handelt es sich um eine Reihe von lexikalischen Begriffsgruppen, die in Texten aller Standorte gleichermaßen vertreten waren. Sie beziehen sich weitgehend auf international verbreitete Konsumgüter:

a) Lebensmittel: Bolognese Sauce, Nutella, *Spaghetti*, *Sushi*, *Taco*;
b) Hunderassen: *Chow-Chow*, Doberman Pincher, *Husky*, *Golden Retriever*, *Labrador*, Lhasa Apso, Maltês, Yorkshire;
c) Elektronische Spielkonsolen: *Playstation*, *Videogame*, Wii, Xbox;
d) Tools für Kommunikation, Unterhaltung und Informationstechnologie: *App*, Appletv, Deep Web, *E-Mail*, *Facebook*, follow, *Followers*, *Instagram* (bzw. Insta), *Internet*, Live, Meme, *Netflix*, Sezon, Skype, *Snapchat* (bzw. Snap), Soundcloud, *Spotify*, Sub for Sub, *Twitter*, Viber, *Website*, *Whatsapp*, *Wi-Fi*, *Youtube*, *Youtuber*;
e) Kunstgattungen und künstlerische Ausdrucksformen: *Anime*, Creepypasta, Dab, *Graffiti*, *Hip-Hop*, *Manga*, *Rap*, *Scifi*, Trap, Vaporwave;
f) Mode, Style und Verhalten: casual, cropped, *Jeans*, *Hoodie*, Ombré Hair, *Shorts*, skinny, *smart*, swag, *Sweatshirt*, *T-Shirt*;
g) Sport und andere Freizeitaktivitäten: *Badminton*, Eurocopa, Freerunning, *Gaming*, *Jiu-Jitsu*, *Judo*, Kitesurf, Krav Maga, Lip Sync, *Mountainbike*, Muay Thai, *Parkour*, *Pilates*, *Pool*, *Skate*, *Skateboarding*, *Snowboarding*, Stand Up Paddle, *Streetdance*, Surf, *Trekking*, *Wakeboarding*, *Yoga*;
h) Politik und Gesellschaft: Dictadura, *Favelas*, *impeachment*, *Slums*;
i) Andere: Bar Mitzvah, Bullying, *cool*, *Hobby*, *Mall*.

Die allgemeine Verwendung dieser Begriffe, die immer weniger markenspezifisch sind und zunehmend zur Bezeichnung von Kategorien und Verhaltensweisen verwendet werden, rechtfertigt, dass viele dieser Wörter in deutschsprachigen Wörterbüchern zu finden sind. Bei jeder Neuauflage des Duden-Wörterbuchs werden Tausende neuer Einträge aufgenommen, sodass die 130.000 Einträge in der 24. Ausgabe aus dem Jahr 2006 auf 145.000 Einträge in der 27. Ausgabe im Jahr 2017 anstiegen. Die kursiv gedruckten Wörter findet man in der Online-Version[192]. Einige andere Wörter jener Liste sind zwar nicht vorhanden, aber es ist möglich, verwandte Formen, andere Wortarten oder Abweichungen zu finden, wie zum Beispiel: *Sauce bolognese*, *skypen*, *Stand-up-Paddeln*, *surfen*, *Dobermannpinscher*, *Malteser* und *Yorkshireterrier*.

Die große Häufigkeit dieser Begriffe in Texten von Personen mit unterschiedlich ausgeprägten mehrsprachigen Identitäten unterstreicht den translingualen Charakter dieser Wörter (Canagarajah 2020). In den meisten Fällen haben sich die Verfassenden nicht darum bemüht, entsprechende oder sinnverwandte Begriffe im Deutschen zu finden, Umschreibungen zu suchen oder etwa durch Anführungszeichen diese Wörter als Entlehnungen oder Neologismen

192 http://www.duden.de, Zugriff am: 13 Jan. 2019.

zu kennzeichnen. Ein Anzeichen dafür ist, dass sie gelegentlich genau dazu dienen, Begriffe zu definieren oder zu beschreiben, die dem Gesprächspartner vermutlich unbekannt sind, wie im folgenden Beispiel:

Mein Lieblingsessen ist Shaorma, eine Art Taco aber man findet es nur in Rumänien. (RQbr53-73C)

Der Wert eines Zeichens wird durch andere Zeichen gegeben, entweder durch Synonyme, Definitionen, Paraphrasen oder andere mögliche Konstruktionen „innerhalb desselben Systems" oder durch Übersetzung (Fiorin 2015: 56). *Shaorma*, das im obigen Zitat als ein fremdes Element behandelt wird, erfordert eine Definition, welche mit den in der Begegnungssprache verfügbaren Mitteln gebildet wurde, damit der oder die Lesende aus einer anderen Kultur es verstehen kann. Um dieser Prämisse gerecht zu werden, muss das Wort *Taco* als ein zu diesem System – in diesem Fall die deutsche Sprache – gehörendes Element betrachtet werden. Die analysierten Daten belegen jedoch, dass die Schreibenden zu diesem Zweck Zeichen, die sie für allgemein bekannt halten, auch wenn sie aus anderen Sprachen entlehnt sind, konsequenter verwenden als Wörter, die sie als Teil des deutschen Wortschatzes erkennen. Folglich besteht die Konstruktion des Third Place weitgehend in der Festlegung eines gemeinsamen Codes. Er basiert auf der gemeinsamen L2, welche im Hinblick auf die Bedeutungen, die seine Benutzenden zu vermitteln beabsichtigen, neu konfiguriert und angepasst wird. Als wäre es ein Pidgin, wählen die Gesprächspartner ein bestimmtes Repertoire aus, welches das Protosystem ihrer Begegnungssprache konstituiert. Diese Auswahl erfolgt auf der Grundlage der sprachlichen Ressourcen und der Zeichen, die von der L2 angeboten werden, und derjenigen, die von den Interaktionsteilnehmern entsprechend ihrem Weltwissen, ihrer mehrsprachigen und interkulturellen Kompetenz eingebracht werden.

Wie bei der Themenwahl, dem Textumfang, der Anwendung paratextueller Elementarten und anderen Aspekten, welche einvernehmlich und nicht immer ausdrücklich festgelegt werden, wird auch das Zeichenrepertoire der Begegnungssprache in einem dialogischen Prozess von Versuch und Irrtum ausgehandelt. Wenn es sich jedoch um neue Medien, Anwendungen und digitale Spiele handelt, gehen die Lernenden selten davon aus, dass die Begriffe den Gesprächspartnern unbekannt sind, d.h. dass sie z.B. nicht wissen, dass „Shou" oder „musical.ly" Werkzeuge zur Videoaufnahme und Lippensynchronisation sind:

> Ich habe 13 Jahren und manchmal mache ich lives in Shou. Ich habe 420 Followers mit mein Freund M. Wir heißen [...] auf Shou. (RQbr53-73C)

Im Zitat behauptet der Schüler, Videoübertragungen zu machen, die man in Echtzeit verfolgen kann. Die Begriffe *lives* und *followers* sind in sozialen Netzwerken und Applikationen geläufige Begriffe, sodass der weniger vertraute Leser daraus schließen könnte, dass Shou eine Online-Sharing-Plattform ist. Der Verfasser des Briefes zögert nicht bei der Formulierung dieses Inhalts an den Gesprächspartner. Ergänzend zu diesem Vorkommnis erwähnen drei weitere Jugendliche ihre eigenen Kanäle auf der YouTube-Plattform, wobei zwei von ihnen den Ausdruck *Sub for Sub* verwenden, einmal als Hashtag (*#sub-4sub*). Damit schlagen sie ein gegenseitiges Abonnement vor, falls der Partner ebenfalls auf der Plattform über einen Kanal verfügt.

Je mehr sich die Peers im Verlauf des Austauschs als Angehörige gemeinsamer Interessengruppen erkennen, desto häufiger treten Lehnwörter und Code-Switching auf. Auf die Frage ihrer Briefpartnerin, ob ihr die britische Musikgruppe One Direction gefällt, antwortete die brasilianische Schülerin:

> Ich bin nicht directioner aber ich mage seinen lieder. (BRve110-62B)

Obwohl sie keine große Begeisterung für die Band äußerte, signalisierte die Schülerin nicht nur, dass sie ihre Lieder kennt, sondern zeigte den Mitgliedern dieser Interessensgruppe Empathie und Vertrautheit mit ihrer Sprache. Der Diskurs kann auch auf themenspezifische Sprache zurückgreifen, ohne zunächst in das Thema einzutauchen, als phatische Strategie, um festzustellen, ob dem Gesprächspartner das Thema geläufig ist, er sich dafür interessiert oder damit umgehen kann. Der folgende Auszug zeigt, wie zwei Schüler beim Vorstellen ihrer Freizeitaktivitäten ihr Interesse zum Ausdruck bringen, Meinungen und Erfahrungen zu bestimmten Videospielen auszutauschen:

> Mein hobbyes sind surfen video game spielen und fußball spielen. Ich spiele Clash Royale I bin in Arena 11 mit 4491 trophies. (BRve110-62B)

> Vielleicht spielen wir ein paar comp. auf CS: GO (ich bin ziemlich gut mit dem AWP). (RQbr38-74A)

Deutschsprachige Clash-Royale-Fans verwenden im Internet den Begriff *Pokale* als unmittelbare Bezeichnung für *troféus*, wie brasilianische Spielende es nennen. Die Unkenntnis des deutschen Jargons veranlasste den Informanten jedoch nicht dazu, im Wörterbuch nach einem entsprechenden Begriff zu suchen oder L1-Wörter zu verwenden. Er sah sich auch nicht außerstande zu vermitteln, was er sagen wollte. Die Option für den Begriff „trophie" könnte auf den Kontakt mit englischsprachigen Tutorials, Foren und Vlogs zurückzuführen sein. Der Austausch von *ich* gegen sein englisches Analogon *I* deutet auch darauf hin, dass es möglicherweise zu unfreiwilligen Interferenzen mit einer anderen Sprache gekommen ist, die sein mehrsprachiges Repertoire ausmacht. Der nachfolgende Auszug befasst sich mit dem unter den jungen Briefpartnern des Projekts oft zitierten Spiel Counter Strike: Global Offensive. Genau wie bei Clash Royale verwenden seine Spielende einen gebräuchlichen Code mit Begriffen aus der Sprache, in der das Spiel konzipiert wurde, sowie Abkürzungen und Akronyme. Das sind Ausdrücke, die die Schüler auch mit Sprechenden der gleichen L1 verwenden, um sich darüber zu unterhalten. Sobald die Briefpartner erkannten, dass beide Teil derselben Gemeinschaft waren, die den Jargon verwendet, wurde dieser in ihre Begegnungssprache integriert.

Ein ähnliches Phänomen tritt in drei Briefen einer Klasse der Schule RQ auf, in denen die Lernenden ihre fiktive Zugehörigkeit zu einem der vier Internatshäuser der Hogwarts-Schule für Hexerei und Zauberei aus der von J.K. Rowling konzipierten literarischen Harry-Potter-Kinderbuchreihe darlegten. In zwei dieser Texte findet sich kein weiterer kontextualisierender Hinweis bis auf diese Erwähnung: „Ich bin ein Ravenclaw" (RQbr51-73C) und „Ich bin in Hufflepuff" (RQbr49-73C); während der dritte Schreiber sich als ein Kenner der Serie präsentiert, bevor er das Haus seiner Präferenz angibt: „Mir gefällt auch Harry Potter und bin in Hufflepuff" (RQbr34-73C). Die Teilnehmenden verwendeten Namen aus der englischen Originalveröffentlichung, welche sich von den in ihren L1 verwendeten Bezeichnungen einerseits unterscheiden, andererseits aber in der Übersetzung des Werkes ins Deutsche beibehalten wurden.

Erwähnenswert ist der große und vielfältige anglophone Bestand an Filmen, Serien, Büchern, Songs und Vloggern, der in den Briefen unter den Präferenzen und Einflüssen der beteiligten Jugendlichen zitiert wird. Diese begannen bereits im vorpubertären Alter formell Englisch zu lernen, das wahrscheinlich als ein zugänglicherer Sprachcode wahrgenommen wird als Deutsch und in dessen Gebrauch die Projektteilnehmenden sich sicherer und wohler fühlen. Diese Befunde widersprechen den Zielen der Lehrplanpolitik der untersuchten Schulen, die die Entwicklung zweisprachiger Kompetenz und Identität von frühester Kindheit an auf den Erwerb der deutschen Sprache aufbauen. Tatsächlich ist sowohl im Alltag der Schülerinnen und Schüler, als auch in Themen, die in den Massenmedien ihr Interesse wecken, das Englische immer präsent. Auf diese Weise wird der rasche und solide Aufbau affektiver Bindungen und die Vertrautheit des zweisprachigen Jugendlichen mit dieser Sprache begünstigt, während seine Beziehung zur deutschen Sprache praktisch auf schulische Aktivitäten beschränkt ist, die einer normativen Aufsicht und Leistungskontrolle unterliegen.

Dies scheint zu erklären, warum sich die deutsche Sprache im analysierten Material nur selten dazu anbietet, Affinitäten zwischen zwei Jugendlichen der gleichen Altersgruppe aufzudecken. Selbst Deutschland scheint sich weit mehr als die deutsche Sprache dafür zu eignen, Parameter und Bezeichnungen zu liefern, um Gemeinsamkeiten zwischen den Identitäten herauszuarbeiten und einen Raum für den interkulturellen Dialog auf der Grundlage gemeinsamer Referenzen zu schaffen. Im Folgenden sind Beispiele aufgeführt, die eine Analogie zu der zuvor gesehenen Verwendung von Lehnwörtern und Neologismen zeigen. Beide Briefe verwenden bei der Umschreibung oder Kontextualisierung anderer Begriffe Deutschland bezogene, kulturspezifische Zeichen, die man in der Weltanschauung der Empfangsperson voraussetzt:

> Hier in Rumänien (bzw. Deutschland weil ich aus dem Land komme) wird Weihnachten folgendermaßen gefeiert. Am Heiligabend versammelt sich die Familie und isst etwas däftiges, wie ein Braten. Aber es geht nicht nur um das Essen sondern um die Zeit, die man mit den Leuten, die man gern hat, verbringt. Am morgen danach bekommt man die Geschenke. Yay! Wie wird denn Weihnachten bei euch gefeiert? (RObr1-72A)

> Liebe J., ich hoffe dir geht's gut. Wir haben mit unserer Deutschlehrerin ein deutsches Buch gelesen. Es handelt von den Erfahrungen, die ein Russe in Berlin erlebt hat. Der Autor, Protagonist und Ich-Erzähler, Wladimir Kaminer ist jung mit zwei guten Freunden nach die DDR gefahren und ist da geblieben. Nach dem Mauerfall 1989 sind sie aus der Sowjetunion nach Berlin gefahren in der Suche von Glück. (VEbr48-02A)

Der Autor der ersten Passage, welcher sich selbst mit deutscher Herkunft bezeichnet, geht davon aus, dass die Weihnachtsbräuche in Rumänien denen in Deutschland ähnlich sind, da seine Familie dort die gleichen Riten praktiziert. Vielleicht aufgrund mangelnder Kenntnisse oder eines mangelhaften interkulturellen Bewusstseins des Teilnehmers werden Merkmale der rumänischen Kultur in seinem Diskurs ausgelöscht, indem er Besonderheiten lokaler Bräuche auslässt, die nicht Teil seiner Kultur sind. Im zweiten Auszug geht es ausdrücklich um die Erfüllung folgender Unterrichtsaufgabe: das Schreiben eines Briefes, in dem dem brasilianischen Partner die Lektüre des Werkes

„Russendisko" von Wladimir Kaminer empfohlen und diese Position begründet wird. Seine Handlung ereignet sich in Berlin und behandelt Aspekte der jüngeren deutschen Geschichte.

Die Begriffe „Heiligabend", „Mauerfall" und das Akronym „DDR" wurden verwendet, um Weihnachtsbräuche zu beschreiben und ein literarisches Werk vorzustellen. Ihr Verständnis erfordert die Aktivierung von zuvor konstruierten konzeptuellen Netzwerken, die für Lesende unerlässlich sind, um z.B. zu interpretieren, an welchem Tag Weihnachtsgeschenke geöffnet werden, was Kaminer zum Umzug aus der UdSSR nach Berlin motiviert haben könnte, und was sonst noch von dieser Erzählung zu erwarten ist.

Diese kulturellen Aspekte beziehen sich auf geläufige Themen im Lernprozess, in Lehrplänen und in Klassenräumen des Deutschen als L2. Die Anwendung solcher Elemente und das bei den ersten Kontakten gegenseitige Mitteilen von Interessen und Vorlieben, die zusammenpassen können, sind grundlegende Strategien der Konvergenz und eine Grundlage für den Aufbau des gemeinsamen Third Place. Die Informanten weisen jedoch nicht nach, über Elemente und Strategien zu verfügen, die der Sprache selbst innewohnen, um sich als Angehörige derselben Community of Practice (vgl. Wenger 2010) auszuweisen.

Der Slang, welcher in der umgangssprachlichen Kommunikation in L1 üblich ist, gehört nicht zum Wortschatz des formalen Spracherwerbs. Der Kontakt mit der deutschen Sprache findet in Situationen statt, die zuvor von der Lehrkraft gestaltet wurden. Außerdem basiert sie auf curricularen Zielen, die an den spontanen und unmittelbaren kommunikativen Bedürfnissen der Lernenden vorbeigehen, welche beispielsweise bei der Interaktion in den Pausen zwischen den Stunden und beim geselligen Beisammensein außerhalb der Klasse entstehen. Für die schriftliche Kommunikation zwischen Jugendlichen derselben Altersgruppe ist der kanonische Gebrauch der Norm und die im Lehrbuch erlernten Sprachmittel offenbar nicht ausreichend. Gleichzeitig erfordert die Umgehung dieses Standards einen Konsens, der in einem kollektiven Prozess von allen beteiligten Gesprächspartnern aufgebaut wird, während sie sich allmählich als Mitglieder der gleichen Community of Practice anerkennen.

Die Interpretation der Forschungsdaten deutet darauf hin, dass die schriftliche Kommunikation in L2 Elemente aufgenommen hat, die die Lernenden in Interaktionen durch Instant-Messenger in ihrer L1 verwenden. Dazu gehören Akronyme und Abkürzungen translingualer Begriffe. Diese werden von Interessengruppen geteilt, die sich um vermeintlich globalisierte Referenzen bilden, die Praktiken, Bewegungen, Technologien, Lebensstile und künstlerische Manifestationen benennen. Auch die Briefschreibenden glauben, sie mit ihren

Gesprächspartnern zu teilen. Der Eindruck der Kompatibilität und Affinität und die Sicherheit der Verständigung steigen, wenn die Reaktion auf das Gelesene den Erwartungen der jeweiligen Schreibenden entsprechen. Das bestätigt, dass beide Parteien die gleichen Codes, Bezüge, Werte und Interessen erkennen und nutzen, wie die aus dem Korpus entnommenen Beispiele belegen:

> In meine Schule hatte wir 2 Wochen Ferien, nicht 1, so, bin ich nach 2 Strände gefahren: Playa Dorada und Higuerote. Hier in Vzla gibt es ganz schöne Strände. Ich auch Netflix gesehen! Ich sehe viele serien auch, wie HIMYM, The Walking death, Gossip Girl und PLL (Pretty Little Liar). Magst du PLL? (VEbr11-81C)

> Mir gefällt, wie ich noch gesagt habe, am PC spielen. Wenn du willst, können wir zusammen CS: GO ♥ und PUBG ♥ spielen. (RQbr15-73C)

Titel von Serien und Videospielen wurden in den obigen Abschnitten durch Akronyme wiedergegeben. In einem Fall erklärte der Verfasser des Textes die Bedeutung der Buchstabenkombination und führte den Code ein, welcher in späteren Briefen weiter verwendet wurde. Auffallend ist die in Venezuela in informellem Schreiben häufig verwendete Form *Vzla*, die das Land bezeichnet. Die Verwendung von Emojis, wie im zweiten Abschnitt, ist ebenfalls recht häufig, sowohl in digital geschriebenen als auch in handschriftlichen Briefen.

Weitere im Korpus vorkommende Abkürzungen und Akronyme sind: DBZ, TWD, IG, EDM, K-Pop, BTS, EXO, AC/DC, P!AtD, MC, HP, NBA, PS4, GTA, RB6, E3, OS, GOAT, BFF, NYC, XOXO und XD. Sie stehen für Fernsehserien, soziale Netzwerke, Bands und Musikstile, Videospiele und Ausdrücke der englischen Sprache, welche inzwischen auch in anderen Sprachen in abgekürzter Form verwendet werden.

Ausgehend von den Signifikanten, aus denen sich die Begegnungssprache der Brieffreunde zusammensetzt, stellen wir fest, dass die Suche nach Identifikation und die Konstruktion von Empathie im interkulturellen Kontakt zwischen diesen jungen zweisprachigen Menschen weitgehend auf der Darlegung und dem Vergleich ihrer Konsumgewohnheiten beruht. Die Formulierung „Mein Lieblings-X ist Y" wird in einigen Fällen intensiv verwendet und oft wird die Position Y wie in den folgenden Beispielen durch Marken besetzt:

> Ich heiße G. C., und ich bin 11 Jahre alt. Meine Spitzname ist G. Ich lernt in (...). Mein Lieblingsfach ist Mathe. Ich liebe Fußball, PS4 und so weiter. My lieblings Kleidung ist Quicksilver, Reserva, Adidas und Nike. Mein Lieblingsbuch ist "Extraordinário". Mein Lieblingsfilm ist Star Wars. Ich habe viele Freunde. Meine Fußballmannschaft ist (...). Tschüss, Dein G. (BRrp209-63D)

Ich heiße M. und ich bin 12 Jahre alt. Ich wohne in (...), in eine Wohnung mit meine Familie. Ich bin 154 cm. Meinen Augen sind hellbraun und meinen Haare sind Blond. Meine Geburtstag ist am (...). Meistens trage ich eine basisch T-Shirt, mit eine Jeans Shorts oder eine Jeans Hose. Meine lieblingsladen ist Forever 21. Meinen Lieblingsmusik sind Hip Hop (Congratulations, Be Humble, usw.) und pop. Ich höre Musik, Reisen und Serie ansehen gerne. Ich gehe auch zum Strand und zum Pool. Meinen besten Freunden heißen L. und M., sie sind sehr cool und ich liebe sie sehr. M. ist auch mein schwerstes Name. Ich reise sehr gern auch, aber ich war noch nie in Afrika und Asien. Ich kann portuguiesisch, english und deutsch sprechen. Sie sind meine lieblingsfächer. ♥ Ich hoffe, dass dir meine text zu mögen. Das ist ein bisschen über mich. Liebe Grüße, Deine M. (BRrq196-63D)

In den Vorstellungstexten von Sechstklässlern neigen die Schülerinnen und Schüler dazu, die ausgeprägtesten Merkmale ihrer Persönlichkeit zu wählen. Die Videospielkonsolen, die sie besitzen und die Markenkleidung, die sie tragen, bilden die Gesamtheit der Informationen, welche die Autoren der oben genannten Texte als relevant betrachten, damit die Briefpartner eine Vorstellung davon entwickeln können, wer sie sind.

In der ersten der obigen Zitate wird die Vorliebe für elektronische Spiele durch das Akronym eines Handelsnamens ausgedrückt. Der Verfasser des Briefes listet dann vier bevorzugte Bekleidungsmarken in einer umfangreicheren und ausführlicheren Reihe als die seiner Freizeitaktivitäten auf. Er vervollständigt sein Profil mit dem Titel seines Lieblingsbuchs, seines Lieblingsfilms und seiner Lieblingsfußballmannschaft und stellt keine Fragen an seinen Gesprächspartner. Dieser vermittelte seine Informationen zuvor schon über ein Vorstellungsformular. Er beschreibt, was er normalerweise trägt, ohne Marken zu zitieren: „Hoddie, mit kurze Hosen und Sonnenbrillen (Casual)"; dennoch konnte er dem Bezeichnen eines Markennamens nicht ausweichen, indem er mitteilte, wie er seine Freizeit verbringt: „Das mache ich gerne: YouTube" (RPbr12-73C).

Die Schülerin M., Autorin des zweiten Auszugs oben, schrieb diesen Text zum gleichen Zeitpunkt wie G. C. unter Aufsicht derselben Lehrkraft. Bei ihr erkennt man jedoch eine andere Textstruktur, was darauf hindeutet, dass die Lernenden die Form der Beschreibung ihres Profils sowie die dafür als relevant erachteten Aspekte frei auswählen durften. In diesem Brief versucht die Schülerin, ihr Aussehen und die Kleidungsstücke, die sie normalerweise trägt, zu beschreiben. Diesen Informationen fügt sie den Namen ihres bevorzugten Bekleidungsgeschäfts hinzu. Ihr Selbstporträt umfasst auch Orte, an denen sie ihre Freizeit verbringt, und musikalische Vorlieben, die sie durch Songtitel verdeutlicht, die sie als eindeutige Hinweise für ihre Partnerin annimmt. Entsprechend der Organisation des Textes erscheint ihre mehrsprachige Identität nicht nur mit den jeweiligen Schulfächern verbunden zu sein, sondern ist auch in gewisser Weise von Konsumgewohnheiten geprägt, die in erster Linie in direktem Zusammenhang mit touristischen Erfahrungen und Aussichten stehen.

Produkte und Dienstleistungen werden nicht nur beim ersten Kontakt genannt. Sie treten auffällig häufig insbesondere in Gruppen auf, die sich in bestimmten Situationen in der Lage zeigen, Perspektiven auf abstraktere Ideen wie Fragen der gesellschaftspolitischen Realität und die Diskussion eines literarischen Werks auszudrücken und auszutauschen. Es folgen Beispiele einer höheren Klassenstufe (Jahrgang 9):

> Ich wollte dich Fragen ob du die Konferenzen von dem E3 gesehen hast. Es war super cool. Sie haben viele neue Videospiele angezeigt, die sich sehr gut aussehen. Zum Beispiel Ubisoft hat uns das Videospiel von Mario + Rabbids angezeigt. Und auch, wie es immer ist, haben sie (Nintendo) die neue und vielleicht wichtigste Ausdehnungen con The Legend of Zelda angezeigt. Hast du schon die Nintendo Switch gekauft? Oder, werdest du noch warten? Was glaubst du zu diesem Thema? (VEbr102-93B)

> In den Ferien will ich nach Orlando (USA) mit meinem Freunden gehen. Ich habe es schon nach Orlando gegangen, aber dieses Reise will sehr cool sein. Und dieses Reise ist einen Geschenk für meine 15 Jahre alt. Mein letztes Schultag ist am Donnerstag, 14/12/2017. Hast du ein Fußballmannschaft in Venezuela? Mein Fußballmannschaft hier in Brasilien ist (…). Wann hast du Ferien? Hast du Instagram, Snapchat, Facebook, Whatsapp, Skype und anderen Sozial Medien? Ich habe alles. Hast du Iphone oder Samsung? Ich habe es ein Iphone 7. Spielst du Videogame? Ich spiele es in XBOX ONE. Siehst du Netflix und Netflix-Serien? Ich sehe es. (BRve3-93D)

Im ersten Fall zeigt der Text, dass sich die Briefpartner bereits soweit kennen, dass sie auf einige gemeinsame Interessen tiefer eingehen und Begeisterung für den Standpunkt des anderen zeigen können. Der Autor zeigt bereits relative Zuversicht, dass die genannten Referenzen dem Weltwissen seines Partners entsprechen und hält es für wahrscheinlich, dass die geteilten Informationen diesen interessieren werden.

Das nachfolgende Beispiel deutet im Gegenteil auf viel weniger Interesse des Autors daran hin, was sein Gesprächspartner denkt oder welche Erfahrungen er in Bezug auf die von ihm gestellten Fragen machen kann. Die Erwartungen, von denen er über die nahe Zukunft berichtet, beziehen sich auf seine sozioökonomischen Verhältnisse genauso wie das Erwähnen verschiedener Konsumgüter, welche von Hyperonymen begleitet werden. Diese erleichtern das Verständnis von Begriffen, die dem Empfänger unbekannt sein könnten.

Der Verfasser des zweiten Textes ignoriert jedoch Strategien zum zielorientierten Textaufbau und die Verwendung logischer Operatoren zur optimalen Artikulation seiner Ideen. Die mangelnde Geschicklichkeit beim Aufbau logischer Beziehungen, welche mehrere Lernende aller Klassenstufen aufweisen, lässt sich teilweise dadurch erklären, dass sie mit privaten Interaktionsformen wenig vertraut sind, in denen sie sich nicht auf ein sofortiges Feedback zu jedem Statement verlassen können. Wenn in anderen soziointeraktionalen Erfahrungen des Alltagslebens keine unmittelbare Analogie vorliegt, stellt die Konstruktion eines Textgenres, das gleichzeitig intersubjektiv und selbstständig ist, eine Herausforderung für die Lernenden dar.

6.4.4. Textgenre, -struktur und -kohäsion in der Begegnungssprache

Der Versuch, aus dem Forschungskorpus Merkmale zur Bestimmung der Textgattung des persönlichen Briefes zu entnehmen, führt zu einem Paradigma, das so fließend ist wie die Sprache in diesen Interaktionen. Je nach Bedürfnissen und kommunikativen Zwecke kann das Genre angepasst und kreativ abgewandelt werden.

In den untersuchten Briefen wurden mehrere Komponenten identifiziert, die nicht zu einer klassischen Struktur gehören, da die Teilnehmergruppe die schriftliche Fernkommunikation eher in anderen Medien und diskursiven Genres wahrnahm. Die Abweichung des Briefgenres soll nicht ausschließlich auf diesen Faktor zurückgeführt werden. Schülerinnen und Schüler, die in der 6. und 7. Klasse die KMK-Prüfung „Auf dem Weg zum DSD" ablegen, sollten in der Lage sein, eine E-Mail zu schreiben, deren diskursive Struktur in etwa dem persönlichen Brief folgt. Die Form und die üblichen Redemittel werden in einem Zusammenhang vielmehr trainiert, in der dem Text keine soziale Funktion zugeschrieben wird und E-Mails bzw. Briefe in erster Linie als Aufsätze behandelt werden. In dieser Hinsicht schlägt in einigen Briefen aus der 10. Klasse nieder, dass es sich um eine formale Aufgabe mit spezifischen Richtlinien handelt, die üblicherweise benotet wird. In einem dieser Briefe entschuldigt sich der Schüler und rechtfertigt die längere Nachricht: „Entschuldigung für diesen langen Text, aber ich bekomme Note für diese Textproduktion" (BRve81-02A).

Darüber hinaus benutzen die Jugendlichen laut kollaborierenden Lehrkräften andere Interaktionsformen, diskursive Genres und sprachliche Varietäten, die sich mit den sozialen Netzwerken herausgebildet haben und dem Prüfungsformat fremd sind. Die echte Kommunikation auf Distanz ist in der Schülervorstellung eher mit dieser Realität verbunden. Die sprachlichen und symbolischen Elemente, die sie ausmachen, und die Merkmale der traditionellen Textproduktion des Sprachunterrichts konvergieren in die textuelle und paratextuelle Struktur der im Projekt ausgetauschten Texte: Überschriften, Identifikationsnamen in sozialen Netzwerken, Hervorhebungen mit Farbwechsel, Farbwechsel nach Sätzen oder Absätzen, Bilder aus dem Internet, Emojis, Aufkleber, Zeichnungen, angehängte oder eingeklebte Gegenstände, Selfies, Fotos aus persönlichen Sammlungen, Logos, Flaggen, Zierrahmen, Listen, Quiz, Hashtags, Links und andere digitale Formen der Intertextualität.

In den handgeschriebenen Texten malten Absendende im Fließtext Emojis und Piktogramme, um Ideen hervorzuheben, dem Geschriebenen Emotionen zuzuschreiben oder einfach nur den Text zu schmücken. Diese Mittel wurden in 59 Briefen bzw. 8,7 % der analysierten Texte verifiziert. Einige Exemplare enthalten Ideen und Konzepte, für die schließlich keine präzisen oder genauen Worte gefunden wurden oder wo auf ausführliche Beschreibungen verzichtet wurde. Beim Vorstellen ihrer Haustiere versäumen es die Teilnehmenden, deren physische Eigenschaften zu beschreiben, was Vokabeln und Strukturen der L2 voraussetzen würde. Viele geben lediglich den internationalen Namen der Rasse an oder fügen ein Foto des Tieres bei.

Es fällt vor allem die Verwendung von Bildern auf, die nicht direkt mit dem Thema des Textes zusammenhängen, sondern in einen Dialog mit der Botschaft treten und die Bedeutung des Gesagten auf humorvolle und ironische Weise erweitern und an die Interaktion durch Online-Messenger erinnern, die die schnelle Anwendung von Memes und Gifs ermöglichen. Im Folgenden ein Auszug aus einem Brief:

In diese Jahr, meine Klasse und ich macht eine Klassefährt nach Deutschland in Setember, wir freuen sich über die Reise.

(BRve87-83A)

In der obigen Passage drückt der junge Brasilianer seine Begeisterung über eine Klassenfahrt aus, die in naher Zukunft nach Deutschland stattfinden soll, und fügt unten ein Foto vom Ende der Übertragung des Fußballspiels hinzu, bei dem Deutschland mit sieben Toren gegen ein Tor in der Weltmeisterschaft 2014 den Sieg davontrug und die brasilianische Mannschaft aus dem Wettkampf ausschied. Das Bild bezieht sich auf das Zielland der Reise, aber mehr noch als eine grafische Darstellung des Gesagten verleiht es der Botschaft Sarkasmus, da es bei einer aus dem Kontext gerissenen Interpretation Emotionen wecken könnte, die der Begeisterung des Absenders entgegenstehen.

Die Interaktionen, die Jugendliche in ihrem Alltag am meisten durch das Schreiben erfahren, setzen unmittelbare Antworten und Reaktionen voraus und werden nicht unbedingt formell oder mit Abschiedsformeln abgeschlossen. In einigen der verfassten Briefe scheinen die Autoren auf eine Antwort ihres Gesprächspartners zu warten, bevor sie wieder an die Reihe kommen, das Wort ergreifen und dasselbe Gespräch fortsetzen. Diese Briefe enden mit einer oder mehreren Fragen an die andere Partei und enthalten keine Abschluss- oder Abschiedsformel, und auch keine Unterschrift.

Wie bereits erwähnt, fand das Schreiben der Briefe unter Bedingungen statt, die nach den von den einzelnen Lehrkräften definierten Zielen variierten. Gemäß den Forschungsvorgaben sollte die Verfügbarkeit echter interessierter Leser ausgenutzt werden, um den Aufgaben zur Textproduktion Aussagekraft und Authentizität zu verleihen. Die Lehrkräfte nutzten dieses interkulturelle Szenario jedoch nicht immer, um die im Unterricht behandelten Themen zu entwickeln. Dies begünstigte die Bildung eines recht heterogenen Korpus. Da die Aufgabe, die eingehenden Briefe zu beantworten, oft nicht durch Festlegung eines verbindlichen Themas erweitert wurde, durften die Lernenden auf allen Ebenen freie Entscheidungen treffen und Texte von sehr unterschiedlicher Größe, Inhalt und Struktur verfassen. Im Allgemeinen sorgten die Lehrkräfte dafür, dass die vom Partner gestellten Fragen beantwortet, neue Fragen formuliert und die Texte datiert, unterzeichnet und mit den Angaben der Empfangsklasse in der Partnerschule versehen wurde.

Die Betreuung, die sich nicht mit der Vermittlung von Strategien für die Textplanung und die logische Artikulation befasste, förderte die Abwendung der Schüler von den Normen, die das Briefgenre definieren. In einigen Fällen gibt es einen Einfluss anderer Gattungen, sei es aus dem persönlichen Alltag, wie bereits erwähnt, oder andere schultypische Formen der Äußerung und Organisation des Denkens. In einigen Texten liegt eine klare Trennung zwischen den Antworten auf die Fragen des Partners und den neuen Fragen des Absendenden vor, wie im Folgenden beispielhaft dargestellt ist:

> Liebe M.
>
> Hallo, wie geht es dir? Mir geht es gut.
>
> Antworten:
>
> Nein, ich habe nur 2 oder 3 Weltmeisterschaft gesehen. Ich mag es nicht Fußball. Wuilker Fariñes ist eine Venezuela's Fußballspieler (ich habe aus die Internet gesucht = P). Ich habe aus die Internet gesucht was ein Tukki ist aber ich habe nicht verstehe, ich denke dass ein meme ist.
>
> Jetzt meine Fragen:
>
> Hast du ein Lehrer dass sehr langweilig ist? (name, wie ist er, name vom die Frau, Standort…). Mags du anderen Comics, wie Gravity Falls, Regular Show, Adventure Time…? Sehest du anderen Animes?
>
> Das ist alles
>
> viele grüße
>
> Y. (BRve13b-93D)

Hier beginnt und endet der Schreiber mit den typischen Formeln, jedoch gibt es keinen harmonischen Zusammenhalt zwischen diesen Elementen und anderen Textteilen. Die Struktur ist um Kriterien herum aufgebaut, die nicht mit den Themen zusammenhängen, die der Verfasser des Textes ansprechen möchte. Die beiden Absätze der internen Briefstruktur werden durch Nominalsätze eingeleitet, gefolgt von Doppelpunkt und Zeilenwechsel. Insbesondere im Hinblick auf den ersten Teil arbeitet der Verfasser sein intertextuelles Gerüst nicht aus und setzt voraus, dass sich der Leser noch an die eigenen Fragen erinnert. Der Schüler antwortet direkt auf die Fragen, erzählt, wie er auf die Informationen gekommen ist, und äußert Zweifel an einem der Suchergebnisse. Es wurden weder weitere Reflexionen entwickelt noch zusätzliche Eindrücke oder themenverwandte Angaben aus seinem Lebensumfeld in den Diskurs integriert. Bei der Ausarbeitung seiner eigenen Fragen zeigt der brasilianische Schüler kein Einfühlungsvermögen für den interkulturellen Elan, den der Briefpartner zum Ausdruck gebracht hat. Stattdessen stellt er Fragen, die miteinander und mit den im vorigen Absatz behandelten Themen nicht zusammenhängen. Die dekontextualisierte Verkettung, einschließlich der Angaben in Klammern, erinnert an die Formulierung von Aufgabenstellungen und Schultests.

Bei vier weiteren Fällen aus den drei Ländern wurden die Fragen und Antworten nummeriert oder aufgelistet. In manchen Texten folgten auf jede Frage leere Zeilen, in die der Empfänger seine Antwort eintragen könnte, als ob dasselbe Dokument später an den Verfasser zurückgeschickt werden sollte.

Auf der anderen Seite führt diese Herangehensweise an den Dialog in der schriftlichen Interaktion wieder zu der Überlegung, dass das diskursive Verhalten durch die Dynamik des Instant Messaging beeinflusst wird, da dort die gesamte Interaktion in einem kontinuierlichen Textfluss und auf demselben scrollbaren Frame erscheint. Darüber hinaus ermöglicht es die digitale Funktion, zuvor gestellte Fragen oder Vorträge abzurufen und im fortlaufenden Interaktionsfluss zu kommentieren oder zu beantworten.

Noch häufiger sind in diesem Forschungskorpus herauskristallisierte Schlüsselfragen wie „Was ist dein Lieblingsessen?", „Hast du Haustiere?" und „Was machst du in deiner Freizeit?" Die bloße sterile Reproduktion dieser Formeln ist jedoch nicht bezeichnend für ihre Beherrschung. Selbst wenn der Lehransatz kommunikative Situationen anbietet, in denen die Lernenden sie üben, gelingt es ihnen nicht, allgemeine Redewendungen an die jeweilige Situation anzupassen und auf interkulturelle Aspekte von besonderem Interesse einzugehen, wenn sie einem realen Gesprächspartner gegenüberstehen. Im Allgemeinen zeigen sie sich wenig bereit und fähig, im kommunikativen Austausch kreativ und kooperativ zu handeln. Häufig finden sie in ihrem erworbenen Wortschatz auch nicht die passenden Mittel, um diese Fragen zu beantworten und die Welt, in der sie leben, zu beschreiben. Die betrachteten Texte stellen kommunikative Anforderungen, die im Rahmen des Deutschunterrichts nicht behandelt werden oder deren notwendige sprachliche Mittel die Schülerinnen und Schüler nicht als verfügbar erkennen. Dies ist der Fall bei Hunderassen, typischen Speisen und Getränken ihrer Kultur, Kleidungsstücken, deren populäre oder gewerbliche Bezeichnungen in Katalogen und Werbetexten, nicht aber in Vokabellisten zu finden sind, sowie bei Wörtern und Ausdrücken, die üblicherweise zum Sprechen über soziale Netzwerke, neue Sportarten, Computerspiele und per Streaming übertragene Serien verwendet werden.

Die folgenden Abschnitte stellen dagegen Fälle dar, in denen der Autor in der Lage ist, Erfahrungen zu berichten, Eindrücke mitzuteilen und kulturelle Aspekte zu integrieren, einschließlich der Berücksichtigung intertextueller Möglichkeiten, den Gesprächspartner einzubeziehen, um so der Botschaft mehr Persönlichkeit zu verleihen:

Ich finde es ist ganz toll dass du Musik magst. (z.b Passenger, The Who, Artic Monkies u.s.w) Es ist nicht einfach eine Freundin zu finden die keine schlechte Musik wie „Reggaeton" magt. Du musst jetz eine Venezolanische Gruppe hören, sie sind „Desorden Público", ich weiß nicht ob du was ihnen sagen verstehen kannst, aber probier mal. (VEbr14-71B)

> Du hast mich gefragt was wir hier in Venezuela machen, also letztes Freitag bin ich zu einen Konzert gegangen und es war super toll und auch ganz komisch, weil da ist „Desorden Público" gegangen und auch eine brazilianische Band die heißt (weiß ich nicht genau ob ich der Name gut geschrieben habe) „La banda mais bonita da cidade" und, sie haben ganz tolle Lieder gesungen. Manchmal gehe ich zum Strand, aber hier in Venezuela es ist ganz schwer zum Strand gehen weil alles ist sehr teuer u.s.w. Was machst du normalerweise in (...)? (VEbr14-81D)

Die beiden Auszüge wurden von demselben venezolanischen Schüler innerhalb eines Semesters an seinen brasilianischen Briefpartner geschrieben. Wahrscheinlich begünstigt die im Vergleich zu anderen Texten relativ ausgeprägte Beherrschung der sprachlichen Mittel das Wohlbefinden des Schülers in Bezug auf die Verwendung vielfältiger Strukturen, insbesondere beim Ausdruck und der Artikulation von Konzepten in einem interkulturellen Kontext, der sich von dem unterscheidet, in dem die kommunikative Praxis in den Lehrmethoden künstlich erzeugt wird. Wie im Folgenden erläutert wird, lässt die vergleichende Analyse aber vermuten, dass die Produktion kohäsiver, flüssiger und interkulturell sensibler Diskurse damit einhergeht, dass Elemente der soziokulturellen Kontexte, in der beide Subjekte leben, einbezogen und korreliert werden. Sowohl die Empfehlung an die Partnerin, nach Musik der venezolanischen Band zu suchen, als auch der Bericht über das Konzert, das in Partnerschaft mit der brasilianischen Band stattfand – und das Anliegen, ihren Namen korrekt wiederzugeben – können als Zeichen der Bereitschaft der jungen Zweisprachigen interpretiert werden, über die interkulturelle *Annäherung* hinaus einen Schritt in Richtung eines transkulturellen *Austauschs* zu gehen.

6.4.5. Die Intersubjektivität bei der Bearbeitung interkultureller Aspekte und die Erweiterung des Wortschatzes der Begegnungssprache

Im Gegensatz zu dem, was die letzten beiden Auszüge vermuten lassen, gehen die analysierten Briefe im Allgemeinen nicht objektiv auf die Kultur des jeweiligen Landes ein. Die Brieffreunde interessieren sich mehr für die Persönlichkeit und Gewohnheiten der Person, mit der sie in Kontakt treten. Noch seltener sind Gespräche, in denen nationalistische Verallgemeinerungen in Form von Ausdrücken wie „die Venezolaner", „die Brasilianer" oder „die Rumänen" verwendet werden, zumal die Partner nach persönlichen gemeinsamen Eigenschaften und Interessen zu suchen scheinen, auf die weitere Interaktionen aufgebaut werden. Insbesondere zeigen sie mehr Sicherheit beim Schreiben über Aspekte ihres eigenen täglichen Lebens, der digitalen Welt und der konsumorientierten Unterhaltung. Gelegentlich sind die deutsche Schule, die deutsche Sprache und die deutsche Kultur Teil der phatischen Kommunikation zwischen Peers. Die Teilnehmenden zeigten sich jedoch nicht ohne Weiteres bereit oder motiviert, tiefere Aspekte ihrer kulturellen Identität und ihres sozialen Umfelds zu enthüllen, wenn sie nicht zielführend durch die Festlegung von thematischen Vorgaben dazu stimuliert wurden. Andererseits zeigen die Durchsicht der Briefe und die Feldforschung, dass in allen Klassenstufen und Standorten ein großes Interesse an der Kultur der Briefpartner besteht. Auf diese Weise findet ein insgesamt wenig intensiver interkultureller Austausch statt, der sich auf objektive Daten, oberflächliche Informationen und einige stereotypisierende Wahrnehmungen der Kultur und der soziopolitischen Realität der Länder beschränkt. Die Verwendung der Nationalfarben und der Flagge des eigenen Landes bzw. des Partnerlandes scheint eine Intention und eine Empathie ausdrücken zu wollen, die sich nur gelegentlich und fast immer unwillkürlich im Diskurs wiederfinden.

Bevor darauf eingegangen wird, wie die Entwicklung interkultureller Kompetenz in die kommunikative Praxis beim L2-Lernen integriert werden kann, folgt eine weitere Passage mit wichtigen Merkmalen des Sprachgebrauchs in diesem Kontext:

> Ich bin in mein Weinachtenferien hier in (…) geblieben. Lezte 24 von december habe ich mit meine Familie Hallacas gegesen. Am 25 ich habe Geld gekommen. Am 31. Ich mit meine famielie haben Hallacas, Schinken brot und trauben gegessen. Hast du Hallacas gegessen? Hast du schinken brot gegessen Was hast du am 25 gekommen? (VEbr79-83A)

Der Schüler berichtet in seinem Brief von feierlichen Ereignissen zum Jahresende, die reich an interkulturellen Informationen sind. In Venezuela folgt der Schulkalender Jahreszyklen, die sich von denen in Brasilien unterscheiden, aber dafür dem Rhythmus in Deutschland und Rumänien ähnlich sind. Der Begriff *Weihnachtsferien* ist daher auf den venezolanischen Kontext durchaus anwendbar. Brasilianische Schüler bezeichnen diese Zeit dagegen als *Ferien*, da es sich um die längste Ferienzeit im Sommer handelt.

Im Wortschatz der deutschen Sprache bezeichnet der Begriff „Heiligabend" das Fest, um das es hier geht, und verortet dieses Ereignis in der Zeit. Wie jedes sprachliche Zeichen und wie auch „Weihnachts-" und „Sommerferien" ist dieses Wort Teil eines Bedeutungsnetzes, das nicht ganz mit den Sinngebungen übereinstimmt, welche andere Sprachen auf dasselbe Datum beziehen.

Natürlich kann man davon ausgehen, dass das Wort „Heiligabend“ nicht zum aktiven Repertoire des Schülers der 8. Klasse, Verfasser des analysierten Textes, gehört. Dies schmälert jedoch nicht die Reflexion darüber, wie stark kulturell aufgeladene Wörter von den Herausgebern der Unterrichtsmaterialien und von den Lehrkräften methodisch kategorisiert und vermittelt werden. Angesichts der Tatsache, dass Bedeutung nicht die Realität ist, die sie bezeichnet, sondern ihre Repräsentation, also das, was derjenige, der die Bedeutung verwendet, darunter versteht (Fiorin 2015: 58), sollten solche Begriffe nicht auf den Landeskundeunterricht beschränkt bleiben, sondern in Erzählungen und Diskussionen auftauchen, in denen die Lernenden sie als geeignet (und aneigenbar) ansehen können, um neue semantische Beziehungen zu Aspekten ihrer eigenen Kultur herzustellen.

Der Schreibende entschied sich dafür, in wörtlicher Übersetzung aus der L1 Tag und Monat des Anlasses anzugeben, auf den er sich bezog. Er zitierte die Dinge, die er aß und was er am Weihnachtstag geschenkt bekam. Der Text berücksichtigt nicht, dass sich die Bräuche zwischen den Kulturen unterscheiden können. Der Leser wird gefragt, was er am 25. Dezember geschenkt bekam, obwohl in Brasilien, wie auch in Deutschland und Österreich (zur Erwähnung von landeskundlichen Kenntnissen, die mit der L2 eventuell erworben werden können) die Bescherung traditionell am Vorabend stattfindet. An diesem Beispiel lässt sich die Fehlentwicklung der interkulturellen Kompetenz beobachten.

Intersubjektivität steht im Zusammenhang mit der Reflexion, die der Sender einer Botschaft über die Erwartungen, Interessen, Sprachkenntnisse und das Weltwissen des Empfängers ausführt, wenn er seine sprachlichen und diskursiven Entscheidungen trifft. Somit ist die Verwendung des Wortes *Hallaca* im vorhergehenden Abschnitt ein weiterer Aspekt, welcher erwähnt werden muss.

Nur anhand subjektiver Kriterien lässt sich definieren, welche Konzepte und Kulturelemente als bekannt oder zugänglich bei den Beteiligten des Projekts vorausgesetzt werden können. Die Tatsache, dass ein bestimmtes typisch mexikanisches Gericht, wie z.B. Tacos in anderen Teilen der Welt bekannt wird, in Hollywood-Filmen auftaucht, in das Duden-Wörterbuch aufgenommen wurde und von jungen Menschen der rumänischen Mittelschicht geschätzt wird, lässt nicht unbedingt den Schluss zu, dass es zum Weltwissen von Personen in anderen Ländern gehört. Gleichzeitig muss man darauf achten, dass kulturelle Identitäten hybrid und Gemeinschaften heterogen sind. Der Autor dieser Studie und der Leser des Briefes, der den obigen Auszug lieferte – beide brasilianischer Nationalität – mögen sich mit venezolanischen Weihnachtstraditionen und Gerichten auskennen oder auch nicht und sich darüber streiten, ob ein bestimmtes Konzept einen gewissen Definitionsaufwand verdient oder nicht, wenn der Gesprächspartner eine andere L1 spricht. Denn selbst wenn er es wünschte, würde der Schüler möglicherweise nicht über die notwendigen Redemittel verfügen, um den venezolanischen Brauch, bei dem Familien am Heiligabend die mit Fleischeintopf gefüllten und in Bananenblätter verpackten Portionen eines Maismehlteiges zubereiten, auf Deutsch vorzustellen.

Zu den beliebtesten Musikstilen der Jugendlichen gehören nach den vorliegenden Texten oft regionale Genres. Einige Schreibende zeigen sich in diesem Kontext der Interkulturalität bewusst, welche ihre Interaktionen kennzeichnet, und stellen die Musikstile, wie im folgenden Beispiel, als Elemente ihrer Kultur dar:

> Ich höre gern Pop Musik, Funk und Sertanejo, das sind brasilianische Musikarten. (BRro192-83A)

Schließlich werden Songtitel und Künstlernamen zitiert und können als Suchbegriffe im Internet genutzt werden. In den meisten Fällen fehlt jedoch diese Einfühlsamkeit und regionale Genres werden ohne Weiteres zusammen mit Musikstilen aufgeführt, die Teil der globalisierten anglophonen Kultur sind:

> Meine Lieblingsmusik ist Gucci Gang (Lil Pump) am liebsten mag ich Pop, Funk, Rap, ohne Rock oder MPB. (BRrq204-63D)

> Ich höre Musik gern, am liebsten Reggaeton, Merengue, Salsa, Bachata, Dance, Pop, usw. Meistens höre ich Musik am abend und ganz früh am Morgens. (VEbr51-02A)

Obwohl die Lernenden von interkulturellen Unterschieden ausgingen und diese ihre Hauptmotivation für die Teilnahme am Projekt waren, reichten ihre Neugier und ihr Dialog nur selten über den Vergleich einfacher Kategorien hinaus. Diese scheinen ein begrenztes und geschlossenes Paradigma an Möglichkeiten zu bilden, die so gefestigt wirken wie die Begriffe, die von Werbekampagnen geschmiedet werden, um die Vorstellung zu erzeugen, dass „iPhone" eine andere Kategorie als „Mobiltelefon" darstellt, einen eigenständigen Eintrag in der Liste der Ideen und Begriffe einer Sprache. Selbst wenn also Diskurse kulturspezifische Elemente beinhalten, für die es nur eine lexikalische Bezeichnung gibt, die das Subjekt als echtes Exemplar des Wortschatzes seiner L1 annimmt, wird dieses Wort auch dann verwendet, wenn die Sprache der

Interaktion eine andere ist, und vor allem dann, wenn sich herausstellt, dass ein solches Wort keine direkte Entsprechung im Lexikon der Zielsprache findet. Wenn man in der L2 kein anderes Wort hat, um einen solchen Gegenstand zu bezeichnen – wie auch „Pizza“, „Jeans“ oder „Internet“ – kann man daraus schließen, dass keine anderen Wörter erforderlich sind, um den Gedanken auszudrücken und zu verstehen. Damit werden auch Paraphrasen, Analogien, Beschreibungen und Definitionen überflüssig, wie Beispiele aus anderen Kontexten nahelegen:

Unsere typisches Essen sind: Feijoada, pão de queijo, acaraje, farofa, Agua de coco (auch!), aber mein Lieblingsessen ist AÇAI! Kennst du? (BRve74-72A)

In diesem Fall deuten die Feststellung des Zufalls, dass Kokoswasser in beiden Ländern typisch ist, und die Frage, ob die Partnerin eine bestimmte Speise aus ihrer Heimat kennt, auf die empathische Haltung der Verfasserin hin. Das Auflisten der Objekte auf Portugiesisch und der Mangel an Umschreibungen oder anderen konzeptuellen Strategien, auch wenn sie ausdrücklich als „typisch“ für die brasilianische Kultur dargestellt werden, weist allerdings auf die Notwendigkeit einer spezifischen oder angepassten Methodik hin, in der das interkulturelle Bewusstsein **koordiniert** und nicht nur ergänzend zur Entwicklung kommunikativer Kompetenz eingesetzt wird.

Die Zusammenstellung von einzelnen Elementen und Aufzählungen, die von dieser Studie als spezifisch für die jeweiligen Kulturen, Interessensgruppen (Jargon) sowie Sprachen und Länder (einschließlich in Bezug auf die L2) angesehen wurden, führten zur Identifikation von zwei Tendenzen diskursiver Haltungen in dem analysierten Material. Die erste setzt voraus, dass der Gesprächspartner mit der Bedeutung der Signifikanten vertraut ist oder diese aus dem Kontext erschließen kann; bei der zweiten Tendenz geht man davon aus, dass der Gesprächspartner möglicherweise nicht über das erforderliche kulturelle Wissen verfügt, der neue Begriff wird durch den Bezug auf Bedeutungen kontextualisiert, die sowohl für den Sender als auch für den Empfänger der Nachricht als verfügbar erachtet werden.

In Grafik 1 werden Briefe mit Vorkommen beider Haltungen, unabhängig vom Überwiegen einer der Tendenzen, doppelt gezählt. Beide Verhaltensweisen sind in allen von der Studie abgedeckten Jahrgangsstufen nachzuweisen. Die Kontextualisierung wächst stufenweise von gelegentlich in den Briefen der 6. Klasse zu überwiegend in den Texten der 10. Klasse und übersteigen bereits 80 % der Briefe der 9. Klasse.

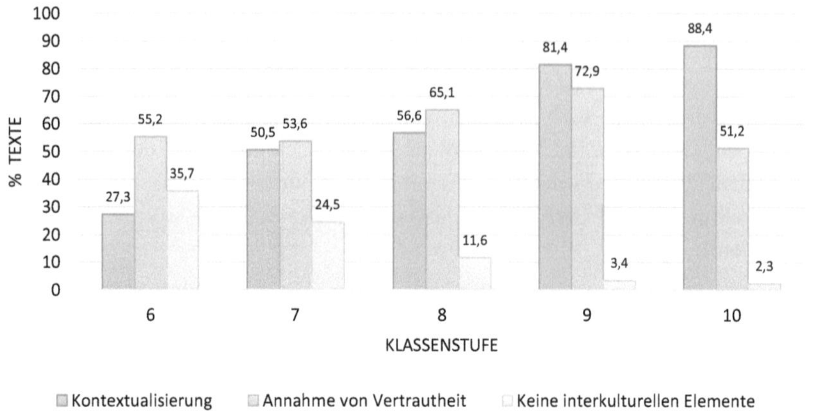

Grafik 1: Behandlung von interkulturellen Elementen in Bezug auf die Vertrautheit des Gesprächspartners pro Klassenstufe

Die Häufigkeit von nicht zusammenhängenden interkulturellen Elementen in Aufzählungen und ohne Umschreibungen oder Definitionen bleibt in allen Klassenstufen zwischen 50 und 75 %. Von der 7. bis zur 9. Klasse folgt dieser Wert mit einem Unterschied von weniger als 10 % der Kontextualisierungsrate. Die Wahl, die sich bei den jüngsten Teilnehmenden als relativ auffallend erwies und die der Kontextualisierung in späteren Jahrgängen Platz macht, ist also nicht die Annahme der Vertrautheit, sondern das Ausbleiben von interkulturellen Elementen.

Die Konzentration des interkulturellen kommunikativen Handelns auf diskursive Verfahren der Darstellung und des Vergleichs von körperlichen Eigenschaften, Begabungen, Neigungen und Konsumgewohnheiten kann durch die Verfügbarkeit von sprachlichen Mitteln für das Sprachniveau, auf dem sich die jüngeren Lernenden befinden, bedingt sein. In Anbetracht der Tatsache, dass dennoch fast 30 % der Texte der 6. Klasse die Fähigkeit der Lernenden bestätigen, einfache Umschreibungen bei der Darstellung von Aspekten ihrer Kultur zu verwenden, wurde anhand von vor Ort gewonnenen Daten nach anderen Faktoren gesucht, welche die Selbstdefinition auf der Grundlage von Konsumgewohnheiten und Aufzählungen vorgefertigter Konzepte beeinflussen könnten. Dieses Bild steht im Gegensatz zu der Begeisterung der ersten Kontakte, die von der Erwartung geprägt waren, ein neues Universum an Bedeutungen zu entdecken. Es ist aber mit dem Rückgang dieser Motivation vereinbar, welcher in den Gruppen der 7. und 8. Klasse, die den Austausch im Vorjahr gestartet hatten, bestätigt wurde.

Beim Lernen neigen die Lernenden dazu, ihre Leistung mit der eines imaginären idealen Sprechers ständig zu vergleichen, welcher eine 'muttersprachliche' Messlatte repräsentiert, die aber frei von Persönlichkeit, Wünschen und Einfühlungsvermögen ist. Durch die Teilnahme am Briefaustausch nimmt sich das Subjekt als Mitglied einer Gemeinschaft von realen Individuen wahr, die nicht wegen der Sprache, sondern wegen ihres Zustands als Lernende zusammenfinden. Das idealisierte virtuelle Vorbild, welches auch als imaginärer Gesprächspartner diente, erwirbt Eigenschaften des Briefpartners aus einer anderen Kultur, mit dem man in dieser Sprache kommuniziert. Indem dieser die Position jenes ersten Ideals einnimmt, wird er zu demjenigen, dem sich der andere anpassen möchte. Die Begeisterung für Differenz, Pluralität und neue Sichtweisen auf die Welt scheint dem Bestreben zu weichen, Gemeinsamkeiten zu finden und akzeptiert zu werden. Da auf beiden Seiten die Lernenden der gleichen normativen, monoglossischen und monokulturellen Logik unterworfen sind, heben sich jene aufeinander zulaufenden Kräfte gegenseitig auf, anstatt gemeinsam den Sinn des Lernens neu zu bestimmen, und kühlen sich im Laufe der Interaktion ab.

Um sich gegenseitig als gleichwertig zu zeigen, gleichen die Subjekte ihre Identitäten individuell an, anstatt den Raum der Interaktion von der Anerkennung und Wertschätzung ihrer Heterogenität her kooperativ zu gestalten. Es ist möglich, dass ein umgehender Impuls, welcher von der Lehrkraft nicht ausreichend gelenkt wird, die Jugendlichen dazu veranlasst, die Phase der Sozialisierung zu unterschätzen und zu beschleunigen. In dieser Phase findet nicht nur die Bestätigung der gemeinsamen Bezüge zur L2 statt, sondern auch die Auswahl der Bedeutungen und Signifikanten aus den Herkunftskulturen, die zum sorgfältigen und sensiblen Aufbau des Third Place herangezogen werden. Ohne dass sie für die Besonderheiten dieser Erfahrung sensibilisiert wurden, begnügen sie sich mit dem allgemeinen Menschenverstand und mit globalisierten Konzepten aus der Medienwelt, welche Beziehungen oberflächlich machen, die Auswirkungen der Hybridität neutralisieren und den Individuen die Widersprüche ihrer eigenen Subjektivität vorenthalten und verschleiern.

Vielleicht erklärt dies, warum viele Briefe Reisen zu berühmten internationalen Zielen wie New York, Orlando oder Aruba mehr Relevanz beimessen als bemerkenswerten Erlebnissen wie in „Ich und meine Familie sind auf den höchsten Berg aus Rumänien geklettert" (RQbr23-74A). Während in diesem Fall einerseits das Bedürfnis nach einer kurzen Definition zum besseren Verständnis für den ausländischen Leser beachtet wurde, wird die erwähnte Ortschaft, welche für Rumänien sicherlich von großem kulturellem Wert ist, nicht einmal benannt.

Tatsächlich werden in den Texten, um das Verständnis des Gesprächspartners für Konzepte zu optimieren, oftmals Strategien verwendet, die sich offensichtlich auf das eigene Land und seine Gesellschaft beziehen. Man kann die vorgefundenen Strategien in eine Anordnung nach interkultureller Einbindung und Empathie der Schreibenden gegenüber den Lesenden bringen. Diese Studie kam zu vier Stufen dieser Strategien.

Eine erste Gruppe an Strategien (Typ I) besteht aus Beschreibungen oder Paraphrasen unter Verwendung von Zeichen, die der Leseperson aufgrund ihrer kulturellen Identität und des durch die L2 und ihre Kultur vermittelten Wissens ebenfalls fremd sein dürften, wie in den folgenden Zitaten:

> Mir geht es gut, ich freue mich weil letzte Woche ich und der 7 Jahrgang zu einem Schüler-Camp in Minas Gerais gefahren sind. Es heißt NR. (BRve63-72B)

> Letzte woche bin ich nach NR gefahren. NR ist ein Freizeit-Camp im Süden vom Bundesland Minas Gerais. (BRro92-72B)

> Letzte Woche bin ich auf eine Klassenfahrt zu einem Schüler-Camp mit der ganze 7. Jahrgang gegangen. Es war an der Grenze zwischen den Bundesländern Minas Gerais und São Paulo, in der Nähe von Campos do Jordão. (BRve57-72B)

Die obigen Beispiele stammen aus Briefen von drei verschiedenen Klassen, die an dieser Reise teilgenommen haben. Das gemeinsame Thema in dieser kleinen Stichprobe erlaubt einen besonders objektiven Vergleich. Die beiden ausführlicheren Beschreibungen von *NR* verwenden Lokaladverbialien, Himmelsrichtungen und die Begriffe *Grenze* und *Bundesland*. Letzteres bezeichnet die föderativen politisch-administrativen Gliederungen Deutschlands und Österreichs, wurde aber zweckmäßigerweise angeeignet, um dem Begriff *Minas Gerais* eine Bedeutung innerhalb der von den Gesprächspartnern geteilten Bedeutungsnetzwerke zu geben. Die Wörter *Süden*, *Grenze* und *Bundesland* in den Texten beziehen sich jedoch auf mehrere Fremdbezeichnungen gegenüber der Begegnungssprache bzw. dem durch die bisherigen Interaktionen konstruierten Raum des Austauschs (Third Place). Es wäre notwendig, dass die Begriffe *Minas Gerais* und *Campos do Jordão* zu einem anderen Zeitpunkt den Lesenden bereits vorgestellt worden wären, damit sie den Ort oder die Entfernung zwischen dem Lager und dem Ort, an dem sich der Absender befindet, berechnen könnten. Ein größerer Nutzen dieser Beschreibung für die Nachvollziehbarkeit des Konzepts durch die Lesenden, die vermutlich die Bundesstaaten und Wintertouristenstädte Südostbrasiliens nicht kennen, könnte man durch die Angabe der ungefähren Entfernung in Kilometern, der Reisezeit in einem bestimmten Verkehrsmittel und durch naturgeographische Merkmale mithilfe von Ausdrücken wie „auf dem Land“ und „in den Bergen“ gewährleisten.

Dies kann mit der Situation verglichen werden, in der die Lage einer der Schulen durch die sie umgebenden Gebäude beschrieben wird:

> Meine Schule ist auf Carpaţilor nehben Piaţa Independenţei wo sehr viele Restaurante sind wie McDonalds, Kfc und La Baiatu wo die beste Shaorma ist; Die grosse Shaorma ist 16 lei und die kleine ist 13 aber bei jede Shaorma kriegst du ein Saft.[193] (RQbr42-73C)

Die Beschreibung benennt einen typischen Imbiss, zu dem auch gedankliche Zusammenhänge (Preis, in zwei Größen serviert, mit Saft konsumiert) hergestellt werden. Allerdings fehlen dem einen oder anderen Leser vielleicht grundlegendere Daten, um das Shaorma mit anderen Speisen in Beziehung zu bringen, es Merkmalen und Kategorien zuzuordnen und eine Vorstellung von diesem Konzept zu entwickeln. Dieser Fall kann zusammen mit den folgenden Beispielen Strategien des Types II zugeordnet werden:

> Hörst du gern Musik? Ich höre gern eine venezolanische Gruppe, Sie heißen “Caramelos de Cianuro”. (VEbr21-81D)

> Meine Lieblings Musik ist “Trap Venezolano”, meines Lieblingslied ist “Tetris” von Jeeeph, auch höre ich Big Soto, Neutro Shorty, Adso Alejandro, Akapellah und Micro TDH gern. (VErq100-94A)

Angesichts des Kontinuumscharakters, welches durch verschiedene subjektiven Faktoren – Einordnungskriterien, sprachliche Zeichen und die Äußerung eines Gedankens selbst – hervorgerufen wird, kann man diese Strategien als analog zu den vorherigen betrachten. Sie alle bieten Schlüsselwörter an, die eine unabhängige Suche nach weiteren Informationen erleichtern. Die letzten beiden Auszüge zeigen jedoch eine deutlichere Absicht, objektive Daten für eine einfache Internetrecherche zu liefern, welche der interessierten Leseperson nicht nur zu anderen Definitionen des genannten Musikstils und der Künstler verhelfen, sondern auch direkte und persönliche Einblicke in die musikalische Vorlieben der Verfassenden ermöglichen. Im zweiten Ausschnitt wurde farblich ein Musikstil (Rhema) hervorgehoben, welcher das Thema der folgenden Aussage eingrenzt. Fast vorwegnehmend wird durch den Diskurs eine entsprechende

193 Die Adressen wurden zur Wahrung der Anonymität der Schuleinrichtung geändert.

Rückmeldung im Antwortbrief und die Aufnahme dieser Gegenstände in die Bezüge zum Third Place sowie in den Zeichenbestand der Begegnungssprache gefördert.

Eine dritte Tendenz – Typ III – entspricht der Erläuterung, Beschreibung oder Kontextualisierung durch paratextuelle Elemente wie Bilder, Links, Karten, Fußnoten und Legenden. Als objektive Bezugselemente ermöglichen diese Beigaben eine direkte Zuordnung zu Begriffen, die zum Zeichenrepertoire der jeweiligen Zielpersonen gehören. Nachstehend finden sich zwei exemplarische Fälle:

Meine Fußballmanshaft ist (...). Meine Vater mag auch (...) sehr dann geht wir ganz oft in Galho Seco.
*Galho Seco ist eine Fußball stadium.[194] (BRrq205-63D)

rumänische RON (Leu) / 1 Leu = 0,20 €

(RQbr5-73C)

In der ersten Passage wurde der Begriff *Galho Seco* zusammenhängend angegeben, sodass die Adressatin bereits korrekte Rückschlüsse auf seine Bedeutung ziehen konnte. Dennoch wurde am Seitenrand eine erklärende Anmerkung hinzugefügt. Einem anderen Brief fügte der Autor eine rumänische Leu-Banknote (im Bild reproduziert) bei und notierte am Rand die ungefähre Umrechnung in Euro. Dabei benutzte er ein Symbol (€) und eine gemeinsame Referenz, die in der L2-Kultur präsent ist.

Zum Schluss wurde in 33,6 % der Briefe die Initiative ergriffen, durch die bewusste Auswahl und Verwendung von Sprachmitteln jene Konzepte, die der Kultur des Partners und der L2 potenziell fremd sind, im interkulturellen Zusammenhang zu beschreiben und zu definieren. Diese Typ IV-Strategien gehen von einer selbstkritischen Haltung aus, die in der Identifizierung dieses Bedarfs kulminiert. Sie integrieren die Kohäsionsstruktur des Haupttextes, wie die Beispiele zeigen:

194 Der Name des Stadions wurde zur Wahrung der Anonymität der Schuleinrichtung geändert.

Osternferien sind 2 Woche, und die erste Woche werde ich nach Margarita reisen, dass ein Insel in Venezuela ist. (VErq22-04A)

Auf dem zweiten Foto trage ich ein Outfit für den Sommer. Da trage ich ein T-Shirt, Short und Havaianas-Sandalen. Havaianas ist eine tipishe Sandalen marke in Brazilien. (BRve77-72A)

Die Wohnsituation ist ein großes Problem, weil viele Ranchos gibt es. Dort wohnen sehr arme Menschen und außerdem es gibt viel Müll. (VEbr54a-62B);

Meine Hobbys sind Videospielen zu spielen und Airsoft. Airsoft sind Plastik oder Metall Waffen die Plastik Kugeln schießen. (RQbr55-73C)

Die quantitative Erhebung zeigt auch eine steigende Tendenz zum Einsatz von Typ-IV-Strategien im Laufe der Schuljahre, mit einer sehr bemerkenswerten Zunahme von 28,9 % zwischen 8. und 9. Jahrgang (Grafik 2). Dieses Ergebnis folgt dem Trend, welcher bereits bei der Analyse der interkulturellen Herangehensweise in Bezug auf die Antizipation der Leservorkenntnisse beobachtet wurde (Grafik 1). Der Grad der Intersubjektivität, der Empathie und des interkulturellen Bewusstseins stehen in beiden Auswertungsverfahren im Zusammenhang mit dem Fortschreiten der Schuljahrgänge und der Deutschkenntnisse. Bei der Interpretation dieser Zahlen sollte jedoch der Einfluss anderer Variablen nicht außer Acht gelassen werden, wie die Subjektivität der Kategorienbildung, der quantitative Unterschied zwischen den in jeder Gruppe analysierten Briefen und die beratende Mitwirkung der Lehrkräfte. Daher ist zu bedenken, dass die genannten Werte nicht als endgültige Ergebnisse zu verstehen sind.

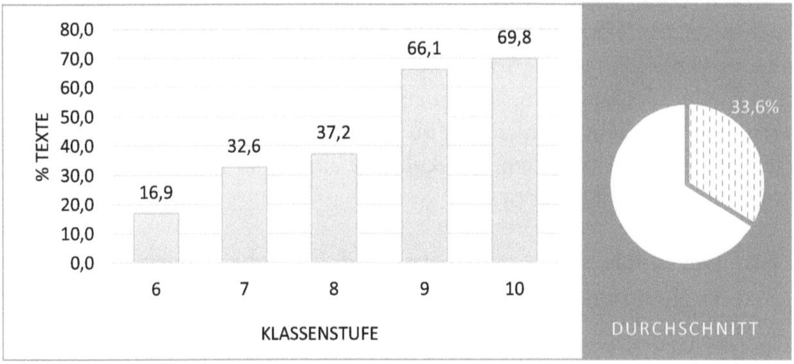

Grafik 2: Texte mit Kontextualisierungsstrategien vom Typ IV

Die Analyse ergab, dass Typ-IV-Strategien konsequenter bei der Berichterstattung über Erfahrungen mit Ideen und Begriffen angewandt wurden, die neu in das eigene konzeptuelle Universum der Lernenden aufgenommen wurden. Dies wurde unter anderem in den Briefen einer brasilianischen Gruppe beobachtet, die an einer Studienreise nach Großbritannien teilgenommen hatten:

> Jetzt schreibe ich über meine Reise. Ich habe (in England), in ein klein Stadt gewohnt und es heißt Swanage. Dieses Stadt ist sehr schön und es sind nur 9 tausand Einwohner. Jeden Tag konnten wir eine Stunde zu da gehen und wir konnten viel kaufen und essen. Wir haben in ein Internat gewohnt und es heißt Harrow House und da gibt es Menschen von viele verschiedene Länder. (BRve43-73D)

> Also ich habe eine Reise nach England in Juli gemacht, ich bin mit die Mehrheit des meine Freunden da gereist, wir sind für zwei Wochen in eines Internat sogenannt Harrow House geblieben. Da haben wir viele kleine Ausflüge gemacht zu Großstädte und auch zu Kleinstädte. (BRve94b-73D)

Wenn es dem Schreibenden schwerfällt, Bezeichnungen auszuwählen, die ein neues Konzept objektiv beschreiben, hat er offenbar das Gefühl, dass er Definitionen und Kontexte detailliert neu zusammenstellen muss, wie es seiner Meinung nach für sich selbst notwendig gewesen wäre, als dieser Begriff in seinem Weltwissen noch nicht verankert war. Aus didaktisch-methodischer Sicht deutet dieser Befund darauf hin, dass neue Konfrontationen, auch mit der eigenen Kultur, dazu beitragen können, die entscheidenden Bedingungen für den Einsatz von Typ-IV-Strategien zu reproduzieren. Indem die metakognitive Auswertung dieser Erfahrungen mit der Möglichkeit des interkulturellen Austauschs kombiniert wird, wird die Aktualisierung, die der Einzelne ohnehin in seinem eigenen Ideenrahmen vorgenommen hätte, auf das interkulturelle Zeichenrepertoire des Third Place ausgedehnt. Auf diese Weise könnte die Auswertung von Daten, welche Strategien des Types IV aufweisen, die Einrichtung einer Methodik inspirieren, um bei aufstrebenden Zweisprachigen eine Kompetenz zu entwickeln, die nicht nur interkulturell in die kommunikative Praxis integriert, sondern vor allem transkulturell einsetzbar ist, da sie in Bezug auf die L2-Kultur unabhängig ist.

6.4.6. Der mehrsprachige Impetus und die Hybridisierung der Begegnungssprache

Folgende Analyse basiert auf der Definition für *Code-Switching* nach Gumperz (1982: 59): „das Nebeneinanderstellen von Sprechpassagen, die zu zwei verschiedenen grammatikalischen Systemen oder Subsystemen gehören, innerhalb desselben Gesprächs“[195]. Für Appel und Muysken (2005: 80) ist das Code-Switching fundamentaler Bestandteil der Kommunikation zwischen zweisprachigen Individuen, obwohl es im Diskurs eines zweisprachigen Subjekts nicht als Folge einer kognitiven Funktion auftritt, und sich von der Sprachverarbeitung eines einsprachigen Individuums unterscheidet (Paradis 1977: 114). Daher ist es redundant und irreführend, Code-Switching als ein von Translanguaging losgelöstes Phänomen zu behandeln. Obwohl ich weiterhin der Annahme folge, dass diskursive Praktiken das gesamte Repertoire des Sprechers bilden und nicht der einen oder anderen Sprachdefinition zugeordnet werden können (García/Wei 2014: 22), wird zugunsten der Forschungsziele in dieser Textanalyse die Herkunft der sprachlichen Einheiten ermittelt.

In einigen Beispielen wurde bereits angedeutet, dass Code-Switching nicht immer die Kommunikation zwischen den Studienteilnehmenden begünstigt. In einer großen Anzahl von Fällen werden Kulturelemente des Absenders durch Wörter aus seiner L1 bezeichnet und nicht im Rahmen des Third Place neu konzipiert. Diese Wortwahl widerspricht dem Prinzip der Teilhabe, zeigt Distanz und führt zu einem in sich geschlossenen Diskurs, analog zum traditionellen Schulaufsatz, der für einen rein hypothetischen Leser geschrieben wird. Dies wird an folgenden Beispielen deutlich:

> Mein Lieblingsfußballteam ist (…). (…) ist das besser team heute in “Brasileirão”. (BRve44-71D)

> Wenn wir in meiner Haus war wier haben Cabra cega gespielt und videogame gespielt. (BRve68-83A)

> Meine Lieblingsfilme sind “sully o herói do rio rudson”, “jaws” und “ponte dos espiões”. (BRve145-73A)

> Hier in Venezuela haben wir “<u>Semana Santa</u>”, das sind kurze Ferien in eine Woche aber die Schülern von die (…) haben auch “<u>Osternferien</u>”, das ist noch eine Woche. (VErq100-94A)

> Vorgestern wir hatten hier in der Schule ein Schulfest ich habe brigadeiro gemacht du kann in internet suche es ist eine tipsche esse hier in Brasil (BRve21-82C)

195 Übersetzung des Verfassers. Im Original: „the juxtaposition within the same speech exchange of passages of speech belonging to two different grammatical systems or subsystems“.

Weißt du eigentlich was jetzt in Venezuela passiert? Ist alles ein ganzen Kaos! Ich bin einige Tage nicht in die Schule gegangen wegen Marchas und diese Sachen. (VEbr91-73B)

Auf den ersten Blick fallen die in diesen Passagen verwendeten L1-Begriffe wie *Brasileirão*, *Cabra Cega* und *Marchas* auf, aber ihre Verwendung hinderte die Briefpartner nicht daran, die Botschaft zu verstehen. In diesen Auszügen können aufmerksame Lesende Anhaltspunkte finden und Hypothesen aufstellen, die ihnen die Bedeutung dieser Ausdrücke näherbringen.

Wie im dritten Auszug werden Filme, Serien und Bücher in L1 in vielen anderen Texten erwähnt, die an ihre Titel in anderen Sprachen erinnern. Ausländische Filme werden oft mit international bekannten Titeln in englischer Sprache bezeichnet. Es ist jedoch interessant zu reflektieren, dass die Jugendlichen keine Titel in deutscher Sprache verwenden und dass dies tatsächlich oft nicht die beste Wahl wäre, da die Unkenntnis dieser Titel und ihre begrenzte Verbreitung das Verständnis des Gesprächspartners, der außerhalb des deutschsprachigen Wirtschaftsraums lebt, beeinträchtigen würde.

Myers-Scotton (1991: 58) kennzeichnet das Code-Switching durch Vorder- und Hintergrund und verleiht hervorgehobenen Elementen eine spezifische Bedeutung auf sozialer oder sonstiger Ebene. Im vierten Beispiel wird angemerkt, dass der Begriff *Semana Santa*, welcher für den rumänischsprachigen Partner transparenter ist (Săptămâna Sfântă), der deutschen Bezeichnung „Karwoche" vorgezogen wird. Andererseits wählt der Absender „Osterferien", um sich auf die zusätzliche schulfreie Zeit zu beziehen. Es sei jedoch darauf hingewiesen, obwohl der *Semana Santa* keine feierliche oder religiöse Bedeutung zugewiesen wurde, ist es genauso wie der Heiligabend ein christlich-religiöses Fest, das in jeder Kultur unterschiedliche Bräuche und Bedeutungen hervorbringt.

In den letzten beiden Beispielen berücksichtigen die Autoren die Eigenschaften des Gesprächspartners bei der Auswahl der Themen und der Art und Weise, wie sie kulturelle Sachverhalte darstellen. Die angedeutete intertextuelle Dimension kann dem Rezipienten helfen zu erkennen, ob *brigadeiro* eine süße oder salzige Speise ist oder woraus es besteht, um eine Vorstellung dieses Konzepts zu erarbeiten. Ebenso sollte sich der andere Leser, auch wenn er die venezolanische Krise mit seinem Weltwissen in Verbindung bringen möchte, an externe Quellen wenden, um herauszufinden, wer die Teilnehmenden der *Marchas* sind und was sie fordern.

Dies wiederholt sich, wenn die Lernenden Begriffe in der L2 benutzen, um typische Elemente ihrer Kultur zu bezeichnen. So auch das Wort *Tukan* (BRve171-73A), das sich auf eine tropische Vogelart bezieht, dessen Bedeutung für Deutschsprachige ohne Kenntnisse der südamerikanischen Fauna aber nicht unbedingt unmittelbar zugänglich ist. Ähnlich verhält es sich mit der Bedeutung des Begriffs *Kartoffelwoche*, der in drei Briefen der Schule BR (BRve2-71D, BRve25-71D, BRve27-71D) verwendet wird und mit dem diese Schule ihre Frühlingsferien im Oktober benennt. Ebenso sollte man bei Internationalismen nicht immer auf eine Erläuterung verzichten, da die in den Briefen verwendeten Vokabeln *Zika* (VEbr57-75B) und *Dengue* (VEbr33-72A) von brasilianischen und venezolanischen Deutschsprachigen leicht verstanden werden können, von jungen Europäern aber vielleicht nicht.

Gelegentlich haben die Lernenden gute Lösungen gefunden, um das Risiko zu verringern, beim Verwenden von lexikalischen L1-Ausdrücken nicht verstanden zu werden. Zusätzlich zum Beschreiben, Vergleichen und Umschreiben mit Hilfe von Referenzen und Konzepten, die in der L2 bekannt sind, haben sie:

a) hybride zusammengesetzte Nomen gebildet: *Havaianas-Sandalen* (BRve77-72A), *Berg El Ávila* (VEbr54a-62B);
b) stilisierte Zeichnungen wie die der Stadt Mérida mit den schneebedeckten Andengipfeln im Hintergrund gemacht;
c) nach Begriffen im Deutschen gesucht, die nicht übereinstimmen, aber Bedeutungsüberschneidungen aufweisen: *Hier gibt es bergen, Inseln, Wälder, „cerrado“ (Steppe), „caatinga“ (Wüste), Strände, Flüssen, und so weiter* (BRve165-02B);
d) einen alternativen Titel für ein bekanntes Werk der Kinder- und Jugendliteratur vorgeschlagen: *Kennst du den Bauernhof des Gelben Spechts? Oder “Sítio do Picapau Amarelo”?* (BRve57-61D);
e) kreative Namen aus dem bekannten L2-Vokabular verwendet, um eine Idee klar auszudrücken: *luftig Tanz* (BRrq84-73D), *Lufttanze* (BRrq147-73D), was sich im Deutschen auf das, was als Vertikaltuch-Tanz bekannt ist, bezieht.

Abschließend ist auch die bewusste Verwendung von Beschreibungen und Analogien (Kontextualisierungsstrategie vom Typ IV) nicht zu vergessen:

> Ich werde dir erzählen von meiner reise nach “Los Médanos de Coro” (es waren die besten Ferien), “Los Médanos de Coro” sind wie eine art Wüßte, aber sie sind mitten in der Straß, das beste ist das man sie klettern kann. (VEbr34-72A)

Auch Ausdrücke in anderen Sprachen, insbesondere auf Englisch, werden häufig verwendet. Einmal vom Adressaten verstanden und in neuen Kontexten wiederverwendet, werden all diese Konzepte in das Repertoire der Begegnungssprache integriert. Obwohl sie im Alltag der Jugendlichen präsent sind, scheinen viele von ihnen in den Lehrplänen und Methoden zu fehlen und kommen beim Schreiben der Lernenden nur selten durch deutsche Redewendungen zum Ausdruck. Das ist der Fall bei *Social nets, socialnets* oder *social-Network* im Sinne von „soziales Netzwerk". Zusätzlich dazu und zu den zuvor als Entlehnungen und Fremdwörter behandelten Begriffen wurden auch folgende englischsprachige Bezeichnungen enthaltende Ausdrücke gefunden:

a) Nomen, die durch Interferenz oder bewusste Wahl verwendet werden: *ein Fußball player*; *Champion*; *der Trapper von der Century*; *Impeachment Process*; *football*; *Gay*; *Guitar*; *super-Heros*; *zum shopping gehen*; *singer*; *top model*; *Postcard*; *Sub-20 World Cup*; *Gangster*; *einen "Connection Flight" nach Miami*; *Tortoise*; *Virgo*; *school*; *"Dreamjob"*; *Instagram account*; *ripped jeans, fake friends*; *Deutscher Shephard*; *V-day*; *Turquoise*; *skinny Jeans*; *Cropped-Top Hoddie*; *vacation*; *Flugzeug-Freak*;
b) Adjektive, die durch Interferenz oder bewusste Wahl verwendet werden: *ein sehr important Klassenarbeit*; *favorit Serien*; *pink*; *sarcastic*; *awkward*;
c) Ausdrucksformen aus der Welt der Jugendunterhaltung, die durch die Medien und die globalisierte Kultur verbreitet werden: *night life*; *Boobies*; *Bis Bald bro*; *glows in the dark!*; *Bye*; *ich denke, dass Eminem nicht der GOAT* [greatest of all time] *ist*; *To Be Continued*; *Open here*; *swag*; *Fun*; *modernes Look*; *Wir beide sind einen "Double-Trouble"*; *Smart Casual*; *Manga Artist*; *Fashion-Victim*;
d) Ausdrucksformen der digitalen Kultur, elektronischer Spiele und sozialer Netzwerke: *nickname, real name*; *profile*; *follow*; *follow me*; *Follow me on Instagram!, Accept geben*; *e-Sports*; *Subscribers, Ich bin Level 7*; *YouTube channel*; *fanpage*;
e) Präpositionen, Adverbien und Konjunktionen, die durch Interferenz oder bewusste Wahl verwendet werden: *besser then ich*; *If du spielst*; *Ich gucke often auch Netflix*; *meine Lieblingsmusic ist 'ela só quer paz' from projota*;

f) Syntaktische Konstruktionen, die durch Interferenz oder bewusste Wahl verwendet werden: *im September 22th*; *Kendrick's neues Album*; *San Valentin's Tag*; *Nachts ist es Kalt, aber ein „coolest kalt"*;
g) Zitate: „*When opportunity doesnt work, Build a door!*"; „*You can see my eyes but you dont know my story*"; „*Life is music, write your own song!*".

Situationen, in denen Elemente zweier Sprachsysteme auf lexikalischer Ebene abwechseln oder verschmelzen, was Jungbluth (2012) als Code-Mixing klassifiziert, sind auch vorhanden: *Schwimming*; *Konfederaption Coup*; *Envelop* (port. envelope, Umschlag); *spezialischen Ocasion*; *ich stude*; *addiktionieren*; *Gazolin* (port./span. gasolina, Benzin); *Poblation* (span. población, Bevölkerung); *Population*; *tomboyisch*.

Wenn sich einige venezolanische Schüler auf ihren Nationalsport bezogen, vermischten sie in *Beisball* die Schreibweise „beisbol" des Spanischen mit dem Deutschen „Baseball":

Hier in Venezuela wir spielen sehr viel Beisball. Aber es gibt anderen sport wie Kikingball: es ist wie die Beisball, aber mit dem Fußen. Meine Lieblingsteam ist (…). Ich spiel nicht so gut Beisball, aber ich bin sehr gut in Karate. Hier wie spielen nicht so viel Fußball. ¿Welche ist dein Lieblingsport? (VEbr65-73A)

Bei anderen Internationalismen scheinen die Teilnehmenden Schwierigkeiten zu haben, die Rechtschreibung in den einzelnen Sprachen zu differenzieren, festgelegte Grenzen zwischen den Standards zu erkennen, oder sie halten es vielleicht nicht für relevant, in solchen Fällen orthographischen Konventionen zu folgen. So erscheint das Wort „Karneval" in fünf verschiedenen Schreibweisen (*carnaval, carnival, Karneval, Karnaval, Karnavale*), für „Telefonnummer" wurden fünf Varianten gefunden (*Telefonnummer, Telefon num(m)er, telephone numer, telefonumber*) und „Musik" wurde oft *music* geschrieben. So taucht in den Texten einschließlich von brasilianischen Lernenden das Wort „Brasilien" sowie andere Ländernamen auf, wie es auf Portugiesisch/Spanisch, Englisch oder Deutsch geschrieben wird.

Auf diese Weise sind die zweisprachigen Lernenden für ein mehrsprachiges Verhalten prädisponiert, das durch den Gebrauch von Konzepten und Bezeichnungen, die sie aus anderen Sprachsystemen mitbringen, weiter stimuliert werden kann. Die Verbindung zwischen diesen und anderen vernetzten Begriffen macht sie in heterogenen diskursiven und pragmatischen Umgebungen funktional und relevant.

Der Ausdruck *sub 20* wurde im Austausch zwischen Brasilianern und Venezolanern oft verwendet und besser verstanden als die deutsche Bezeichnung „U20", bei der es um ein Weltturnier ging, an dem beide Länder teilnahmen. In einer dieser Unterhaltungen zeigte ein Schüler aus Brasilien Begeisterung für den venezolanischen Fußball: *Meine Fußballmannshaft von Venezuela heißt Deportivo Tachira* (BRve120-73D). Unter spanisch- und portugiesischsprachigen L1-Sprechenden gibt es eine Tendenz zur gegenseitigen Verständlichkeit, wenn gemeinsame Konzepte und Ausdrücke dieser Sprachen verwendet werden. Dies wird besonders bei Sportveranstaltungen deutlich, wie die *Copa América*, *Libertadores* und *Copa Sul-Americana* (auch *Sudamericana*). In diesem letzten Beispiel verwendete ein Schüler aus Brasilien, dessen L1 Portugiesisch ist, den spanischen Ausdruck.

Der Gebrauch der L1 bestimmt bei Briefpartnern aus Brasilien und Venezuela auch die Methode, um Mehrdeutigkeiten in der Verwendung von Wörtern zu umgehen, die zu mehr als einer Interpretationsmöglichkeit im gleichen Kontext führen können. Die Unsicherheit hinsichtlich des Verständnisses durch den Lesenden und die verschiedenen Beziehungen zwischen den Begriffen in Bedeutungsnetzen der L1 und der L2 rechtfertigen diese Strategie. In diesen Fällen werden fast immer Zeichen aus der L2 verwendet, um Aussagen zu konstruieren, die im Bedeutungssystem der L1 begründet sind, wie im folgenden Beispiel gezeigt wird:

> Ich habe keine freund wie in "namorado", aber ich habe freundinen und freunde wie in "amigos". (BRve103-73A)

Die Strategie, die die zweisprachige Partnerin fand, um eine vorhergehende Frage präzise beantworten zu können, spiegelt sich in dem Versuch, Analogien zu Wörtern und Bedeutungen des Portugiesischen herzustellen. Das Anliegen, dass das Wort *Freund* im Sinne von Freundschaft und nicht als Partner in einer Liebesbeziehung verstanden werden sollte, wurde auch in anderen Briefen angesprochen. Der Erfolg der Strategie hängt natürlich vom Gesprächspartner ab. In diesem Fall war ein Verständnis durch den spanischsprachigen Brieffreund möglich, in dessen L1 man ebenfalls zwei unterscheidende Signifikanten (amigo/novio) verwendet. Der Wortstamm, welcher das portugiesische Wort *namorado* bildet, erscheint dazu auf Spanisch im Verb „enamorar" und im Adjektiv „enamorado" mit verwandter Bedeutung. In einem anderen Text wurde eine englische Entsprechung benutzt: *keine Freund (boyfriend)* (BRve108-73A). Meistens wurde der Zweifel mit der ebenfalls aus einem anderen Code entlehnten Akronym *BFF* (best friends forever) umgangen, um auf den besten Freund oder die beste Freundin zu verweisen. Bei der Beantwortung der Frage „Hast du einen Freund?" verringert die Nennung von mehr als einem Namen die Mehrdeutigkeit und könnte dafür als Strategie eingesetzt worden sein.

Weder Redemittel, die von den Gesprächspartnern gemeinsam genutzt werden, noch Strategien der L2-Kultur, deren Praktiken schließlich ebenfalls in die gleiche Sackgasse geraten, werden anscheinend durch den konventionellen Sprachunterricht wahrgenommen, um diese Zweideutigkeit zu lösen. Möglicherweise verschwindet dieses Thema aus seinem Blickfeld, wenn er die mehrsprachige Identität beim Spracherwerb und die Formbarkeit des sprachlichen Materials zum Ausdruck dieser Identität unterschätzt. Code-Switching und Code-Mixing kommen in der Praxis jedoch bereits bei vermeintlich einsprachigen Diskursen, insbesondere im Deutschen, durch hybride Verwendungen vor, die sich allmählich in der Norm durchsetzen. Die Sprachstruktur selbst bietet Mechanismen, die es ermöglichen, mit der Sprache zu experimentieren, bis man zu kreativen Lösungen kommt, um eine bestimmte Idee durch neue zusammengesetzte oder abgeleitete Wörter auszudrücken.

Syntaktische Strukturen bilden auch in mehrsprachigen Diskursen und exolingualen Interaktionen heterogene Paradigmen. Die Verwendung des Genitivs nach der englischen Grammatik, von Topikalisierung und rekursiven Strategien sind Aspekte, die ebenfalls beobachtet wurden. Sätze wie *dieses jahr bin ich 13 und mache ich 14*; *meine lieblings beste freund* (BRve126-73A) und *¡Viele Grüße Manuela!* (VEbr80-83A) haben für die betroffenen Gesprächspartner grammatisch gewirkt. Sie zeigen, dass normative Grenzen, von der morphosyntaktischen bis zur semantisch-pragmatischen Ebene, durch die Forschungssubjekte deutlich als durchlässig wahrgenommen werden.

6.4.7. Interkulturelle und kommunikative Kompetenz in der Begegnungssprache

Um über die Entwicklung der interkulturellen Kompetenz als einen dem Erwerb kommunikativer Fertigkeiten innewohnenden Aspekt, insbesondere des schriftlichen Ausdrucks, nachzudenken, soll der folgende Abschnitt betrachtet werden:

> In Oktober reise ich nach Deutschland mit der Schule. In Deutschland wurde ich viele Bonbons kaufen. In Deutschland wurde ich in der erste Woche in eine Gastfamilie bleiben. Am Samstag wurde ich in die Taquara Strand gehen. Ich habe das Game Hallo 3. Ich habe auch ein Ps4. In der Ps4 spiele ich viele Videogames. (BRve190-83A)

In dem Text erzählt der Schüler zunächst von einer Reise, die er *in Oktober* unternehmen wird und äußert sich zu seinen Erwartungen und Plänen. Er drückt dann die Absicht aus, *am Samstag* an einen bestimmten Strand zu gehen. Der Leser, der diesen Ort nicht kennt, könnte ihn mit dem Kontext der Reise in Verbindung bringen, da der Absender den Themenwechsel nicht ankündigt. Die widersprüchlichen Zeitangaben reichen nicht aus, um den Leser geographisch zu leiten. Im folgenden Satz wechselt der Schüler noch einmal das Thema und gibt keine neuen Hinweise auf den Strandbesuch. Der Autor nutzt seiner Sprachkenntnis entsprechend einige Kohäsionsstrategien, um Aussagen zum gleichen Sachverhalt zu koordinieren, wie z. B. Wiederholungen in topikalisierten Präpositionalphrasen (*in Deutschland*, *in der Ps4*) und den Einsatz des Hyperonyms *Videogames*. Sein Gesprächspartner hätte vorher mit dem Begriff *Taquara Strand* konfrontiert worden sein müssen und der Schreibende sollte die Gegenstände seiner Äußerung sinnvoll ordnen sowie einfache Operatoren verwenden, um einen Themenwechsel anzuzeigen. Die ungünstige Ordnung und ineffektive Artikulation sind bei dieser Interaktion jedoch immer noch mit diskursiven Entscheidungen verbunden, die das Profil des Nachrichtenempfängers außer Acht lassen. Die Vernachlässigung seiner Identität sowie seines Vorwissens über das angesprochene Thema spiegelt Merkmale des Schreibens wider, welches durch traditionelle Übungen konditioniert ist, bei denen man nur Gedanken in einen Text mit Einleitung, Hauptteil und Schluss organisiert. Oftmals wird bei solchen Aufgabestellungen nicht auf ein Diskursgenre oder eine konkrete kommunikative Situation eingegangen.

Aus dieser Perspektive bestärken die Ergebnisse dieser Studie die Auffassung, dass die interkulturellen Kompetenzen nicht nur als Zusatzleistungen zum Spracherwerb entwickelt werden sollten, sondern eher in empirischen Kontexten der kommunikativen Praxis zu erproben und in mündliches und schriftliches Verstehen, Ausdrucksvermögen und Translanguaging zu integrieren sind. Die folgenden Beispiele legen nahe, dass ein interkultureller Ansatz zur kommunikativen Kompetenz, welcher in erster Linie intersubjektiv und nicht auf die L2-Kultur beschränkt ist, den Lernenden auf grundlegenderen Lernebenen bessere Chancen bieten könnte, über die Sprache Zugang zu neuen kulturellen Horizonten zu erhalten und diese zu erkennen:

> Ich habe eine Hundin, eine Ilhasa apso. Deine Yorkshire ist leider gestorben. Meine Lieblingsyoutuber sind: MR. Poladoful und Felipe Neto. (BRve118-73A)

> Darin bin ich gut: Skateboard fahren
> Lieblingsfarbe: rot
> Tippische Kleindung: Normales Kleidung (BRrp115-73D)

(...) und ich hat auch ins HotZone gegehen, wahrscheinlich du weiß nicht eine platz wie dieses, mit vielen videogames und spielzeug wie in park (BRve186-83A)

Mein Lieblingssänger ist Michael Jackson. Ich glaube, dass du ihn kennt. Leider, ist er in 2009 gestorben, aber er war eine sehr berühmte Person. Meine Lieblingssong heißt „The way you make me feel", aus Michael Jackson. (BRrq84-73D)

Die Unkenntnis von anderen Formulierungen veranlasste die Verfasserin der ersten Passage dazu, anstelle des Ausdrucks „es tut mir leid" das Adverb *leider* zu verwenden, welches in deklarativen Sätzen besser geeignet ist, um mit denotativer Funktion Solidarität auszudrücken. Wiederholt hat die Organisation der Ideen im Text eine einfühlsame Kommunikation behindert. Diesem Satz geht eine Erklärung voraus, in der die Rasse ihres Haustieres genannt wird. Der Tod des Haustiers der Gesprächspartnerin wird in einer unpersönlichen Art in nur einem Satz erwähnt, und unmittelbar nach diesem Thema leitet die Verfasserin des Briefes einen anderen Inhaltspunkt ein, in dem sie den Fokus wieder auf sich lenkt. Das zweite Beispiel besteht aus drei Zeilen eines Steckbriefes, in dem der Schüler die Kleidung, die er im Alltag oder am liebsten trägt, als *normal* bezeichnet. Der Teilnehmer ignoriert daher, dass der Briefpartner aus einer anderen Kultur, mit dem der Briefwechsel gerade erst begonnen hat, möglicherweise andere Normalitätsmaßstäbe besitzen könnte als er selbst.

Im folgenden Abschnitt drückt ein anderer Schüler Vermutungen über das Allgemeinwissen seines Briefpartners aus und wählt zur Modalisierung des Diskurses das Adverb *wahrscheinlich* anstatt „vielleicht", da er damit rechnet, dass der Gesprächspartner den erwähnten Ort nicht kennt. Aus pragmatischer Sicht gehen die Unterschiede zwischen beiden Lexemen jedoch über den bloßen Relativierungsgrad hinaus, sodass die Verwendung von „wahrscheinlich" arrogant klingen und dem Leser missfallen kann. In einer ähnlichen Situation war die Autorin des letzten Zitates weitsichtiger; zwar ging sie ausdrücklich davon aus, dass der Leser die genannte Referenz kannte, nannte aber weitere Informationen über den Sänger.

Die gelegentliche Verwendung von Sprachcodes, die üblicherweise für die Kommunikation in L1 über digitale Medien verwendet werden, war ein weiterer Indikator für den Mangel an interkultureller kommunikativer Kompetenz und mehrsprachigem Bewusstsein. Lachausdrücke wie *kkkkkkk* und *jeje* sind Beispiele für dieses Verhalten. Tatsächlich werden die Diskursgenres, in denen diese Verwendungen häufig vorkommen und in denen die Lernenden leicht Möglichkeiten zur Interaktion finden, von Lehrmethoden unterschätzt, die ihnen keine sprachlichen Mittel anbieten, um ihren Kommunikationsbedürfnissen in diesen Kontexten gerecht zu werden. Das Projekt konfrontierte die Lernenden mit einigen dieser Bedürfnisse und durch die Autonomie bei der Manipulation von gemeinsamen Signifikanten wurden zufriedenstellende Alternativen gefunden, wie die Verwendung des Verbs „lachen" als Rubrik in Klammern:

Du zeichnest tatsächlich viel besser als ich (lacht) (BRrp115-73D)

Sehr oft werden von den Beteiligten Spiegelungen der virtuellen Umgebung eingebracht und diese Überschneidungen fördern die Interaktion mit den kulturellen Aspekten des Lebens und der Gesellschaft um die Partner herum. Dies findet sich verstärkt bei Vorschlägen und Einladungen zur Nutzung digitaler Tools. Diese Tatsache lässt auch vermuten, dass die Anregenden schließlich jene Medien nutzen, um mehr über interkulturelle Elemente zu erfahren, die von ihren Partnern in den erhaltenen Briefen genannt werden. Dieses Vorgehen wurde bei zahlreichen Gelegenheiten in den untersuchten Schulen festgehalten. In den unteren Beispielen kann man die Metadiskursivität der Schülertexte in diesem Sinne einsehen:

Ich werde Silvester in Buzios feiern mit mene Freunde und Familie. Sucht in Google wie Buzios schon ist, da gibt viele Strände und vielen Sehenswurdigkeiten. (BRve34-93D)

Ich bin ein Yoga Fan, ich mache schon sehr lang Yoga, es ist sehr cool! Ich kann einen Baum machen. Du kannst mal im Internet schauen, wie das funktioniert. (BRve135-73A)

Hier in Venezuela feiern wir Karneval, aber nicht wie in Brazilien, ich habe in den andere Brief, dass ich in ein Kleines Dorf in Venezuela lebe, es heißt (…), dort mein Karneval ist etwas anders, da heißt anstatt Karneval, Narrenzunft, und wir feiern mit dem Jokilis, du kannst es bei Google suchen. (VEbr45-02A)

Die Suche nach Stichworten im Internet hilft beim Finden von interkulturellen Referenzen in beiden Richtungen des Kontakts. Um Zugang zu ausführlicheren Informationen, genaueren Eindrücken und anderen Darstellungen der in den Briefen erwähnten Elementen zu erhalten, ist es möglich, neben online verfügbaren Schriften auch Bilder und Videos zu betrachten. Wenn sich Absendende auf diese Möglichkeit verlassen, werden sie jedoch dazu neigen, oberflächlichere Texte mit weniger detaillierten Beschreibungen und Eindrücken zu verfassen.

Die Verfügbarkeit dieser Ressourcen begünstigt für Lernende mit noch einfachen Kenntnissen zweifellos die Antizipation interkultureller kommunikativer Erfahrungen. Allerdings wurden diese Möglichkeiten nach Feststellung dieser Studie durch die Lehrenden in ihre Methodik zugunsten der Sprachlernziele nicht einbezogen. Dementsprechend erfolgt der Zugang der Schülerinnen und Schüler zu Informationen über andere Kulturen auf willkürliche und ungeordnete Weise, ohne dass sie dazu angeregt werden, Stereotypen zu erkennen und zu hinterfragen, verschiedene Standpunkte auszuprobieren und die Distanzierung gegenüber der eigenen Kultur auszuüben. Ein anderer wichtiger Punkt ist die fehlende Subjektivität bei Suchergebnissen im Internet im Verhältnis zu Begegnungs- und Austauschsituationen.

Der dritte Text, über die Karnevalstradition in einer venezolanischen Stadt mit deutscher Migrationsgeschichte, weist auf ein weiteres Potenzial des transkulturellen Austauschs hin. Das Projekt ermöglichte den Zugang zu kulturellen Praktiken und Ausdrücke in der L2, welche Lehrpläne und -materialien in der Regel nicht abdecken, weil sie nicht den Zielen der europäischen Kulturpolitik unterliegen. Abgesehen von der Migrationsliteratur gehen die kulturellen Erscheinungsformen der deutschen Sprache der Gegenwart sowie die Darstellungen von Sprechern und Sprachvarietäten im Deutschunterricht selten über die territorialen und politischen Grenzen Deutschlands, Österreichs und der Schweiz hinaus. Um auf den letzten Briefauszug zurückzukommen, muss man feststellen, dass die Schülerin keinen Bezug darauf nimmt und sie verweist auch nicht direkt auf die Geschichte der deutschen Einwanderung in der Region. Nur der Ausdruck *Narrenzunft* gab einen Hinweis auf ein germanisches Merkmal in dieser Tradition.

Gelegentlich kommt es jedoch vor, dass ein Element der deutsch-europäischen Kultur als Schnittstelle für die Kommunikation zwischen den Gesprächspartnern dient, beispielsweise wenn ein Gesprächspartner über die Währung seines Landes befragt wird. In der Annahme, dass der Verfasser des Briefes das Wort „Geld" für zweideutig hielt und als Bezeichnung der Geldeinheit verwarf, und dem Lehrplan zufolge der Begriff „Währung" sicher noch nicht zu seinem aktiven Wortschatz gehört, benutzte der Schüler die Metonymie als Strategie: *In Brasilien das Euro ist Reais. Wie ist dein Euro?* (BRve116-73A). Die Begegnungssprache greift daher beim Aufbau des Third Place auf Begriffe zurück, die auf Deutschland zurückgehen.

Somit hindert dieser Kontakt den Lernenden also keineswegs daran, kulturelle Aspekte der Nationen, die unmittelbar mit der L2 zu tun haben, besser kennenzulernen und sich anzueignen. Die Verbesserung liegt darin, dass andere Referenzen, insbesondere aus den am Kontakt beteiligten Kulturen, Teil dieses Interaktionsraums werden, ohne einer vorgegebenen Hierarchie unterworfen zu sein. Dieser Vorgang setzt die Bereitschaft voraus, Gesichtspunkte der in Kontakt getretenen Kultur zu übernehmen und ihre Manifestationen in der eigenen Umgebung zu beobachten. Der folgende Auszug deutet darauf hin, dass das darauf eingestimmte Subjekt seine Sinne offen hat, um diese Reflexe zu identifizieren und zu interpretieren:

> Ich habe in Nachrichten über Venezuela gehört und hoffe dass jetzt schon alles gut ist. (BRve34-93D)

Die transkulturelle Erfahrung, wie eingangs beschrieben, konnte im Korpus nicht umfassend belegt werden. Es war jedoch möglich, wie im obigen Fall, die in diese Richtung weisenden Verhaltensweisen zu erkennen.

Da die Briefe oftmals von kleinen Gegenständen begleitet wurden, die die Lernenden an ihre Briefpartner schickten, ist eine venezolanische Waffelstange ebenso wie bereits früher das deutsche Gummibärchen zu einem kulturellen Symbol in der Schule BR geworden und wurde in einigen Briefen zitiert. Die Antwortschreiben enthielten oftmals neben dem Feedback kleine Leckereien oder Geldscheine, die die Beteiligten zu sammeln anfingen.

Im Folgenden wird gezeigt, dass die Anpassung der Sinne an Stimuli, die vorher nicht relevant erschienen, auch mit einem Interesse an der L1 der Partner verbunden ist.

6.4.8. Zugehörigkeitsverhältnisse, hybride Identitäten und Einstellungen zu Mehrsprachigkeit in der Begegnungssprache

Die Entwicklung eines Gemeinschaftssinnes stützte sich in den Briefen auf Hinweise der einzelnen Lernenden über den Schulalltag, den vermittelnden Wissenschaftler und dehnte sich auf andere Beteiligte aus der Partnerschule aus, die Korrespondenten ihrer eigenen Klassenkameraden waren:

> Viele Grüsse an deine Mitschüler und natürlich an deinen Lehrer. Er ist sehr klug und hilfsbereit. (RQbr40-73C)

> Warum sprechen alle venezuelaner von Y.? (BRve2c-93D)

> Ich habe die Sprachdiplom gemacht und ich war viel nervös, Ich habe bestanden aber viel Leute hat durchfallen. Macht du der Sprachdiplom? (VEbr38-93B)

Die Anwesenheit des Wissenschaftlers beeinflusste in vereinzelten Fällen den Inhalt der Briefe, in denen er fälschlicherweise als Deutschlehrer der brasilianischen Partner bezeichnet wurde. Wie im letzten Beispiel wurde in vielen Briefen über die KMK-Sprachprüfungen berichtet und aus der Schule VE gab es Briefe, die laut Schreibenden als Übung für jenen Test galten. Zwei Schüler aus der Schule RP thematisierten ihre Teilnahme an der deutschen Spracholympiade ihres Landes, und an allen Schulen gab es Statements über Lehrkräfte sowie das Erlernen der deutschen Grammatik. Die Metasprache war jedoch kein vorherrschendes Thema, obwohl sie als Mittel zur Kennzeichnung der Zugehörigkeit zu einer gemeinsamen Lerngemeinschaft diente.

Einige Texte versuchen, durch sprachliche Merkmale einen personalisierten Praxisraum abzugrenzen und seine Eigenschaften zu verhandeln. Die Briefpartner suchten zum Beispiel nach Alternativen für eigene Grußformeln. Das Code-Switching, wie z.B. im Fall des englischen Ausdrucks *Bye* als Alternative zu üblichen Formeln aus dem L2-Lernkontext, war keine Seltenheit. In ähnlicher Weise kommt das Wort *Servus* vor, welches vor allem in Süddeutschland, Österreich und der deutschsprachigen Diaspora gebräuchlich ist, aber in DaF-Kursen wenig als Begrüßung praktiziert wird.

Oft verwendeten Schülerinnen und Schüler aus Venezuela umgangssprachliche Ausdrücke auf Spanisch wie *Qué pasó menol, háblame claro*[196] (VEbr60-72B) und *Ja wenoo!*[197] (VEbr1-93B, VEbr103-93B). Damit sicherten sie sich ein vertraulicheres Umfeld im Third Place. Sollte einerseits der unmittelbare Einsatz des lokalen Jugendjargons in ihrer L1 eine gewisse Distanz provozieren, prägen sie andererseits dadurch ihre kulturelle Identität und wecken bei den Lesern die Neugierde darauf. Solche Verweise findet man an den Rändern der Hauptnachricht, die auf Deutsch verfasst wird, genauer gesagt unterhalb der Signatur, in Form von Hashtags oder als Aufschrift auf dem Umschlag. Zum Teil wird es mit Ausdrücken aus nationalistischen und politischen Liedern kombiniert – *Gloria al bravo pueblo*[198] und *Llevo tu luz y tu aroma en mi piel*[199] (VEbr103-93B) –, dem parteilichen Refrain *Viva Chavez und Maduro. No paja viva Primero Justicia.*

196 Ausdruck für „Wie geht's Kumpel? Was gibt's?"

197 Ausdruck des Lachens, erfundenes Modewort des Vloggers Andres AerF.

198 Auf Deutsch: „Dem tapferen Volk die Ehre". Titel und erster Vers der venezolanischen Nationalhymne, 1810 von Vicente Salias komponiert.

199 Auf Deutsch: „Ich trage dein Licht und deinen Duft auf meiner Haut". Erster Vers des Liedes mit dem Titel „Venezuela", im Jahre 1980 komponiert von den Spaniern Pablo Herrero Ibarz und José Luis Armenteros Sánchez.

Rescata!!![200] (VEbr10-81C) und dem Akronym C.D.L.P. neben einem Herz in den Nationalfarben (VEbr1-93B), das „Corazón de la patria“[201] bedeutet und ein Slogan des ehemaligen Präsidenten Hugo Chávez war. Andere Briefe beziehen sich auf die Raggaeton-Kultur, wie in den Hashtags #Lanuevareligión, #Chambea und #Expertoenlenguajecorporal (VErq18-04A, VErq31-04A)[202].

In diesem Datensatz sticht eine fast vollständig auf Englisch verfasste Nachricht hervor. Darin äußert der Schüler eine Position bezüglich der Verwendung der deutschen Sprache, indem er einen weiteren Code vorschlägt, die im Falle eines Konsens als Option zur weiteren Interaktion mit dem Partner festgelegt werden könnte:

> Hey P.
> Wazzaaaaaaaaaap? All good? I'm tired of german. F*** german. Anyway so I feel very sorry for your country's issues, it must sucks be in this situation, Brasil isn't very in a much better place either, are you actually living in Germany now? Cuz in your last letter you said you were pobably moving (or going) there. China must have been super cool, I'll probably go there some day. In summer I guess I will go to the beach all day every day and fuck.
> Schreib mir bald
> P. N. (BRve23-93D)

In dieser Nachricht sind zahlreiche Merkmale einer mehrsprachigen Identität und der Einstellung zum Sprachgebrauch enthalten. Der Schüler zeigt, dass er über sprachliche Mittel im Englischen verfügt, um sich mit einer Wortwahl auszudrücken, die ihn als einen städtischen Jugendlichen identifiziert. In der Annahme, dass dieser DaF-Schüler wie die meisten seiner Klassenkameraden praktisch ausschließlich in der Schule oder im Lernkontext Kontakt mit der deutschen Sprache hat, wäre die oben gezeigte Lässigkeit und Sicherheit mit Begriffen und Strukturen des Deutschen wahrscheinlich nicht möglich gewesen, da nur eine Standardvariante dieser L2 im Unterricht vermittelt wird. Der Auszug bezieht sich auf den zuvor erhaltenen Brief des Partners, in dem dieser seine Pläne, nach Deutschland zu ziehen, zum Ausdruck brachte. Die Wahl

200 Auf Deutsch: *Es leben Chávez und Maduro. Nein gelogen es lebe Primero Justicia. Lernen!!!!!!* Erwähnt werden der ehemalige Präsident Hugo Chávez (1999–2013), sein Nachfolger Nicolás Maduro und die liberale Oppositionspartei Primero Justicia (deutsch „Gerechtigkeit zuerst“). Im ersten Satz ist die Verwendung der deutschen Konjunktion „und“ anstelle des kastilischen „y“ vermerkt.

201 Auf Deutsch: „Herz des Vaterlandes“.

202 Auf Deutsch jeweils #DieNeueReligion, #Nachladen, #Körperspracheexperte.

der Sprache überschneidet sich in diesem Fall mit einer weiteren Verschiebung: der Umzug in ein anderes Land als Thema der Nachricht. Ähnlich wie der Gebrauch der deutschen Sprache im Umgang mit Ländern und Kulturen, in denen sie nicht die offizielle Sprache ist, gefördert wurde, so wird, sobald einer der Gesprächspartner seinen geographischen Standort an den Ausgangsort dieser Sprache verlegt, wieder ein mit den im Dialog beteiligten Ländern unverbindlicher Code vorgeschlagen. Abschließend ist die Wahl der Schreibweise *Brasil* nach dem L1 des Absenders und des Briefpartners zu beachten, und die Schlussbemerkung „Schreib mir bald", welche Absender und Empfänger gleichzeitig in dieselbe Community of Practice und in die deutsche Sprachgemeinschaft positioniert.

Beim nächsten Austausch drückt ein venezolanischer Teilnehmer seinen Wunsch aus, mit dem Partner aus Brasilien auf Portugiesisch zu kommunizieren:

Vergisst nicht auf portuguesisch zu schreiben! Ich spreche portuguesisch und es wäre gut wenn ich mit einem Brieffreund miteinander sprechen könnte. (VEbr102-82B)

Seine Antwort beginnt er zwar in seiner L1, er behält aber Deutsch als Hauptsprache seines Textes bei und begründet diese Entscheidung: *Oi H., tudo bem? Eu estou bem, obrigado por perguntar. Ich kann nicht so viel Portugiesisch schreiben, weil ich meine Deutsch üben musst* (BRve54-82C)[203]. Bei der Aushandlung der Parameter und des Wortschatzes, aus dem sich der Third Place zusammensetzt, eignet er sich die Methoden und Ziele des Deutschunterrichts an und folgt seinem monoglossischen Praxisideal.

Diese Konstruktion des Begegnungsraums findet statt, während die Parteien ihre Erwartungen in Bezug auf die Kultur des Partners anpassen. Dies geschieht hauptsächlich durch Rückmeldungen, wie im vorigen Fall, aber auch wie im nächsten Beispiel in Bezug auf Normalitätsparameter:

203 Auf Deutsch: „Hallo H., alles klar? Mir geht es gut, Danke fürs Fragen ..."

> Liebe L.,
> hallo! Es ist normal, 15 Jahre Partys zu machen. Ich habe nicht eine gemacht aber einige meine Freundinnen haben eine Party gemacht. In die Sommerferien gehe ich mit meine Gruppe von Freunde nach Europa, weil wir 15 Jahre feiern. Hier in (…) sind 15 Jahre Partys sehr bekannt. Es gibt Mädchen, die kein 15 Jahre Partys mögen, stattdessen machen sie eine Rundreise. Ich bin sehr gespannt, weil es die erste Mal ist, dass ich alleine mit meine Freunde reise. (außerhalb des Landes) (VEbr7-93B)

> Liebe F. G.,
> hallo! Entschuldigung dass ich nur jetzt antworte. Ich habe nur heute dein Brief bekommen. Am Januar gehe ich und vielen Freunden zu Disney für unsere 15 jahren alt feiern. Ich weiß es ist Klischee aber es wird lustig. Für meine 15 jahre Party haben meiner Freunde eine überraschungsparty für mich gemacht. Es war super! (BRve31-93D)

Die Briefe, deren erste Absätze oben wiedergegeben wurden, befassen sich mit den Feierlichkeiten zum 15. Geburtstag, welcher bei Mädchen in Lateinamerika besonders gefeiert wird. Der erste Brief scheint bereits die Rückantwort eines früheren Kommentars zu diesem Thema zu sein und die Antwort des brasilianischen Briefpartners zeigt eine große Affinität, welche sich zwischen ihren Kulturen und Weltbildern offenbart hat.

Es gibt auch Fälle, in denen eine der Parteien im Vorfeld eine Vertrautheit mit Aspekten der Kultur der anderen erklärt, was das Prinzip einer gemeinsamen interkulturellen Basis zeigt, die bereits vororientiert und zugunsten des Dialogs positioniert ist:

> Ich kenne sehr viele brazilienische Fußballspieler (z.B. Neymar, Coutinho, Willian, Jesus, Fernandinho und andere)… Ich möchte einmal Brazilien besuchen. (RQbr40-73C)

Auf der anderen Seite erscheinen in den meisten Dialogen unverstandene Ironien, unbekannte Konzepte ohne klare Definition und ein bruchstückhafter Umgang mit Wortschatz und Strukturen, was das Verständnis einiger Texte beeinträchtigt hat. Das kommt oft nach den ersten Texten vor, wenn die Teilnehmer sich entspannter fühlen, um neue Grenzen für Sprachcode und Interaktion zu testen. Wie bei jeder kommunikativen Erfahrung, insbesondere in einer L2, gab es Ungenauigkeiten und Missverständnisse, die den Lernenden Gelegenheit eröffneten, die verfügbaren Sprachmittel aufzuarbeiten, um diese Probleme zu umgehen. Teilweise ohne didaktische Unterstützung in Form von Redewendungen und pragmatischen Strategien mobilisierten einzelne

Lernende die verfügbaren Mittel, um misslungene Botschaften zu melden und um Aufklärung über unklare Abschnitte zu verlangen:

Ich finde Katze süß aber ich liebe Hunde. Ich habe zwei Shitzus, M. und G. sie sind ein Jahr alt. Ich bin blond, dünn und bin 12 Jahre alt. Mein liblingsessen ist açaí und sushi. Meine ganze Familie kommt aus Brasilien. (BRve125-73A)

Entschuldigung aber, was ist Shitzus, açaí? (VEbr66-73A)

Zur gleichen Zeit, in der sich die korrespondierenden Jugendlichen als Mitglieder derselben Gemeinschaft identifizieren und gemeinsame Bezüge erkennen, wird ihnen während des Austauschs bewusst, dass sehr konkrete und elementare Konzepte ihres täglichen Lebens möglicherweise nicht zum Lebensumfeld aller Beteiligten gehören. Eine Form, die Angst vor diesen Diskrepanzen zu mildern und die Lernenden in die Lage zu versetzen, innerhalb ihrer Mehrsprachigkeit bewusste Entscheidungen zu treffen, bestünde darin, ihnen auf der ganzheitlichen Ebene ihrer sprachlichen Erziehung das Wissen um ihre Stellung als Sprechende bestimmter Sprachen im Verhältnis zu anderen Nationen und Völkern zu vermitteln, damit Möglichkeiten des gegenseitigen Verstehens erkannt, entdeckt oder auch als fehlend wahrgenommen werden könnten. Das bedeutet für die Lernenden die Möglichkeit, sich nicht nur als Teil einer Gemeinschaft von Nutzern einer bestimmten Sprache zu verstehen, sondern auch als Mitglieder einer breiteren, multikulturellen Gruppe von Sprechern romanischer oder germanischer Sprachen, zum Beispiel. Diese Bedingung würde zu häufigeren und spontanen Initiativen der Begegnung, translingualen Kommunikation und transkulturellen Intertextualität führen.

Die in dieser Studie beobachtete Realität ist jedoch, dass der Lernende nur selten dazu gebracht wird, mit Sprachen in Kontakt zu kommen, die nicht im jeweiligen Schullehrplan vorgesehen sind. Die in den Klassenräumen vorherrschende sprachliche Ideologie verhindert, dass man den Anderen als ein Individuum anerkennt, das nicht ausschließlich eine bestimmte Sprache (L1 oder L2) spricht. Auf diese Weise übersieht der Lernende, dass die sprachliche Identität seines Gesprächspartners mehr Chancen zur Verständigung bietet als die angenommene Bereitstellung universeller Signifikanten durch die englische Sprache, wenn sich die Kenntnisse einer gemeinsamen Sprache für die interkulturelle Interaktion als unzureichend erweisen. Dementsprechend benutzte eine der Teilnehmerinnen, die das deutsche Wort „Fechten" für die von ihr ausgeübte Sportart nicht kannte, ein englisches Wort, um diesen Mangel, den sie auch explizit erklärte, zu beheben: *Fencing (ich weiss nicht wie man es auf*

Deutsch sagt) (RQbr23-74A). In diesem Fall wurde die Möglichkeit a priori verworfen, dass die Briefpartnerin aus Brasilien durch die Ähnlichkeit mit dem Begriff ihrer L1 „esgrima" die Bedeutung des rumänischen Wortes „scrimă" leicht ableiten könnte.

Analog verhält es sich bei der Erwähnung von Filmen und Serien, die international unter ihrem englischen Titel bekannt sind, z.B bei *Everybody Hates Chris* (BRve146-73A), eine US-amerikanische Fernsehserie, die in Lateinamerika auf Portugiesisch als „Todo mundo odeia o Chris" und auf Spanisch „Todo el mundo odia a Chris" bekannt ist; genau wie auch *Beauty and the Beast* (BRve181-73A), Originaltitel des Filmwerks „Die Schöne und das Biest" (bzw. „A Bela e a Fera" und „La Bella y la Bestia"). Ein Schüler aus Venezuela benutzte dennoch mit einem RQ-Partner zur Sicherheit zwei Sprachcodes: *La casa de Papel oder am English 'The Moneyheist'* (VErq101-94A). Im letzteren Fall könnten wir uns fragen, ob die Verwendung des im deutschsprachigen Raum gegebenen Titels („Haus des Geldes") nicht angemessener gewesen wäre. Aus Gewohnheitsgründen jedoch würde diese Wahl sicherlich nicht das unmittelbarste und eindeutigste Verständnis garantieren.

Bei den zahlreichen Angaben von Buch-, Film- und Serientiteln in den Texten ist die sprachliche Auswahl heterogen. Die Werke werden teils mit dem Originaltitel oder in englischer Sprache zitiert, gelegentlich in der L1 des Absenders oder in freier Übersetzung. In drei Fällen enthalten Briefe Titel, die im Deutschen angloamerikanischen Filmen zugeschrieben wurden. Hybride Verweise führen zu der Annahme, dass die beteiligten Lernenden in der Lage sind, diesbezüglich Entscheidungen zu treffen:

Ich lese gern: The catcher in the rye, Hobbit, Ich bin Malala. (BRro74-72B)

Es ist möglich, dass die Verfasserin dieses Auszugs jedes Buch in der Sprache, in der es zitiert wurde, gelesen hat. Dennoch überschreitet das die monoglossische Ordnung. Das Weglassen des Artikels im Titel *[The/Der] Hobbit*, welcher sowohl in der englischen als auch in der deutschen Fassung erscheint, könnte auf Vergesslichkeit oder einen Fehler bezüglich des genauen Titels zurückzuführen sein, ebenso wie auf eine bewusste Lösung, die das Lesen in jeder Sprache befriedigen kann.

Insbesondere in Textbeiträgen aus Rumänien werden im Allgemeinen englische Titel angegeben. Einige der literarischen Werke, welche in der Gruppe als Lieblingslektüre aufgeführt wurden, sind nur in dieser Sprache erhältlich. Darüber hinaus wurden englischsprachige Vlogs empfohlen, für die es keine Untertitel in anderen Sprachen gibt. Dies deutet darauf hin, dass die rumänischen an dieser Studie teilnehmenden Jugendlichen nicht nur angloamerikanische Filme und Serien in der Originalsprache schauen, sondern möglicherweise keine Übersetzung benötigen und auch Bücher und andere Unterhaltungsformen in englischer Sprache konsumieren[204].

Daher ist es sehr wahrscheinlich, dass die von rumänischen Schülern auf Deutsch zitierten Bücher auch in dieser Sprache gelesen wurden. Fast alle Titel beziehen sich auf Kinderbücher, mit denen der Kontakt möglicherweise in der Schule erfolgte. Die Briefe mit diesen Zitaten, wie auch der folgende Auszug, stammen von Schülerinnen und Schülern der Schule RQ:

> Was für Bücher liest du? Ich mag die Fantasiebücher wie Panthersommernächte von Betina Belitz oder Momo von Michael Ende und ich mag auch Abenteuerbücher wie Warrior Cats von Erin Hunter. (RQbr28-74A)

Weitere Titelangaben sind *Tintentod* von Cornelia Funke (RQbr34-73C), *Die Stadt der träumenden Bücher* von Walter Moers (RQbr34-74A), die Trilogie *Silber* von Kerstin Gier (RQbr32-74A), die Serie *Hexe Lilli* von Knister, und Italo Calvinos *Der Baron auf den Bäumen*, ursprünglich auf Italienisch geschrieben (RQbr45-73C). Drei Schüler der Schule VE schrieben Kritiken über Wladimir Kaminers Roman „Russendisko“, der im Deutschunterricht durchgenommen wurde (VEbr44-02A, VEbr48-02A, VEbr49-02A).

Zu literarischen Werken von nationalen Autoren oder in der L1 der Schreibenden, was in einigen Briefen aus Brasilien gefunden wurde, sind diskursive Haltungen ganz unterschiedlicher Art nachgewiesen:

> Meine Lieblingsbuch heißt „Minha vida fora de série“, von Paula Pimenta. Sie ist eine brasilianische Schreiber. (BRrq84-73D)

> Ich mag lessen .In moment lese ich O DIARIO DE PILAR (entschuldigung ,ist in PORTUGIESISCH). (BRve104-62B)

> Ich habe nicht das Buch gelesen, von dem ihr schreibt, und die Bücher die ich lese, sind auf Portugiesisch. (BRve80-02A)

---

204 Dazu muss man wissen, dass die Synchronisation in Rumänien kein weit verbreitetes Verfahren in den audiovisuellen Medien und Massenmedien ist, wie es in anderen Ländern wie Deutschland und Brasilien der Fall ist.

Bei keinem der aufgeführten Beispiele wurde die Handlung oder der Inhalt der zitierten Bücher erläutert. Im ersten Abschnitt nannte die Schülerin den Titel auf Portugiesisch, den Namen der Autorin und beschrieb diese als brasilianische Schriftstellerin. Im zweiten Textauszug zitiert eine andere Schülerin den Titel ihres Lieblingsbuchs auf Portugiesisch und entschuldigt sich vorab in Erwartung der Frustration der Briefpartnerin, da diese wegen der Sprache den Buchtitel nicht verstehen oder sich vielleicht nicht dafür interessieren könnte. Im dritten Auszug schließlich wird auf einen der eingesandten Texte mit Empfehlung und kritischer Betrachtung des Buches „Russendisko“ geantwortet. Hier gibt der Korrespondent gleichgültig an, das erwähnte Werk nicht gelesen zu haben, zeigt kein Interesse und schließt die Möglichkeit aus, in einer anderen Sprache als die L1 ein Buch zu lesen. In diesen Passagen werden aus verschiedenen Perspektiven Einstellungen zur Literatur in L1 deutlich, die diese Werke auf einen begrenzten Raum beschränken, der nur denjenigen Zugang gewährt und Interesse weckt, die derselben Kultur angehören und den Sprachcode beherrschen. Wiederholt wird der Andere als ein Sprecher einer Sprache (oder sogar mehrerer Sprachen) angesehen, aber eben nicht als ein mehrsprachiges Subjekt, das zum Multikulturalismus prädisponiert ist.

Andererseits steht die Frage einer brasilianischen Schülerin, ob ihr Briefpartner in Venezuela einen bestimmten Vlogger aus Rio de Janeiro mag, in keiner Weise im Widerspruch zum Vorhaben der Kontaktaufnahme in einer Begegnungssprache: *Magst du Felipe Neto?* (BRve105-73A). Auch wenn der berühmte Youtuber seine Videos auf Portugiesisch aufnimmt, muss man bei dieser neuen Art, die Beziehungen zwischen zweisprachigen Subjekten zu verstehen, die Fluidität der Sprachgrenzen sowie den Hybridismus der kulturellen Identitäten berücksichtigen. Wenn Individuen von jedem Fleck der Erde über einen Internetanschluss auf veröffentlichte Inhalte in allen möglichen Sprachen zugreifen können, so macht es keinen Sinn, dass der interkulturelle Kontakt bestimmte Ausprägungen lokaler, regionaler oder nationaler Kulturen nach sprachlichen Kriterien herausfiltert. Die Begegnungssprache und die translinguale Sprachverwendung (vgl. Canagarajah 2020) ermöglichen diesen Ideenaustausch zwischen den im Kontakt stehenden Bedeutungsnetzen. Darüber hinaus sollte es Aufgabe der interkulturellen Kompetenz sein, den lokalen, nationalen, internationalen oder globalen Charakter der Referenzen zu erkennen sowie den Aufbau von transkulturellen Dialogräumen mit ausgehandelten Signifikanten und Signifikaten als sicheren Bedeutungsträgern zu versorgen.

Dazu gehört auch das mehrsprachige Bewusstsein, bei dem berücksichtigt werden muss, dass Sprachen aus mehreren Varietäten bestehen und dass sich die Sprachkompetenz aus mehreren Codes zusammensetzt. Von allen untersuchten Briefen wird in 21 Texten Interesse an anderen Sprachen gezeigt. Die meisten kommen von der Schule BR, obwohl auch die rumänischen Schulen einen beachtlichen Anteil haben, wie aus Grafik 3 hervorgeht.

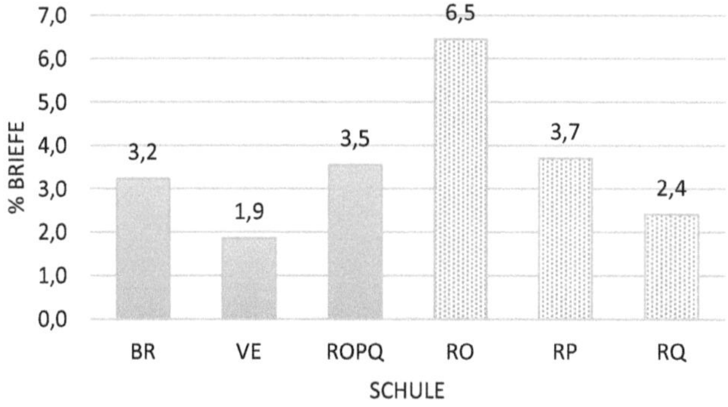

Grafik 3: Briefe zum Thema Mehrsprachigkeit

Die Mehrsprachigkeit erwies sich als ein relevantes Thema, insbesondere in den Briefen der Jugendlichen, die die hybride Zusammensetzung ihrer Ethnizität erklärten. Da mehrere RO-Schüler aus multiethnischen Familien stammen, über jüngste Migrationserfahrungen berichten und neben der Unterrichtssprache mindestens zwei weitere beherrschen, wird die Mehrsprachigkeit in dieser Gruppe als ein relevanter Faktor angesehen, der einzelne Identitäten kennzeichnet. Lässt man die Daten für diese Gruppe außen vor, liegt die durchschnittliche Quote in den Schulen RP und RQ bei 3,05 %.

Nimmt man zu der Zählung noch die Briefe hinzu, die sich mit dem Gebrauch verschiedener Sprachen im Alltag und mit den Aspekten des Erlernens der deutschen und anderer Sprachen befassen, so handelt es sich um einen Satz von 55 Briefen (34 weitere), die sich wie in Grafik 4 dargestellt auf die Standorte verteilen.

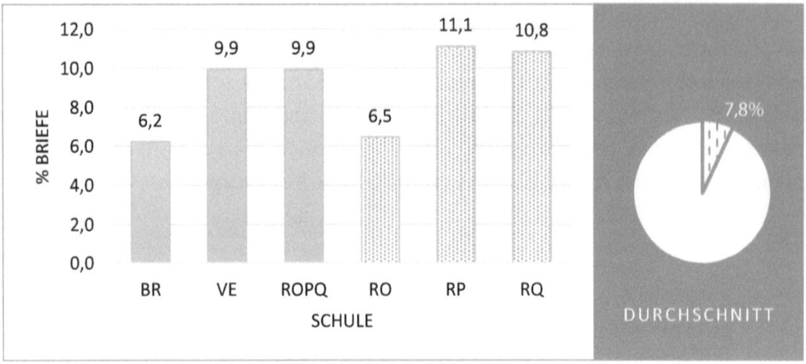

Grafik 4: Sprachgebrauch im Alltag und im Lernkontext im Briefkorpus

Wiederholt zeigt sich ein hoher Briefanteil in rumänischen Schulen, der bei den Absendern der Schule RO dieses Mal allerdings signifikant niedriger ist. Aus den Briefen der Schule VE geht auch hervor, dass für ihre Schreibenden die Mehrsprachigkeit für praktische Alltagssituationen und das Lernen relevanter ist als für die Beschreibung ihrer Identität und die ihrer Briefpartner.

Insbesondere in den Briefen der 9. Klasse geht es häufig um die Vorbereitung und Durchführung der ersten zentralen Leistungsprüfung (DSD I) für Sprachkenntnisse in Deutsch. Die Analyse zeigt, dass die Lehrkräfte das Projekt schließlich dazu nutzten, um das in der Prüfung geforderte Genre Leserbrief zu üben. Trotz einer erheblichen Abnahme der beteiligten Schüler und des Schreibverkehrs in den Klassen der 10. Jahrgangsstufe ist der Ausdruck des mehrsprachigen Bewusstseins jedoch bei ihnen stärker präsent als in vorherigen Jahrgängen. Im Folgenden sind Beispiele aus den Klassen 7 und 10 zu sehen:

> Ich habe einen YouTube channel der (…) heißt, ich spreche Rumänisch aber alle Videos haben Untertitel (Sub for Sub??) (RPbr9-73C)

> Ich hoffe, ich hätte dieses Brief vorher behommen, weil Carnaval schon in Paar Tage ist. Ich würde ganz gerne nach (…) gehen und klar mit dir zu Partys gehen, wenn du willst du kannst gerne nach (…) fliegen und mit mir bleiben, wir werden viel feiern ☺! Ich spreche auch gar kein Portugeise aber leider glaubt mir du würdest Spanisch nicht so schwer finden, also macht dir keine Sorgen jeje! (VEbr47-02A)

In beiden Fällen sehen die Schreibenden Schwierigkeiten aufgrund der Zweisprachigkeit entgegen. Diese werden jedoch nicht als Hindernisse für

Interaktionen gesehen. Trotzdem behauptet der Verfasser der ersten Botschaft zwar, dass seine Videos mit Untertiteln versehen sind, gibt jedoch die Sprache nicht an und scheint daher die sprachliche Kompetenz des Gesprächspartners nicht ins Kalkül zu ziehen.

Folgende Auszüge belegen, dass Sprachoptionen auf digitalen Medien und Plattformen wahrgenommen werden und dass Mehrsprachigkeit alltägliche Entscheidungen, Wahlmöglichkeiten und Vorlieben betrifft:

> Ich habe noch ein Hobby: Lesen. Ich liebe Romanen zu lesen. Letztes Jahr habe ich ein App gefunden, wo man fast auf jeden Sprachen lesen kann. Es heißt Wattpad. Ich empfehe es dir, wenn du oder noch jemand in der Klasse lesen mag. (VEbr51-02A)

> Ich lese nicht viele Büche in Deutsch aber ich spiele Spiele in Deutsch (Mortal Kombat). (RQbr48-73C)

Die im ersten Zitat empfohlene Anwendung handelt sich um ein soziales Netzwerk von Amateuren, die für ihre eigenen literarischen Schriften Lesende finden und Zugang zu den Entwürfen anderer Mitglieder haben wollen. Die Verfügbarkeit von Texten in mehreren Sprachen ist nicht das Hauptziel dieser Plattform, sondern die Teilnahme an einer internationalen Gemeinschaft von Autoren. Die Darstellung dieser Ressource durch die Schülerin rückt aufgrund des Einflusses ihrer mehrsprachigen Identität und/oder der Umstände der translingualen Kommunikation mit dem brasilianischen Briefpartner das mehrsprachige Merkmal dieser Plattform in den Vordergrund.

Der Autor des darauffolgenden Auszugs antwortet dem Partner, der über seine eigenen Lesegewohnheiten in deutscher Sprache geschrieben hat. Das Konfigurieren von Spielen und anderen digitalen Anwendungen, damit Menüs und Anleitungen in deutscher Sprache angezeigt werden, sofern diese Option verfügbar ist, ist eine Strategie, die häufig zum Üben der Zielsprache verwendet wird.

Ein Ziel dieser Studie war es zu beobachten, wie sich die Einstellung zur eigenen Leistung in der Zielsprache auf das Selbstwertgefühl auswirkt, das in den schriftlichen Äußerungen der Teilnehmenden zum Ausdruck kommt. Es wurden lediglich zwei Briefe mit kritischen Anmerkungen zur eigenen Sprachkompetenz gefunden:

> Mein Lieblingsfach und für mich der besten Unterricht ist Englisch. Mein Deutsch ist gut, aber nicht wunderbar (VEbr49-02A).

Die Aussage verbindet implizit eine gute Leistung mit einer affektiven Einstellung und dem Verständnis, dass der Unterricht oder die Disziplin die

Heimat der Sprache ist. Von da an nimmt der Autor die Affinität zum Englischunterricht als Parameter zur Beurteilung seiner Deutschkenntnisse.

In einem anderen Text entschuldigt sich ein Schüler: „Entschuldigung, weil ich einige Fehler gemacht habe" (VEbr69-73A). In einigen Lese- und Schreibrunden, welche vor Ort beobachtet werden konnten, wiesen Lernende der 6. und 7. Klasse im Unterricht auf Normabweichungen in den empfangenen Texten hin. Normalerweise, obwohl die meisten Briefe nicht der Korrektur durch eine Lehrkraft unterzogen wurde, äußerten Autoren und Adressaten keine Bedenken hinsichtlich des grammatikalischen Standards. Es gab nur einen Fall, bei dem ein Partner aus der 8. Klasse ein Feedback mit diesem Bezug verfasste:

> Ich habe deine letze Brief nicht verstanden, weil deine Grammatik ganz schlecht war. Entschuldigung für was ich sage, aber es ist die Realität. (VEbr5-82B)

> Ich habe deine Brief verstanden, weil deine Grammatik ganz gut war. Ich werde dich nicht entschuldigen aber ich werde versuche, richtig zu schreiben. (BRve23-82C)

Die Bemerkung hatte eine ironische Reaktion zur Folge. Der betroffene Schüler aus Brasilien ging dabei von demselben bewertenden Kommentar aus, um sich fähig zu zeigen, die Korrektheit im Text des Briefpartners auch zu bewerten. Gleichzeitig zeigte er sich dazu bereit, sein eigenes Schreiben zu verbessern. In beiden Texten zeigen die Schüler ein metalinguistisches Bewusstsein, sei es normativ ausgerichtet oder autonom in Bezug auf Lernziele und Methoden.

Diese einzelne Auseinandersetzung steht im Gegensatz zu anderen Kontakten, die kooperative und einfühlsame Beziehungen zum Erlernen und Anwenden der Zielsprache aufbauen, wie die unten aufgeführten Beispiele belegen:

> Ich finde dass du sehr gut Deutsch sprechen kannst. (RQbr23-74A)

> spitzbübisch = frech (BRve23-82C)

> Augenfarbe: hasel { grün + braun (RPbr13-73C)

Gemeinsam waren die Lernenden, die in diesen Beispielen miteinander kommunizierten, bereit, die Fähigkeit des Partners ausdrücklich anzuerkennen, sowie Schwierigkeiten beim Verstehen ungewöhnlicher Wörter vorherzusehen und unter Verwendung von Synonymen oder anderen Hilfestellungen ihre Leser zu unterstützen. In einem Fall war das Adjektiv *spitzbübisch* der Verfasserin selbst nicht bekannt, denn sie fand es im Wörterbuch und verwendete es zur Beschreibung der mythologischen Figur Saci-Pererê. Die Schülerin bedachte jedoch, dass das Wort nicht sofort verstanden werden würde und versuchte, dem Gesprächspartner seine Bedeutung durch eine naheliegende Entsprechung zugänglich zu machen. Im letzten Beispiel sah der Schüler auch voraus, dass der Leser zusätzliche Referenzen benötigen würde, um ein Konzept verstehen zu können, welches für den Schreibenden zur genaueren Angabe seines persönlichen Merkmals gewöhnlich war, aber möglicherweise nicht zu den Deutschkenntnissen des Partners gehörte.

Einige Briefe verraten das Interesse der Jugendlichen, eine weitere Sprache zu lernen, um zum Beispiel in ein anderes Land reisen zu können: „Ich möchte bald nach China reisen, deshalb lerne ich Chinesisch zu sprechen" (VEbr82-93B). In anderen Fällen geben brasilianische und venezolanische Partner zu, die L1 der Partner zu lernen oder sich dafür zu interessieren (BRve10-93D, VEbr74-83A). Sie haben sich bemüht, diese Sprachen auch beim Schreiben der Briefe zu verwenden:

> Gefällt die Fremdsprache zu lernen? Welche Sprache kannst du außer Portugiesisch? Was für Fächer habt ihr da in (...)? Ich heiße A. U. und ich liebe die Musik. Eu gosto de jogar o violão, a guitarra eléctrica e o piano. Eu também sei um poco de Português.[205] (VEbr48-02A)

> Ja, ich kann Spanisch, aber nur ein Satz: Yo tengo un pero negro![206], aber ich habe keinen schwarzen Hund. (BRve74-72A)

> Responder a mis preguntas[207] 😊 War das richtig ← ? (BRve122-73A)

> Wie wir sprechen in Rumänisch: Ne vedem[208] (BRrq118a-73D)

> Muitos cumprimentos[209], M. (RObr11-61B)

> PS: Quer casar comigo querido F.?[210] 💘 😊 (VEbr36-83A)

205 Portugiesisch für: „Ich spiele gern Gitarre, elektrische Gitarre und Klavier. Ich kann auch ein bisschen Portugiesisch".

206 Spanisch für: „Ich habe einen schwarzen Hund".

207 Spanisch für: „Antworte auf meine Fragen".

208 Rumänisch für: „Wir sehen uns".

209 Portugiesisch für: „Viele Grüße".

210 Portugiesisch für: „Willst du mich heiraten, lieber F.?"

Mehr als das Vermitteln einer Idee, zeigen diese Ausdrücke in ihrem Gebrauchskontext Einfühlungsvermögen und Interesse an der Kultur und Identität des Rezipienten. So werden diese Lernenden als zweisprachige Individuen wahrgenommen und damit unterscheiden sie sich vom „Muttersprachler" und von jedem Modell eines vorbildlichen Sprechers. In diesem Kontext erscheint die Zielsprache in ihrer vollen kommunikativen Funktion, obwohl sie nicht an erster Stelle bestimmt, welche Mittel und Strukturen für den Ausdruck anwendbar sind. Die Zielsprache nimmt an einem hybriden Geflecht aus Sinngebungen und Formen teil, welches durch die Begegnung entsteht. Auf diese Weise nehmen die Beteiligten die Möglichkeiten dieses Gewebes in die Hand und experimentieren mit neuen oder bisher wenig genutzten Signifikanten, wagen neue Zusammensetzungen und erkennen sich gleichzeitig als Webende und als Fäden eines mehrsprachigen Bedeutungsgeflechts. So muss die Nutzung der ersten Person Plural in *wir sprechen in Rumänisch* nicht versehentlich sein und kann genau das ausdrücken, was die brasilianische Schülerin an dieser Stelle sagen will.

In mehreren Texten werden Partner gebeten, etwas in ihrer L1 zu schreiben, während andere aus eigener Initiative z.B. Grüße und einige Begriffe vermitteln:

> Ich möchte auch Spanisch lernen und es ist sehr nett von dir mich zu unterichten! Auf Portugiesich es ist so: HOLA = Oi, COMO estas = Como vai você?, und Yo Me LLAMO D. = eu me chamo D. (BRve57-72B)

> Meine Lieblingsessen sind: Açaí (man liest: aßai) (açaí ist ein obst aber wir trinken den saft mit guaraná). und Sushi. (BRrq118a-73D)

> Vielleicht wollt ihr auch ein paar rumänische Wörter lernen, denn sie sind sehr unterschiedlich von den deutschen Wörter. Zum Beispiel „hallo" heißt auf Rumänisch „bună", oder „Auto" heisst „maşină", oder „Kühlschrank" heisst „frigider". (RQbr38-73C)

Die Auszüge weisen wiederholt auf die Neugierde und Bereitschaft der Schreibenden hin, interkulturelle Kontakte auf die Ebene des mehrsprachigen Austauschs auszudehnen. So reagiert ein Teilnehmer enthusiastisch auf die Initiative seines Partners, ihm Wörter und Ausdrücke der spanischen Sprache vorzustellen, und erwidert dies, indem er ihm beibringt, wie man sich auf Portugiesisch begrüßt und präsentiert. Als Ausgangspunkt nutzt der Schüler seine frisch erworbenen Spanischkenntnisse. Im darauffolgenden Zitat zeichnet sich das metalinguistische und mehrsprachige Bewusstsein in der Verwendung von

Strategien ab, die das Verständnis des Partners aus einer anderen Kultur fördern.

Schließlich verstand der Jugendliche, der die letzte Passage schrieb, dass die Kenntnis der Worte aus seiner L1 für denjenigen von Interesse sein könnte, der mit ihm den Third Place teilt. Eigentlich kann die rumänische Sprache die Begegnungssprache mit anderen Signifikanten anreichern als die deutsche Sprache für den Ausdruck neuer Bedeutungen. In einem weiteren Fall verwendet eine Schülerin einen Ausdruck in ihrer L1 als Abschiedsformel. Für das Verständnis der Partnerin aus der Schule BR half der Sinnzusammenhang und ein Emoji: *Pup* ♥ (RQbr47-74A). Im Deutschen eignet sich das Wort *Kuss*, das der Bedeutung dieses Ausdrucks direkt entsprechen würde, jedoch nicht als schriftlicher Gruß.

Wörter und Sinngebungen aus den Sprachen, die die mehrsprachige Identität der Teilnehmenden ausmachen, zeugen in den für reale Adressaten geschriebenen Texten nicht nur von einer differenzierten Motivation für das Schreiben in L2, sondern sie beeinflussen auch die Konstruktion des Diskurses. Da die begleitenden Lehrkräfte sich nur minimal in den Schreibprozess einmischten, resultieren die beobachteten Verwendungen in den meisten Fällen aus Entscheidungen der Autorinnen und Autoren. Zur Überwindung von Schwierigkeiten und Sackgassen bei der Konstruktion des Diskurses, bei Einschränkungen des zu befolgenden Genres und im Umgang mit sprachlichen Mitteln kamen Lösungen zum Einsatz, welche eine interkulturelle und mehrsprachige Kompetenz aufweisen, die zwar in den Unterrichtsplänen wenig angesprochen wird, aber bereits in einem gewissen Maße eine Integration von metasprachlichem Denken, interkulturellem Bewusstsein und translingualer kommunikativer Kompetenz darstellt.

6.5. Praktiken, Experimente und didaktisch-methodische Möglichkeiten

Meine Berufserfahrung als Lehrkraft verknüpft mit den vorliegenden empirischen Beobachtungen bestätigen und untermauern die Ergebnisse der durchgeführten Analysen und weisen darauf hin, dass der traditionelle Sprachunterricht trotz der Vermittlung der entsprechenden Strukturen die Schüler nicht darauf vorbereitet, wichtige Fragen zu formulieren, um Zugang zu tieferen Ebenen einer wenig bekannten kulturellen Realität zu erhalten. Die Auswertung der Briefe ergab in diesem Zusammenhang, dass das Design des Briefprojekts zwar Prozesse des interkulturellen Austauschs auslöste, aber nicht zu intersubjektiven transkulturellen Beziehungen führte.

Von der 6. zur 10. Klasse wurde eine progressive Entwicklung des interkulturellen Bewusstseins festgestellt, da in den fortgeschrittenen Jahrgängen die Texte häufiger Aspekte der Kultur des Absenders thematisierten und kontextualisierten. Gleichzeitig gerieten die Lernenden in vielen Fällen in eine Sackgasse, wenn sie versuchten, dem Gesprächspartner diese Aspekte zu vermitteln. Der Einfluss von Textgattungen, die nicht vom traditionellen Unterricht abgedeckt werden, und der übliche Fokus auf Aspekte der deutschen Kultur machen den Gebrauch der deutschen Sprache, um über andere Kulturen zu sprechen, insbesondere der des zweisprachigen Individuums, zu einer atypischen Erfahrung, auf die die Studienteilnehmenden nicht vorbereitet waren. Infolgedessen wurden die Themen, die die Dialoge für die Teilnehmer möglicherweise um neue Elemente und Konzepte bereichern würden, fast immer nur oberflächlich behandelt. Damit das Sprachenlernen für aufstrebende Zweisprachige ein Suchprozess nach Zeichen darstellt, um selbstständig eine immer präzisere und aktualisierte Definition ihrer hybriden Identität aufzubauen, müssen sie systematisch und bewusst an Instrumente herangeführt werden, die es ihnen ermöglichen, Konzepte, die bereits Teil ihrer Identität sind und sich unabhängig vom kulturellen Hintergrund der Zielsprache ständig verändern, zu entdecken, zu hinterfragen, zu beschreiben und miteinander in Beziehung zu setzen.

Dies eröffnet, wie mehrere Passagen zeigten, Möglichkeiten, dass die kommunikative Praxis selbst, die von Natur aus intersubjektiv und interkulturell ist, weniger Mehrdeutigkeiten und Missverständnisse aufweist.

Aus dieser Perspektive können einige im Unterricht angewandte Methoden zur Erstellung der Texte analysiert werden. Angesichts von allgemein etablierten Themen und Zielen für die schriftliche Kommunikation in DaF ist folgendes Beispiel von Interesse:

> Mein Tag
>
> Hallo wie geth es dir?
> Mir geht es gut.
> In meinen Tag ich auf stehe an 5:45 am. Ich esse in meinen Hause Arepa oder milk, ich gehe zu zu meine Schule an 6:30, ich lerne mit meinen Freundin, die Klassen fehrtisch an 2:15 pm, ich gehe zu meine Hause, ich mitagessen pasta oder pizza, an 3:30 ich mache meine Hausaufgabe. Danach ich lerne an 4:30. Ich gehe zu Kunst mit meinem Beste Freundin Daniela, an 5:30 wir essen mit meinen Freundin in Kunst, an 6:00 pm wir sind fehrtisch, ich gehe zu meine hause, Danach ich lerne, ich seh fehr oder spielen in das computer, an 8:00 ich nochessen Arepa mit Saft, Danach ich gehen zu meine bed und ich schlafe an 10:30.
>
> Viele Gruße, G. (VEbr63-82B)

Der Text eines Achtklässlers stellt einen Aufgabentyp dar, welcher kommunikative DaF-Methoden häufig integriert. Das Beschreiben seines Tagesablaufs erfordert, dass der Lerner mit den Möglichkeiten des Satzbaus spielt und temporale Operatoren zugunsten der Textkohäsion einsetzt. Die Aufgabenstellung mag angepasst worden sein, um Aspekte einzubeziehen, die das Briefgenre charakterisieren, wie z.B. der Gebrauch von Anrede- und Abschiedsformeln. Trotz der formalen Einschränkungen setzt diese Aufgabe jedoch keinen kommunikativen Handlungszweck voraus. Beim Schreiben wurde der Leser schließlich umgangen und blieb bis auf den Anfangsgruß und die Frage *Wie geht es dir?* im ganzen Prozess außen vor.

Für die Verfasserin überwiegt der Kontext, in dem die Aktivität verlangt wird, als Schreibkontext und er diktiert die Erwartungen, die erfüllt werden müssen. Obwohl die Person, die die Schreibübung entworfen hat, in diesem Fall nicht dieselbe ist, für die das Produkt bestimmt ist, ergibt sich, dass Anpassungen in der didaktisch-methodischen Herangehensweise notwendig gewesen wären, um die Schülerin für die Gegebenheiten der Äußerungssituation zu sensibilisieren.

Briefe mit kritischen Rezensionen und Leseempfehlungen des Romans „Russendisko" von Wladimir Kaminer wurden in der Analyse hervorgehoben. Im Rahmen der Ziele und der Hauptmotivation des Projekts arbeitet dieser Vorschlag darauf hin, interkulturelle Elemente der deutschen Sprache, die von Schülern auf der einen Seite des Kontakts als geteilt bewertet werden, in Verbindung mit intertextuellen Begriffen zu bringen. Die Brieffreunde können sich gegenseitig als Nutzende eines gemeinsamen Sprachcodes und von Begriffen erkennen, die breite interkulturelle Bedeutungsnetzwerke integrieren und dazu beitragen, die Idee einer internationalen Gemeinschaft rund um die deutsche Sprache zu konkretisieren. Dieser Vorschlag homogenisiert jedoch die Gesprächspartner als Mitglieder dieser Gemeinschaft und lässt keinen Raum für den Ausdruck der eigenen interkulturellen Identität. Zusätzliche intertextuelle Bezüge, wie literarische Referenzen in der Schüler-L1 oder aus anderen Kulturen, könnten diese Erschließung begünstigen.

Aufgaben, die als Übung der Textgattung Leserbrief für die DSD-Prüfung fungieren sollten, wurden nicht zufriedenstellend angepasst. Die Texte enthielten einen einleitenden Absatz, in dem der Briefpartner darüber informiert wurde, dass es sich um ein Schreibtraining handelte. Von diesem Punkt an ist die persönliche Ansprache des Gesprächspartners beendet und dieser nimmt die gleiche Position des beobachtenden Lesers ein, die sonst von der korrigierenden Lehrkraft eingenommen wird.

Einige Briefe enthalten deutliche Hinweise darauf, dass alleine die Verfügbarkeit eines Lesers, mit dem Interessen, Vorlieben und Eindrücke ausgetauscht werden können, das Problem der Motivation und Authentizität der kommunikativen Praxis nicht löst. Das folgende Zitat veranschaulicht diesen Misserfolg:

Ich habe deine Geschichte über die Deutschstunde gelesen. Ich schreibe das weil die Lehrer musst denken dass ich viel schreibe. (VEbr41-93B)

Ein auffälliges Merkmal der Beziehung zwischen Schülern und Aufgaben, die vom Lehrer willkürlich zugewiesen werden, zeigt sich in diesem Ausschnitt. Was die Erwartungen von Lehrern und Schülern an die Rollen im Klassenraum betrifft, so gibt es eine Seite, die bestimmt, wie die Zeit genutzt werden soll, und eine andere, die das Bestimmte erfüllen soll, auch wenn es für sie keine Emotionen oder Erkenntnisse hervorruft. Es ist durchaus möglich, dass dieser Schüler, als wäre er im Theater, die „vierte Wand" durchbrechen wollte. Dies macht jedoch erst dann Sinn, wenn sie einmal errichtet worden ist und das Schreiben aus einer hypothetischen Kommunikation besteht, in der der Lernende eine fiktive Identität annimmt oder sich an einem Nicht-Ort positioniert, an dem die realen Umstände des diskursiven Aktes weggefallen sind.

Ähnlich wie bei Äußerungen, in denen Schüler behaupten, keine Themen oder Gedanken zu finden, die zum Schreiben anregen, signalisiert diese Situation, dass die Motivation zum Kontakt erneuert werden muss. Dazu kann die Lehrkraft auf Anreize zurückgreifen, die das Verfremden, das Hinterfragen der Realität und das Experimentieren mit der Sprache zur Konstruktion von bisher nicht in Worte gefassten Gedanken und Beziehungen provozieren.

Darüber hinaus muss sich die Sprache als ein Code erweisen, der für den Ausdruck der Sinneswelt des Lernenden zur Verfügung steht. Dies war immer dann der Fall, wenn man bei der Behandlung von Aspekten seines Alltagslebens, die der Referenzkultur des L2-Unterrichts fremd sind, Wörter oder Wortbildungsprozesse der Zielsprache zur Herstellung neuer Bezeichnungen verwendet hat, wie z.B. beim folgenden Einsatz des Wortes „Dachwohnung": *(...) ich wohne in einer Dachwohnung* (BRve37-71B). Der deutsche Begriff evoziert ein gänzlich unterschiedliches Bedeutungsnetzwerk, als es in der Auffassung von „cobertura" in der Kultur der brasilianischen Lernenden der Fall ist: während die Dachwohnung oft kleiner ist und mehr Treppensteigen erfordert, ist die cobertura meist eine größere Wohnung, die mehr als ein Stockwerk belegen kann, mit einem Aufzug erreichbar ist und über eine Terrasse verfügt. Die kulturell angepasste Bedeutung des Begriffs wird allmählich geklärt, wenn neue Elemente und Daten in den Dialog aufgenommen und mit den Ideen und Konzepten konfrontiert werden, die der jeweilige Partner in den Kontakt einbringt. Ein ähnlicher Prozess findet beim Ausdruck *Eine Umarmung* (BRrq216-63D) statt, da andere verfügbare und in der L2-Kultur gebräuchlichere Formeln wie „Viele Grüße" oder „Liebe Grüße" nicht die gleiche Absicht zum Ausdruck bringen oder für den Sprecher nicht die gleichen Bedeutungsnetze aktivieren wie auf Portugiesisch „Um abraço".

Während ein Schüler jedoch der Meinung war, dass ein bloco de carnaval schließlich *Festzug* (BRve183-83A) genannt werden könnte, fand ein anderer in der L2 kein zufriedenstellendes Wort, um die Fußballvariante zu bezeichnen, die er in der Freizeit treibt: *Wir (...) spielen fußball (wir nennen es „Altinha")* (BRve167-02B). Die Klammern deuten darauf hin, dass es sich hierbei nicht um den herkömmlichen „Fußball" handelt. Doch obwohl er sich dessen bewusst war, beherrschte der Autor keine Strategien, um sich dem anderssprachigen Gesprächspartner verständlich zu machen.

Nachdem diese Mängel durch die Studie erkannt worden sind, nutzte ich sie für methodische Experimente teilweise auch mit weiteren Textsorten. Diese Initiativen hatten einen direkten Einfluss auf daraus resultierende Produktionen, wie folgenden Steckbrief:

LATVIJAS, GEMALDA ★ 25.10.2015 ♀ Herkunftsland: Südkorea Sprache: Deutsch und Koreanisch Lebensmotto: Die Welt ist ein Ei (in seine/ihrer Sprache: 세계는 달걀입니다) Mutter: Frau Latvijas Vater: Herr Latvijas Hobbys: Faulenzen Schule: DSE (Deutsche Schule nur für Eier) Jahrgang: Kindergarten Lieblingsfach: Kein Musikstil: Pop Lieblingsband: Nightcore Das ideale Pausenbrot: Süßigkeit Religion: Konfessionslos (BRve59-61D)

In einer Klasse der 6. Jahrgangsstufe erschufen die Lernenden Figuren aus ungeschälten gekochten Eiern, welche nach und nach Gesichtsausdrücke, persönliche Merkmale und Biografien erhielten. Die Lernenden mussten diesen Charakteren Vor- und Nachnamen, Geburtsort, Sprachen, Religion und ein Lebensmotto zuweisen. Später wurden die Kinder neben der Ausarbeitung von

Tagesberichten und der Vorstellung von Dialogen zwischen den Figuren ermutigt, sie ihren Briefpartnern vorzustellen. Der Originaltext enthält auch eine Zeichnung der Ei-Figur. Die Lernenden konnten je nach den Besonderheiten der einzelnen Charaktere weitere Kategorien hinzufügen. Das Beispiel veranschaulicht den Entstehungsprozess einer kulturell hybriden Identität. Es wurden Bezeichnungen aus mindestens fünf Sprachen verwendet. Der Vorname *Gemalda* scheint offenbar von dem Wort „gema" („Eigelb" auf Portugiesisch, L1 der Autorin) abgeleitet worden zu sein, und der Familienname *Latvijas* bedeutet in derselben Sprache „lettisch". Es wurde empfohlen, dass die Figuren eine vom Deutschen abweichende L1 haben und ihr Lebensmotto sowohl in der Sprache des Steckbriefs als auch in jener Herkunftssprache eingetragen werden sollte.

Bewusst oder unbewusst sind in diesem Prozess Spuren der eigenen Identität, wie Zweisprachigkeit und die Zugehörigkeit zu einer deutschen Schule, in das Werk eingeflossen. In einem anderen Text berichtete ein Schüler über bemerkenswerte Erfahrungen mit seinem „Ei-Freund". Nach diesem Text wurde er in Venezuela geboren und besuchte die gleiche Schule wie der interkulturelle Kontaktpartner des Autors.

Bei einer anderen Gelegenheit wurde einer brasilianischen 7. Klasse vorgeschlagen, ihren Partnern in Venezuela die Figuren der klassischen Kinderliteratur „Sítio do Picapau Amarelo" von Monteiro Lobato vorzustellen. Gemeinsam wurde ein einleitender Text in Form eines Briefes mit Informationen über das Werk und seinen Autor verfasst. Diese Aufgabe erhöhte die Schülermotivation in Bezug auf das Briefwechselprojekt, was in direktem Zusammenhang mit einem kollektiven Ziel stand, der Empfängergruppe beherrschtes und affektiv geprägtes Wissen zu vermitteln, das ihren Briefpartnern vermutlich unbekannt waren. Die Lernenden mussten nach gemeinsamen sprachlichen Zeichen suchen, die für die Beschreibung eines fiktiven Universums mit zahlreichen einheimischen Bezügen geeignet wären. Um dem abzuhelfen, wurde die implizite Regel, welche von der Übersetzung von Titeln und Eigennamen in L2 abrät, zu gegebener Zeit ausgesetzt. Von da an bildeten unterschiedliche Umschreibungen des Buchtitels, der Figurennamen sowie anderer für die brasilianische Kultur charakteristischen Elemente Praktiken des Translanguaging beim Schreiben der Texte, wie in folgenden Auszügen:

Tante Nastácia – Sie ist die köchen der Bauernhof des Gelben Spechts. Sie kocht die besten Regenbällchen. Sie hat schwarz Haut. Sie ist größ und dick. Sie trägt immer ein rotes tuch auf den Kopf. Sie hat die Puppe Emília gebastelt. (BRve62-61D)

Emilia ist eine Puppe. Sie hat eine Sprechpille geschluckt und danach konnte sie sprechen. Sie gehört Näschen, die Cousine von Peterchen. Näschen wohnt auf dem Bauernhof des gelben Spechts. Peterchen ist dort zu Besuch. Emilia ist eine Quasselstrippe und mag Abenteuer mit Näschen, Peterchen und dem Vicomte des Maiskolben. Mit einem Zauberpulver können sie sich transportieren. Emilia ist mit dem Marquis des Schweinschwanzes verheiratet. (BRve55-61D)

So wie das interkulturelle Bewusstsein nicht unbedingt in der einfachen Zitierung von Kulturaspekten des Absenders, des Empfängers oder der gelernten Sprache präsent ist, ist das mehrsprachige Bewusstsein auch dann nicht ausgeprägt, wenn Ausdrücke von L1 und L2 in einen für den Gesprächspartner wenig transparenten Diskurs eingestreut werden. Dieses Bewusstsein entsteht durch die Hinterfragung der Bedeutungen, auf die sich Wörter beziehen, und der morphosyntaktischen Möglichkeiten in den verfügbaren Sprachcodes. In dem exemplarischen Vorschlag versuchten die Lernenden, gemeinsam ein einheitliches Vokabular zur Bezeichnung von Elementen ohne direkte Entsprechung im Deutschen zu bilden.

Im Zitat kann man das Wort *Regenbällchen* mit einem schmackhaften Kochrezept in Verbindung bringen. Die Adjektivsbeugung zeigt, dass es ein zählbares Element ist, eine Köstlichkeit, die man in kleinen Portionen oder Häppchen verzehrt. Informationen über den Geschmack oder die Zutaten, mit denen die Speise zubereitet wird, hätten dazu noch hinzugefügt werden können.

Sobald die Zusammenarbeit und die gegenseitige Anerkennung der Partnerklassen als Mitglieder derselben Lern- und Praxisgemeinschaft gefestigt sind, können die beteiligten Lehrkräfte gemeinsame Aktionen über die individuelle schriftliche Praxis hinaus planen. Man kann fächerübergreifende Projekte kooperativ durchführen und andere schriftliche und mündliche Ausdrucksformen erkunden, die neue Arten von Feedbacks generieren und den Third Place, der als chronisch unfertig verstanden wird, neu dimensionieren.

7. Neudefinition der Begegnungssprache und die Liminalität der sprachlich-ideologischen Grenzen

Das Lernen einer zusätzlichen Sprache zeichnet sich häufig als eine Art Grenzübertritt (S. IX) aus wie Duxa, Hu und Schmenk (2005) aufzeigen und wie es durch die Diskursanalyse der politisch-pädagogischen Positionierung der zweisprachigen Schulen bestätigt wird. Es geht dabei um eine Zollkontrolle, welcher der Akteur normalerweise unterworfen ist, sowie entweder die Akzeptanz oder Zurückweisung des Zugangs abhängig von der Erfüllung von Forderungen und Normen, die von den üblichen abweichen und die fast nie in ihrer Ganzheit bekannt sind.

Krumm (1999: 48) schreibt dem Fremdsprachen-Lehrenden unterschiedliche Rollen zu, nämlich Kulturvermittler, Grenzgänger und Brückenbauer zwischen Sprachen und Kulturen. Die genannten Zuschreibungen bedürfen einer kritischen und unabhängigen Analyse und Diskussion, bei der folgende Fragestellungen besonders zu berücksichtigen sind: a) Welche Beziehung wurde zwischen Sprache und Kultur aufgebaut?, b) Welche zwischen mentalen und sozialen Prozessen? und c) Wie grenzt man das Eigene von dem Fremden ab? Auf die gleiche Art können solche Analogien den Sinn verändern in Abhängigkeit von der Definition der Sprachkonzepte als eigene oder fremde Sprache. Die offene Sichtweise, die in dieser Studie eingenommen wird, stellt infrage, inwieweit das Zurückgreifen auf Grenzen geeignet ist, um diese Dualitäten zu beschreiben.

Die bilinguale Schule definiert sich allerdings durch dieses duale Verständnis und versucht Forderungen nachzukommen, die darauf zurückgehen. Einerseits schafft die bilinguale bzw. bikulturelle Bildungseinrichtung die Möglichkeit, sich eine zweite Sprache sowie Kultur anzueignen. Gleichzeitig stellt sie eine etablierte und verinnerlichte Kraft dar, welche die Freiheit begrenzt, zwischen zwei Territorien hin- und herzuwechseln. Paradoxerweise werden die Grenzen in diesem Umfeld des Lernens und der Identitätsfindung hervorgehoben, insoweit sie relativ durchlässig erscheinen. Das Vorhandensein bzw. die Konkretisierung von Grenzen scheint dabei entscheidend zu sein, damit der Bau von Tunnels und Brücken Sinn macht, um diese zu überwinden, Wege, die zugleich trennen und verbinden, während sie das Fließende filtern und das Errichten von Kontrollen und ideologischen Schranken begünstigen.

Die Darstellung der Lehrkraft als „Grenzgänger“ erkennt sie als Inhaber von Privilegien an, um mit den sogenannten „gatekeepers“, also den Vertretern der normativen und regulierenden Instanz, die den Austausch kontrolliert, den Zugang zur anderen Seite auszuhandeln. Diese Sichtweise macht den Sprachlehrenden zu einer Art Tourismusmanager mit Eigenschaften eines Immobilienmaklers, der sich mit dem positivistisch-sphärischen Modell der Darstellung von Kulturen als kompatibel erweist. Der Grenzgänger ist auf gleiche Weise wie der Brückenbauer und der Kulturvermittler inkompatibel mit einem Raum des Lernens und der Interaktion, der als Third Place verstanden wird. In diesem Fall wäre es nicht der Sprecher, der sich zwischen zwei Sprachräumen bewegt und diese wie Stoffreste zusammennäht, sondern die Sprachen, die sich als etwas kontinuierlich Fließendes verflechten und die Identität und Interaktionen des Sprechers in ein unteilbares Ganzes verweben.

Die Annäherung der Gesprächspaare in den Briefwechseln des Projekts wurde mit Fragen begonnen, von welchen ausgehend jeder Gesprächspartner Informationen wie Alter, Geschlecht und einige persönliche Vorlieben erhielt. Aus diesen Kategorien lässt sich genug ableiten, um eine komplexe Einstellung über jemanden zu bilden. Laut Behrent (2007: 54) versucht jeder einzelne, seine Haltung und sein Verhalten inklusive der genannten Themen an das anzupassen, was er über den anderen als Repräsentant einer Kategorie zu wissen glaubt. Ferner unterwirft man sich auch dieser Kategorisierung, die im Verlauf des Gesprächs angeglichen wird, je nachdem wie neue Informationen in die vorangegangenen Folgerungen eingefügt und festgelegte Charaktereigenschaften hervorgehoben werden: sowohl jene die den Anderen von der zugeschriebenen Kategorie unterscheiden, als auch jene, die diese Einstellung bestätigen (ebd.).

Eine dieser Kategorien ist die nationale Identität, die sich besonders in den ersten Briefen zeigt. Deutschland wurde während der teilnehmenden Beobachtung sowohl in den Gesprächen mit Schülern und Lehrenden als auch in der Sprachlandschaft der Schulen als markanteste nationale Referenz in Bezug auf die Sprache identifiziert. Aber ein Blick auf die Briefkuverts und die Verzierung der Briefe zeigte, dass nur selten von der deutschen Flagge inspirierte Farbkombinationen verwendet wurden. Stattdessen tauchen die Flaggen der Länder des Absenders und des Empfängers auf, was ein wichtiger Hinweis auf eine ideologische Verlagerung der L2 von einem durch den „Muttersprachler“ dominierten Raum hin zu einem Begegnungsraum ist.

7.1. Die Geopolitik der Begegnungssprache

García (2009a: 35) erinnert daran, dass das Verständnis, das wir von Sprache haben, durch soziopolitische Aspekte definiert wird und die akademische Standard- oder Schulsprache als „the ultimate creation" klassifiziert. Die Autorin greift auf Coulmas' (2005) Definition von Standardsprache zurück, um ihren Standpunkt zu stützen: „Eine prestigeträchtige Sprachvarietät, die eine institutionalisierte schriftliche Norm als Referenz für Sprachunterricht und Medien liefert"[211] (S. 215). Kritisch an dieser Beziehung zwischen Standardsprache und sprachlicher Bildung ist die Kontrollfunktion, die von der Schule ausgeübt wird und welche die Standardsprache als wichtigsten Parameter annimmt. Für García (ebd., S. 36) ist die Wichtigkeit der Beherrschung und Verwendung der prestigereichen Norm als Entwicklungsziel anzuerkennen, jedoch ohne dabei die Sprachpraxis der Erziehenden einzuengen und dadurch ihr kommunikatives und intellektuelles Potenzial erheblich einzuschränken.

Aus diesem Grund ist es für die hier vorgestellte Studie unerlässlich, dass den Teilnehmenden am Projekt des interkulturellen Kontakts in Bezug auf alle Aspekte des Sprachgebrauchs Freiheit gewährt wird. Die Tatsache, dass die präskriptive Norm beim Verfassen der Texte nicht vorherrschend war, bedeutet nicht, dass sie als Gebrauchsreferenz wegfällt. Die freie und autonome Gestaltung der Begegnungssprache – sei es bei jeder Interaktion oder, weiter gefasst, beim Einschließen aller Projektteilnehmenden als Lernenden in Kontakt – definiert die Grenzen und Eigenschaften einer Community of Practice (Wenger 2010). Trotzdem ist es die Standardvarietät der deutschen Sprache, die als Begegnungsort und Ausgangspunkt diente, damit die miteinander in Kontakt stehenden Individuen das Verhandeln über Signifikante und Signifikate beginnen, welche Teil ihres Third Place werden.

Im Gespräch wählt der Sprecher in Funktion seiner sprachlichen Kenntnisse und aus der Situation, in der er sich befindet, sowie seiner kommunikativen Absicht heraus Varianten, die er mit Augenmerk auf den Effekt der angestrebten Kommunikation kombiniert (Monteagudo 2011: 24). Außerdem erweist sich der Diskurs als Identitätsakt (Le Page/Tabouret-Keller 1985), insofern als diese Entscheidungen komplexe gesellschaftliche Regeln berücksichtigen, um Elemente verschiedener Codes aus dem gemeinsamen Repertoire auszutauschen und neu zu kombinieren. So übt man sprachliche Verhaltensmodelle aus,

---

211 Übersetzung des Verfassers. Im Original: „a prestige variety of language, providing a written institutionalized norm as a reference form for such purposes as language teaching and the media."

um sich nach dem Wunsch der Identifikation oder Differenzierung Gruppen anzunähern oder sich von ihnen zu distanzieren (S. 180–181).

Andererseits wird die Zweisprachigkeit generell zu einem Faktor der sozialen Kategorisierung und des Öfteren auch der Diskriminierung, da die Beherrschung normativer und prestigeträchtiger Varietäten oft ausschlaggebend dafür ist, dass der bilinguale Sprecher durch seine Peers im hegemonialen Kontext der L2 anerkannt wird. Deshalb ist es wesentlich, dass Lernenden die hybride Zusammensetzung ihrer Identität bewusst gemacht wird und dass sie sich Strategien und Haltungen für Situationen aneignen, in denen sie zu Fremden werden oder sich unterlegen und nicht in der Lage fühlen, das sprachliche Verhalten derjenigen nachzuahmen, die von der vorherrschenden Sprechergruppe aufgenommen und akzeptiert werden.

Dafür darf dem Lernenden die Sprache nicht als geschlossenes Regelsystem vorgestellt werden, sondern in erster Linie als ein symbolisches offenes System mit Raum für die eigene Subjektivität. García und Kleifgen (2010: 43) weisen darauf hin, dass jeglicher sprachliche Bildungsansatz, der Hybridismus nicht anerkennt bzw. nicht auf diesen baut, eher darin besteht, das Sprachverhalten zu kontrollieren als zu fördern. Die Texte, aus denen sich unser Analysekorpus zusammensetzt, zeigen, dass trotz der Sprachpolitik, die den Lernweg prägt, der Lernende seine sprachliche Realität aktiv verändert. Das macht er durch die Aneignung von neuen Zeichen und deren Manipulation, um Bedeutungen auszudrücken, die durch eigene Lebenserfahrungen entstehen (Fischer/Bidell 2006: 473). Das passiert insofern als der Lernende neue Verbindungen herstellt und sein Netz transkultureller und mehrsprachiger Beziehungen erweitert. Dadurch wird die L2 tendenziell schneller angeeignet, wenn die Lernmethode das sprachliche Repertoire, das den Lernenden ausmacht, als Grundlage für den Erwerb neuer Codes und als Basis für die Erweiterung sprachlicher Kompetenzen in verschiedene Richtungen mitbedenkt.

In der kommunikativen Praxis erlaubt die Mehrsprachigkeit, die zwar durch das Lernen entsteht, jedoch in jeder Situation interkulturellen Kontakts erweitert wird, dass neue Elemente, die nicht immer für alle Gesprächspartner von Anfang an verfügbar sind, angeboten, ausprobiert und intersubjektiv an den Ausdruck von einvernehmlich sinnvollen Beziehungen und Bedeutungen angepasst werden. Dieses geteilte Repertoire, das im Kontext des interkulturellen Kontakts in dieser Arbeit als „Begegnungssprache" bezeichnet wird, bildet sich insofern als Varietät heraus, als es eine Einheit von Varianten bildet und sich in ständiger Veränderung befindet. Trotzdem darf man nicht vergessen, dass es unmöglich ist, die Varietäten anhand von rein sprachstrukturellen Kriterien abzutrennen (Hudson 1996: 39).

Das Konzept der Zweisprachigkeit setzt klar abgrenzende Sprachkonturen voraus, was wiederum mit der Vorstellung sprachlicher Grenzen und einem Sprecher, der sich zwischen beiden Seiten hin- und herbewegt bzw. beide Seiten bewohnt, dialogisiert. Otheguy (2016) relativiert jedoch den Wert dieser Konstrukte, indem er hervorhebt, dass es aus sprachkompetenter Sicht „Sprecher mit einem mehr oder weniger breiten, mehr oder weniger komplexen linguistischen Repertoire gibt, jedoch keine Zweisprachigen“[212] (S. 68).

Exonormative Sprachvarietäten (Clyne 2004: 298) plurizentrischer Sprachen wie z.B. im Falle des österreichischen Deutsch, verlieren insofern an Ansehen, als sie ausgelagert und von der dominanten sprachlichen Norm abhängig sind. Auch Idiolekte bilingualer Sprechenden befinden sich in solch einer Abhängigkeitsbeziehung. Aus Sicht der Unterrichtsmethodik und der Diskussion über Lernprozesse werden ihre Existenz sowie die Auswirkungen ihres Gebrauchs im interkulturellen und transkulturellen Kontext selten berücksichtigt. Der Lernbereich DaF wird durch eine Norm reguliert, die in gewisser Weise bereits vom Gebrauch der Standardsprache in den deutschsprachigen Ländern abweicht, da er – nicht nur in den Anfängerniveaus – aus einem kontrollierten Ausschnitt aus diesem sprachlichen System besteht. Dieses reduzierte Modell dient als Referenz für die Entwicklung von didaktischem Material, zwei- und einsprachigen Wörterbüchern für „Deutsch als Fremdsprache“, Prüfungsformaten, Einstufungs- und Sprachstandstests sowie Unterrichtsmethoden, die weltweit Anwendung finden. Dadurch werden Lernumfeld und -routine mit Ressourcen ausgestattet, welche die Erweiterung des Sprachrepertoires des Lernenden fördern und gleichzeitig dafür sorgen, dass die Grenzen, welche auf künstliche und anachronistische Weise diesem Code auferlegt wurden, vor dem Einfluss anderer Varietäten, Umgangssprachen und nicht zuvor angenommener Fremdwörter geschützt bleiben.

Für den allgemeinen Menschenverstand definiert der Beiname *fremd*, welcher der sprachlichen Varietät „DaF“ zugeschrieben ist, auch ihre Sprechenden, wodurch beide konzeptuell unlösbar miteinander verknüpft sind. Dennoch ist der dritte Raum, in dem das bilinguale Individuum interagiert, weder statisch, noch homogen, noch steril, sondern „permanent in Umbau, indem er durchlässig für die Durchlässigkeit der Sprachen ist, die ihn konstituieren“[213] (Maher

212 Übersetzung des Verfassers. Im Original: „tenemos hablantes con repertorios lingüísticos más o menos extensos, más o menos complejos, pero no tenemos bilíngües“.

213 Übersetzung des Verfassers. Im Original: „sendo permeável à permeabilidade das línguas que o constituem, está permanentemente em construção.“

2007: 77–78). Dadurch, dass es laut Hopper (1998) von Natur aus keine fixe Struktur einer Sprache gibt, setzt sie sich aus vorangegangenen sprachlichen Erfahrungen zusammen, die der Sprecher in ähnlichen Umständen über ähnliche Themen und mit ähnlichen Gesprächspartnern gemacht hat (S. 157–158). Das Etikett „Fremdsprache" wird kohärent, sobald es die aus diesen Verflechtungen entstandenen Varietäten entfremdet, indem sie künstlich-normativen Regelungen unterworfen werden, welche sie an den Rand des multikulturellen Universums der zur Debatte stehenden Sprache drängen.

In Anbetracht dessen sollte die Gesamtheit von Praxis, Umfeld, Gesprächspartnern und Beziehungen im Lernalltag so vielfältig wie möglich gestaltet sein. Gleichzeitig sollten die durch die L2 aufgebauten Beziehungen konsequent, planbar und von persönlicher Bedeutung für den Lernenden sein. Verschiedene Anreize sind notwendig, um zu verhindern, dass Einstellungen banalisiert und sich in archetypischen Mustern kristallisieren. Die Kritikfähigkeit, die durch den Kontakt mit verschiedenen Kulturen hervorgerufen wird, weicht das heliozentrische Weltbild auf, in dem die Zweisprachigkeit um die Einsprachigkeit kreist. Sie verhindert außerdem eine sofortige Identifikation mit dem Ort des „Fremden" und überwindet das Ideal, welchem zufolge die Sprachkompetenz darauf aufbaut, dass der Lernende dem Muttersprachler, der über mehr Autonomie und Autorität verfügt, in Bezug auf den als Sprache festgelegten Code unterlegen ist.

7.2. Auswirkungen der sprachlichen Bildung gegen Epistemizid

Während der verschiedenen Phasen der Feldforschung gab es einige prägende Berichte von Lehrenden und Lernenden über eine ablehnende Haltung in Bezug auf die deutsche Sprache, ihre Kultur und Deutschland. Zu denen gehören außergewöhnliche Situationen mit Herdenverhalten in der Schule BR wie z.B. während des Public Viewings von Spielen der Fußball-WM, bei der es zu überschwänglichen Unterstützungsbekundungen für Gegner-Teams der deutschen Mannschaft gekommen ist. Die wenig empathische Haltung brasilianischer Schüler in Situationen wie dieser, in Bezug zu anderen Mitgliedern ihrer eigenen Schulcommunity lässt uns annehmen, dass sie sich auf irgendeine Weise von einem System subalternisiert fühlen, in dem das, was von außen kommt, einen Prestigeplatz einnimmt, während der Einheimische „fremd" genannt wird, bis er einen normativierten, also einen ausgeglichenen, homogenen und sterilen Bilingualismus erreicht. Diese Sichtweise darf jedoch weder das Infragestellen von interkulturellen Kompetenzen verhindern, die tatsächlich im besagten zweisprachigen Bildungsprojekt entwickelt werden, noch dessen, inwiefern sich diese Jugendlichen in verschiedenen Phasen ihrer Schullaufbahn ihrer Identität sowie ihrer Zugehörigkeitsverhältnisse bewusst sind. Es ist möglich, dass Geschehnisse wie die oben beschriebenen weniger wahrscheinlich wären, wenn die Schule interkulturelle und anti-binaristische Sichtweisen auf bildungspolitischer Ebene priorisieren würde. Entscheidend wäre auch eine kritische Herangehensweise an die Beziehung, die konventionelle Ansätze zwischen den unterrichteten Sprachen, der Kultur der Ausgangssprache und der Kultur der Zielsprache herstellen sowie zwischen diesen Kulturen und der stereotypen Sicht auf die als Referenz und Ziel der Zweisprachigkeit ausgewählten Länder.

Im Allgemeinen wurde Deutschland in den von den Studienteilnehmenden verfassten Briefen dennoch positiv dargestellt, wenngleich in Texten, die nicht von Schulfahrten handelten, wenig thematisiert. Latentere Konflikte, die in den Briefen zum Ausdruck gebracht wurden, beziehen sich auf Aspekte der Gesellschaft, in der die Jugendlichen leben, besonders Venezolaner in Bezug auf die politische und wirtschaftliche Krise, in der ihr Herkunftsland im gesamten Laufe des Forschungsprojekts steckte. Die folgenden Auszüge sind ein Beispiel für diesen Diskurs:

> Venezuela ist eine sehr schönes Land aber wir haben ein schlechtes Regierung, Nicolás Maduro ist unser President. Hier in Venezuela es gibt keine essen, Wasser, Menschenrechte usw. Wenn du gehts auf ein Supermarkt es hat keine essen oder es hat essen aber mit sehr teuer Preis. In die Gebäuden wir haben viele problemen mit dem Wasser ZB, in meine Gebaude wir haben Wasser die ganze Woche aber nicht den ganze Tag, wir haben Wasser manchmal 15–30 Minuten oder die ganze Tag. Kennst du die aktualen Marchas (Märche) hier? Dieses Märschen sind von dem Opposition weil sie (wir, weil ich bin von dem Opposition) möchten eine freie Venezuela aber die Regierung möchtest dass nicht. Die PNG und GNB sind die Polizei und Militaren von Venezuela aber sie zurückhalten die Personen, weil wenn du gehts und bist in den Märschen die PNG und GNB schmeißen Bomben und sie verschießen den Personen. (VEbr55-73B)

> Venezuela hat ein Busfahrer als President. Die meisten Leute hassen ihn weil er das Land schlecht gemacht hat: es gibt kein Essen, keine Medizin. Die Stadt wird von Gangster bestimmt und mehr als die hälfte sucht Essen im Müll. Das einzigste was der Presidänt gemacht hat ist ist der größte BARRIO (…). Und die Stadt ist hasslich geworden und voller arme Leute geworden. (VEbr89-73B)

Im ersten Text greift die Schülerin auf sprachliche Mittel zurück, die ihr in deutscher Sprache zur Verfügung stehen, um die Krise, welche die venezolanische

Gesellschaft durchmachte, ausgehend von Schwierigkeiten, denen sie im Alltag begegnet, auszudrücken. Tatsächlich beansprucht die Schülerin die Perspektive auf ihre eigene gesellschaftliche wirtschaftlich privilegierte Realität, ohne die Auswirkungen der Krise auf den Großteil der Bevölkerung, nämlich der armen Gesellschaftsschicht, in den Kontext miteinzubeziehen. Der zweite Text veranschaulicht den Mangel an grundlegenden Ressourcen und die Auswirkung der zunehmenden Armut auf die Ästhetik der Stadt, in welcher der Autor wohnt. Bei diesem Versuch stigmatisiert und schätzt er die soziale Unterschicht gering, die durch eine wenig prestigeträchtige Berufskategorie repräsentiert und mit dem Bild des Staatschefs in Verbindung gebracht wird, der für die Krise und den Ort, in dem die Arbeiterklasse wohnt, verantwortlich gemacht wird. In seinem Diskurs ist es die Existenz bzw. die Präsenz der armen Bevölkerungsschicht, die den Jugendlichen durch ihre Entstellung der urbanen Landschaft stört, nicht die Armut an sich.

In diesem Sinne hebe ich noch weitere Textbeiträge hervor, die auf einen möglichen Mangel an pädagogisch unterstützter Reflexion hinsichtlich von sozialer Ungleichheit, Frauenfeindlichkeit, Patriotismus und der Rolle nationaler Symbole, um einige Beispiele aus dem Korpus zu nennen, hindeuten. Es sind essentielle Themen für das Verständnis der heutigen Welt, die Zukunftsplanung, die internationale Mobilität und den interkulturellen Austausch, welche von den Schulen als wichtige Pfeiler der Lehrpläne erwähnt werden. Die folgenden Texte, die von Schülern der achten Klasse ausgetauscht wurden, zeigen kritische Punkte in ihrer kommunikativen Kompetenz auf, und zwar dann, wenn sie Themen ansprechen, die im Austausch unter Jugendlichen häufig vorkommen, aber im sprachlichen Lehrplan anscheinend nicht berücksichtigt werden:

Wie geht es dir, mir gehr es ganz gut. Aber du sagst zu viel Scheiße über mein Land und über Arango und das mag ich gar nicht. (VEbr10-81D)

Ich mag Mädchen mit blonden Haaren und blauen augen, oder mit brauen Haaren, mit großen Boobys und wie die Venezolaner sagt, con buen culo y que esten buenotas[214]. (VEbr5b-81D)

Im ersten Textbeispiel endeten Vergleiche, welche in Dialogen über die Leistung von Fußballspielern begonnen hatten, in nationalistischen Konflikten.

214 „mit einem schönen Arsch und die heiß sind"

Der zweite Auszug repräsentiert drei Texte, in denen Schüler Frauen als Objekte behandeln und dabei vulgäre Ausdrücke aus ihrer L1 benutzen.

Schließlich kommen wir zu einer Verbindung zwischen den oben transkribierten Texten, dem sprachlich-kulturellen Hintergrund der Lehransätze und den interkulturellen Schülerberichten, bei denen es an Kontextualisierung und Intertextualität mangelt, die der Gesprächspartner braucht, um auf sie zugreifen zu können. Die fehlende Kontextualisierung ist auf ein eurozentrisches, von der bikulturellen Identität der Institutionen losgelöstes Bildungsmodell zurückzuführen, welches Wissen pauschalisiert und Kenntnisse über soziale Fragen automatisch aus der Perspektive derer wertet, denen die Artikulationsmacht innewohnt. Dieser Prozess ist ein Teil von dem, was Boaventura de Sousa Santos (2010) als Epistemizid definiert, anders gesagt die Delegitimierung oder simple Löschung des Verständnisses über die Differenz zum Anderen:

> Aus Perspektive der abyssalen Epistemologien des globalen Nordens ist die Kontrolle der Grenzen des relevanten Wissens bei Weitem entscheidender als die Diskussion über interne Differenzen. Als Konsequenz daraus ist in den letzten 500 Jahren ein massiver Epistemizid im Gange, während ein immenser Reichtum an kognitiven Erfahrungen verloren geht. Um an einige dieser Erfahrungen zu erinnern, greift die Wissensökologie auf ihre bezeichnendste post-abyssale Eigenschaft zurück, nämlich die interkulturelle Übersetzung. Bereichert von verschiedenen westlichen und nicht-westlichen Kulturen verwenden diese Erfahrungen nicht nur unterschiedliche Sprachen, sondern auch unterschiedliche Kategorien, unterschiedliche symbolische Universen und Streben nach einem besseren Leben[215] (S. 61).

Unter abyssalem Denken versteht der portugiesische Philosoph das westlich-moderne Modell, das die Welt in Nord und Süd teilt und durch die Errichtung von Grenzlinien polarisiert: „Die Teilung erfolgt so, dass die ‚andere Seite der Linie' als Realität verschwindet, inexistent wird", also dazu übergeht, „als keine relevante, verständliche Form mehr zu existieren" und dadurch „außerhalb des

215 Übersetzung des Verfassers. Im Original: „Na perspectiva das epistemologias abissais do Norte global, o policiamento das fronteiras do conhecimento relevante é de longe mais decisivo do que as discussões sobre diferenças internas. Como consequência, um epistemicídio maciço tem vindo a decorrer nos últimos cinco séculos, e uma riqueza imensa de experiências cognitivas tem vindo a ser desperdiçada. Para recuperar algumas destas experiências, a ecologia de saberes recorre ao seu atributo pós-abissal mais característico, a tradução intercultural. Embebidas em diferentes culturas ocidentais e não-ocidentais, estas experiências não só usam linguagens diferentes, mas também distintas categorias, diferentes universos simbólicos e aspirações a uma vida melhor".

Universums bleibt, welches das eigene akzeptierte Verständnis von Inklusion als das Andere betrachtet“[216] (S. 32).

Diskursive Elemente, die auf Machismus, Rassismus und Klassismus hinweisen, sind diesem Prozess inhärent und betrachten die Stimme oder den Ort des Sprechens (vgl. Ribeiro 2017) aus nur einer Perspektive: einer männlich-weißen aus der oberen Mittelschicht. Das informiert bzw. formt eine Bedeutungsstruktur, die in der Kategorisierung der Unterschiede, der Unterlegenheit und dem Gebrauch (im objektivierenden Sinne) durch die Elemente *buenotas* und *buen culo* sichtbar wird. All das gehört zum Bedeutungskonstrukt, das gleichzeitig lokal aus Sicht der jeweiligen Situation heraus wie auch global hinsichtlich solcher hierarchischer Klassifizierungen von Unterschieden ist, die auf Stereotypen bezüglich Herkunft, Ethnie, Rasse, Geschlecht, Klasse (Davis 1983) und folglich auch Beziehungen basieren.

Das, was Sousa Santos interkulturelle Übersetzung nennt, hat nichts mit der transkulturellen und entkolonialisierenden Aneignung des Zeichensystems der L2 für den Ausdruck lokaler Bedeutungen zu tun. Das Konzept bezieht sich, ganz im Gegenteil, auf die selektive Assimilation im umgekehrten Sinn. Der „Norden“, der sich „global“ nennt, verkörpert Aspekte sogenannter „fremder“ Kulturen, wie Yoga oder Taco, nach standardisiertem, westlichem Lebensstil. Dies geht so weit, dass der „Norden“ definiert, welche der Erkenntnisse des Südens ihrer Existenz würdig sind, um auf Speisekarten von Restaurants, in Katalogen von Geschäften und angeblich „modernen“ Lehrbüchern inkludiert zu werden. Unter diesem Einfluss kann man in den analysierten Briefen die Auswirkungen einer Bildungspolitik beobachten, die Unterschiede abschwächt und die interkulturelle Auseinandersetzung unterdrückt.

Der selbst erlebte Bikulturalismus, der den Austausch und konkrete Erfahrungen in alltäglichen Beziehungen berücksichtigt, wird von einigen brasilianischen Schülern im Rahmen der Austauschreise nach Deutschland, auf der sie sich in das Alltagsleben der Gastfamilien integrieren sollten, als Nachteil angesehen. Die kulturellen Unterschiede, die in Kunstarbeiten nach der Rückkehr dargestellt und verarbeitet werden, bestehen laut Fachlehrerinnen der Schule

216 Übersetzung des Verfassers. Vollständiger Originalauszug: „A divisão é tal que ‘o outro lado da linha’ desaparece enquanto realidade, torna-se inexistente, e é mesmo produzido como inexistente. Inexistência significa não existir sob qualquer forma de ser relevante ou compreensível. Tudo aquilo que é produzido como inexistente é excluído de forma radical porque permanece exterior ao universo que a própria concepção aceite de inclusão considera como sendo o Outro“.

BR in der Regel aus Stereotypen und Impressionen, die nicht weniger oberflächlich sind, wie sie sich vor dieser Reise bereits manifestieren. Auf gewisse Weise dialogisiert dies mit der Art der Gedankenstrukturierung in den analysierten Briefen, denn dort sind es Aspekte aus ihrer eigenen lokalen Kultur, welche die Lebensweise charakterisieren, die der umgebenden Gesellschaft eigen sind, und welche im Allgemeinen aus der Selbstdefinition der Autoren gelöscht und zugunsten einer ausschließlich vagen und undefinierten Existenz verleugnet werden. Anders gesagt verschwinden die ethnisch-kulturellen Elemente in einem supranationalen schwarzen Loch, das eine gewaltige Anziehung auf die Einstellungen ausübt.

Der sozioökonomische Filter, der die Repräsentanten aus jeder Kultur vorselektiert, verkörpert den zweiten entscheidenden Faktor für die Unterdrückung der Unterschiede in der interkulturellen Begegnung. Die angesprochenen Themengebiete in den Briefen zeigen die Zugehörigkeit zu einer Gesellschaftsschicht mit hoher Kaufkraft. Die Verfasser der Briefe scheinen eine höhere kulturelle Affinität zu ihren Brieffreunden aus anderen Ländern zu haben als zu Jugendlichen aus anderen Gesellschaftsschichten jener Stadt, in der sie leben. Wenn man ihre privilegierten wirtschaftlichen Umstände in diesen Gesellschaften mitbedenkt, ist es wichtig, daran zu erinnern, wie das von europäischen Institutionen geförderte Mehrsprachigkeitsprojekt im Falle einer unkritischen Durchführung zu einer verstärkten globalen Ungleichheit beiträgt (Flores 2013). Laut der Studie von Brandão, Mandelert und Paula (2005) geht der Internationalisierungsprozess der brasilianischen Elite mit dem Beherrschen der englischen Sprache einher, sowie dem Besuch einer zweisprachigen oder konfessionellen Schule, mit Nordamerika und Europa als Reiseziele sowie der Verwendung neuer Informationstechnologien, welche die Struktur des kulturellen Kapitals, das Konsum- und Freizeitverhalten und die Lebensformen der Gruppen und Familien bestimmen (S. 753–754). In der Tat erwies sich im Zuge der vorliegenden Studie über den sprachlichen Code hinaus der einfache Zugang zum abyssalen Norden und zu Gütern, die Teil dieser Konsumwelt sind, als wichtigster Faktor der Annäherung und der beidseitigen Identifikation zwischen den Brieffreunden. Auf diese Weise erkennen die Jugendlichen der brasilianischen Elite in ihren Partnern im Nachbarland Affinitäten, die aus einem realen und imaginären Raum des Zusammenlebens außerhalb Lateinamerikas entstehen, der in der nördlichen Hemisphäre angesiedelt ist (ebd.). Auf die eine oder andere Weise sahen sich die Teilnehmenden in den meisten relevanten Aspekten ihrer Identität schnell als gleichwertig an, was wiederum belegen kann, dass die oberflächliche interkulturelle Dynamik gegenüber der transkulturellen Entschlüsselung und Verstrickung vorherrschte, und zwar trotz der gegebenen Bedingungen für einen Bruch mit traditionellen Ansichten hinsichtlich kultureller Teilung.

Die zweisprachige Bildung in elitären Schulen kommt nicht umhin, zu dieser Konsumreihe zu gehören, sowie andere Produkte und Leistungen, welche der Markt von didaktischen Mitteln, Sprachzertifikaten und Referenzrahmen für den Unterricht europäischer Sprachen anbietet. Diese Feststellungen bringen uns dazu, über die soziale Funktion nachzudenken, welche die Förderung von Zweisprachigkeit zu erfüllen hätte und ob es angebracht ist, dass eine transkulturelle Sicht der Realität und der kommunikativen Praxis nur in solchen privilegierten, homogenen Lerngemeinschaften anzuregen sei.

Durch die Bezeichnung „Weltbürger" werden die Mitglieder der sogenannten globalen Mittelklasse entrassifiziert, „man sagt, dass ihre nationale Perspektive nach außen, global ausgerichtet ist und nicht nach innen (…); und sie haben ähnlichen Lebenstil und Ausbildung"[217] (Embong 2000: 996). Das heißt also, um ein transnationales Bewusstsein zu konstruieren, werden regionale Differenzen beiseite gelassen. Laut Windle und Maire (2019: 719) besteht das kulturelle Kapital, das als kosmopolitisch betrachtet wird, aus einer Einheit von offensichtlich universalisierten und transzendentalen Praktiken, die in der Realität die interkulturelle Interaktion nicht vereinfachen können, da sie mit der Unterstützung der Schulbildung „sorgfältig vor ‚Verschmutzung' durch kulturelle ‚Unreinheit' beschützt werden", speziell an Orten, „an denen transnationale Eliten durch Konsumpraktiken zusammenkommen"[218] (ebd.).

Dies zeigt auf, dass Veränderungen implementiert werden müssen, unter welchen sich die Demokratisierung der Mehrsprachigkeit findet, der Widerstandshandlungen gegen den Epistemizid in dem Maße inhärent ist, wie das Lernen regionaler und von Minderheitensprachen aufgewertet wird, wie mehr Alternativen als L2 von den Lehrplänen angeboten werden und der Arbeiterklasse die Möglichkeit der Zweisprachigkeit in öffentlichen Basisbildungseinrichtungen zur Verfügung gestellt wird. Ansonsten bleiben staatliche

217 Übersetzung des Verfassers. Vollständiger Originalauszug: „They are said to have outward-oriented, global rather than inward-oriented national perspectives on a variety of issues; this class's members tend to be people from many countries, who increasingly identify themselves as 'citizens of the world', as well as by their places of birth; and they enjoy similar lifestyles, and education, especially in business schools".

218 Übersetzung des Verfassers. Im Original: „carefully protected from 'contamination' by cultural 'impurities' (…) and in locations in which transnational elites come together through practices of consumption".

Initiativen aus dem Norden bestehen, die nach der Analyse von Homi Bhabha „Ungleichheit und Verarmung“ verursachen:

> Jene Staaten, die am multikulturellen Multinationalismus teilhaben, bestätigen ihr Commitment mit der 'Diversität', sowohl im eigenen Land als auch im Ausland, insofern als die Demografie der Diversität zum großen Teil durch gebildete Wirtschaftsmigranten zusammengesetzt wird – Informatiker, Fachmediziner und Unternehmer anstatt von (politischen) Flüchtlingen oder Armen. Indem eine 'weltliche Kultur' oder 'weltliche Märkte' gepriesen werden, bewegt sich diese Art von Kosmopolitismus schnell und selektiv von einer Wohlstandsinsel zu einem Gebiet technologischer Produktivität, wodurch die vorherrschende Ungleichheit und Verarmung, die durch diese ungleiche und unregelmäßige Entwicklung entsteht, deutlich weniger Beachtung findet“[219] (Bhabha 2004: xiv).

Es ist daher notwendig, dass Kulturpolitik und emanzipatorische Bildungspolitik intern durchgeführt werden. Dafür eignen sich Zwischenräume, welche sensibilisierte und kritische pädagogische Teams und Lehrende beim Ausführen ihrer Arbeit in der L1 oder L2 aufsuchen können. Ist der Third Space einmal abgegrenzt und besetzt, ist er förderlich für die Entwicklung neuer Identitätskonzepte sowie für die Neuausrichtung der Gesellschaft hinsichtlich Kooperationsprozessen und Zustimmung (ebd., S. 2). Der Zwischenraum sollte zu einer differenzierten Wahrnehmung von Zeit und Geschichte genutzt werden, in der die Gegenwart nicht mehr als steriler Bruch zwischen Vergangenheit und Zukunft gesehen wird, sondern als ein Raum, der „unsere unmittelbare Selbst-Präsenz, unser öffentliches Bild, durch seine Diskontinuitäten, seine Ungleichheiten und Minderheiten enthüllt“[220] (S. 6). Dies geht einher mit einem idealen Selbstverständnis des Individuums, in dem es eine autonome Beziehung mit seiner Sprachbiografie und seiner kulturellen Identität herstellt.

Mit dem Treppenhaus als Metapher – ein Zwischenraum, der den langsamen und sensorischen Übergang zwischen zwei Stufen in einem zirkulären Parcours bis hin zu einer nahen absoluten Realität repräsentiert – zeigt Bhabha

---

219 Übersetzung des Verfassers. Im Original: „States that participate in such multicultural multinationalism affirm their commitment to 'diversity', at home and abroad, so long as the demography of diversity consists largely of educated economic migrants – computer engineers, medical technicians, and entrepreneurs, rather than refugees, political exiles, or the poor. In celebrating a 'world culture' or 'world markets' this mode of cosmopolitanism moves swiftly and selectively from one island of prosperity to yet another terrain of technological productivity, paying conspicuously less attention to the persistent inequality and immiseration produced by such unequal and uneven development“.

220 Übersetzung des Verfassers. Im Original: „our proximate self-presence, our public image, comes to be revealed for its discontinuities, its inequalities, its minorities“.

einen vorläufigen Raum, in dem identitäre Benennungen nicht polarisiert und an primordialen Endpunkten festgemacht werden und wo keine Hierarchie angenommen oder auf die kulturelle Hybridisierung aufoktroyiert wird (S. 5). Demnach wäre es im Rahmen der Kooperation zwischen den Schulen passend gewesen, dass die Studienteilnehmenden trotz der gemeinsamen L2 dazu angeregt würden, auch in ihren L1 zu interagieren, durch welche sie der romanischsprachigen Gemeinschaft zugehörig sind (Araújo e Sá 2013). Obwohl diese Möglichkeit nicht explizit im Blickwinkel des Projekts eingegliedert war, wurden Spanisch, Portugiesisch und Rumänisch gelegentlich in den verschickten Texten verwendet und bereicherten die gemeinschaftliche Ressource der Begegnungssprache. Diese kommunikative Praxis ereignete sich zwischen Mitgliedern einer Lerngemeinschaft, die zwischen dem durch die L1 geprägten Raum und dem beherrschten Territorium der L2 kurvenreiche und multidirektionale Wege im Bereich des Treppenhauses durchliefen. Das Besetzen dieses dritten Raums wird dadurch zu einer Möglichkeit, die Logik der sprachlichen und der durch die Sprache markierten Grenzen aufzuweichen, welche den Status der Zugehörigkeit zu der einen oder anderen Seite der Grenze festlegt (Ehlich 2005: 180–181).

7.3. Durabilität, Permeabilität und Liminalität der linguistisch-ideologischen Grenzen

In Bezug auf die von der Fachliteratur verwendeten Metaphern der Durabilität, Permeabilität und Liminalität, die von Zinkhahn Rhobodes (2016: 174–175) katalogisiert wurden, um die Grenzen zwischen Sprachen und Dialekten in Kontaktsituationen zu beschreiben, durchlief ihre Studie Ebenen eines Kontinuums. Das Bild der Überquerung ist passend, um den Ausgangspunkt abzubilden, also die vorherrschenden Erwartungen und die erste Phase der Darstellungen, die in den ersten beiden Jahren des Projekts konstruiert wurden, und auch in den Klassen, welche die Kontakterfahrung erst begannen, als andere Partner schon länger dabei waren. In dieser Phase überwiegt der objektive gegenüber dem subjektiven Kontakt. Der Forscher selbst sowie Lehrkräfte und Mediatorinnen verkörperten Grenzgänger, die verantwortlich waren für die sonst nie da gewesene Öffnung, die die Enthüllung der anderen Seite ermöglichte.

Beim Schreiben der Briefe konfiguriert das Code-Switching im paratextuellen Umfeld, in Zitaten, in der Beschreibung der lokalen Kultur sowie im metasprachlichen Diskurs diesen Pendelverkehr zwischen dem von der Kommunikationssprache dominierten Raum und einem externen Depot an

Zeichen und Ausdrücken. In diesem Fall wird die Grenze allmählich von einer Art Trennlinie und einem Kontrollort zu einem Referenzpunkt, denn aus der Vogelperspektive ist das zweisprachige Subjekt in der Lage, die Räume, die es durchläuft, zu kartieren. Der Zustand der *Durabilität* mit strikten Grenzen und gut markierten Übergangspunkten geht über in einen Zustand der *Permeabilität*, also „einen Ort der Öffnung, des Übergangs und der Wechselwirkung" (ebd., S. 177–181).

Sobald das Individuum versteht, dass es einen wenig erforschten Weg beschreitet, relativiert es herkömmliche Vorschriften, kombiniert kreativ Elemente verschiedener Sprachen in neuen Ausdrucksmöglichkeiten und setzt sie für seine kommunikative Ziele ein (Gugenberger 2005: 358). Dadurch, dass Sprachmittel mobilisiert werden, die von der ursprünglichen Disposition der Räume und der Ressourcen nicht vorgesehen waren, entdeckt das Individuum die Flüssigkeit der Textgenres, spielt mit Stilfiguren und probiert sich in Bereichen aus, die auf seiner Sprachbiografie bisher unerforscht waren. In dieser Phase der *Liminalität* (ebd.) repräsentiert die metaphorische Auflösung der Grenze die involvierten Prozesse in der Verhandlung der Regeln des Third Place und in der Konfiguration der Bedeutungsnetzwerke ausgehend von der Gesamtheit der geteilten Zeichen, aus welchen sich die Begegnungssprachen zusammensetzen.

Die Textanalyse verlangt allerdings Vorsicht bei der Einordnung des mehrsprachigen Bewusstseins der Schüler in dieses Kontinuum. Obwohl die zuvor aufgebaute Ordnung herausgefordert und andere Grenzen relativiert wurden, zeigen die Daten, dass die ideologischen Grenzen zwischen den einzelnen Sprachen generell standhielten. In diesem Aspekt ist der Einfluss der Umwelt unbestreitbar. Unabhängig davon, wie groß die Überschreitungen sind, die das Individuum beim Erforschen des Potenzials seiner Sprachkompetenzen begeht, unterliegt es Normen und Restriktionen, die sich auf einer weniger greifbaren Ebene befinden und deshalb schwer manipulierbar sind. Diese definieren den Zustand, in dem sich das Subjekt eingeschlossen wiederfindet. Der ganze Prozess verläuft in Institutionen, welche die deutsche Sprache und Kultur fördern. Die Briefe wurden begleitet von Deutschlehrenden verfasst. Darüber hinaus setzt die Aktivität Fähigkeiten in die Praxis um, die in diesem Fach Gegenstand sind. Die Textsorte gleicht sich der in offiziellen Prüfungen verlangten Leistung an, welche die Verwendung einer zugeschnittenen Gesamtheit von Normen, Formen und Bedeutungen anfordert.

Schließlich bleibt noch, die Frage der Grenze zwischen dem interkulturellen Kontakt aufzugreifen, welcher durch aufmerksame Beurteilung, defensive Haltung und Konfrontation charakterisiert ist, und dem Austausch, welcher dem kulturellen Geflecht förderliche Durchgänge enthüllt. Der interkulturelle Kontakt wurde im Laufe des Projekts als Ausgangspunkt konstatiert, und auch zum Aufwärmen und Aufbau einer Basis des Selbstvertrauens und des gegenseitigen Vertrauens genutzt, durch welche eine transkulturelle Beziehung nachhaltig entstehen kann. In Bezug auf intersubjektive Prozesse wurde vor allem in den Gruppen jenseits der 9. Klasse ein bedeutender Fortschritt festgestellt. Dies könnte auf den sprachlichen Reifeprozess zurückzuführen sein, welcher mit dem fortschreitenden Alter einhergeht und eine Folge des kommunikativen Ansatzes darstellt, der den L2-Unterricht bestimmt. Allerdings wurde auch ein signifikanter Anstieg an bewussten interkulturellen Prozessen bei Teilnehmenden der 8. und der 9. Klasse festgestellt, sodass ihrer Erfahrung innewohnende Faktoren diesen Unterschied sicherlich förderten. Tatsächlich erwiesen sich die Partnerschaften ab der 9. Klasse stabiler, da die Mehrheit der Paare in dieser Gruppe den Kontakt zumindest zwei Jahre zuvor begonnen hatten.

Generell lässt sich sagen, dass durch individuelle Einstellungen der Öffnung und das Teilen der sprachlichen Zeichen und Kultur der L1 Permeabilitätsprozesse mit interkulturellen Konturen festgestellt wurden, auch wenn Partner noch wenig Zuversicht dahingehend zeigten, fremde kulturelle Räume durch verschleierte Grenzen zu durchdringen. Beweise für diese Intention wurden in Form von mehrsprachigen Versuchen festgestellt, die in der sicheren Umgebung des metasprachlichen Diskurses gemacht wurden. Trotzdem zeigten die Analysen auf, dass spontane Prozesse des Infragestellens sowie der Neuerfindung in Richtung eines transkulturellen Verständnisses zwischenmenschlicher Beziehungen hätten geleitet werden können, wenn sie einer vorsichtigen Intervention methodologisch unterworfen worden wären, welche den Hybridismus als reguläre Bedingung auf beiden Seiten jeglicher Grenze beleuchtet und das Bewusstsein erweckt, dass jeder Raum ein Zwischenraum ist.

8. Schlussbetrachtungen

Bei der Analyse der Veränderungen der Identitätskonzeption skizziert Hall (2011) das „Subjekt der Aufklärung" als ein Individuum mit inhärenter Kultur/Identität, die mit der Geburt erworben wird, sich weiterentwickelt und mit anderen Identitäten im Dialog steht, jedoch im Kern unverändert bleibt. Dieses Konzept gilt in der traditionellen Unterrichts- und Lernpraxis der L2 als interkulturelles Regulativ, das die Räume der L1 und der L2 eingrenzt und den Lernenden immer zurück an seinen Platz als Fremder bringt.

Hall (2011) und Welsch (2010) stimmen darin überein, dass unsere Kulturen in Wirklichkeit nicht homogen und monolytisch sind. Sie durchdringen sich gegenseitig und zeichnen sich durch ihre Vermischung aus. Anders gesagt, sind sie nicht klar voneinander abgegrenzt, sondern durch Verwobenheit und Hybridismus gekennzeichnet. Die sogenannte interne Transkulturalität der Individuen ist ein Aspekt, der hervorsticht. Laut Hall zeichnet sich das postmoderne Subjekt im Gegensatz zum „aufklärerischen" durch multiple Identitäten aus, welche aus Fragmentationsprozessen resultieren und sich ständig verändern. Für Welsch besitzt ein Individuum, dessen Identität sich aus Interaktion und Verflechtung einer Reihe von unterschiedlichen kulturellen Normen zusammensetzt, mehr Anknüpfungspunkte mit anderen Identitätsformationen und Kulturen. Auf diese Weise kann die Transkulturalität das Individuum für Entscheidungen frei machen, die über gesellschaftlich vorgeschriebene Konzepte hinausgehen.

Die Analysen konfrontieren uns mit profunden Gegensätzen. Diese betreffen einerseits die Haltung der Institution Schule hinsichtlich der Herausforderung, eine Ausbildung für eine beruflich vielversprechende Zukunft in einer globalisierten und leistungsorientierten Welt zu schaffen, und andererseits die Art und Weise, wie Lernende diese Welt diskursiv gestalten, wenn sie mit ihr interagieren. Die Schule scheint, ein Bildungsprojekt entwickeln zu wollen, das auf tiefgründigem Kontakt basiert, sowie auf Gegenseitigkeit, Multidirektionalität und Austausch, während gleichzeitig Sprachkompetenzen hinsichtlich der Annäherung an eine perfekte und uneingeschränkte Beherrschung angestrebt werden, die ein als Muttersprachler betrachteter Sprecher besitzen würde (Kramsch 2014). Diese Haltung beschreibt insofern ein Dilemma, als der Glaube an die Legitimität der Standardsprache und an die Existenz der Sprache vor dem Diskurs die Unterschiede aufhebt, die Interaktionen zwischen komplexen Subjekten charakterisieren. Sogar institutionelle Diskurse rund um den Begegnungsbegriff marginalisieren seinen gesellschaftlichen und pluralen Aspekt, weil sie seine interne kulturelle Vielfalt nicht einbeziehen. Ohne diese wird die Repräsentanz der kulturellen und sprachlichen Diversität sowie die Qualität des interkulturellen Austauschs zwischen europäischen und lateinamerikanischen Individuen ernsthaft gefährdet.

Als Beispiel dient der historische Kontext Brasiliens. Ausgehend von Windle und Maires (2019: 724) Erhebung, begann die Schulbildung der Oberschicht mit der Intention, den Nachkommen der Kolonisatoren die Sprache der Metropole beizubringen und sie dabei vor umgebenden kulturellen und sprachlichen Einflüssen zu schützen. Parallel dazu wurde der autochthonen Bevölkerung und den versklavten Afrikanern vermittelt, eine unterlegene Position im europäischen sozialen, kulturellen und religiösen System anzunehmen. Bis zur Gründung der ersten höheren Bildungseinrichtung 1920 war es üblich, dass die brasilianische Elite europäische Universitäten besuchte. Bis zum Jahr 2012 gab es keine staatlichen Förderungsmaßnahmen für die Zulassung der historisch ausgegrenzten afrobrasilianischen Bevölkerung zu höherer Bildung. Für die Autoren, welche diese Entwicklung in Brasilien und in Australien beobachtet haben

> ist das Wachstum eines vorgeblich kosmopolitischen (zum Beispiel eines internationalen oder zweisprachigen) Bildungsmodells in Bildungshierarchien eingebunden, welche auf eine lange soziale und koloniale Geschichte zurückblicken und sich nicht direkt durch den Aufstieg einer globalen Mittelklasse erklären lassen[221] (S. 12).

In diesem soziohistorischen Rahmen besteht ein Teil der Sinnhaftigkeit zweisprachiger elitärer Schulen darin, eine Umgebung zu schaffen, in der Generationen von vermögenden Klassen privilegierte diplomatische Kontakte mit anderen Ländern aufnehmen, die Sprache ausländischer Eliten sprechen und den eigenen dynastisch-sozialen Status aufrechterhalten. Aus diesem Blickwinkel dient die Idee, Kontakt zwischen Schülern aus Schulen mit ähnlichem Profil herzustellen, als Probe oder Kultivierung einer Gewohnheit, um dadurch gleichzeitig Zielsetzungen der kooperierenden Schulen näherzukommen, welche über die Entwicklung kommunikativer Kompetenzen in der deutschen Sprache hinausgehen. Der Übergangs- und Begegnungsbereich ist laut der analysierten Dialoge jedoch nicht in Deutschland oder in der deutschen Schule im

---

221 Übersetzung des Verfassers. Im Original: „The growth of supposedly cosmopolitan (e.g. international or bilingual) schooling options is embedded in educational hierarchies that have long social and colonial histories, rather than being explained directly by the rise of the GMC [global middle class]".

Ausland. Um diese Ziele zu erreichen, ist die grenzfreie Zone im Luftraum über den Grenzen, von wo aus man sie sehen kann sowie die Landflächen, welche andere mit ihren Sinnen nicht überqueren können. Das Globale ist in diesem privilegierten Raum heimisch und das Regionale und Einheimische ist fern.

In dieses Bild fügt sich auch die Hegemonie bestimmter Konsumstandards ein, welche kulturelle Differenzen aufhebt. Insofern enthalten die durch den Briefwechsel entstandenen interkulturellen Beziehungen Aspekte, welche an ein transkulturelles Ideal der Verflechtung und Verwandlung erinnern. Diese Dynamik scheint jedoch bereits vor der persönlichen Annäherung aufgetreten zu sein. Anders gesagt, haben sich die konstituierenden Elemente hybrider Identitäten scheinbar vor der Entfernung der Grenze aufgelöst, welche sie voneinander fernhält. Wenn eine Permeabilität der Räume entsteht und sich die Individuen in einem Zwischenraum wiedererkennen, werden infolgedessen die Eigenheiten dieses neuen Ortes so banalisiert, wie sich ihre Identitäten homogen und unmarkiert zeigen. Etwas Ähnliches passiert durch den Kontakt mit der Kultur der L2, wenn der traditionelle Ansatz die Interkulturalität auf den Kontakt mit dem hypothetischen Muttersprachler reduziert:

> Wenn die Unterschiede auf Etwas reduziert werden, das durch kulturelles Wissen vorausgesagt werden kann, wird der Prozess des interkulturellen Lernens zu einem geschlossenen Prozess mit einer limitierten Anzahl an Ergebnissen. Das Risiko ist folglich, dass man die Sicht auf die potenziell innovative, unvorhersehbare und kreative Natur von interkulturellen Begegnungen verliert, sowie auf das Lernen, das aus der Interaktion unterschiedlicher Menschen entstehen kann[222] (Skrefsrud 2018: 80).

Das Erkennen dieser Dynamik lässt uns in Betracht ziehen, dass das *interkulturelle Bewusstsein*, auch wenn es sich in Bezug auf hybride Identitäten als anachronistisch erweist, als Vorstufe und Fundament für ein *transkulturelles Verständnis* der Realität gesehen werden muss. Für diesen Zweck muss man Anreize und Fragestellungen interkultureller und epistemologischer Art kreativ in die Unterrichtsmethodik eingliedern und die Ziele des kommunikativen Ansatzes diesbezüglich aktualisieren.

---

222 Übersetzung des Verfassers. Im Original: „When differences are reduced to something that can be predicted through cultural knowledge, the process of intercultural learning becomes a closed process with a limited number of outcomes. The risk is therefore that one may lose sight of the potentially innovative, unpredictable, and creative nature of intercultural encounters and the learning that may emerge when different people interact".

Die Erforschung des Sprachgebrauchs der verfassten Nachrichten zeigt, dass die Grenzen schon dann neu definiert werden, wenn die interkulturelle Begegnung mit anderen Lernenden ermöglicht wird und die gemeinsame L2, nämlich die Standardvarietät der deutschen Sprache, für die Interaktion zur Verfügung steht. Davon ausgehend tendieren die Teilnehmenden dazu, Sprachen als Ansammlungen von Zeichen wahrzunehmen, die in gleichzeitig funktionalen und subjektiven Aufsätzen flüssiger Diskursarten anwendbar sind. In solchen sind mehrsprachige Kombinationen zulässig, die in vielen Fällen für den Ausdruck transkultureller Bedeutungen geeignet sind. Wurden ihre Gemeinsamkeiten und ihre Affinität im Ausarbeitungsprozess der eigenen Begegnungssprache erkannt, erproben und bringen die Gesprächspartner Signifikate der L2 sowie anderer Sprachen ein und priorisieren dabei ihre eigenen kommunikativen Bedürfnisse. Diese Möglichkeit der Autonomie in Bezug auf die Kultur der L2 und ihren hypothetischen Muttersprachler ermächtigt die Stimme der Subjekte gegenüber einer hegemonialen Ideologie, welche den Zustand des Lernenden und seine hybride Identität als zu überwindende Mängel behandelt, sowie der Aufhebung der Unterschiede, die die Mainstream-Einsprachigkeit des Unterrichts hervorruft (Skrefsrud 2018: 83).

Die Kritische Diskursanalyse der mitwirkenden Institutionen ermöglichte, dass die Diskursive Textanalyse, welcher die Texte der Schüler unterworfen wurden, auf tiefgründige Ebenen der Subjektivität und Sozialeinstellungen Zugriff hatte. Das Translanguaging, welches die Diskurskonstruktion durch den bilingualen Sprecher und den aufstrebenden Zweisprachigen charakterisiert, wurde im schulischen Umfeld empirisch beobachtet, einem Ort, der zugegebenermaßen darauf ausgerichtet ist, die wechselseitige Beziehung zwischen dem Subjekt und der Welt zu tragen. Im Widerspruch dazu kommen die Forschung des institutionellen Diskurses genauso wie bisherige Studien zum Schluss, dass translinguale Praktiken eine transgressive, von Widerstand geprägte Haltung konfigurieren. So wird gerechtfertigt, dass im vorliegenden Schulkontext Vorwände für ihre Anwendung strategisch herbeigeführt wurden. Andernfalls wäre es notwendig, dass die Schulen sich selbst als liminalen Raum par excellence ansehen. Beim Bewohnen dieses Raumes (der auch Zeit ist) integriert der Lernende den Hybridismus zwischen dem Privaten und dem Öffentlichen in seine eigene Geschichte und jene der Welt, und ist anfällig für die Verfremdung vor jeglicher Möglichkeit der Einordnung (Bhabha 2004: 19).

Mit Bezug zur Einstellung des Lernenden gegenüber seiner sprachlichen Identität und jener des Muttersprachlers wurden Ergebnisse der vorangegangenen Studie (Carapeto-Conceição 2018) bestätigt, nach der die Interaktion mit anderen sprachlich-kulturellen Identitäten neue Referenzen für die Sprachpraxis aggregiert und aus dem Lernenden eine Praxisreferenz für seinen Partner macht. Dabei versteht er sich selbst und den Partner als legitime und autonome Nutzer in Bezug auf die Diskursausarbeitung und die Signifikate, die sie mit der L2 austauschen. Schließlich verhielten sich die Autoren der Briefe wie mehrsprachige Vermittler, die in der Lage sind, Entscheidungen hinsichtlich der Verwendung von Sprachmitteln gemäß ihrer diskursiven Absichten bewusst zu treffen.

Diese Prozesse sind der kollektiven Konstruktion des Third Place und auch der Begegnungssprache inhärent. Das Sprachsystem, dessen Aneignung von den involvierten Individuen geteilt wird, funktioniert als Kontaktpunkt und liefert eine offene Quelle sprachlicher Mittel. Indem man die L2 im ersten Kontakt auf die Probe stellt und ihre Funktionalität für die Kommunikation feststellt, fassen die Partner Vertrauen, was den Erfolg des nächsten Austauschs und der neuen, nicht immer dem Repertoire aller Beteiligten gemeinen Elemente betrifft. Diese werden durch kooperative Erstellung, Testen und Anpassung ihrer Bedeutungen in den Diskurs sinnstiftend integriert.

Daraus ergibt sich folglich die Dringlichkeit, dass Studienpläne für angehende Lehrende hinsichtlich ihrer Prioritäten überarbeitet und dabei auch die dynamischen und vagen Konturen in Betracht gezogen werden, welche nicht nur die diskursiven Gattungen und den aktuellen Sprachgebrauch von jugendlichen Lernenden definieren, sondern auch das Wissen und die sprachliche Kompetenz von Mehrsprachigen. Lehrpläne, in denen normative Vorschreibungen sowie die Reproduktion von auf der epistemologischen Struktur der Zielkultur basierenden Aufgabenstellungen zu Ungunsten kommunikativer und identitätsstiftender Aspekte bevorzugt werden, gehen von einer Ideologie der Kontrolle und Markierung von sowohl linguistischen als auch geographischen und kulturellen Grenzen aus. Unter diesen Voraussetzungen dient das Brückenbauen zwischen Kulturen (eine Metapher, die oft herangezogen wird, um den grundlegenden Zweck von Bildung und Sprachenlernen zu definieren) folglich dem Überwinden von Hindernissen, die von vermittelnden Akteuren selbst aufgebaut und aufrechterhalten werden.

Literatur

ALLWRIGHT, Dick (2001). Three major processes of teacher development and the appropriate design criteria for developing and using them. In: JOHNSTON, Bill; IRUJO, Suzanne (Hg.). **Research and Practice in Language Teacher Education:** Voices from the Field. Minneapolis: University of Minnesota Press, p. 101–118.

AMMON, Ulrich (1995), **Die deutsche Sprache in Deutschland, Österreich und der Schweiz:** Das Problem der nationalen Varietäten. Berlin: Gruyter.

APPEL, René; MUYSKEN, Pieter (2005), **Language contact and bilingualism.** Amsterdam: Amsterdam University Press.

ARAÚJO E SÁ, Maria H. (2013). A intercompreensão em didática de línguas: Modulações em torno de uma abordagem interacional. *Lingvarvm Arena*, v. 4, p. 79–106.

BAKER, Colin (2001), **Foundations of bilingual education and bilingualism.** 3. Aufl. Clevedon: Multilingual Matters.

BAKHTIN, Mikhail M. (1981), **The dialogic imagination:** Four Essays. Austin: University of Texas Press.

BALLWEG, Sandra; BRÄUER, Gerd (2011). Portfolioarbeit im Fremdsprachenunterricht: Yes, we can!, *Fremdsprache Deutsch*, n. 45, p. 3–11.

BAUSCH, Karl-Richard; BERGMANN, Birgit; GRÖGOR, Brigitte; HEINRICHSEN, Heinrich; KLEPPIN, Karin; MENRATH, Boris; THÜRMANN, Eike (2009), **Rahmenplan „Deutsch als Fremdsprache“ für das Auslandsschulwesen.** Bonn: Zentralstelle für das Auslandsschulwesen.

BEACCO, Jean-Claude; BYRAM, Michael (2003), **Guide for the Development of Language Education Policies in Europe:** From Linguistic Diversity to Plurilingual Education. Strasbourg: Council of Europe.

BEHRENT, Sigrid (2007). Identities in Interalloglot Communication. In: JUNGBLUTH, Konstanze; MEIERKORD, Christiane (Hg.). **Identities in migration contexts.** Tübingen: Narr, p. 51–73.

BERRUTO, Gaetano (1995), **Fondamenti di sociolinguistica.** Roma: Laterza.

BERRUTO, Gaetano (2004), **Prima lezione di sociolinguistica.** Roma: Laterza.

BHABHA, Homi K. (1992). Freedom's Basis in the Indeterminate. *October*, v. 61, p. 46–57.

BHABHA, Homi K. (2004), **The location of culture.** London, New York: Routledge.

BHABHA, Homi K.; RUTHERFORD, Jonathan (1990). The Third Space: Interview with Homi Bhabha. In: RUTHERFORD, Jonathan (Hg.). **Identity:** Community, culture, difference. London: Lawrence & Wishart, p. 207–221.

BHASKAR, Roy (2008), **A realist theory of science**. London, New York: Routledge.

BLOMMAERT, Jan (2005), **Discourse:** A critical introduction. Cambridge: Cambridge University Press.

BLOOMFIELD, Leonard (1933), **Language**. New York: Holt.

BOGDAN, Robert C.; BIKLEN, Sari K. (1998), **Qualitative research for education:** An introduction to theory and methods. 3. Aufl. Boston: Allyn and Bacon.

BOHUNOVSKY, Ruth (2005). O imaginário (colonial) no ensino de alemão como língua estrangeira no Brasil. *Trabalhos em Linguística Aplicada*, v. 44, n. 1, p. 89–95. Online unter: http://www.scielo.br/pdf/tla/v44n1/v44n1a07.pdf (Stand: 30.1.2019).

BOLOGNINI, Carmen Z. (1996), **O lugar de interlocução de brasileiros e alemães na história de suas relações de contato** – Doktorarbeit, Instituto de Estudos da Linguagem, Universidade Estadual de Campinas.

BONDARENKO, Natalia (2010). Lenguas minoritarias de Venezuela: Consideraciones desde la perspectiva ecolingüística. *Filología y Lingüística*, v. 36, n. 1, p. 175–189.

BOURDIEU, Pierre (1984), **Questions de sociologie**. Paris: Éditions de Minuit.

BOURDIEU, Pierre (2007), **A economia das trocas simbólicas:** O que falar quer dizer. 6. Aufl. São Paulo: Perspectiva.

BRANDÃO, Zaia; MANDELERT, Diana; PAULA, Lucília d. (2005). A circularidade virtuosa: investigação sobre duas escolas no Rio de Janeiro. *Cadernos de Pesquisa*, v. 35, n. 126, p. 747–758.

BRASIL (2006), **Orientações Curriculares para o Ensino Médio.** Volume 1: Linguagens, códigos e suas tecnologias. Brasília: Ministério da Educação.

BRUBAKER, Rogers (2002): Ethnicity without groups. *Archives Européennes de Sociologie*, v. XLIII, n. 2, p. 163–189.

BRÜCKER, Herbert; HAUPTMANN, Andreas; SIRRIES, Steffen (2017), **Zuzüge nach Deutschland.** Aktuelle Berichte, No. 1/2017. Nürnberg: Institut für Arbeitsmarkt- und Berufsforschung.

BRÜGGEMANN, Mark (2017), Minderheitensprache. In: EKE, Norbert O. (Hg.). **Herta Müller-Handbuch.** Stuttgart: J.B. Metzler, p. 118–124.

BUSCH, Brigitta (2012), **Das sprachliche Repertoire oder niemand ist einsprachig**. Vorlesung zum Antritt der Berta-Karlik-Professur an der Universität Wien am 7. Mai 2012. Klagenfurt: Drava.

Calvet, Louis-Jean (2007), **As políticas linguísticas**. São Paulo: Parábola.

Calvet, Alain; Calvet, Louis-Jean (2012). **Baromètre Calvet des langues du monde.** 2. Aufl. Paris: Ministère de la Culture. Online unter: http://wikilf.culture.fr/barometre2012 (Stand: 5.12. 2018).

Canagarajah, A. Suresh (2020). **Transnational Literacy Autobiographies as Translingual Writing**. London: Routledge.

Cantuaria, Adriana L. (2004). Das escolas de imigrantes aos colégios internacionais: a constituição do espaço das escolas internacionais em São Paulo 1878–1978. *Pro-Posições*, v. 15, n. 2, p. 39–60. Online unter: https://periodicos.sbu.unicamp.br/ojs/index.php/proposic/article/download/8643808/11299 (Stand: 28.1.2019).

Carapeto-Conceição, Robson (2011), **Representações de alunos do Ensino Fundamental no uso do alemão como língua de encontro:** Weltjugendsprache Deutsch - Masterarbeit, Instituto de Letras, Universidade Federal Fluminense.

Carapeto-Conceição, Robson (2018a). Begegnungsschule und Fremdsprache: Der pädagogisch-institutionelle Diskurs in Bezug auf die mehrsprachige und plurikulturelle Kompetenzförderung in einer deutschen Auslandsschule. *Verbum*, v. 9, p. 547–567. Online unter: http://dx.doi.org/10.15388/Verb.2018.5 (Stand: 17.6.2019).

Carapeto-Conceição, Robson (2018b). Transcultural Exchange in German as a Gathering Language in the Context of Bilingual Education. In: Jańczak, Barbara (Hg.). **Language Contact and Language Policies Across Borders:** Construction and Deconstruction of Transnational and Transcultural Spaces. Berlin: Logos, p. 117–136.

Carapeto-Conceição, Robson (2020). Bi/plurilinguismo e inter/transculturalidade no discurso institucional de uma "escola de encontro bicultural". *Revista Linguagem & Ensino*, v. 23, n. 2, p. 547–567. Online unter: http://dx.doi.org/10.15210/rle.v23i2.17347 (Stand: 23.5.2020).

Castellotti, Véronique; Moore, Danièle (2002), **Représentations sociales des langues et enseignements:** Guide pour l'élaboration des politiques linguistiques éducatives en Europe – De la diversité linguistique à l'éducation plurilingue. Strasbourg: Conseil de l'Europe.

Cercel, Cristian (2015). Philo-Germanism without Germans in Romania after 1989. *East European Politics and Societies: and Cultures*, v. 29, n. 4, p. 811–830.

Certeau, Michel d. (1984), **The practice of everyday life**. Berkeley: University of California Press.

Chouliaraki, Lilie; Fairclough, Norman (1999), **Discourse in late modernity:** Rethinking critical discourse analysis. Edinburgh: Edinburgh University Press.

Clyne, Michael G. (2004). Pluricentric Language / Plurizentrische Sprache. In: Ammon, Ulrich; Dittmar, Norbert; Mattheier, Klaus J.; Trudgill, Peter (Hg.). **Sociolinguistics / Soziolinguistik:** An international handbook of the science of language and society / Ein internationales Handbuch zur Wissenschaft von Sprache und Gesellschaft. 2. Aufl. Berlin: de Gruyter, p. 296–300.

Coelho, Verônica M. d. G. (2009), **Casais interétnicos – filhos bilíngues?** Representações como indícios de políticas de (não) transmissão da língua minoritária da família – Masterarbeit, Instituto de Estudos da Linguagem, Universidade Estadual de Campinas.

Coelho Netto, José T. (1997), **Dicionário crítico de política cultural:** Cultura e imaginário. São Paulo: Iluminuras.

Colello, Silvia d. M. G.; Lucas, Maria A. O. F. (2017). A reinvenção da escola: os desafios de educar e de ensinar a língua escrita. *International Studies on Law and Education*, v. 27, p. 5–12.

Colombo, Sylvia. Êxodo da Venezuela se distingue de outros da região por volume e rapidez. *Folha de S. Paulo*. São Paulo, Jg. 98, n. 32.673, 16 Sept. 2018. Online unter: https://www1.folha.uol.com.br/mundo/2018/09/exodo-da-venezuela-se-distingue-de-outros-da-regiao-por-volume-e-rapidez.shtml (Stand: 5.12.2018).

Corbeil, Jean-Claude (1983). Éléments d'une théorie de la régulation linguistique. In: Bédard, Edith; Maurais, Jacques (Hg.). **La norme linguistique.** Québec, Paris: Gouvernement du Québec, Conseil de la langue française; Le Robert, p. 281–303.

Coseriu, Eugenio (1956). Determinación y entorno: Dos problemas de una lingüística del hablar. *Romanistisches Jahrbuch*, n. VII, p. 29–54.

Coseriu, Eugenio (1977). **El hombre y su lenguaje**: Estudios de teoría y metodología lingüística. Madrid: Gredos.

Coste, Daniel; Moore, Danièle; Zarate, Geneviève (2009), **Competence plurilingue et pluriculturelle:** Vers un Cadre Européen Commun de référence pour l'enseignement et l'apprentissage des langues vivantes: études préparatoires. Strasbourg: Conseil de l'Europe. Online unter: https://rm.coe.int/168069d29c (Stand: 29.1.2019).

Coulmas, Florian (2005), **Sociolinguistics:** The study of speakers' choices. Cambridge: Cambridge University Press.

COYLE, Do; HOOD, Philip; MARSH, David (2010), **Content and language integrated learning**. Cambridge: Cambridge University Press.

CREȚU, Daniel (2016). Proclamarea Regatului României şi atitudinea Marilor Puteri. *Transilvania*, n. 10, 78–81. Online unter: https://revistatransilvania.ro/daniel-cretu-proclamarea-regatului-romaniei-si-atitudinea-marilor-puteri (Stand: 3.8.2019).

DAVIS, Angela Y. (1983), **Women, race & class**. New York: Vintage Books.

DENZER, Jörg (2005), **Die Konquista der Augsburger Welser-Gesellschaft in Südamerika (1528–1556)**. München: Beck.

DIJK, Teun A. v. (2011). Discourse, knowledge, power and politics. In: HART, Christopher (Hg.). **Critical discourse studies in context and cognition.** Amsterdam, Philadelphia: John Benjamins, p. 27–60.

DONATO, Richard (2000). Sociocultural contributions to understanding the foreign and second language classroom. In: LANTOLF, James P. (Hg.). **Sociocultural theory and second language learning.** Oxford: Oxford University Press, p. 27–52.

DÖRNYEI, Zoltán (2009). The L2 motivational self system. In: DÖRNYEI, Zoltán; USHIODA, Ema (Hg.). **Motivation, language identity and the L2 self.** Bristol, Buffalo: Multilingual Matters, p. 9–42.

DUXA, Susanne; HU, Adelheid; SCHMENK, Barbara (Hg.) (2005), **Grenzen überschreiten:** Menschen, Sprachen, Kulturen. Tübingen: Narr.

EDMONSON, Willis (2003). Bildungspolitik und Referenzrahmen. In: BAUSCH, Karl-Richard; CHRIST, Herbert (Hg.). **Der gemeinsame europäische Referenzrahmen für Sprachen in der Diskussion:** Arbeitspapiere der 22. Frühjahrskonferenz zur Erforschung des Fremdsprachenunterrichts. Tübingen: Narr, p. 67–74.

EHLICH, Konrad (2005). Sprachenvielfalt – Grenzenvielfalt? In: DUXA, Susanne; HU, Adelheid; SCHMENK, Barbara (Hg.). **Grenzen überschreiten:** Menschen, Sprachen, Kulturen. Tübingen: Narr, p. 179–188.

EMBONG, Abdul R. (2000). Globalization and transnational class relations: Some problems of conceptualization. *Third World Quarterly*, v. 21, n. 6, 989–1000.

FIORIN, José L. (2015). Teoria dos signos. In: FIORIN, José L. (Hg.). **Introdução à Linguística I:** Objetos teóricos. 6. Aufl. São Paulo: Contexto, p. 55–74.

FISCHER, Joschka (1998). Trendwende in der Auswärtigen Kulturpolitik: Interview mit Bundesaußenminister Joschka Fischer. *Zeitschrift für Kulturaustausch*, v. 48, n. 4, p. 22–25.

FISCHER, Kurt W.; BIDELL, Thomas R. (2006). Dynamic development of psychological structures in action and thought. In: DAMON, William; LERNER,

Richard M. (Hg.). **Theoretical models of human development.** 6. Aufl. Hoboken: John Wiley & Sons, p. 467–561.

Flores, Nelson (2013). The Unexamined Relationship Between Neoliberalism and Plurilingualism: A Cautionary Tale. *TESOL Quarterly*, v. 47, n. 3, p. 500–520.

Foucault, Michel (2010), **Die Ordnung des Diskurses**. Frankfurt am Main: Fischer.

Freire, Paulo (2016), **Pedagogia do oprimido**. 62. Aufl. Rio de Janeiro, São Paulo: Paz e Terra.

Freire, Paulo; Faundez, Antonio (1985), **Por uma pedagogia da pergunta**. Rio de Janeiro: Paz e Terra.

Galtung, Johan (1980), **The true worlds:** A transnational perspective. New York: Free Press.

García, Ofelia (2009a), **Bilingual education in the 21st century:** A global perspective. Malden: Wiley-Blackwell.

García, Ofelia (2009b). Education, multilingualism and translanguaging in the 21st century. In: Skutnabb-Kangas, Tove; Phillipson, Robert; Mohanty, Ajit K. (Hg.). **Social justice through multilingual education.** Bristol, Buffalo: Multilingual Matters, p. 140–158.

García, Ofelia; Flores, Nelson (2012). Multilingual pedagogies. In: Martin-Jones, Marilyn; Blackledge, Adrian; Creese, Angela (Hg.). **The Routledge handbook of multilingualism.** London: Routledge, p. 232–246.

García, Ofelia; Kleifgen, Jo Anne (2010), **Educating emergent bilinguals:** Policies, programs, and practices for English language learners. New York: Teachers College Press.

García, Ofelia; Wei, Li (2014), **Translanguaging**: Language, Bilingualism, and Education. New York: Palgrave MacMillan.

Gardner, Sheena (2012). Global English and bilingual education. In: Martin-Jones, Marilyn; Blackledge, Adrian; Creese, Angela (Hg.). **The Routledge handbook of multilingualism.** London: Routledge, p. 247–263.

Geertz, Clifford (1973), **The interpretation of cultures**. New York: Basic Books.

Giroux, Henry A. (1990). **Los profesores como intelectuales:** Hacia una pedagogía crítica del aprendizaje. Barcelona: Paidós.

Giroux, Henry A. (1991). Modernism, postmodernism and feminism: Rethinking the boundaries of education discourse. In: Giroux, Henry A. (Hg.). **Postmodernism, feminism, and cultural politics:** Redrawing educational boundaries. Albany: State Universtity of New York Press, p. 1–59.

Glaboniat, Manuela; Müller, Martin; Rusch, Paul; Schmitz, Helen; Wertenschlag, Lukas (2015), **Profile deutsch**. München: Klett-Langenscheidt.

GOBIERNO DE LA REPÚBLICA BOLIVARIANA DE VENEZUELA. Ley Orgánica para la Protección de Niños, Niñas y Adolescentes, de 8 de junio de 2015. *Gaceta Oficial de la República Bolivariana de Venezuela*, Caracas, Jahr 142, n. 6.185 Extraordinario, p. 1–74, 8 jun 2015.

GOBIERNO DE LA REPÚBLICA DE VENEZUELA. Ley aprobatoria del convenio entre el Gobierno de la República de Venezuela y el Gobierno de la República Federal de Alemania sobre la fundación de um colegio bicultural [...] en la República de Venezuela, de 18 de marzo de 1998. *Gaceta Oficial de la República de Venezuela*, Caracas, Jahr 126, n. 5.269 Extraordinario, p. 7–10, 22 out 1998.

GÓMEZ, Maria S. (2007), **O "mito do nativo" no ensino de língua estrangeira** - Masterarbeit, Faculdade de Educação, Universidade Federal do Rio Grande do Sul.

GRACE, George W. (1981). Indirect inheritance and the aberrant Melanesian languages. In: HOLLYMAN, Jim; PAWLEY, Andrew (Hg.). **Studies in Pacific Languages & Cultures:** In honour of Bruce Biggs. Auckland: Linguistic Society of New Zealand, p. 255–268.

GRACE, George W. (1992). How Do Languages Change? (More on "Aberrant" Languages). *Oceanic Linguistics*, v. 31, n. 1, p. 115–130.

GRADDOL, David (2006), **English Next**. London: British Council.

GREENBLATT, Stephen J. (1990), **Learning to curse:** Essays in early modern culture. New York, London: Routledge.

GROSJEAN, François (1982), **Life with two languages:** An introduction to bilingualism. Harvard: Harvard University Press.

GROSJEAN, François (1989). Neurolinguists, beware! The bilingual is not two monolinguals in one person. *Brain and Language*, v. 36, n. 1, p. 3–15.

GUGENBERGER, Eva (2005). Der dritte Raum in der Sprache: Sprachliche Hybridisierung am Beispiel galicischer Migrant/in/nen in Buenos Aires. In: CICHON, Peter; CZERNILOFSKY, Barbara; TANZMEISTER, Robert; HÖNIGSPERGER, Astrid (Hg.). **Entgrenzungen:** Für eine Soziologie der Kommunikation. Wien: Praesens, p. 354–376.

GUISAN, Pierre F. G. (2009). Língua: a ambiguidade do conceito. In: SAVEDRA, Mônica M. G.; SALGADO, Ana C. P. (Hg.). **Sociolinguística no Brasil:** Uma contribuição dos estudos sobre línguas em/de contato. Rio de Janeiro: 7 Letras, p. 17–27.

GUMPERZ, John J. (1982), **Discourse strategies**. Cambridge: Cambridge University Press.

GUTIÉRREZ, Kris D.; BAQUEDANO-LÓPEZ, Patricia; ALVAREZ, Héctor H.; CHIU, Ming M. (1999). Building a culture of collaboration through hybrid language practices. *Theory Into Practice*, v. 38, n. 2, p. 87–93.

HAGEN, Lone; KNUDSEN, Annie R.; PETERS, Thomas (2006), **Das Kochbuch für E-Mail-Projekte im Deutschunterricht:** Lehrerhandbuch. 4. Aufl. Krakau: Goethe-Institut.

HAIDU, Andrea; ZIEGLER, Frank-Thomas (2014), **Die deutsche Minderheit in Rumänien:** Geschichte und Gegenwart im Vereinten Europa. Hermannstadt: Honterus.

HALL, Stuart (2011), **A identidade cultural na pós-modernidade**. 11. Aufl. Rio de Janeiro: DP&A.

HAMEL, Rainer E. (2008), Sprachimperien, Sprachimperialismus und die Zukunft der Sprachenvielfalt. In: GOETHE-INSTITUT (Hg.). **Die Macht der Sprache.** München, p. 15–46.

HELLER, Monica (1999), **Linguistic minorities and modernity:** A sociolinguistic ethnography. London: Longman.

HÉLOT, Christine (2012), Linguistic diversity and education. In: MARTIN-JONES, Marilyn; BLACKLEDGE, Adrian; CREESE, Angela (Hg.). **The Routledge handbook of multilingualism.** New York: Routledge, p. 214–231.

HERDER, Johann G. (1967), **Auch eine Philosophie der Geschichte zur Bildung der Menschheit**. Frankfurt am Main: Suhrkamp.

HERDINA, Philip; JESSNER, Ulrike (2002), **A dynamic model of multilingualism:** Perspectives of change in psycholinguistics. Clevedon: Multilingual Matters.

HOLQUIST, Michael (1990), **Dialogism:** Bakhtin and his world. London, New York: Routledge.

HOPPER, Paul (1998), Emergent grammar. In: TOMASELLO, Michael (Hg.). **The new psychology of language:** Cognitive and functional approaches to language structure. Mahwah: Erlbaum, p. 155–175.

HUDSON, Richard A. (1996), **Sociolinguistics**. 2. Aufl. Cambridge: Cambridge University Press.

IRVINE, Judith T. (1989). When talk isn't cheap: Language and political economy. *American Ethnologist*, v. 16, n. 2, p. 248–267.

JUNGBLUTH, Konstanze (2012). Aus zwei mach eins: Switching, mixing, getting different. In: JAŃCZAK, Barbara; JUNGBLUTH, Konstanze; WEYDT, Harald (Hg.). **Eins, zwei, drei: meine Sprache, deine Sprache, unsere Sprache?** Mehrsprachigkeit aus deutscher Perspektive. Tübingen: Narr, p. 45–72.

JUNGBLUTH, Konstanze (2015). Crossing the Border, Closing the Gap: Otherness in Language Use. In: ROSENBERG, Peter; JUNGBLUTH, Konstanze; ZINKHAHN RHOBODES, Dagna (Hg.). **Linguistic construction of ethnic borders.** Frankfurt am Main: Peter Lang, p. 209–227.

KACHRU, Braj (1985). Institutionalized second-language varieties. In: GREENBAUM, Sidney (Hg.). **The English language today.** Oxford, New York: Pergamon, p. 211–226.

KIPER, Hanna (2015). Arbeit in der Weltgesellschaft: Deutsche Schulen im Ausland. In: MAASS, Kurt-Jürgen (Hg.). **Kultur und Außenpolitik:** Handbuch für Wissenschaft und Praxis. 3. Aufl. Baden-Baden: Nomos, p. 149–159.

KOVÁCS, Mária (2009). Utilizarea limbilor minoritare în învățământ. In: CĂLUŞER, Monica (Hg.). **Carta europeană a limbilor regionale sau minoritare în România:** Între norme şi practici. Cluj-Napoca: Centrul de Resurse pentru Diversitate Etnoculturală, p. 15–52.

KRAMSCH, Claire J. (2006). The Multilingual Subject. *International Journal of Applied Linguistics*, v. 16, n. 1, p. 97–110.

KRAMSCH, Claire J. (2011). Third culture and language education. In: COOK, Vivian; WEI, Li (Hg.). **Language Teaching and Learning.** London: Continuum, p. 233–254.

KRAMSCH, Claire J. (2014). Teaching Foreign Languages in an Era of Globalization: Introduction. *The Modern Language Journal*, v. 98, n. 1, p. 296–311.

KRESS, Gunther (1990). Critical Discourse Analysis. *Annual Review of Applied Linguistics*, v. 11, p. 84–99.

KROSKRITY, Paul V. (Hg.) (2000), **Regimes of language:** Ideologies, polities, and identities. Santa Fe: School of American Research Press.

KRUMM, Hans-Jürgen (1999). Die deutsche Sprache: Eine Brückensprache für Mittel- und Osteuropa? In: KRUMM, Hans-Jürgen (Hg.). **Sprachen – Brücken über Grenzen:** Deutsch als Fremdsprache in Mittel- und Osteuropa. Wien: Eviva, p. 39–51.

LAKOFF, George; JOHNSON, Mark (2002), **Metáforas da vida cotidiana**. Campinas, São Paulo: Mercado de Letras; Educ.

LARSEN-FREEMAN, Diane; CAMERON, Lynne (2008), **Complex systems and applied linguistics**. Oxford: Oxford University Press.

LE PAGE, Robert B. (1997). The evolution of a sociolinguistic theory of language. In: COULMAS, Florian (Hg.). **The handbook of sociolinguistics.** Oxford, Cambridge: Blackwell, p. 15–32.

LE PAGE, Robert B.; TABOURET-KELLER, Andrée (1985), **Acts of identity:** Creole-based approaches to language and ethnicity. Cambridge: Cambridge University Press.

LEFFA, Vilson (1999). O ensino de línguas estrangeiras no contexto nacional. *Contexturas*, v. 4, p. 13–24.

LEGGEWIE, Claus; ZIFONUN, Dariuš (2010). Was heißt Interkulturalität? *Zeitschrift für interkulturelle Germanistik*, v. 1, n. 1, p. 13–34.

Lemke, Jay L. (2002). Language Development and Identity: Multiple Timescales in the Social Ecology of Learning. In: Kramsch, Claire J. (Hg.). **Language acquisition and language socialization:** Ecological perspectives. London, New York: Continuum, p. 68–87.

Leopold-Mudrack, Annette (1998), **Fremdsprachenerziehung in der Primarstufe:** Voraussetzung, Konzept, Realisierung. Münster: Waxmann.

Liberali, Fernanda; Megale, Antonieta H. (2016). Elite bilingual education in Brazil: An applied linguist's perspective. *Colombian Applied Linguistics Journal*, v. 18, n. 2, p. 95–108.

Little, David (2014). Democracy, discourse and learner autonomy in the foreign language classroom. *Utbildning & Demokrati*, v. 13, n. 3, p. 105–126.

Luke, Allan; Freebody, Peter (2011). Shaping the social practices of reading. In Muspratt, Sandy; Luke, Allan; Freebody, Peter (Hg.). **Constructing critical literacies**. Sydney: Allen & Unwin, p. 185–225.

Macnamara, John (1967). The Bilingual's Linguistic Performance: A Psychological Overview. *Journal of Social Issues*, v. 23, n. 2, p. 58–77.

Maher, Terezinha d. J. M. (2007). Do casulo ao movimento: A suspensão das certezas na educação bilíngue e intercultural. In: Cavalcanti, Marilda d. C.; Bortoni-Ricardo, Stella M. (Hg.). **Transculturalidade, linguagem e educação.** Campinas: Mercado de Letras, p. 67–96.

Mairose-Parovsky, Angelika (1997), **Transkulturelles Sprechhandeln:** Bild und Spiel in Deutsch als Fremdsprache. Frankfurt am Main, New York: Peter Lang.

Makoni, Sinfree; Pennycook, Alastair (2005). Disinventing and (Re)Constituting Languages. *Critical Inquiry in Language Studies*, v. 2, n. 3, p. 137–156.

Mariani, Bethania (2003). Políticas de colonização lingüística. *Letras*, n. 27, p. 73–82.

Martín Rojo, Luiza (2005). A fronteira interior: Análise crítica do discurso: Um exemplo sobre "racismo". In: Iñiguez, Lupicinio (Hg.). **Manual de análise do discurso em ciências sociais.** 2. Aufl. Petrópolis: Vozes, p. 206–257.

Mayring, Philipp (2014), **Qualitative content analysis:** Theoretical foundation, basic procedures and software solution. Klagenfurt.

Medeiros, Emerson A. d.; Amorim, Giovana C. C. (2017). Análise textual discursiva: dispositivo analítico de dados qualitativos para a pesquisa em educação. *Laplage em Revista*, v. 3, n. 3, p. 247–260.

Megale, Antonieta H. (2014). A formação de professores para a formação infantil bilíngue. *Pátio Educação Infantil*, v. 39, p. 12–15.

Meirelles, Camila; Savedra, Mônica M. G. (2020). Categorias pluricêntricas no ensino de Alemão como Língua Estrangeira: uma proposta de análise. *Pandaemonium Germanicum*, v. 23, n. 41, p. 1–23. Online unter: https://doi.org/10.11606/issn.1982-8837.v23i41p1-23 (Stand: 24.7.2020).

Mello, Heloísa A. B. d. (1999), **O falar bilíngüe**. Goiânia: Editora UFG.

Milroy, James (2011). Ideologias linguísticas e as consequências da padronização. In: Lagares, Xoán C.; Bagno, Marcos (Hg.). **Políticas da norma e conflitos linguísticos.** São Paulo: Parábola, p. 49–87.

Moita Lopes, Luiz P. d. (1996), **Oficina de linguistica aplicada:** A natureza social e educacional dos processos de ensino/aprendizagem de línguas. Campinas: Mercado de Letras.

Moita Lopes, Luiz P. d. (2003). Socioconstrucionismo: Discurso e identidades sociais. In: Moita Lopes, Luiz P. d. (Hg.). **Discursos de identidades:** Discurso como espaço de construção de gênero, sexualidade, raça, idade e profissão na escola e na família. Campinas: Mercado de Letras, p. 13–38.

Moita Lopes, Luiz P. d. (2013). Ideologia linguística: Como construir discursivamente o português no século XXI. In: Moita Lopes, Luiz P. d. (Hg.). **O português no século XXI:** Cenário geopolítico e sociolinguístico. São Paulo: Parábola, p. 18–52.

Monteagudo, Henrique (2011). Variação e norma linguística: Subsídios para uma (re)visão. In: Lagares, Xoán C.; Bagno, Marcos (Hg.). **Políticas da norma e conflitos linguísticos.** São Paulo: Parábola, p. 15–48.

Moraes, Roque (2003). Uma tempestade de luz: A compreensão possibilitada pela análise textual discursiva. *Ciência & Educação*, v. 9, n. 2, p. 191–211.

Moraes, Roque; Galiazzi, Maria d. C. (2011), **Análise textual discursiva**. 2. Aufl. Ijuí: Editora Unijuí.

Motta-Roth, Désirée (2006). Competências comunicativas interculturais no ensino de inglês como língua estrangeira. In: Motta-Roth, Désirée; Barros, Nina C.; Richter, Marcos G. (Hg.). **Linguagem, cultura e sociedade.** Santa Maria: Universidade Federal de Santa Maria, p. 191–201.

Moura, Selma d. A. (2009), **Com quantas línguas se faz um país?** Concepções e práticas de ensino em uma sala de aula na educação bilíngue - Masterarbeit, Faculdade de Educação, Universidade de São Paulo. São Paulo. Online unter: http://www.teses.usp.br/teses/disponiveis/48/48134/tde-06062009-162434/publico/moura2009.pdf (Stand: 29.1.2019).

Mühlhäusler, Peter (2002). Ecology of languages. In: Kaplan, Robert B. (Hg.). **The Oxford handbook of applied linguistics.** Oxford: Oxford University Press, p. 374–387.

MYERS-SCOTTON, Carol (1991). Intersections between social motivations and structural processing in code-switching. **Papers for the Workshop on Constraints, Conditions and Models:** London, 27–29 Sept. 1990. Strasbourg: European Science Foundation, p. 57–82.

NEAMŢU, Vasile (1994). Das Werden der Hauptstadt im Fürstentum Moldau. In: HEPPNER, Harald (Hg.). **Hauptstädte in Südosteuropa:** Geschichte, Funktion, nationale Symbolkraft. Wien: Böhlau, p. 55–68.

NICOLAESCU, Alexandra (2017). DACH Landeskunde von der Theorie zur Praxis. *Germanistische Beiträge*, v. 41, p. 98–112.

NORTH, Brian; GOODIER, Tim; PICCARDO, Enrica (2018). **Common European Framework of Reference for Languages**: Learning, Teaching, Assessment. Companion Volume with new Descriptors. Strasbourg: Council of Europe.

OOMEN-WELKE, Ingelore; RÖSCH, Heidi (2013). Wissen über Sprachen erwerben: Sprachengebrauch reflektieren und respektieren. In: OOMEN-WELKE, Ingelore; DIRIM, İnci (Hg.). **Mehrsprachigkeit in der Klasse:** wahrnehmen – aufgreifen – fördern. Stuttgart: Klett, p. 179–219.

OTHEGUY, Ricardo (2016). La sociedad y el individuo en la competencia lingüística del bilíngüe. In: COSTA, Sheila M. M. S. R. d. (Hg.). **Anais do IV Seminário de Educação Bilíngue para Surdos**. Salvador: Universidade do Estado da Bahia, p. 58–76.

OXFORD, Rebecca L. (2003). Toward a more systematic model of L2 learner autonomy. In: PALFREYMAN, David; SMITH, Richard C. (Hg.). **Learner autonomy across cultures:** Language education perspectives. London: Palgrave Macmillan, p. 75–91.

PÊCHEUX, Michel (1975), **Les Vérités de la Palice:** Linguistique, sémantique, philosophie. Paris: François Maspero.

PENNYCOOK, Alastair (1994), **The cultural politics of English as an international language**. London: Longman.

PENNYCOOK, Alastair (1997). Cultural alternatives and autonomy. In: BENSON, Phil; VOLLER, Peter (Hg.). **Autonomy and independence in language learning.** London: Longman, p. 35–53.

PHILLIPSON, Robert (1988). Linguicism: Structures and ideologies in linguistic imperialism. In: SKUTNABB-KANGAS, Tove; CUMMINS, Jim (Hg.). **Minority education:** From shame to struggle. Clevedon: Multilingual Matters.

PHILLIPSON, Robert (1992), **Linguistic imperialism**. Oxford: Oxford University Press.

RADWAŃSKA-WILLIAMS, Joanna (2008). The “native speaker” as a metaphorical construct. In: BERENDT, Erich A. (Hg.). **Metaphors for learning:** Cross-cultural perspectives. Amsterdam, Philadelphia: John Benjamins, p. 139–156.

Raible, Wolfgang (1998). Alterität und Identität. *Zeitschrift für Literaturwissenschaft und Linguistik*, v. 28, n. 2, p. 7–22.

Rajagopalan, Kanavillil (1997). Linguistics and the myth of nativity: Comments on the controversy over 'new/non-native Englishes'. *Journal of Pragmatics*, v. 27, n. 2, p. 225–231.

Rajagopalan, Kanavillil (2003). Língua estrangeira e auto-estima. In: Rajagopalan, Kanavillil (Hg.). **Por uma lingüística crítica:** Linguagem, identidade e a questão ética. 2. Aufl. São Paulo: Parábola, p. 65–70.

Ramalho, Viviane (2009). Análise de Discurso e Realismo Crítico: Princípios para uma abordagem crítica explanatória do discurso. **Anais da XII Conferência Anual da Associação Internacional para o Realismo Crítico**. Niterói: Universidade Federal Fluminense.

Ribeiro, Djamila (2017), **O que é lugar de fala?** Belo Horizonte: Letramento.

Robertson, Roland (1995). Glocalization: Time-space and homogeneity-heterogeneity. In: Featherstone, Mike; Lash, Scott; Robertson, Roland (Hg.). **Global modernities.** London, Thousand Oaks: Sage, p. 25–44.

Rodrigues, Luiz C. B. (2016). A Formação do Professor de Língua Estrangeira no Século XXI: Entre as antigas pressões e os novos desafios. *Signum: Estudos da Linguagem*, v. 19, n. 2, p. 13–34.

Romaine, Suzanne (1994), **Language in society:** An introduction to sociolinguistics. Oxford: Oxford University Press.

Romaine, Suzanne (1995), **Bilingualism**. 2. Aufl. Oxford: Blackwell.

România. Lege educației naționale, nr. 1 din 5 ianuarie 2011. *Monitorul Oficial al României*, București, Jahr 179, n. 18, 10 Jan. 2011.

Roth, Harald: Herausragende Persönlichkeit der Zeitgeschichte: Zum Tode von Paul Philippi. **Siebenbürgische Zeitung**, München. 19 Aug. 2018. Online unter: https://www.siebenbuerger.de/zeitung/artikel/kultur/19119-herausragende-persoenlichkeit-der.html (Stand: 20.12.2018).

Rück, Heribert (2003), Ausbildung von Fremdsprachenlehrern für Grundschulen. In: Bausch, Karl-Richard; Königs, Frank G.; Krumm, Hans-Jürgen (Hg.). **Fremdsprachenlehrerausbildung:** Konzepte, Modelle, Perspektiven. Tübingen: Narr, p. 212–222.

Sacks, Harvey (1992), **Lectures on conversation**. Oxford, Cambridge: Blackwell.

Săgeată, Radu; Buza, Mircea; Crăcea, Traian (2017). The Germans in Romania, with Special Regard to the Transylvania Saxons, *Mitteilungen der Österreichischen Geographischen Gesellschaft*, Jahr 159, p. 297–322.

Sakai, Naoki (2009). How do we count a language? Translation and discontinuity. *Translation Studies*, v. 2, n. 1, p. 71–88.

Salgado, Ana C. P.; Matos, Priscila T.; Correa, Tamires H.; Rocha, Waldyr I. (2009). Formação de professores para a educação bilíngue: Desafios e perspectivas. **Anais do IX Congresso Nacional de Educação.** Curitiba: Pontifícia Universidade Católica do Paraná, p. 8042–8051.

Savedra, Mônica M. G. (2009). Bilingüismo e bilingualidade: Uma nova proposta conceitual. In: Savedra, Mônica M. G.; Salgado, Ana C. P. (Hg.). **Sociolinguística no Brasil:** Uma contribuição dos estudos sobre línguas em/de contato. Rio de Janeiro: 7 Letras, p. 121–140.

Savedra, Mônica M. G.; Liberto, Heloisa; Carapeto-Conceição, Robson (2010). Questões de interculturalidade no ensino da língua alemã como segunda língua DaZ (Deutsch als Zweitsprache): O caso dos "ovinhos de Páscoa" (Ostereier). *Pandaemonium Germanicum*, n. 16, p. 204–219.

Saviani, Dermeval (2007). Trabalho e educação: Fundamentos ontológicos e históricos, *Revista Brasileira de Educação*, v. 12, n. 34, p. 152–180.

Schmidt, Ute (2009). „Heim ins Reich?": Propaganda und Realität der Umsiedlungen nach dem „Hitler-Stalin-Pakt". *Zeitschrift des Forschungsverbundes SED-Staat*, v. 26, p. 43–60.

Sercu, Lies (2002). Autonomous Learning and the Acquisition of Intercultural Communicative Competence: Some Implications for Course Development. *Language, Culture and Curriculum*, v. 15, n. 1, p. 61–74.

Seyferth, Giralda (2010). Deutsche Einwanderung nach Brasilien. In: Costa, Sérgio; Kohlhepp, Gerd; Nitschack, Horst; Sangmeister, Hartmut (Hg.), **Brasilien heute:** Geographischer Raum, Politik, Wirtschaft, Kultur. Frankfurt am Main: Vervuert, p. 739–756.

Shafer, Naomi (2016). Integriertes sprachliches und kulturelles Lernen am Beispiel des DACH-Prinzips. *Miteinander*, n. 53, p. 11–13.

Shafer, Naomi (2019). Nicht der Rede wert? Zur Vielfalt der deutschen Sprache im Fach Deutsch als Fremdsprache. *German Journal Sprache Literatur Kultur*, v. 2, n. 1, p. 33–50. Online unter: https://dc.cod.edu/gj/vol2/iss1/4 (Stand: 23.1.2020).

Signorini, Inês (2002). Por uma teoria da desregulamentação linguística. In: Bagno, Marcos (Hg.). **Lingüística da norma.** São Paulo: Loyola, p. 93–126.

Simmel, Georg (1992), **Soziologie:** Untersuchungen über die Formen der Vergesellschaftung. Frankfurt am Main: Suhrkamp.

Simons, Gary F.; Fennig, Charles D. (Hg.) (2018). **Ethnologue**: Languages of the World. 21. Aufl. Dallas: SIL International. Online unter: https://www.ethnologue.com/language/spa (Stand: 5.12.2018).

Skrefsrud, Thor-André (2018). Intercultural learning in diverse schools: obstacles, opportunities, and outlooks. *Problemy Wczesnej Edukacji / Issues in Early Education*, n. 42, p. 75–85.

Sousa Santos, Boaventura d. (2010). Para além do pensamento abissal: Das linhas globais a uma ecologia de saberes. In: Sousa Santos, Boaventura d.; Meneses, Maria P. (Hg.). **Epistemologias do Sul**. São Paulo: Cortez, p. 31–83.

Souza, Lynn M. T. M. d. (2004). Hibridismo e Tradução Cultural em Bhabha. In: Abdala Júnior, Benjamin (Hg.). **Margens da cultura:** Mestiçagem, hibridismo & outras misturas. São Paulo: Boitempo, p. 113–133.

Toderici, Ovidiu-Florin (2018), Construirea oportunităţi şi provocări: Evoluţia fenomenului migraţiei româneşti în spaţiul european. In: Sinaci, Maria; Măduţa, Cristian (Hg.). **Comunicare, cultură şi societate:** De la teorie la practică. Culegere de Studii - Volumul II. Budapesta: Trivent.

Trim, John; North, Brian; Coste, Daniel (2001), **Gemeinsamer europäischer Referenzrahmen für Sprachen**. Berlin, München: Langenscheidt.

Ushioda, Ema (2011). Language learning motivation, self and identity: Current theoretical perspectives. *Computer Assisted Language Learning*, v. 24, n. 3, p. 199–210.

Valdés, Guardalupe (2005). Bilingualism, Heritage Language Learners, and SLA Research: Opportunities Lost or Seized? *The Modern Language Journal*, v. 89, n. 3, p. 410–426.

Vasiliu, Alina-Elena: Fascinaţia pentru şcoli private, un motor pentru investiţii de zeci de milioane de euro. Numărul de şcoli private din România s-a dublat în ultimii zece ani, astfel că a ajuns la 701 şcoli funcţionale la sfârşitul anului 2016. **Ziarul Financiar**, Bucureşti, 5 Sept. 2018. Online unter: https://www.zf.ro/profesii/fascinatia-scoli-private-motor-investitii-zeci-milioane-euro-numarul-scoli-private-romania-s-dublat-ultimii-zece-ani-astfel-ajuns-701-scoli-functionale-sfarsitul-anului-2016-17508606 (Stand: 18.12.2018).

Vieira Abrahão, Maria H. (2006). Metodologia na investigação de crenças. In: Barcelos, Ana M. F.; Vieira Abrahão, Maria H. (Hg.). **Crenças e ensino de línguas:** Foco no professor, no aluno e na formação de professores. Campinas: Pontes, p. 219–231.

Voloshinov, Valentin N. (2017), **Marxismo e filosofia da linguagem:** Problemas fundamentais do método sociológico na ciência da linguagem. São Paulo: Editora 34.

Welsch, Wolfgang (2010). Was ist eigentlich Transkulturalität? In: Darowska, Lucyna; Lüttenberg, Thomas; Machold, Claudia (Hg.). **Hochschule**

als transkultureller Raum? Kultur, Bildung und Differenz in der Universität. Bielefeld: Transkript, p. 39–66.

WENGER, Etienne (2010). Communities of Practice and Social Learning Systems: The Career of a Concept. In: BLACKMORE, Chris (Hg.). **Social Learning Systems and Communities of Practice**. Springer, London, p. 179–198.

WINDLE, Joel; MAIRE, Quentin (2019). Beyond the global city: A comparative analysis of cosmopolitanism in middle-class educational strategies in Australia and Brazil, *Discourse: Studies in the Cultural Politics of Education*, v. 40, n. 5, p. 717–733.

WINTER, Klaus (2009). Ein Erfolgsmodell: Deutsche Schulen im Ausland. In: MAASS, Kurt-Jürgen (Hg.). **Kultur und Außenpolitik:** Handbuch für Studium und Praxis. 2. Aufl. Baden-Baden: Nomos, p. 171–183.

WITCHALLS, Peter J. (2012). Is national culture still relevant? *interculture journal*, v. 11, n. 19, p. 11–18.

WOOLARD, Kathryn A. (2012). Las ideologías lingüísticas como campo de investigación. In: SCHIEFFELIN, Bambi B.; WOOLARD, Kathryn A.; KROSKRITY, Paul V. (Hg.). **Ideologías lingüísticas:** Práctica y teoría. Madrid: Catarata, p. 19–69.

WURZBACH, Constant von (1874): **Biographisches Lexikon des Kaiserthums Oesterreich**, enthaltend die Lebensskizzen der denkwürdigen Personen, welche seit 1750 in den österreichischen Kronländern geboren wurden oder darin gelebt und gewirkt haben, Band 27. Wien: Hof- und Staatsdruckerei, 98–101.

ZARATE, Geneviève; LÉVY, Danielle; KRAMSCH, Claire J. (Hg.) (2008), **Précis du plurilinguisme et du pluriculturalisme**. Paris: Éditions des Archives Contemporaines.

ZENTRALSTELLE FÜR DAS AUSLANDSCHULWESEN (2013), **40 Jahre Deutsches Sprachdiplom der Kultusministerkonferenz**. Bonn.

ZENTRALSTELLE FÜR DAS AUSLANDSCHULWESEN (2017), **Deutsches Auslandsschulwesen in Zahlen**. Online unter: https://www.auslandsschulwesen.de/SharedDocs/Downloads/Webs/ZfA/DE/Publikationen/Auslandsschulwesen-in-Zahlen.pdf?__blob=publicationFile&v=5 (Stand: 26.1.2019).

ZINKHAHN RHOBODES, Dagna (2016), **Sprechen entlang der Oder:** Der Charakter der sprachlichen Grenzen am Beispiel der deutsch-polnischen Sprachroutine. Frankfurt am Main: Peter Lang.

Sprachliche Konstruktion sozialer Grenzen: Identitäten und Zugehörigkeiten / Linguistic Construction of Social Boundaries: Identities and Belonging

Herausgegeben von / Edited by Konstanze Jungbluth und / and Mônica Maria G. Savedra

Band 1 Dagna Zinkhahn Rhobodes: Sprechen entlang der Oder. Der Charakter der sprachlichen Grenzen am Beispiel der deutsch-polnischen Sprachroutine. 2016.

Band 2 Ekaterina Popova: Sprachen und interethnische Beziehungen in Estland in der Umbruchszeit. Russische Bevölkerungsgruppe zwischen Anpassung und Protest. 2016.

Band 3 Mario Luis Monachesi Gaio: Etnicidade Linguística em Movimento. Os Processos de Transculturalidade Revelados nos Brasileirítalos do Eixo Rio de Janeiro-Juiz de Fora. 2018.

Band 4 Rita Tamara Vallentin: Language and Belonging. Local Categories and Practices in a Guatemalan Highland Community. 2019.

Band 5 Débora Amaral da Costa: Identities of Migration. A Narrative-based Approach to the Studies of Social Representation. 2020.

Band 6 Layla Jochmann: Português como Língua de Herança. A coesão em textos escritos por crianças plurilíngues. 2020.

Band 7 Jan Aguiar Pöhlmann: Mehrsprachigkeit per Gesetz: Die Implementierung der Ko-Offizialisierung von Sprachen in Brasilien. 2021.

Band 8 Nika Loladze: Migratory Movements of Georgia's Greek Community. The Impact of Current Socioeconomic Transformations. 2021.

Band 9 Robson Carapeto-Conceição: Mehrsprachigkeit und transkulturelle Praxis in deutschen Auslandsschulen. Lehrplanpolitik, Einstellungen und Potenziale. 2022.

www.ingramcontent.com/pod-product-compliance
Ingram Content Group UK Ltd.
Pitfield, Milton Keynes, MK11 3LW, UK
UKHW041824290926
8980IPUK00002B/49